世纪高教
物流管理教材系列

物流管理
教程 （第二版）

主　编 ↗ 赵刚
副主编 ↗ 周鑫　郭霞萍　笪茹芬

格致出版社　　上海人民出版社

前　言

　　物流是一门新兴的学科，它最初起源于美国，当时所研究的主要内容是企业为了把产品顺利销售出去而进行的一系列运输、仓储、包装等活动，使用的是"physical distribution"（PD）一词，意为实物配送。第二次世界大战期间，美军后勤组织运用了一套科学方法，成功地将各种战略物资及时准确地送至全球各地，为美军实施全球化战略提供了保障，这套方法在军事上被称为"logistics"（后勤）。战后，这套后勤补给的方法经发展，运用在企业的采购、生产与销售的业务流程中，并取得了巨大的经济效益。PD的概念也逐渐被"logistics"取代。"Logistics"的含义已从以往的后勤概念拓展为现代的物流概念。

　　随着社会经济的发展，人们已经逐步认识到，包含运输、生产、流通和消费过程中诸环节的物流系统，已成为国家经济在高起点上持续发展的重要基础。而现代科技、管理和信息技术的广泛应用使现代物流业成为当今任何一个国家都不可缺少的、覆盖最广泛的产业。

　　进入21世纪，企业间在降低生产成本、改善产品品质和扩大销售方面的竞争已经发展到相当成熟的地步，企业在生产领域内进一步挖掘"利润生长点"的空间已十分有限。在这种情况下，很多企业将眼光转向以服务为核心的竞争。而在服务领域，现代物流服务尤其令人关注，因为高效合理的物流能通过对整个生产和流通结构的改善和协调，对企业增强成本控制、高效利用资源、改善服务和增加收益起到巨大的推动作用；并且大大节约时间和财力，更大程度地满足顾客的需要，为企业获得竞争优势提供有力支持，并带来可观的利润。因此引进和发展现代物流理论和技术，培养现代物流经营管理的高级人才，已成为当务之急。

　　许多因素预示着下一个十年对于物流经理来说，必定是一个挑战与机遇并存的时期。多数公司在成熟的市场中相互竞争的事实、公司对建立客户忠诚度的希望以及人们对于物流成本和资产对公司赢利的影响的认识，已经导致高层管理者提高了对物流在实现股东价值中的重要作用的认识。此外，供应货源、生产、需求和竞争的全球化已经使高层管理者对物流的兴趣不断增加。物流专业人员面临的挑战与机遇也达到了前所未有的程度。为了成功地迎接这些挑战、充分抓住面临的机遇，物流经理人员必须系统学习现代物流管理的知识。

　　有鉴于此，格致出版社在进行了充分的调研后决定组织编写一套理论与实践能够紧结合的、适应市场需求的物流管理专业教材。本书是这套系列教材之一。

    本书有两个明确的立足点。第一个立足点是企业,或企业的延伸——供应链,明确物流管理是企业管理或供应链管理的一个组成部分;第二个立足点是管理,明确物流管理是对物流活动的计划、组织、控制、协调、优化的过程。本书的适用面较为广泛,除了主要供高校物流管理专业学生使用外,也可作为相关专业学生和相关企业人员的培训使用教材;对于有志于开拓物流业务的工商企业的业务和管理人员和交通运输、仓储等公司及第三方物流公司的物流从业人员,以及相关专业教师及研究人员来说,同样是一本可以丰富物流专业知识的参考书。

    为了使本书的结构具有系统性和完整性,编者兼收并蓄,在本书中引用了不少文献作者的观点,为尊重作者起见,参考的主要文献列于书后,并借此机会向这些文献作者表示诚挚谢意。本书第二版由赵刚(上海海事大学)、周鑫(上海海事大学)、郭霞萍(上海立达职业技术学院)、笪茹芬(上海立达职业技术学院)、刘伟(上海海事大学)、贝斐(上海立达职业技术学院)编写,赵刚任主编,周鑫、郭霞萍、笪茹芬任副主编。第二版除了对第一版内容进行修订、删改以外,还新增了两章内容——冷链物流和电子商务物流,这两个领域近年来发展迅速且前景良好。编者致力于使本书准确并充分反映物流管理的最新知识,但限于教材的篇幅,以及编者的学识水平、时间和经验,疏漏之处在所难免,恳请业内专家学者、广大读者给予批评指正,以便在今后再版时吸收采纳。

目　　录

第一篇　物　流　基　础　篇

第一篇

物流基础篇

第1章 物流的基本概念

本章关键词

物流 logistics
物流管理 logistics management

物流系统 logistics system
物流合理化 logistics rationalization

物流——一个值得重视的领域

经济的全球化和日益富裕的消费者导致国内、国际产品和服务市场扩大和增长。各种产品和服务,正在被销售和配送到世界各个角落的消费者手中。为了应对扩大的市场和快速增加的产品、服务数量所带来的挑战,企业在规模和复杂程度上都有所增大。多个工厂的运作替代了单个工厂。原材料/产品从原产地到消费地的物流活动,已成为社会经济活动的一个非常重要的组成部分。

作为社会经济活动的一个重要组成部分,物流影响着通货膨胀率、利率、生产率、能源成本以及经济的其他方面。一项研究报告指出,美国的组织平均可以将物流生产率提高20%或更多。对相对落后的我国,物流生产率提高的潜力应该更大。一个国家物流生产率的提高会对以下方面产生正面影响:货物和服务的支付价格、国民支出的平衡、货币价值、在全球市场有效竞争的能力、工业利润(较高的物流生产率意味着以较低的价格配送同样数量的产品)、投资资本的可获取情况以及经济增长。

考虑到它对土地、人力和资本的消耗,以及它对生活水准、企业效益的影响,物流确实是个值得重视的领域。

1.1 物流的定义及作用

1.1.1 物流的定义

关于物流的定义,目前各国的表述不一,在此我们列出几种比较有代表性的定义。

(1) 美国物流管理协会(Council of Logistics Management)的定义:物流管理是供应链流程的一部分,它对从起始点到消费地的货物流和货物储存、服务及相关信息进行有效的计划、实施和控制,以满足顾客的需要。

(2) 1981 年日本日通综合研究所在《物流手册》上对物流的定义是:物流是物质资料由供给者向需求者的物流性移动,是创造时间价值和场所的价值的经济活动。从物流的范畴来看,包括包装、装卸、保管、库存管理、流通加工、运输、配送等各种活动。日本物流系统协会(Japan Institute of Logistics Systems,JILS)对物流的定义是:物流是一种对于原材料、半成品和成品有效流动进行规划、实施和管理的思路,它同时协调供应、生产和销售各部门的个别利益,最终达到满足顾客需求的目标。

(3) 欧洲物流协会(European Logistics Association,ELA)于 1994 年发表《物流术语》(*Terminology in Logistics*),将物流定义为:物流是在一个系统内对人员和商品的运输安排及与此相关的支持活动进行计划、执行和控制,以达到特定的目的。

(4) 我国国家标准(GB/T 18354—2006)"物流术语"中将物流定义为:"物品从供应地向接收地的实体流动过程。根据实际需要,将运输、储存、装卸、搬运、包装、流通加工、配送、信息处理等基本功能实施有机结合",将物流管理(logistics management)定义为:"为以合适的物流成本达到用户满意的服务水平,对正向及反向的物流过程及相关信息进行的计划、组织、协调与控制。"

1.1.2 物流的宏观认识

1. 消除生产与消费之间的"隔离"

生产、消费、流通是社会经济活动的三大主要形式。生产与消费之间存在多种意义上的"隔离",流通在生产和消费之间搭起了一座通畅的桥,发挥着重要的中介作用。物流主要解决生产与消费之间空间和时间的隔离,同时也解决生产与消费之间信息和某些功能的隔离,属于流通领域的经济活动。

生产与消费之间的"隔离"主要指以下几种。

(1) 社会的隔离。

社会的隔离也称为所有权的"隔离",它是指生产商品的人们和需要商品用以消费的人们在生产关系中所处的地位的不同而产生的隔离。

在这里,生产者把所有权通过贸易转让给消费者,消费者得到这种所有权,可以解决所有权的隔离。如汽车工厂生产几万辆甚至几十万辆汽车,但是只要那些汽车仍在工厂内,它们所具有的功能和价值就不会体现出来,直到需要者将汽车买下驾驶,才开始体现出其应有的功能和价值。

这就是所谓通过流通来实现所有权的效用。而承担这种效用实现任务的,是"交易流通",也叫"商业流通",简称"商流"。

(2) 空间的隔离。

空间的隔离是指生产商品的场所和消费场所的不同而产生的隔离。

生产场所,特别是建厂地可有两种选择,其一是在产地建厂,其二是在消费地建厂。

所谓在产地建厂,就是在原料出产地建厂。如炼钢厂建立在铁矿石出产地,这样可大大降低铁矿石的运费。

所谓消费地建厂,就是在商品消费地附近建立工厂。如啤酒工厂,就不选择在生产啤酒原料的农村(大麦原料产地)建厂,而选择在啤酒的主要消费地的大城市近郊建厂,否则,啤酒在农村装瓶,重量大增,产品的运费也随之增加。为了降低产品的运费,应选择在消费地的附近建立工厂。

此外,当经济向国际化发展时,也会给上述原料补充、产品供应的模式带来很大的变化。例如日本的钢铁业,所需要的原料并不依靠国内生产的铁矿石和煤炭(无论在数量还是质量上都无法满足日本钢铁业发展和规模),而是从遥远的印度、澳大利亚和巴西等国进口,并在沿海建立工厂以减少运费。

像这种为解决生产地和消费地之间在地区和空间的隔离而进行的原料或/和产品的运输,就是物流的一项重要活动。运输创造的效用称为空间效用。

(3) 时间的隔离。

所谓时间的隔离,是指生产商品的时间和使用商品的时间是不相同的。

例如,稻谷是集中在秋季收获的,假如一下子把它吃光,那就要出大问题了。因为到翌年收割前,人们还要继续吃粮,所以从收获到消费完毕期间,需要将稻谷储存在仓库里。

又如,空调在夏季和冬季是销售的旺季,但其生产在全年基本上是平稳的。假定全年的供求基本上是平衡的,春秋两季供大于求的余额需通过库存的调节用于夏冬两季供不应求的缺额。

物流的另一项重要活动"储存"就用以解决生产时期和消费时期的时间"隔离"。这叫做储存创造出时间效用。

上述三种效用——所有权效用、空间效用和时间效用,都是通过流通而得以实现的。但是,如果从实现三种效用的具体分工来看,流通中的商品流通——"商流",担负着实现所有权效用的任务,而流通中的物资流通——"物流",则担负着实现空间效用和时间效用的任务。

(4) 信息的隔离。

所谓信息的隔离,主要是指生产厂商对消费市场信息和流通过程信息掌握的不及时、不确切,也包括消费者对产品信息及流通过程信息的不了解。物流信息系统及产品包装说明书的目的就是为了解决信息的隔离问题。信息隔离的解决程度主要和物流信息系统的先进性有关。

现实生活中商品的滞销、积压,甚至过期产品的报废,以及产品紧销,甚至某些产品的断档,都和信息的隔离有关。由此造成的损失是巨大的。先进的物流信息系统可以有效解决生产与消费之间的信息隔离问题,其产生的效用体现了信息的价值。

(5) 功能的隔离。

所谓功能的隔离,是指标准化的产品和个性化的需求的差异。解决这一矛盾的途径包括柔性化生产和流通加工,前者属于生产领域,后者归入流通领域。

流通加工概念的引入,使生产创造有形物质的效用,流通创造所有权、空间和时间的效用的分工,在某些方面并不十分明显了。这是因为生产的功能并非全部都在生产部门完成,流通部门也负责了它的部分工作。

以上五个方面的隔离,除了社会的隔离通过贸易过程消除,其余四个隔离都将通过物流功能的实现来消除。

2. 物流的作用

关于物流的作用,可以从三个方面来说明:

(1) 服务商流。

在商流活动中,商品所有权在购销合同签就的那一刻,便由供方转移到需方,而商品实体并没有因此而移动。除了非实物交割的期货交易,一般的商流都必须伴随相应的物流过程,即按照需方(买方)的需要将商品实体由供方(卖方)以适当方式和途径向需方转移。

在这整个流通过程中,物流实际上是以商流的后续者和服务者的姿态出现的。没有物流的服务作用,一般情况下,商流活动都会退化为一纸空文。电子商务的发展需要物流的支持,就是这个道理。

(2) 保障生产。

从原材料的采购开始,便要求有相应的物流活动,将所采购的原材料准备到位,否则,整个生产过程便成了无米之炊;在生产的各工艺流程之间,也需要原材料、半成品的物流过程,实现生产的流动性。

整个生产过程实际上就是系列化了的物流活动。

合理化的物流,通过降低运输费用从而降低成本,优化库存结构从而减少资金占压,强化管理进而提高效率等方面作用的有效发挥,促进整个社会经济水平的提高。

(3) 方便生活。

实际上,生活的每一个环节,都有物流的存在。通过国际间的运输,可以让世界名牌服装穿着在不同肤色的人身上;通过先进的储藏技术,可以让新鲜的果蔬在任何时节亮相;搬家公司周到的服务,可以让你轻松地乔迁新居;多种形式的行李托运业务,让人在旅途中尽情享受轻松闲适的情趣……

1.1.3 物流的微观认识

1. 从利润来源的角度看,物流合理化是企业的"第三利润源泉"

(1) "第一利润源泉":物质资源的节约。

物质资源的消耗是实实在在的,也最容易被发觉并得到关注。道理很简单,同样的产品,在原有的社会一般水平的生产条件下,需要 100 元的物质消耗才能生产出来,如果有人用 90 元即可生产出来,那么,他就会获得多于同业者 10 元的利润。这种降低物质资源消耗方式的利润之源,虽然形态各异(如开发廉价替代原材料,对废旧物资的再利用等),但无一不是以先进的科学技术和社会生产条件为先决条件的。因此,科学技术的发展水平,必然制约着这一利润源泉的更深入的开发。

(2)"第二利润源泉":劳动消耗的减少。

在排除了物质消耗之后,从商品中获得利润的最有效的方式,便是提高劳动效率,减少劳动耗费。

凝结在商品中的无差别的人类劳动,构成了商品的价值。商品生产的劳动消耗,则是以社会必要劳动时间来衡量的。在现有的社会生产水平和相同的劳动强度和条件的前提下,当其他生产者以平均 10 小时生产 1 件某种商品的时候,如果有人以平均 5 小时生产同样的 1 件商品,那么,他就能获得扣除成本之后 2 倍于其他生产者的利润。蒸汽机的发明之所以能够掀起一场工业革命,正是因为其极大地提高了劳动效率。

发达国家在提高劳动效率方面,可谓精益求精。不仅对每一道工艺流程进行最优化,而且,对于操作员的每一个动作,也都进行了细致的研究并力图使之更简捷、更规范。

同样,劳动效率的提高,劳动消耗的降低,也要受到科学技术水平的极大制约。生产的机械化、自动化程度不断提高,生产工艺的日趋程序化、规范化,使得"第二利润源泉"也基本无"泉"可挖。并且,科学技术的变革,还要经历漫长的积蓄过程。

(3)"第三利润源泉":物流成本的降低。

随着生产领域"利润源泉"的日益枯竭,人们开始将探寻的目光投向流通领域。

商流,或简单地称为销售过程,除了按照利润分配规律获得销售利润之外,一般不会创造新的价值。对于生产者来说,更不会将对利润的追求转向这一领域。然而,正是在这一领域内,深埋着一个巨大的"利润源泉"——物流。越来越多的人开始认识到这一点。

物流,因其贯穿了生产和流通的全过程,所以,合理、高效的物流能够通过对整个生产和流通结构的协调与完善带来巨大的利润。

概括地说,合理、高效的物流,能够从以下几个方面创造利润:促进国民经济合理布局,有利于社会资源的优化配置;有效地使用社会流通设施设备,节约社会财富;减少流通环节,缩短生产周期,加速资金周转;简化消息流通渠道,增强社会物质财富的可调节性;降低在具体的生产、流通物资上的消耗。正因如此,经济理论界将物流合理化称为"企业脚下的金矿""第三利润源泉",物流也因此成为当前"最重要的竞争领域",在未来的市场竞争中,物流将起到举足轻重的作用。

近几年,有效的物流管理已被认为是提高企业赢利能力和企业竞争绩效的关键因素。

2. 从市场营销的角度看,物流增强企业的竞争优势

为了使企业成功,任何营销工作必须将适当的产品(product),以适当的定价(price),通过适当的促销(promotion)在适当的地点(place)销售给客户。这四者相结合被称为营销组合的"4P"。在这一过程中,物流扮演着重要的角色,尤其是支持在适当的地方获得产品。

在营销组合的"地点"这个因素上的支出,支持组织所提供的客户服务水平。这包括准时送货、较高的订单完成率和一致的运输时间。客户服务是物流系统的一个输出,并且代表着企业在物流方面的支出。当企业在营销组合的所有要素上都表现良好时,客户满意就产生了。对许多组织而言,客户满意会是取得竞争优势的关键。通过调整客户服务水平以满足顾客的期望和购买愿望,企业可以同时改进客户服务水平和降低成本。

3. 从创造效用的角度看,物流创造产品的时间效用和空间效用

使材料成为完工的可用形态的价值或效用称为"形式效用"。对顾客而言,产品不仅应该具有形式效用,而且应该在合适的地点、在适当的时间可以被买到。附加在产品上的超出制造所附加价值(形式效用)的那部分价值可以称为"地点、时间和占有效用"。物流活动提供地点和时间效用,而其他营销活动则提供占有效用。

管理层十分关注物流所附加的价值,因为地点和时间效用的改进最终反映在企业的利润之中。物流成本节约和因物流系统改进所带来的更强有力的营销地位,两者都会导致最终的财务结果得到改善。物流对产品价值贡献越多,物流管理的重要性就越高。

4. 从客户服务的角度看,物流提升客户的满意度

在 20 世纪 80 年代末期和 90 年代早期,客户服务在许多组织中占据了中心地位。就是那些原先坚持"市场营销理念"的组织也在重新考虑客户驱动的含义。强烈地以客户为中心的趋势延续至今。

E.格罗斯范德·普洛蒙所说的物流系统的五个"适当",是指将适当的产品在适当的时间、适当的地点以适当的条件和适当的价格供应给那些消费该产品的客户。我们注意到,只有真正做到五个"适当",才会给顾客带来满意。

"适当的价格"应引起重视。"价廉物美"总是客户的追求,而成本是影响价格的主要因素,成本控制应是高层主管最主要的关注点之一。许多调查都表明,增加时间效用和地点效用的成本是重大的。因此,物流职能的低成本、高效率和有效的控制对提升客户的满意度至关重要。

5. 从企业资源的角度看,优良的物流系统是企业的一项"无形资产"

一个有效率的和经济的物流系统类似于公司账本上的实物资产。物流的能力不会被企业的竞争对手轻易地复制。如果公司能够迅速地以低价向客户提供产品,它就能取得超过竞争对手的市场份额的优势。作为物流效率的结果,公司能够以较低的价格销售产品,或是提供更高的客户服务水平,从而创造商誉。虽然现在还没有企业在它们的资产平衡表上确认此项资产,但在理论上它可以被看作"无形资产",这类资产包括诸如专利、版权和商标等内容。

1.2　物流的功能

1.2.1　主体功能

如果将物流这个系统比作一座桥梁,那么,构成其筋与梁的就是运输、储存与配送三

种功能。

1. 运输

在物流过程中的运输,主要是指物流企业或受货主委托的运输企业,为了完成物流业务所进行的运输组织和运输管理工作。如生产过程中的原材料、半成品、成品、包装物运输,流通过程中的物资、商品、粮食及其他货物运输,在回收物流过程中各种回收物品的分类、包装和运输,废弃物流过程中各种废弃物包括垃圾的分类和运输等等。无论哪一种物流,差不多都离不开运输,也可以说,运输工作是它的中心业务活动。而无论哪一种运输,都追求一个目标,即最大限度地实现运输合理化。

2. 储存

这里所说的储存,主要是指生产储存和流通储存。如工厂为了维持连续生产而进行的原材料储存、零部件储存;商业、物资企业为了保证供应,避免脱销,所进行的商品储存和物资储存;在回收物流过程中,为了分类、加工和运送而进行的储存;在废弃物流过程中,为了进行分类和等待处理的临时储存等。这些储存业务活动,除了保证社会生产和供应外,也要实现储存合理化。当然,要做到储存合理化,需采取一些措施。如国外有的工厂实现"零库存",即按计划供应,随用随送,准时不误,避免积压原材料和资金。

3. 配送

配送是物流业一种新的服务形式,它的业务活动面很广。有物资供应部门给工厂的配送;也有商业部门给消费者的配送;还有工矿企业内部的供应部门给各个车间配送原材料、零部件等。配送业务强调它的及时性和服务性。

1.2.2 辅助功能

在由储存、运输和配送构建的物流体系框架中,还存在着诸多辅助性的功能。不过,这些辅助性功能,就整个物流体系而言,又是不可或缺的。甚至可以说,这些辅助性功能,同样存在于每一次细微的物流活动中。概括地讲,辅助性功能主要有两个:包装、装卸搬运。

1. 包装

包装也是物流的重要职能之一,包装不仅是为了商品销售,而且,在物流的各个环节——运输、储存、装卸、搬运当中,都需要包装。特别在运输和装卸作业时,必须强调包装加固,以避免商品破损。我国每年由于包装不善,给国家造成的损失是相当惊人的。

2. 装卸搬运

装卸搬运是物流业务中经常性的活动。无论是生产物流、销售物流及其他物流,也无论是运输、储存或其他物流作业活动,都离不开物品的装卸搬运。所以说,装卸搬运在整个物流业务活动中,也是一项很重要的职能。在装卸搬运作业中,有自动化、机械化、半机械化和手工操作等。

1.2.3 增值服务功能

1. 流通加工

流通加工是指产品已经离开生产领域,进入流通领域,但还未进入消费的过程中,为了销售和方便顾客而进行的加工。它是生产过程在流通领域内的继续,也是物流职能的重要发展。无论生产资料和生活资料,都有一些物资和商品,必须在商业或物资部门进行加工以后,才便于销售和运输。如钢材和木材的切割、食品的包装等。

2. 信息管理功能

物流信息是联结物流各个环节业务活动的链条,也是开展、完成物流业务的重要手段。在物流工作中,每日都有大量的物流信息发生,如订货、发货、配送、结算等,都需要及时进行处理,才能顺利完成物流任务。信息的积压或处理失当,都会给物流业务活动带来不利的影响。因此,如何接收、整理并及时处理物流信息,也是物流的重要职能之一。

物流的增值服务功能还有很多,而且还在不断发展。

1.3 物流系统

用系统观点来研究物流活动是现代物流管理的核心问题。物流系统是由相互作用和相互依赖的物流要素构成的具有特定功能的有机整体。物流系统是社会经济大系统的一个子系统。就物流过程的每一个环节来讲,其作用的发挥不仅受到其内部各要素的制约和外部条件的影响,而且这些要素和环境总是处于不断的变化之中。因此,以系统理论和系统工程的原理来研究和开发物流系统,不仅可以发挥物流功能,提高物流效率,降低物流费用,还可以提高物流质量,满足社会对物质产品的多种需要。

1.3.1 物流系统的构成

1. 物流系统的总体框架

所谓物流系统,是指为提供高质量的物流服务而建立起来的具有提供物流服务的各个相关要素有机结合而成的一个整体。其总体框架如图1.1所示。

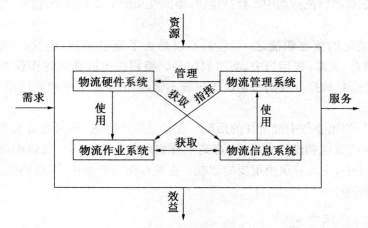

图 1.1 物流系统的总体框架

(1)物流硬件系统。

基础设施:公路、铁路、航道、港站(港口、机场、编组站)。

运输工具:货运汽车、铁道车辆、货船、客货船、货机、客货机。

物流节点(配送中心):仓库、装卸搬运机具、仓储货架、托盘、货箱、自动化设施。

(2) 物流作业系统。

物流作业系统完成物流的主要活动(见图1.2)。

图1.2 物流作业系统

(3) 物流管理系统。

物流管理系统实施对物流活动的组织、计划、指挥、协调、控制(见图1.3)。

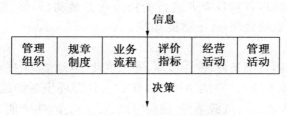

图1.3 物流管理系统

(4) 物流信息系统。

物流信息系统(logistics information system,LIS)是以计算机和网络通信设施为基础、以系统思想为主导建立起来的,为了进行计划、操作和控制而为物流经理提供相关信息及为业务人员提供操作便利的人员、设备和过程相互作用的结构体。

物流信息系统的层次结构见图1.4。物流信息系统的功能结构见图1.5。

图1.4 物流信息系统的层次结构   图1.5 物流信息系统的功能结构

2．物流系统的模式

物流系统与一般系统一样，具有输入、输出、处理（转化）、限制（干扰）、反馈等功能。

（1）输入。

通过提供资源、能源、机具、劳动力、劳动手段等，对某一系统发生作用，称这一作用为外部环境对物流系统的"输入"。物流系统的输入内容有：各种原材料或产品、商品，生产或销售计划，需求或订货计划，资源，资金，劳力，合同，信息等。

（2）输出。

物流系统的输出内容有：各种物品的场所转移，各种信息报表的传递，各种合同的履行，各种良好优质服务。

物流系统以其本身所具有的各种手段和功能，在外部环境一定的制约作用下，对环境的输入进行必要的处理（转化），使之成为有用（有价值）的产品，或使其位置转移及提供其他服务等，称之为物流系统的"输出"。

（3）处理（转化）。

物流系统本身的处理（转化）过程，即从"输入"到"输出"之间所进行的生产、供应、销售、回收、服务等物流业务活动，物流系统的处理包括：各种生产设备、设施（车间、机器、车辆、库房、货物等）的建设，各物流企业进行的物流业务活动（运输、储存、包装、装卸搬运等），各种物流信息的数据处理，各项物流管理工作。

（4）限制（干扰）。

由于外部环境也因资源条件、能源限制、需求变化、运输能力、技术进步以及其他各种因素的影响，而对物流系统施加一定的约束，统称为外部环境对物流系统的限制或干扰。对物流系统的限制（干扰）有：资源条件、能源限制、资金力量、生产能力、价格影响、需求变化、市场调节、仓库容量、运输能力、政策性波动等。

（5）反馈。

物流系统在将"输入"转化为"输出"的过程中，由于受系统内外环境的限制、干扰，不会完全按原来的计划实现，往往使系统的输出未达到预期的目标（当然，也有按计划完成生产或销售物流业务的），因此，需要把"输出"结果返回给"输入"，这就是"信息反馈"。物流系统的反馈内容有：各种物流活动分析，各种统计报表、数据，典型调查，工作总结，市场行情信息，国际物流动态等。

3．物流系统的目标

物流系统的目标是降低物流成本，提高物流服务质量，输出"价廉物美"的物流产品（服务）。

（1）服务性（service）。在为用户服务方面要求做到无缺货、无货物损伤和丢失等现象，且费用便宜。

（2）快捷性（speed）。要求把货物按照用户指定的地点和时间迅速送到。为此可以把物流设施建在供给地区附近，或者利用有效的运输工具和合理的配送计划等手段。

（3）安全性（safety）。尽量保证货物运输途中的安全，装卸、搬运过程中的安全和保管阶段的安全；尽可能地减少客户的订货断档。

（4）有效的利用面积和空间（space saving）。虽然我国土地费用比较低,但也在不断上涨。特别是对城市市区面积的有效利用必须加以充分考虑。应逐步发展立体化设施和有关物流机械,求得空间的有效利用。

（5）规模适当化（scale optimization）。应该考虑物流设施集中与分散的问题是否适当,机械化与自动化程度如何合理利用,情报系统的集中化所要求的电子计算机等设备的利用等。

（6）库存控制（stock control）。库存过多则需要更多的保管场所,而且会产生库存资金积压,造成浪费。因此,必须按照生产与流通的需求变化对库存进行控制。

上述物流系统化的目标简称为"6S",要发挥以上物流系统化的效果,就要进行研究,把从生产到消费过程的货物量作为一贯流动的物流量看待,依靠缩短物流路线,使物流作业合理化、现代化,从而降低其总成本。

密歇根大学的斯麦基教授倡导的物流系统的目标由"7R"组成：right quality（优良的质量）、right quantity（合适的数量）、right time（适当的时间）、right place（恰当的场所）、right impression（良好的印象）、right price（适宜的价格）、right commodity（适宜的商品）。

上述"7R"是在 E.格罗斯范德·普洛蒙所说的物流系统五个"适当"（right）的基础上发展而来的。

4. "效益背反"问题

这里需要注意的是,物流的各项活动（运输、保管、搬运、包装、流通加工）之间存在"效益背反"（trade off）,所谓"效益背反",是指"对于同一资源（例如成本）的两个方面处于相互矛盾的关系之中,想要较多地达到其中一个方面的目的,必然使另一方面的目的受到部分损失"。下面是"效益背反"的几个现象：

（1）减少库存据点并尽量减少库存,势必使库存补充变得频繁,必然增加运输次数；

（2）简化包装,则包装强度降低,仓库里的货物就不能堆放过高,这将降低保管效率。而且在装卸和运输过程中容易出现破损,以致搬运效率下降,破损率增多；

（3）为了避免断档,就要增加库存量,仓储费用就会上升；

（4）将铁路运输改为航空运输,虽然运费增加了,运输速度却大幅度提高了。不但减少了各地物流据点的库存,还大量减少了仓储费用。

由于各物流活动之间存在着"效益背反",因而就必须研究总体效益,使物流系统优化。

物流系统是为达成物流目的的有效机制。物流的各项活动如运输、保管、搬运、包装、流通加工等都各自具有提高自身效率的机制,也就是说,运输系统、保管系统、搬运系统、包装系统、流通加工系统等分系统都会以实现其最佳效益为目的。这些系统之间存在着"效益背反",物流系统就是要调整各个分系统之间的矛盾,把它们有机地联系起来,使之成为一个整体,追求"以低物流成本向顾客提供优质物流服务",实现整个物流系统的最佳效益。

1.3.2 物流系统的特点

物流系统本来就是客观存在的,但一直未为人们所认识,因而人们未能能动地利用系统的优势。物流系统的各个要素在长期的社会发展历程中都已有了较高的水平,因此,一旦形成物流观念,按新观念建立物流系统,就会迅速发挥系统的总体优势。从这个意义上来讲,物流系统是现代科技及现代观念的产物。

物流系统具有一般系统所共有的特点,即整体性、相关性、目的性、环境适应性,同时还具有规模庞大、结构复杂、目标众多等大系统所具有的特征。

1. 物流系统是一个"人—机系统"

物流系统由人和形成劳动手段的设备、工具所组成。它表现为物流劳动者运用运输设备、装卸搬运机械、仓库、港口、车站等设施,作用于物资的一系列生产活动。在这一系列的物流活动中,人是系统的主体。因此,在研究物流系统的各个方面时,把人和物有机地结合起来,作为不可分割的整体加以考察和分析,而且始终把如何发挥人的主观能动作用放在首位。

2. 物流系统是一个大跨度系统

这反映在两个方面:一是地域跨度大,二是时间跨度大。国际间物流的地域跨度之大自不待言。即使是企业间物流,在现代经济社会中,跨越不同地域也是常有的事。时间跨度大指的是有些商品从开始准备生产到最终被消费者使用,间隔的时间很长。大跨度系统带来的主要问题是管理难度较大,对信息的依赖程度高。

3. 物流系统稳定性较差而动态性较强

物流系统和生产系统一个重大区别在于,生产系统按照固定的产品、固定的生产方式,连续或不连续生产,少有变化,系统稳定的时间较长。而一般的物流系统,总是连结多个生产企业和用户,随需求、供应、渠道、价格的变化,系统内的要素及系统的运行经常发生变化,难以长期稳定。

稳定性差、动态性强带来的主要问题是要求系统有足够的灵活性与可改变性,这自然会增加管理和运行的难度。

4. 物流系统属于中间层次系统范畴,本身具有可分性

物流系统可以分解成若干个子系统;同时,物流系统在整个社会再生产中又主要处于流通环节中,因此它必然受更大的系统如流通系统、社会经济系统制约。这一点对物流系统给予了界定,对物流系统起到了约束作用。

5. 物流系统是一个复杂系统

物流系统要素本身便十分复杂。如物流系统运行对象——"物",遍及全部社会物质资源,将各种经济产品的复杂性集于一身,不可能不引起物流系统的复杂;此外,物流系统要素间的关系也不如某些生产系统那样简单。这就增加了系统的复杂性。

6. 物流系统结构要素间有非常强的"背反"现象

对于"交替损益"或"效益背反"现象,在处理时稍有不慎就会出现系统总体恶化的结果。发生这种现象的主要原因是物流系统的"后生性"。物流系统中许多要素,在按新观

念建立物流系统前,早就是其他系统的组成部分,因此,往往受原系统的影响和制约而不能完全按物流系统的要求运行。

1.3.3 物流系统素质的提升

物流系统的素质是组成系统各种要素的质量及将各种要素有机结合在一起的能力,是影响物流系统状态的各种内在因素的综合特性。物流系统素质构成见图1.6。

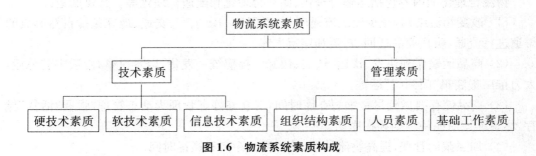

图 1.6 物流系统素质构成

1. 物流系统技术素质提升

加强现有物流设施、设备的技术改造,提高物流作业的省力化、机械化、自动化水平。积极采用现代物流技术(如条形码、立体库、集装单元技术等),因地制宜,循序渐进,逐步实现物流“硬件”的现代化。

运用现代物流科学的理论与方法,研究与改善物流的活动过程,提高物流计划与控制的系统性、科学性,充实和完善物流评价指标体系,逐步实现物流“软件”的现代化。

企业物流管理信息系统要逐步由人工系统向计算机系统发展,由分散管理向系统管理发展,由业务型向决策型发展,由计算机单机向网络发展。一个完善的计算机管理信息系统是物流系统化、现代化的重要标志。

2. 物流系统管理素质提升

改变传统的分散管理模式,加强物流管理部门之间的相互协调,逐步建立和健全能够对物流进行系统管理的组织结构。

加强物流人员的物流科学教育和岗位培训,引进物流管理专门人才,强化领导的现代物流意识,全面提高物流系统的人员素质。

运用现代物流科学理论,对企业有关物流管理的基础工作进行必要的改进,特别要重视物流成本数据的积累、物流标准化、物流质量保证体系等方面的工作,为物流合理化奠定基础。

1.3.4 物流系统合理化

所谓物流系统合理化,就是根据物流系统中的各种职能因素的相互联系、相互制约、相互影响的关系,把物流中的运输、保管、包装、装卸搬运、流通加工、配送以及物流信息等作为一个系统来研究、规划、组织与管理,使整个物流过程最优化;以较低的物流成本,以适当的数量、质量、时间、地点、价格、服务将物资送到各使用地。企业物流合理化涉及多方面的内容,如各种设备、设施在生产空间的合理布局,以减少物流量;合理控制库存,以减少资金占用等。物流合理化的基本方法是改变物流结构,充分利用空间,提高物流效益。物流合理化具体表现为以尽可能低的物流成本,获得尽可能高的服务水平,也就是说,要低费用、高效率地进行物流管理。

1. 物流合理化的要点

物流合理化的内容包括运输合理化、储存合理化和配送合理化等。其要点是:

(1) 改变物流结构,减少商品流通环节,提倡按一定生产、交通、地理条件自然形成的渠道进行流通,防止商品迂回、对流和层层入库。

(2) 商品运输做到快发、快运、快装、快卸。提倡统一发货,以零拼整,然后中转分运,大力推广集装箱"门到门"运输。

(3) 商品储存要做到尽量缩短在库时间,变仓储静态管理为动态管理,强调"活货"储存,尽量缩短商品待运期和在库期。

(4) 加强搬运管理,提高物流效率,缩短搬运距离和搬运时间。

2. 物流合理化的两个阶段

要使物流合理化,可以分两个阶段来讨论。

(1) 第一阶段:使构成物流活动的包装、运输、配送、保管、装卸搬运、流通加工和信息处理等各种个别的活动实现合理化。

关于包装,主要存在诸如采用什么样的包装种类才能适合作为包装对象的商品的要求,以及采用纸箱包装时,如何确定其尺寸、形状和强度等与物流有关的问题。

关于运输,作为运输方法,可以选用卡车、铁路、船舶、飞机、集装箱等运输工具,如使用卡车时,是使用自备卡车,还是使用运营卡车。各种运输方式各有优缺点,采用哪一种方法才是最经济、最合理的方法,此类问题值得研究。关于配送,同样存在着合理化问题,如配送中心的选址,配送方式的选择,配送路线的安排等等。

在保管的问题上,也存在着是选用自备仓库还是营业仓库更经济、更方便的问题。另外,如果建设自备仓库,也存在着是建造单层仓库、多层仓库还是高层自动化仓库,以及仓库采用架式结构还是棚式结构的问题。

在装卸搬运中,也存在许多问题。比如,在考虑以托盘将货物成组并使用叉式装卸车进行装卸搬运时,就存在着在种种叉式装卸车中,哪一种叉式装卸车最适合对象货物的装卸搬运作业的问题;在使用传送带或其他自动搬运机械时,也存在着使用方法的问题。

至于与物流有关的信息,也是最引人关注的问题。物资实际流动的背后,必然会发生信息的传递。如何制作作为信息传递媒介物的出库单证和发运单证,以及通过什么终端将这些信息储存于电脑中,和如何使用电脑处理的结果等,都是与所谓物流信息体系的设计和改善有关的问题。

与此同时,流通加工也作为新的与物流有关的问题而出现了。例如,最好在物流过程的哪一部分进行流通加工,以及流通加工的方法是否有实现机械化或自动化的可能性等问题。

综上所述,物流合理化的第一阶段的首要任务是使上述各种活动达到合理化的要求。为了实现这一要求,除了引进必要的设备和工具之外,改善操作方法也是至关重要的。各职能部门致力于所承担的工作任务的合理化,是使成果提高的第一步。

不过,物流的合理化并不是仅靠这种第一阶段的工作就能充分完成的。也就是说,仅仅依靠各职能部门在合理化方面的单独努力,并不能充分地实现整个物流的合理化。

(2) 第二阶段:通过"整体思考",使物流系统合理化。

由于物流各活动之间存在着交替损益的关系,因此,一个部门的合理化并不表示物流整体的合理化,即一个部门的最优并不能解决物流整体的合理化问题。如果将仅从个别部门考虑的方法称为"局部思考",那么,以整体目的为主的考虑方法,可称为"整体思考"。要实现物流合理化,必须用系统工程的方法,设计、组织各项业务活动。而运输、配送、储存、包装、装卸搬运以及流通加工等,是物流大系统中的各个子系统。物流合理化,不仅是追求物流某一环节或某个子系统的合理化,而是谋求物流系统整体的合理化。只有这样,才能设计出最优的物流合理化方案,才能使得企业和社会的经济效益最大化。

3. 物流合理化的措施

物流管理的目的,是实现物流的合理化,物流合理化的内容是相当广泛的,如运输的合理化、储存的合理化、配送的合理化,等等。为实现物流的合理化,主要有以下几项措施:

(1) 计划化。计划化是实现物流合理化的首要条件,也是提高物流服务质量的一个标志。在物流活动中,特别在一些交通拥挤的大城市,要实现订货、送货的计划化。有的按固定发货路线,有的按发货地区,有的天天送货,有的隔日送货等等。这样,物流企业可以按用户要求的时间、地点,有计划地如期送货到家,减少无效运输,使用户满意。

(2) 共同化。物流的共同化,就是一些物流中心和运输企业,把发往同一地区、同一方向的货物,在计划化的基础上,通过协作混装的形式,进行集中配送,可以提高汽车的装载效率,降低物流成本。如我国商业部门储运企业的合装整车集中运输,运输部门的集装箱拼箱就属此类。

(3) 直运化。在组织配送货物时,尽量减少中间环节,特别是物流环节,把货物直接运到销地或用户。这亦称为"短路化",即在规划运输线路时,选择最短的距离,制定最优的运输方案,以降低运输费用。

(4) 大量化。随着人们消费水平的提高和消费习惯的变化,对物流的要求正向"多品种、小批量、多频度、时间快"的趋势发展。为了克服"零星订货、分散发运"的问题,各大批发公司在各地设立的分销店、特约店等基层网络,接受用户订货后,集中汇总到公司,由公司、批发站或物流企业统一组织大批量的发货。

(5) 社会化。第三方物流的产生与发展,使得各生产企业专心于核心业务,集中精力,强化主业,降低物流成本,扩大公司业务能力。

1.4 物流的发展过程及发展趋势

20 世纪 50 年代至今,社会物流与企业物流都有了很大发展,新概念与新技术层出不穷,各发达国家由于各自经济环境的不同,其物流的发展及其管理模式也有所不同。

1.4.1 物流发展过程

西方国家一般将物流的发展过程分为以下三个阶段:

(1) 第一阶段:实体分配阶段(physical distribution,PD)。

最早(20 世纪五六十年代)对物流的研究,在整个经济活动中局限于销售范畴。随着市场环境的改变,即由卖方市场变为买方市场,使生产企业不得不把注意力集中到产成品的销售上。这一阶段,物流管理的特征是注重产成品到消费者的物流环节。

(2) 第二阶段:综合物流阶段(integrated logistics management,ILM)。

20 世纪七八十年代,随着国际经济一体化的发展,全球性竞争加剧,促使企业不断寻求采用新的物流管理技术。企业认识到把物料管理(material management,MM)与实体分配(PD)结合起来,把物流系统中的各个环节作为统一的连续过程,可以更有效地运作和大幅提高效益,"MM"与"PD"的结合是这一阶段的特征。

(3) 第三阶段:供应链管理阶段(supply chain management,SCM)。

20 世纪 80 年代后期和 90 年代,由于一系列外部因素的变化,企业(特别是许多大型跨国公司)开始把着眼点放在物流活动的全过程,包括原材料的供应商和制成品的分销商的整个生产过程和流通过程,这就形成了所谓的供应链或物流管道(logistics pipeline)的概念。供应链管理指的是全过程中的一切相关活动及其信息系统的综合管理。供应链或管道方法能节省成本费用,压缩订货周期,提高资金利用率和提高职务水平。物流活动全过程的有机整合是这一阶段的特征。

1.4.2 物流的发展趋势

21 世纪全球经济将进一步增长,尤其是发展中国家的经济增长将不可抑制。伴随着经济增长,全球物流将会得到极大发展,发展中国家物流将迎来前所未有的发展机遇。根据国内外物流发展情况,可以将 21 世纪物流的发展趋势归纳为信息化、自动化、网络化、智能化、柔性化、标准化、社会化。

1. 信息化

现代社会已经步入了信息时代,物流的信息化是整个社会信息化的必然需求。物流的信息化表现为物流信息的商品化、物流信息收集的数据库化和代码化、物流信息处理的电子化和计算机化、物流信息传递的标准化和实时化、物流信息存贮的数字化等。因此,条形码技术、无线射频(RFRD)技术、物联网技术、数据库技术、电子订货系统、电子数据交换及快速反应、有效的顾客反应等技术与观念在未来的物流中将会得到普遍采用。信息化是一切的基础,没有物流的信息化,任何先进的技术装备都不可能用于物流领域,信息技术及计算机技术在物流中的应用将会彻底改变世界物流的面貌。

2. 自动化

自动化的基础是信息化,自动化的核心是机电一体化,自动化的外在表现是无人化,其效果是省力化。物流自动化的效果还有:扩大物流作业能力,提高劳动生产率,减少物流作业的差错等。物流自动化的设施非常多,如条码、语音、射频自动识别系统、自动分拣系统、自动存取系统、自动导向车、无人机、货物自动跟踪系统等。这些设施在发达国家已经普遍用于物流配送,在中国,这些自动化技术的普遍应用还需要相当长的时间。

3. 网络化

物流领域网络化的基础也是信息化,这里指的网络化趋势有两层含义,一是物流配送系统的计算机通信网络,包括物流配送中心与供应商或制造商的联系要通过计算机网络,另外,与下游顾客之间的联系也靠计算机网络通信,比如物流配送中心向供应商提出订单这个过程,就会使用计算机通信方式,借助于增值网上的电子订货系统和电子数据交换来自动实现,物流配送中心通过计算机网络收集下游客户订货的过程也可自动进行。二是组织的网络化。比如台湾地区的电脑业在 20 世纪 90 年代创造出了"全球运筹式产销模式",这种模式的基本方式是按客户订单组织生产,生产采取分散形式,即将全世界的电脑制造资源都利用起来,采取外包的形式将一台电脑的所有零部件、元器件、芯片外包给世界各地的制造商去生产,然后通过全球的物流网络将这些零部件、元器件、芯片发往同一个物流配送中心进行组装,由该物流配送中心将组装的电脑迅速发送给订户。这一过程需要有高效的物流网络支持,当然,物流网络的基础是信息、电脑网络。

物流的网络化是物流信息化的必然,当今世界互联网等全球网络资源的可用性及网络技术的普及为物流的网络化提供了良好的外部环境,物流的网络化趋势已不可阻挡。

4. 智能化

这是自动化、信息化的一种高层次应用,物流作业过程涉及大量的运筹和决策,如库存水平的确定、运输路径的选择、自动导向车的运行轨迹和作业控制、自动分拣机的运行、物流配送中心经营管理的决策支持等问题都需要借助大量的知识才能解决。在物流的自动化进程中,物流的智能化是不可回避的技术难题。专家系统、机器人等相关技术在国际上已经有比较成熟的研究成果,为了提高物流自动化的质量,物流的智能化已经成为物流发展的一个新趋势。

5. 柔性化

柔性化本来是生产领域提出来的,但需真正做到柔性化,即真正能根据消费需求的变化来灵活调整生产工艺,没有配套的柔性化的物流系统是不可能达到目的的。20 世纪 90 年代,国际生产领域纷纷推出弹性制造系统、计算机集成制造系统、制造资源系统以及供应链管理的概念和技术,这些概念和技术的实质是要将生产、流通进行集成,根据需求端的需求组织生产,安排物流活动。因此物流的柔性化正是适应生产、流通与消费的需求而表现出来的一种发展趋势。这就要求物流配送中心要根据消费需求"多品种、小批量、多批次、短周期"的特色,灵活组织和实施物流作业。

此外,物流设施、设备及商品包装的标准化,物流的社会化和共同化等也都是今后国际物流发展的方向。

1.4.3　中国将加快现代物流建设

中华人民共和国国家发展和改革委员会(简称发改委)在 2015 年 8 月 13 日下发了《关于加快实施现代物流重大工程的通知》(以下简称《通知》),《通知》指出,将进一步加大工作力度,推进现代物流加快发展,引领社会资本重点投向与"一带一路"、京津冀协同发展、长江经济带、自贸区等国家战略相匹配的物流工程,重点提高沿带、沿路、沿江和京津冀区域内的物流基础设施水平,促进互联互通。

《通知》要求,到 2020 年,依托覆盖全国主要物流节点的物流基础设施网络,基本建立布局合理、技术先进、便捷高效、绿色环保、安全有序的现代物流服务体系。物流的专业化水平进一步提高:物流业增加值年均增长 8％左右,物流业增加值占国内生产总值的比重达到 7.5％左右,第三方物流比重由目前的约 60％提高到 70％左右。物流基础设施及运作方式衔接更加顺畅:形成资源集聚和辐射力强的全国物流园区网络,建成一批具有多式联运功能的重要物流节点,各种运输方式顺畅衔接和高效中转,甩挂运输、共同配送等现代物流运作方式较快发展。物流企业竞争力显著增强:物流企业一体化、网络化经营能力进一步提高,信息化和供应链管理水平明显提升,形成一批具有国际竞争力的大型综合物流企业集团和物流服务品牌。物流整体运行效率显著提高:到 2020 年,全社会物流总费用与国内生产总值的比率在目前 16.6％的基础上再下降 1 个百分点,物流业对国民经济的保障和支撑作用进一步增强。

《通知》指出,实施"现代物流重大工程",重点引领企业开展 10 个领域的项目建设。其中,多式联运工程重点是建设现代化的中转联运设施,包括港口的铁路和公路转运货场、集疏运设施、铁路集装箱中心站、内陆城市和港口的集装箱场站建设等;物流园区工程重点是物流园区转运基础设施、现代化立体仓库和信息平台建设,以及先进运输方式、物流技术、设备应用等;农产品物流工程重点是建设大宗鲜活农产品产地预冷、冷藏保鲜、冷链运输等设施;制造业物流与供应链管理工程重点是建设与制造业企业紧密配套、有效衔接的仓储配送设施、信息平台等,传统运输、仓储企业向供应链上下游延伸,提供采购、入厂、交付、回收等物流服务项目;资源型产品物流工程重点是煤炭、石油、铁矿石等物流集散中心建设;城乡物流配送工程重点是连锁企业跨区域配送中心、城乡配送中心、末端配送网点物流基础设施建设等;电子商务物流工程重点是电子商务仓储配送基地、与跨境电子商务相关的快递转运中心建设等;物流标准化工程重点是仓储和转运设施、运输工具等标准化建设和改造,以及托盘等标准化设备推广应用;物流信息平台工程重点是综合运输信息、"公路港"、物流资源交易、大宗商品交易等信息平台建设;应急物流工程重点是建设应急仓储、中转、配送设施,提升应急物流设施设备的标准化和现代化水平。

《通知》强调,各省(区、市)要多渠道增加对现代物流重大工程项目的投入,引导银行业金融机构加大对物流企业的信贷支持,为重大项目建设提供更便利的融资服务。支持企业通过发行公司债券、非金融企业债务融资工具、企业债券和上市等多种方式拓宽融资渠道,开展重大项目建设。今后,发改委用于物流领域的中央预算内投资原则上将全部用于支持现代物流重大工程项目,并研究建立推进现代物流重大工程建设与安排中央预算内投资相挂钩的机制。发改委也将积极协调有关部门在政策允许的范围内对列入现代物流重大工程的项目给予一定的土地、规划、融资等政策支持。

本章小结

物流是物品根据实际需要,将运输、储存、装卸搬运、包装、流通加工、配送、信息处理等基本功能实现有机结合的,从供应地向接收地的实体流动过程。随着社会的进步发展,现代物流的作用越来越重要。

从传统物流到现代物流,从单一功能的物流形式到综合物流,无论国内还是国外,物流的发展不仅与社会经济和生产力的发展水平有关,而且与科学技术发展的水平有关。

物流系统是一个复杂和"效益背反"的动态系统,实现物流的合理化需要把内部和外部作为一个系统整体来考虑。

发展物流的根本目的是降低物流成本,挖掘企业的"第三利润源泉"。

现代物流的发展趋势可归纳为信息化、自动化、网络化、智能化、柔性化、标准化、社会化。

复习与思考

1. 简述物流的概念与国内外的发展情况。
2. 物流系统的目标有哪些?它们之间存在哪些冲突?
3. 简述物流合理化的要点和措施。
4. 物流最大的成本节约机会是什么?
5. 中国如何发展物流产业才能适应国民经济的需要?

案例分析

□ 沃尔玛的物流管理及其在中国的变形

2002年,沃尔玛公司以2 198.12亿美元的销售收入赫然位居《财富》杂志公布的当年美国500家最大公司榜首(2003年全美500强企业排名,沃尔玛再拔头筹,连续第二年夺冠,该公司营业收入较上年续增加12%,达到2 465亿美元)。这使沃尔玛不仅成为零售业的奇迹,而且成为世界经济的奇迹。究其成功的原因,主要是沃尔玛建立起一个"无缝"快速高效的现代化物流管理系统,为商店和顾客提供最为迅速和便利的服务,企业界一致认为沃尔玛的物流管理是现代物流管理的典范。

沃尔玛从20世纪70年代初期就已经开始着手建立自己的商品配送中心,70年代末期,沃尔玛将当时最新的两项物流技术——电子数据交换(EDI)和交叉作业运用到了其物流中心的管理中,到80年代初,沃尔玛已经建成了完整科学的电子数据交换系统。20世纪90年代初,沃尔玛又通过购买一颗专用卫星来传送公司的数据及其信息。这种基于卫星技术的配送中心数据交换系统,将沃尔玛的各个店面、配送中心与其供应商之间实现了有效连接。世界上发达国家一般商业企业的商品配送成本占其商品销售额的5%左右,而沃尔玛由于使用了以卫星技术为基础的电子数据交换系统的商品配送中心,其商品配送成本只占其销售额的3%。仅就这一项,沃尔玛比竞争者每年就可节省近8亿美元的商品物流成本。沃尔玛使用以卫星技术为基础的电子数据交换系统的商品配送中心,不仅大大节省了商品的配送成本,而且使货物和信息在供应链中始终处于快速物流的状态,大大提高了供应链的运作效率。通过将供应商的计算机系统与沃尔玛的计算机系统连为一体,供应商每天能够从沃尔玛的计算机系统获取各种信息数据。任何一个供应商都可以进入沃尔玛的计算机系统,了解它们自己商品的销售状况,进行及时的调整与更新。一般来说,沃尔玛的计算机系统会向供应商提供此前100个星期内供应商提供的商品销售记录,而且这种信息只能让不同供应商自己获得,不同供应商的商品销售信息是绝对保密的。20世纪80年代后期,沃尔玛从下订单到货物到达各个店面的时间一般在30天左右,由于使用了以卫星技术为基础的电子交换系统的商品配送中心,这个时间仅为2—3天。这种现代物流技术大大加快了物流速度,为沃尔玛赢得了大量的物流利润。2002年沃尔玛在美国拥有3 000多家连锁店,在海外拥有1 000多家连锁店,员工近90万人,2001年沃尔玛的身价达近800亿美元,2002年沃尔玛一跃成为世界500强之首。

为了保证供应链的平稳、光滑、顺畅,沃尔玛不管物流项目大小,把所有的物流过程集中到一个伞形的结构之下,每一个供应商都是其供应链条中的一个环节。首先,沃尔玛的供应商将商品价格标签和UPC(统一产品码)条码贴好,运到沃尔玛的商品配送中心。沃尔玛商品配送中心根据每个店面的货物需求量对商品进行就地筛选、重新打包,从"配区"运到"送区"。其次,沃尔玛配送中心配备了激光制导的传送带,货物成箱被送上传送带,在传送过程中激光扫描货物箱上的条码,将货物依条码排队并明确其运载工具,从而使沃尔玛商品配送中心基本上做到了货不闲存,在48小时以内,装箱的商品从一个卸货处运到另一卸货处,而不在库房里浪费宝贵的时间。这种类似网络零售商的"零库存"做法使得沃尔玛每年可以节省数百万美元的仓储费用。目前,沃尔玛近90%的商品都是由公司的配送中心供应,而其竞争对手仅能达到50%的水平。沃尔玛尽管有时采用空中运输,有时采用水路运输,有时采用铁路运输,有时采用公路运输(在中国,沃尔玛100%采用公路运输),但在沃尔玛的每一种运载工具都配有一台小型电脑,通过卫星能与总部及时联系,总部可以通过全球定位系统得知每一单货所在的位置。据说,沃尔玛在信息技术方面的投资已经超过了美国五角大楼。所以,沃尔玛的物流管理是世界上最先进的。

1996年沃尔玛进入中国后,相比家乐福等竞争对手,其开店速度要缓慢得多。至2002年,沃尔玛在中国不过20家店,以广东、福建等南部沿海城市为据点,难以深入北方京津腹地。因为沃尔玛在中国只有20多家分店,还不能建立像美国那样的商品配送中心,规模效果显现不出来。在中国现有情况下,沃尔玛只在深圳蛇口建立了一家技术层面较低的小型商品配送中心。建立这样的物流配送中心不但起不到降低成本的作用,近10亿人民币的建设费用反而会使成本上升。6年来,沃尔玛在中国尚未摆脱亏损命运。为了与家乐福等竞争对手的竞争,沃尔玛物流管理在中国进行了变通。

沃尔玛的物流管理在中国的变通之一表现在"伸手向供应商要钱"。国内的众多零售连锁商大多通过损害供货商的利益来获取赢利,如向供应商收取上架费、服务费,甚至收取条码费等,也使供货商叫苦不迭。尽管沃尔玛一直秉承传统的"供应链制胜"的理念,不向供应商收取上架费,而是通过以最短时间和供应商结账,帮助供应商改进工艺,提高质量,降低劳动力成本,分享沃尔玛的信息系统等,由此博得了供应商的信赖,实现双方的互赢,但目前在中国,沃尔玛对供应商的付款结算周期也在延长。在深圳,店面最初铺货的某些费用也要由供应商负责。

变形之二则是由完全直购变成了弹性直购。沃尔玛的惯例是避开中间环节从制造商处直接进货。但是在中国,如果沃尔玛单个搜寻各制造商,采购成本将会更高。为了降低采购成本,沃尔玛把贸易商当成合作伙伴,依靠贸易商和制造商的亲密关系以解决沃尔玛当前中国商店的采购问题。2002年9月,沃尔玛中国公司的高级总监艾文纳在厦门和400多家中小型进出口贸易商洽谈合作事宜。

2002年,沃尔玛的全球采购办从香港迁到了深圳,10月在上海成立了采购分部。沃尔玛也有意在武汉和天津建立北方区物流配送中心,满足沃尔玛在中国北方区各店的配货需求。中国零售业、进出口贸易权、物流业的进一步开放,也会有助于沃尔玛在中国发展脚步的提速。

资料来源:李晏墅:《沃尔玛的物流管理及其在中国的变形》,《经济管理》2003年第1期,编者进行了适当的压缩和调整。

思考题

1. 沃尔玛是如何通过物流活动的管理在市场上取得竞争优势的?

2. 沃尔玛的物流系统为什么在中国需要变形?请在本案例的基础上结合中国的实际,分析说明影响企业物流活动的因素包括哪几方面。

3. 请结合本案例说明物流活动对企业经营有何重要意义?

第2章　物流的基本活动

物流活动 logistics activity/logistics operation　　装卸 loading and unloading
运输 transportation　　搬运 material handling
仓储 warehousing and storage　　货物包装 packaging
配送 distribution　　流通加工 distribution processing

物流活动——物流诸功能的实施与管理过程

构成企业物流管理(供应链管理)的活动因企业而异,取决于企业特殊的组织结构、管理层对物流范畴的不同理解,以及单项活动对运作的不同重要作用。

美国物流管理协会(CLM)认为一个典型物流系统的组成要素包括:客户服务(customer service)、需求预测(demand forecasting)、分拨系统管理(distribution communication)、库存控制(inventory control)、物料搬运(material handling)、订单处理(order processing)、零配件和服务支持(parts and service support)、工厂和仓库选址(plan and warehouse site selection)、定位分析(location analysis)、采购(purchasing)、包装(packaging)、退货处理(return goods handling)、废弃物处理(salvage and scrap disposal)、运输管理(traffic and transportation)、仓储管理(warehousing and storage)。

我国的物流定义中提到了"运输、储存、装卸、搬运、包装、流通加工、配送、信息处理等"具体活动。

事实上,无论是传统物流,还是现代物流,运输和仓储都是最基本的活动,而在一定范围内将两者有机结合起来的配送活动在现代物流中崭露头角,备受关注。从空间上看,物流系统是一个由线和点构成的网络。线上的活动就是运输,点上的活动就是仓储及一些辅助作业。作为物流辅助功能出现的装卸搬运、货物包装、流通加工三大作业普遍存在于物流过程中,同样影响着物流的成本和物流服务的质量。

2.1　运　输

2.1.1　运输在物流中的作用

现代物流的产生与发展,促进了运输业的日臻完善并发挥更重要的作用。在物流体系的所有动态功能中,运输功能是核心之一。

1. 运输的功能

通过考察运输的功能,我们可以深入地理解运输在物流中的作用。

运输有两大主要功能。

(1) 产品转移。

无论产品处于哪种形式,是材料、零部件、装配件、在制品,还是制成品,也不管是在制造过程中将被转移到下一阶段,还是更接近最终的顾客,运输都是必不可少的。运输的主要功能就是产品在价值链中来回移动。由于运输需要利用时间资源、财务资源和环境资源,所以,只有当它确实提高产品价值时,该产品的移动才是重要的。

运输的主要目的就是要以最低的时间、财务和环境资源成本,将产品从原产地转移到规定地点。此外,产品灭失损坏的费用也必须是最低的;同时,产品转移所采用的方式必须能满足顾客有关交付履行和装运信息的可行性等方面的要求。

(2) 产品储存。

对产品进行临时储存是一个不太寻常的运输功能,也即将运输车辆临时作为储存设施。然而,如果转移中的产品需要储存,但在短时间内(例如几天后)又将重新转移的话,那么,该产品在仓库卸下来和再装上去的成本也许会超过储存在运输工具中每天支付的费用。

2. 运输在物流中的地位

运输工作是整体物流工作一个十分重要的环节,做好运输工作对企业物流的意义可以体现在以下各主要方面。

(1) 便利和可靠的运输服务是有效组织输入和输出物流的关键。

企业的工厂、仓库与其供货厂商和客户之间的地理分布直接影响着物流的运输费用。因此,运输条件是企业选择工厂、仓库、配送中心等物流设施配置地点需要考虑的主要因素之一。

(2) 运输影响着物流的其他构成因素。

例如:选择的运输方式决定着装运货物的包装要求;使用不同类型的运输工具决定其配套使用的装卸搬运设备以及接收和发运站台的设计;企业库存储备量的大小直接受运输状况的影响,发达的运输系统能比较适量、快速和可靠地补充库存,以降低必要的储备水平。

(3) 运输费用在物流费用中占有很大的比重。

据统计,运输成本超过了总的物流成本的1/3。组织合理运输,以最小的费用、较快的时间,及时、准确、安全地将货物从其产地运到销地,是降低物流费用和提高经济效益的重要途径之一。

3. 运输组织的基本原则

(1) 及时。按照产、供、运、销情况,及时地把货物从产地运到销地,尽量缩短货物在途时间,及时供应,以满足工农业生产和人民生活的需要。

(2) 准确。在货物运输过程中,切实防止各种差错和事故,做到不错不乱,准确无误地完成运输任务。

(3) 经济。采取最经济、合理的运输方案,有效地利用各种运输工具和运输设施。节约人力、物力和运力,提高运输经济效益,降低货物运输费用。

(4) 安全。货物在运输过程中,不发生霉烂、残损、丢失、燃烧、爆炸等事故,保证货物安全运到目的地。

4. 运输和物流工作其他环节的相互关系

(1) 运输与包装的关系。货物包装的材料、规格、方法等都不同程度地影响着运输。作为包装的外廓尺寸,应该与运输车辆或集装箱的内廓尺寸相吻合,这对于提高货物的装载率有着重要意义。

(2) 运输与装卸的关系。运输活动必然伴随有装卸活动。一般来说,运输发生一次,往往伴有两次装卸活动,即运输前和运输后的装卸作业。货物在运输前的装车、装船等活动是完成运输的先决条件,此时,装卸质量的好坏,将对运输产生巨大的影响。装卸工作组织得力,装卸活动开展顺利,都可以使运输工作顺利进行。当货物通过运输到达目的地后,装卸为最终完成运输任务作补充的劳动,使运输的目的最终完成。除此之外,装卸又是各种运输方式的衔接环节,当一种运输方式与另一种运输方式进行必要的变更时,如铁路运输变为公路运输、水路运输变为铁路运输等,都必须以装卸作为运输方式变更的必要衔接手段。

(3) 运输与储存的关系。储存保管是货物暂时停滞的状态,是货物投入消费前的准备。货物的储存量虽然直接决定于需要量(即使用量),但货物的运输批量大小对储存量也会带来重大影响。另外,如果运输活动组织不善或运输工具不得力,就会延长货物在仓库中的储存时间,这会无端增大货物储存量,而且还会造成货物损耗增大。

(4) 运输与配送的关系。在企业的物流活动中,将货物大批量、长距离地从生产工厂直接送达客户或配送中心称为运输;货物再从配送中心就近发送到地区内各客户手中称为配送。关于两者的区别可以概括成以下几个方面,如表 2.1 所示。

表 2.1 企业物流运输和配送的区别

运　输	配　送
长距离大量货物的移动	短距离少量货物的移动
据点间的移动	企业送交客户
地区间货物的移动	地区内部货物的移动
一次向一地单独运送	一次向多处运送,每处只获得少量货物

5. 运输管理的意义

物流企业或运输企业的管理,就是对整个运输过程的业务活动——运输市场、发运、接运、中转,对人力、运力、财力和运输设备等进行合理组织,统一使用,调节平衡,监督完成。以求用同样的劳动消耗(活劳动和物化劳动),运输较多的货物,提高劳动效率,取得较好的经济效益。

2.1.2 各种运输方式比较

运输业是一个大系统。因使用的运输工具不同,运输业这个大系统可以分为几种不同的运输方式:水路运输、陆路运输、航空运输和管道运输。其中,陆路运输又可分为铁路运输和公路运输。

1. 水路运输

水路运输是指使用船舶及其他航运工具,在江河湖泊和海洋上载运货物的一种运输方式。

从技术性能看,水路运输的优点有:

其一,运输能力大。在五种运输方式中,水路运输能力最大,在长江干线,一支拖驳或顶推驳船队的载运能力已超过万吨,国外最大的顶推驳船队的载运能力达 3 万—4 万吨,世界上最大的油船载运能力已超过 50 万吨,最大的矿砂船载运能力已超过 40 万吨,最大的集装箱船载运能力已超过 19 000TEU。

其二,在运输条件良好的航道,通过能力几乎不受限制。

其三,水路运输通用性能也不错,既可运客,也可运货,可以运送各种货物,尤其是大件货物。

从经济技术指标上看,水路运输的优点有:

其一,水运建设投资省。水路运输只需利用江河湖海等自然水利资源,除必须投资购造船舶、建设港口之外,沿海航道几乎不需投资,整治航道也仅仅只有铁路建设费用的 1/5—1/3。

其二,运输成本低。我国沿海运输成本只有铁路的 40%,美国沿海运输成本只有铁路的 12.5%,长江干线运输成本只有铁路的 84%,而美国密西西比河干流的运输成本只有铁路的 25%—33.3%。

其三,劳动生产率高。沿海运输劳动生产率是铁路运输的 6.4 倍,长江干线运输劳动生产率是铁路运输的 1.26 倍。

其四,平均运距长。水路运输平均运距分别是铁路运输的 2.3 倍,公路运输的 59 倍,管道运输的 2.7 倍,民航运输的 68%。

其五,远洋运输在我国对外经济贸易方面占有非常重要的地位,我国有超过 90% 的外贸货物采用远洋运输,是发展国际贸易的强大支柱,战时又可以增强国防能力,这是其他任何运输方式所无法代替的。

从环境保护和节约能源的角度看,水路运输也有明显的优点:公路单位货运量二氧化碳和氮氧化物排放量分别为水路的 2 倍和 3 倍,铁路单位货运量造成的污染是内河水运的 3.3 倍。A.P.穆勒—马士基集团的首席执行官安仕年估计,航运的能源效率比空运高50—100 倍,比公路运输高 10 倍,比铁路运输高 3 倍。

水路运输的主要缺点是:

其一,受自然条件影响较大,内河航道和某些港口受季节影响较大,冬季结冰,枯水期水位变低,难以保证全年通航。

其二,运送速度慢,在途中的时间长,会增加货主的流动资金占有量。

总之,水路运输综合优势较为突出,适宜于运距长、运量大、时间性不太强的各种大宗物资运输以及国际贸易运输。

2. 公路运输

公路运输一般是指汽车运输,具体而言是指一种使用汽车在公路上载运货物的运输方式。它不仅可以直接运或运出货物,而且也是车站、港口和机场集散的重要手段。

公路运输的优点是:

其一,机动灵活,货物损耗少,运送速度快,可以实现门到门运输。

其二,投资少,修建公路的材料和技术比较容易解决,易在全社会广泛发展,可以说这是公路运输的最大优点。

公路运输的主要缺点在于:

其一,运输能力小,每辆普通载重汽车每次只能运送 5 吨货物,长途客车可送 50 位旅客,仅相当于一列普通客车的 1/36—1/30。

其二,运输能耗高,分别是铁路运输能耗的 10.6—15.1 倍,沿海运输能耗的 11.2—15.9 倍,内河运输的 13.5—19.1 倍,管道运输能耗的 4.8—6.9 倍;但比民航运输能耗低,只有民航运输能耗的 6%—8.7%。

其三,运输成本高,分别是铁路运输的 11.1—17.5 倍,沿海运输的 27.7—43.6 倍,管道运输的 13.7—21.5 倍;但比民航运输成本低,只有民航运输的 6.1%—9.6%。

其四,劳动生产率低,只有铁路运输的 10.6%,沿海运输的 1.5%,内河运输的 7.5%;但比民航运输劳动生产率高,是民航运输的 3 倍。此外,由于汽车体积小,无法运送大件物资,不适宜运输大宗和长距离货物;公路建设占地多,随着人口的增长,占地多的矛盾将表现得更为突出。

其五,环境保护差。

因此,公路运输比较适宜在内陆地区运输短途旅客、货物,因而,可以与铁路、水路联运,为铁路、港口集疏运旅客和物资,可以深入山区及偏僻的农村进行旅客和货物运输;在远离铁路的区域从事干线运输。

3. 铁路运输

铁路运输是指在铁路上以车辆编组成列车载运货物的一种方式,是现代最重要的货物运输方式之一。

从技术性能上看,铁路运输的优点有:

(1) 运行速度快,时速一般为 80—120 千米。

(2) 运输能力大,一般每列客车可载旅客 1 800 人左右,一列货车可装 2 000—3 500

吨货物,重载列车可装 20 000 多吨货物;单线单向年最大货物运输能力达 1 800 万吨,复线达 5 500 万吨;运行组织较好的国家,单线单向年最大货物运输能力达 4 000 万吨,复线单向年最大货物运输能力超过 1 亿吨。

(3)铁路运输过程受自然条件限制较小,连续性强,能保证全年运行。

(4)通用性能好,既可运客又可运各类不同的货物。

(5)火车客货运输到发时间准确性较高。

(6)火车运行比较平稳,安全可靠。

(7)平均运距分别为公路运输的 25 倍,为管道运输的 1.15 倍,但不足水路运输的一半,不到民航运输的 1/3。

从经济指标上看,铁路运输的优点有:

其一,铁路运输成本较低,1981 年我国铁路运输成本分别是汽车运输成本的 1/17—1/11,民航运输成本的 1/267—1/97;

其二,能耗较低,每千吨公里耗标准燃料为汽车运输的 1/15—1/11,为民航运输的 1/174,但是这两种指标都高于沿海和内河运输。

铁路运输的缺点是:

其一,投资太高。单线铁路每公里造价为 100 万—300 万元,复线造价在 400 万—500 万元之间。

其二,建设周期长。建设一条干线要 5—10 年,而且,占地太多,随着人口的增长,将给社会增加更多的负担。

因此,综合考虑,铁路适于在内陆地区运送中长距离、大运量、时间性强、可靠性要求高的一般货物和特种货物;从投资效果看,在运输量比较大的地区之间建设铁路比较合理。

4. 航空运输

航空运输包含除旅客之外的符合国家法律法规的所有物品运输活动,它不仅提供专门用于货物运输的飞机,即定期和不定期航空货运航班,而且还利用定期和不定期客运航班进行货物运输。

航空运输的优点是:

一是运行速度快,一般在 800—900 千米/小时,大大缩短了两地之间的送达时间。

二是机动性能好,几乎可以飞越各种天然障碍,可以到达其他运输方式难以到达的地方。

其缺点是:飞机造价高,能耗大,运输能力小,成本高,技术复杂。因此,其只适宜长途旅客运输和体积小、价值高的物资,以及鲜活产品、时令性产品和邮件等货物的运输。

5. 管道运输

管道运输是随着石油和天然气产量的增长而发展起来的,目前已成为陆上油、气运输的主要运输方式,近年来输送固体物料的管道,如输煤、输精矿管道也有很大发展。

管道运输的优点是:

(1)运输量大。几乎相当于一条单线铁路的单方向的输送能力。

（2）运输工程量小,占地少。管道运输只需要铺设管线,修建泵站,土石方工程量比修建铁路小得多。而且在平原地区大多埋在地下,不占农田。

（3）能耗小,在各种运输方式中其能耗是最低的。

（4）安全可靠,无污染,成本低。

（5）不受气候影响,可以全天候运输,送达货物的可靠性高。

（6）管道可以走捷径,运输距离短。

（7）可以实现封闭运输,损耗少。

管道运输的缺点是:

一是专用性强,只能运输石油、天然气及固体料浆（如煤炭等）,但是在它占据的领域内,具有固定可靠的市场。

二是管道起输量与最高运输量间的幅度小,因此,在油田开发初期,采用管道运输困难时,还要以公路、铁路、水路运输作为过渡。

2.1.3　运输合理化

1. 不合理运输

所谓不合理运输,是指违背物资合理调运流向,运输方式选用不当,增加了不必要的运输里程和中转环节的运输。在物流过程中,不合理运输在宏观上主要表现为对流运输、迂回运输、重复运输、倒流运输、过远运输、弃水走陆等;在微观上主要表现为空车行驶或不满载行驶、运输方式选择不当、运力配置不当、运输路线选择不当。产生的原因主要有:生产力布局、运输网配置、物资供应网点分布不尽合理;物资调拨不当;运输工具选择不当;组织管理不善等。不合理运输会导致整个国民经济在运输上的多余消耗,造成运输能力的浪费,而且会延长货物在途时间,增加运输费用。不断改善生产力和交通运输网的布局,加强产品的产、运、销联系,认真搞好运输组织工作,加强运输管理,是减少或避免不合理运输的主要途径。

2. 决定合理运输的诸要素

组织合理运输工作,涉及面广,比较复杂,影响它的因素也很多。要实现运输合理化,起决定作用的有以下五个主要因素,物流业称之为合理运输"五要素"。

（1）运输距离。运输既然是商品在空间的移动,或称"位移",那么,这个移动的距离,即运输里程的远近,是决定其合理与否诸因素中一个最基本的因素。因此,物流部门在组织货物运输时,首先,要考虑运输距离,应实行近产近销,就近运输,勿舍近求远,徒浪费运输吨公里。尤其像中国这样幅员辽阔的大国,要尽量避免过远、迂回运输。

（2）运输环节。在物流过程的诸多环节中,运输是一个很重要的环节,也是决定合理运输的一个重要因素。因为围绕着运输业务活动,还要进行装卸、搬运、包装等工作,多一道环节,需多花很多劳动。所以物流部门在调运物资时,对有条件直运的,尽可能组织直达、直拨运输,使物资不进入中转仓库,越过一切不必要的中间环节,由产地直运销地或用户,减少二次运输。

（3）运输工具。在交通运输日益发展,各种运输工具并存的情况下,必须注意选择运输方式,合理使用运力。要根据不同货物的特点,分别利用铁路、水运或汽车运输,选择最佳的运输方式和路线。应该走水运的不要走铁路,应该用火车的不要用汽车。积极改进车船的装载技术和装载方法,提高技术装载量,使用最少的运力,运输更多的货物,提高运输生产效率。

(4) 运输时间。对物流业来说,为了更好地为顾客服务,及时满足顾客的需要,时间是一个决定性的因素。运输不及时,容易失去销售机会,造成货物脱销和积压。尤其在今天市场变化很大的情况下,时间问题更为突出。所谓"时间就是金钱,速度就是效益",运输工作也不例外。真正的财富在于用尽量小的价值创造出尽量多的使用价值,换句话说,就是在尽量少的劳动时间里创造出尽量丰富的物质财富,所以,在物流过程中,必须特别强调运输时间,要"抢时间,争速度",想方设法加快货物运输,尽量压缩待运期,使大批货物不要长期徘徊停留在运输过程中。

(5) 运输费用。运输费用占物流费的比重很大,它是衡量运输经济效益的一项重要指标,也是组织合理运输的主要目的之一。运输费用的高低,不仅关系到工商企业、物流企业或运输部门的经济核算,而且也影响商品销售成本。

上述这些因素,它们既是互相联系的,又是互相影响的,有时甚至是矛盾的。如在一定的条件下,运输时间快了,费用不一定省;或运输费用省了,而时间却慢了。这就要求进行综合比较分析,寻求最佳运输方案。在一般情况下,运输时间快,运输费用省,是考虑合理运输的两个主要因素,它集中体现了在物流过程中的运输经济效益。

3. **运输合理化的有效措施**

(1) 提高车辆实载率。实载率或称为载重量利用率,通常定义为一定时期内实际完成的货物周转量(吨/千米)占车船载重吨位与行驶距离(千米、海里)之乘积的百分比。在计算车船行的距离(千米、海里)时,不但包括载货行驶距离,也包括空驶距离。

提高实载率的意义在于:充分利用运输工具的额定能力,减少车船空驶和不满载行驶的时间,从而求得运输的合理化。

(2) 减少劳力投入,增加运输能力。这种合理化的要点是少投入、多产出,走高效益之路。运输的投入主要是能耗和基础设施的建设,在设施建设已定型和完成的情况下,尽量减少能源消耗是少投入的核心。这样就能大大节约运费,降低单位货物的运输成本,达到合理化的目的。如在铁路运输中,在机车能力允许的情况下,多加挂车皮;在水路运输中,利用竹、木本身的浮力,实行拖排和拖带法;在内河运输中,将驳船编成队行,由机动船顶推前进;在公路运输,实行汽车挂车运输,以增加运输能力等。

(3) 发展社会化的运输体系。运输社会化的含义是发展运输的大生产优势,实行专业化分工,打破一家一户自成运输体系的状况。一家一户的运输小生产,车辆自有,自我服务,不能形成规模,而且运量需求有限,难于自我调节,因而经常容易出现空驶、运力选择不当、不能满载等浪费现象,且配套的接、发货设施,装卸搬运设施也很难有效运行,所以浪费很大。实行运输社会化,可以统一安排运输工具,避免对流、迂回、倒流、空驶、运力选择不当等不合理形式,不但可以追求组织效益,而且可以追求规模效益,所以发展社会化的运输体系是运输合理化的重要措施。

在社会化运输体系中,各种联运体系是其中水平较高的方式,联运方式充分利用面向社会的各种运输系统,通过协议或合同进行一票到底的运输,有效地提高了运输效率,产生了巨大的社会与经济效益,受到了各方的欢迎。

(4) 开展中短途距离铁路公路分流。在公路运输经济里程范围内,应尽量利用公路运输。这种运输合理化的表现主要有两点:一是对于比较紧张的铁路运输,用公路分流后,可以得到一定程度的缓解,从而加大这一区段的运输能力;二是充分利用公路从门到门和中途运输快且灵活机动的优势,实现铁路运输难以达到的水平。

目前对杂货、日用百货及煤炭等货物较为普遍地运用公路运输,一般认为,目前的公路经济里程为 200—500 千米,随着高等级公路的发展,高速公路网的形成,新型与特殊货车的出现,公路的经济里程有时可达 1 000 千米以上。

(5) 分区产销平衡合理运输。分区产销平衡合理运输,就是在组织物流过程中,对某种货物,使其一定的生产区固定于一定的消费区。根据产销的分布情况和交通运输条件,在产销平衡的基础上,按照近产近销的原则,使货物走最少的里程,组织货物运输。它的适用范围主要是品种单一、规格简单、生产集中、消费分散和生产分散,但消费集中、调运量大的货物,如煤炭、木材、水泥、粮食、生猪、矿建材料等。实行这一办法,对于加强产、供、运、销的计划性,消除过远、迂回、对流等不合理运输,充分利用地方资源,促进生产合理布局,降低物流费用,节约国家运输能力,都有十分重要的意义。

实行产销平衡运输,首先,要摸清物资产销情况,供应区域,运输路线和交通方式,作为制定合理调运方案的依据;其次,划定物资调运区域,即将某种物资的生产区基本上固定于一定的消费区。工业产品以生产地为中心同靠近这一生产地的消费区的产销关系基本固定下来,农副产品以消费城市为中心,同附近的生产地的产销关系基本固定下来,形成一个合理的货物调运区域;再次,绘制合理运输流向图。就是根据已划定的调运区域范围内,按照运程最近和产销平衡的原则,指定合理运输流向图,把产、供、运、销的关系固定下来,作为交通、商业、物资和生产部门,执行物资调拨和运输计划的依据。

(6) 直达运输。直达运输就是在组织货物运输过程中,越过商业、物资仓库环节或交通中转环节,把货物从产地或起运地直接运到销地或用户,以减少中间环节。对生产资料来说,由于某些物资体大笨重,一般采取由生产厂矿直接供应消费单位(生产消费),实行直达运输的办法。如煤炭、钢材、建材等。在商业部门,则根据不同的商品,采取不同的运输方法。有些商品规格简单可以由生产工厂越过二级批发环节,直接供应到三级批发站、大型商店或用户,如纸张、肥皂等;也有些商品规格、花色比较复杂,可由生产工厂供应到二级批发站。再由批发站配送到零售商店或用户。至于外贸部门多采取直达运输,对出口商品实行由产地直达口岸的办法。近年来,随着经济体制的改革,在流通领域提出"多渠道、少环节"以来,各基层商店直接进货,自由采购的范围越来越大,直达运输的比重也逐步增加,它为减少物流中间环节创造了条件。

(7) 组织"四就"直拨运输。

"四就"直拨运输,是指各商业、物资批发企业,在组织货物调运过程中,对当地生产或由外地到达的货物,不运进批发站仓库,采取直拨的办法,把货物直接分拨给市内基层批发、零售商店或用户,减少一道中间环节。其具体做法有:就厂直拨,就车站(码头)直拨,就库直拨,就车(船)过载等。

"四就"直拨和直达运输是两种不同的合理运输方式,它们既有区别又有联系。直达运输一般是指路程较远、批量较大,往省(区)外发运的货物;"四就"直拨运输一般是指路程较近、批量较少,在大中城市二级站所在地办理的直拨运输业务。二者相辅相成,往往又交错在一起。如在实行直达运输的同时,再组织"就厂""就站"直拨,可以收到双重的经济效益。

(8) 合装整车运输。合装整车运输也称"零担拼整车中转分运"。它主要适用于商业、供销等部门的件杂货运输,即物流企业在组织铁路货运当中,由同一发货人将不同品种发往同一到站、同一收货人的零担托运货物,由物资企业自己组配在一个车皮内,以整车运输的方式托运到目的地;或把同一方向不同到站的零担货物集中组配在一个车皮内,运到一个适当车站,然后再中转分运。这是因为在铁路货运当中有两种托运方式,一是整车,一是零担,二者之间的运价相差很大。采取合装整车的办法,可以减少一部分费用,并节约社会劳动力。合装整车运输主要有以下四种做法:一是零担货物拼整车直达运输;二是零担货物拼整车接力直达或中转分运;三是整车分卸(二、三站分卸);四是整装零担。

(9) 提高技术装载量。提高技术装载量是组织合理运输提高运输效率的重要内容,一方面最大限度地利用车船载重吨位,另一方面充分使用车船装载容积。主要做法有以下几种。

其一,组织轻重配装。把实重货物和轻泡货物组装在一起,既可以充分利用车船装载容积,又能达到装载重量,以提高运输工具的使用效率。

其二,实行解体运输。对一些体大笨重、不易装卸又容易碰撞致损的货物,如自行车、缝纫机和科学仪器、机械等,可以将其拆卸装车分别包装,以缩小所占空间,并容易装卸和搬运,以提高运输装载效率。

其三,提高堆积方法。根据车船的货位堆积要求和不同货物的包装形状,采取各种有效的堆积方法,如多层装载、骑缝装载、紧密装载等,以提高运输效率,当然,改进商品包装,逐步实行单元化、托盘化,是提高车船技术装载量的一个重要条件。

2.2　仓储

2.2.1　库存的作用

1. 存货类型和特征

存货按所有权是否转移可分为制造商的存货、批发商的存货和零售商的存货三种类型。尽管物流公司越来越深入地参与到库存控制和管理,但一般不会成为物主。制造商的存货、批发商的存货和零售商的存货在存货的品种、数量和保有存货的时间方面存在较大的差异。

制造商的存货负担从原材料和零部件开始,其中包括在制品,直至以制成品告终。在销售前,制成品往往必须被转移到靠近批发商和零售商的仓库中去,因此具有多级库存的问题。虽然制造商拥有的产品品种可能要比零售商或批发商狭窄得多,但是,制造商的存货具有长期的性质。

批发商购买大批量的商品,但小批量地出售给零售商。批发商的经济合理性来自其有无能力以小批量向零售顾客提供来自不同制造商的分类商品。当产品具有季节因素时,批发商也会被迫在出售前就已采取存货措施,因而增加风险的深度和持续时间。

对于零售商来说,存货管理基本上属于买进和卖出之类的事务。零售商购买各种各样的产品并在市场的营销过程中承担风险。零售商承担的存货风险虽然在品种数量上很广,但时间上不会很深。由于闹市区的高额租金,零售商特别强调存货周转速度和直接的产品盈利率。

2. 存货的作用

存货造成资金积压,这种资金占用的成本应该通过存货的作用借助其他的物流资源的节约得到补偿,要显示出一种可有效降低总成本的能力。存货的作用表现在以下几个方面:

(1) 保持生产运作的独立性。在作业中心保持一定量的原材料能给该中心带来生产柔性。例如,因为每一次新的生产准备都要带来成本,而库存能减少生产准备次数。

(2) 增强生产计划的柔性。库存储备能减轻生产系统要尽早生产出产品的压力。也就是说,生产提前期宽松了,在制订生产计划时,就可以通过加大生产批量使生产流程更加有条不紊,并降低生产成本。生产准备完成后,若生产批量比较大的话,将能使昂贵的生产准备成本得以分摊。

(3) 满足需求的变化。如果能够精确地知道产品的需求,将有可能使生产的产品恰好满足需求。但是,需求通常是不能完全知道的,完成周期中存货需求量超过预测数的情况是经常发生的,所以必须保持安全库存或缓冲量以防需求的变化。

(4) 克服交货时间的波动。交货时间的波动也就是完成周期的不确定性,它产生于接受订货、订单处理或运输服务等方面的延误。例如,在向供应商订购原材料时,有许多原因都将导致材料到达延误:发运时间的变化;供应商工厂中原材料短缺而导致订单积压;供应商工厂或运输公司发生意外的工人罢工;订单丢失以及材料误送或送达的材料有缺陷等。

(5) 利用经济订购量的好处。签订一份订单的成本包括:人员工资、电话费、打字费、邮费等等。所以,每张订单的订货量越大,所要签订的订单数则越少。同时,大订单对降低运输费用也有好处——运送的数量越多,单位运输成本越小。

(6) 地域专业化的需要。地域专业化(geographical specialization)指的是各零部件生产地域的分隔以及生产地域与主要市场的分隔。由于诸如能源、材料、水资源和劳动力等的需要,经济上的制造地点往往与主要市场的距离相差甚远。例如,轮胎、电池、动力传送器和各种弹簧等是汽车装配中的重要零部件,而有关生产各种零部件的技术和专家的意见一般都倾向于存货地点应位于材料原产地附近,以便最大程度地缩短运输距离。这种战略导致生产地域的分隔,以便能经济地生产每一个汽车零部件。地理上的分隔不仅需要运输来弥合,也造成内部的存货出现。

地理上的分隔还需要利用中间仓库存货来进行市场分类。在中间仓库收集来自各地制造的物品,然后集合成一种组合产品进行装运。

(7)解决生产与消费时间上的不一致。利用库存解决生产与消费时间上的不一致可以认为是存货的基本作用。最引人注意的例子就是季节性生产和全年不变的消费,橘子汁就是这样一种产品;另一个具有季节性消费、全年生产的例子就是防冻剂。利用各种存货可以把制造经济与各种消费联系在一起。几乎所有的产品或多或少都具有季节性变动因素,而存货储备可以使产品的大批消费或大批生产无视季节性因素。

存货的平衡功能需要在季节储备中投入大量的资金,同时可期望在季节销售中得到充分的回报。在制订计划时,至关重要的问题是要确定储备多少存货以享受最大限度销售,并能以最低限度的风险转换到下一个销售季节。

(8)创造"时间效用"。时间效用的含义是,同种"物"由于时间状态不同,其使用价值的实现程度可能有所不同,其效益的实现也就会不同,由于改变了时间而最大限度发挥使用价值,最大限度地提高了产出投入比,就称之为"时间效用"。通过储存,使"物"在效用最高的时间发挥作用,就能充分发挥"物"的潜力,实现时间上的优化配置。

2.2.2 仓储合理化

1. 储存合理化的标志

储存合理化的含义是用最经济的办法实现储存的功能。储存合理化有以下几个主要标志:

(1)质量标志。保证被储存物的质量是完成储存功能的根本要求,只有这样,商品的使用价值才能通过物流之后得以最终实现。在储存中增加了多少时间价值或是得到了多少利润都是以保证质量为前提的。所以,储存合理化的主要标志中,为首的应当是反映使用价值的质量。

(2)数量标志。在保证功能实现前提下有一个合理的数量范围。目前管理科学的方法已能在各种约束条件的情况下,对合理数量范围做出决策,但是较为实用的还是在消耗稳定、资源及运输可控的约束条件下,所形成的储存数量控制方法。

(3)时间标志。在保证功能实现的前提下,寻求一个合理的储存时间,这是和数量有关的问题,储存量越大而消耗速率越慢,则储存的时间必然长,相反则必然短。在具体衡量时往往用周转速度指标来反映时间指标,如周转天数、周转次数等。

(4)结构标志。是根据被储存物不同品种、不同规格、不同花色的储存数量的比例关系对储存合理性的判断,尤其是相关性很强的各种物资之间的比例关系更能反映储存合理与否。由于这些物资之间相关性很强,只要有一种物资出现耗尽,即使其他种物资仍有一定数量,也会无法投入使用。所以,不合理的结构影响面并不仅局限在某一种物资身上,而是有扩展性。

(5)分布标志。指不同地区储存的数量比例关系,以此判断和当地需求比,对需求的保障程度,也可以此判断对整个物流的影响。

（6）费用标志。仓租费、维护费、保管费、损失费、资金占用利息支出等,都能从实际费用上判断储存的合理与否。

2. 储存合理化实施要点

（1）对储存物品进行 ABC 分析与管理。所谓 ABC,就是将物资按重要程度（如流通金额）分成 A、B、C 三类,不同类型采用不同的方法管理。ABC 分析是实施储存合理化的基础分析,在此基础上可以进一步解决各类的结构关系、储存量、重点管理、技术措施等合理化问题,分别决定各种物资的合理库存储备数量及经济地保有合理储备的办法,乃至实施零库存。

（2）追求经济规模,适度集中库存。适度集中储存是合理化的重要内容,所谓适度集中库存,是利用储存规模优势,以适度集中储存代替分散的小规模储存来实现合理化。这里有两个问题:一个是合理的储存量,一个是合理的储存点数量和位置。

集中储存是面对两个制约因素在一定范围内取得的优势的办法。一是储存费,二是运输费。过分分散,每一处的储存保证的对象有限,互相难以调度调剂,则需分别按其保证对象要求确定库存量。而集中储存易于调度调剂,集中库存总量可大大低于分散储存之总量。过分集中储存,储存点与用户之间距离拉长,储存总量虽降低,但运输距离拉长,运费支出加大,在途时间长,又迫使周转储备增加。所以,适度集中的含义是主要在这两方面取得最优集中程度。

（3）加速总的周转,提高单位产出。储存现代化的重要课题是将静态储存变为动态储存,周转速度快,会带来一系列的合理化好处:资金周转快,资本效益好,货损少,仓库吞吐能力增加,成本下降等等。具体做法诸如采用单元集装存储,建立快速分拣系统都有利于实现快进快出,大进大出。

（4）采用有效的"先进先出"方式。保证每个被储存物的储存期不至过长。"先进先出"是一种有效的方式,也成了储存管理的准则之一。

（5）提高储存密度,提高仓容利用率。主要目的是减少储存设施的投资,提高单位存储面积的利用率,以降低成本、减少土地占用。

（6）采用有效的储存定位系统。储存定位的含义是被储存物位置的确定。如果定位系统有效,能大大节约寻找、存放、取出的时间,节约不少物化劳动及活劳动,而且能防止差错,便于清点及实行订发点等的管理方式。

（7）采用有效的检测清点方式。对储存物资数量和质量的检测不但是掌握基本情况之必须,也是科学库存控制之必需。在实际工作中稍有差错,就会使账物不符,所以,必须及时且准确地掌握实际储存情况,经常与账卡核对,无论是人工管理或是计算机管理这都是不可少的。此外,经常的检测也是掌握被储存物质量状况的重要工作。

（8）采用现代储存保养技术。利用现代技术是储存合理化的重要方面。可采用的保养技术主要有气幕隔潮、气调储存和塑料薄膜封闭等。

（9）采用集装箱、集装袋、托盘等储运一体化方式。集装箱等集装设施的出现,也给储存带来了新观念,采用集装箱后,本身便是一栋仓库,不需要再有传统意义的库房,在物流过程中,也就省去了入库、验收、清点、堆垛、保管出库等一系列储存作业,因而对改变传统储存作业有重要意义,是储存合理化的一种有效方式。

2.3　配送

2.3.1　配送的概念

1. 配送的定义

配送(distribution)是在经济合理区域范围内,根据用户要求,对物品进行拣选、加工、包装、分割、组配等作业,并按时送达指定地点的物流活动。

2. 配送的特征

配送具有以下特征:

配送是由集货、配货、送货三部分有机结合而成的物流活动;

配送中的送货通常是短距离的运输;

配送往往是物流的最后一个环节;

配送可以看成是物流的缩影;

配送是现代送货形式,与简单"送货"存在明显的区别。

3. 配送与简单"送货"的区别

配送与简单"送货"存在明显的区别。

(1) 配送比送货内容广。配送业务活动还包括分货、选货、加工、配发、配装等工作,这些都是具有一定难度的作业,而送货仅仅只是配送的一项活动。

(2) 配送需要信息系统相配合。配送不仅是分发、配货、送货等活动的有机结合形式,同时,与订货、销售系统也有密切联系。因此,必须依赖物流信息的作用,建立完善的配送系统,成为现代化的配送方式,这是简单送货不可比拟的。

(3) 配送的技术要求高。现代配送作业的全过程,必须以现代化的技术装备和管理方法为保证。因此,配送在规模、效率、速度、质量、服务水平方面,都远远超过了简单送货形式。

(4) 配送是一种体制上的演进。简单送货形式只是一种推销——代运的手段。配送则是一种新发展的物流职能,是大生产、专业化分工在流通领域的反映。所以,如果说简单送货是一种代运的服务方式的话,那么,配送就是一种物流体制上的演进,最终要发展为"配送制"。

4. 配送的作用

(1) 准确、稳妥的配送活动,可以提高供应保证程度,减少生产和流通企业对于库存的需求,从而降低社会的总库存;

(2) 集中、高效的配送活动,可以简化流通手续,提高物流系统的效率,提高服务水平;

(3) 合理、顺畅的配送活动,可以提高车辆利用率,从而降低物流成本,节约能源,减少污染,缓解城市的交通拥挤状况。

5. 配送的主要形式

物流是为商流服务的,商业模式的变化自然引起物流模式的变化。配送作为一种新型的物流模式正是随着商流模式的变化而产生的。

(1) 配送中心—连锁超市配送。20 世纪 80 年代引进的连锁超市模式导致了配送中心及配送服务的出现。

(2) 电子商务配送(快递业务)。21 世纪出现的电子商务,特别是近几年的高速发展,带动了我国快递行业的快速发展。

2.3.2　配送中心

1. 配送中心的定义

配送中心(distribution center)是从事配送业务的物流场所或组织,应基本符合下列要求:

(1) 主要为特定的用户服务;

(2) 配送功能健全;

(3) 完善的信息网络;

(4) 辐射范围小;

(5) 多品种,小批量;

(6) 以配送为主,储存为辅。

2. 配送中心的优点

(1) 节省物流费用。用大型车成批量地运送到需求地附近的配送中心,再用小型车从配送中心运送给顾客的配送方法,与从工厂的仓库直接向各顾客送货的方法相比,可以节约总的物流费用。

(2) 集中储存,以维持合理的库存。设立配送中心,将过去分散保管在多个自备或营业仓库中的库存物资,集中起来在配送中心进行保管,可以防止多设仓库和物资积压。

(3) 缩短配送时间。如果在配送中心保持适当的商品库存量,那么与从工厂直接向顾客配送相比,从配送中心向顾客配送的方法,能缩短配送的到达时间。

(4) 商物分离的实施。各分支商店和营业所各有其仓库,并各自进行物流活动,叫做商物一致。与此相反,专心于物流合理化的批发商在市郊交通便利的地点设置配送中心,在这里专门进行物流活动,使原来的分支商店和营业所专心从事商流活动,而停止物流活动,这就是商物分离。如果建立配送中心,就可以使商物分离得以实施。

(5) 提高车辆装载、利用效率。通过配送中心的配送,使运输车辆能够装载更多的货物,车辆的利用率得到提高。

2.3.3　配送环节和流程

1. 配送的基本环节

从总体上看,配送是由备货、理货和送货等三个基本环节组成的。在有些情况下,为了方便顾客或便于配送,还须对配送对象(产品)进行简单的流通加工。其中每个环节又包含着若干项具体的、支节性的活动。

（1）备货。备货是指准备货物的系列活动。它是配送的基础环节,包括两项具体活动:筹集货物和存储货物。若生产企业直接进行配送,那么,筹集货物的工作自然是由企业(生产者)自己去组织的;而在专业化流通体制下,组织货源和筹集货物的工作则会出现两种情况。其一,由提供配送服务的配送企业直接承担。一般是通过向生产企业订货或购货完成此项工作。其二,选择商流、物流分离的模式进行配送,订货、购货等筹集货物的工作通常是由货主(如生产企业)自己去做,配送组织只负责进货和集货(集中货物)等工作,货物所有权属于事主(接受配送服务的需求者)。然而,不管具体做法怎样不同,就总体活动而言,筹集货物都是由订货(或购货)、进货、集货及相关的验货、结算等一系列活动组成的。

存储货物是购货、进货活动的延续。在配送活动中,货物存储有两种形态:一种是暂存形态;另一种是储备(包括保险储备和周转储备)形态。

备货是决定配送成败与否、规模大小的最基础的环节。同时,它也是决定配送效率高低的关键环节。如果备货不及时或不合理,成本较高,那么,就会大大降低配送的整体效益。

（2）理货。理货是配送的一项重要内容,也是配送区别于一般送货的重要标志。理货包括货物拣选、配货和包装等项活动。

货物拣选采用适当的方式和手段,从储存的货物中拣选出用户所需要的货物。货物拣选一般采取两种方式来操作:摘取式、播种式。所谓的摘取式拣选,就是像在果园中摘果子那样去拣选货物。具体做法是:作业人员拉着集货箱(或分拣箱)在排列整齐的仓库货架间巡回走动,按照配送单上所列的品种、规格、数量等将客户所需要的货物拣出及装入集货箱内。在一般情况下,每次拣选只为一个客户配装。在特殊情况下,也可以为两个以上的客户配装。目前,由于推广和应用了自动化分拣技术,装配了自动化分拣设施等,大大提高了分拣作业的劳动效率。

播种式拣选货物形似于田野中的播种操作。其做法是:将数量较多的同种货物集中运到发货场,然后,根据每个货位货物的发送量分别取出货物,并分别投放到每个代表用户的货位上,直至配货完毕。

为了完好无损地运送货物和便于识别配备好的货物,有些经过拣选、配备好的货物尚需重新包装,并且要在包装物上贴上标签,记载货物的品种、数量、收货人的姓名、地址及运抵时间等。

（3）送货(发送)。送货是配送活动的核心,也是备货和理货工序的延伸。在物流运动中,送货的现象形态实际上就是货物的运输(或运送),因此,常常以运输代表送货。但是,组成配送活动的运输(有时称"配送运输")与通常所讲的"干线运输"是有很大区别的:前者多表现为按用户的"末端运输"和短距离运输,并且运输的次数比较多;后者多为长距离运输("一次运输")。配送中的送货(或运输)须面对众多的客户,并且要多方向运动,因此,在送货过程中,常常进行运输方式、运输路线和运输工具的选择。按照配送合理化的要求,必须在全面计划的基础上,制定科学的、距离较短的货运路线,选择经济、迅速、安全的运输方式和适宜的运输工具。通常,配送中的送货都把汽车作为主要的运输工具。

(4)流通加工。在配送过程中,根据用户要求或配送对象(产品)的特点,有时需要在未配货之前先对货物进行加工,如钢材剪切、木材截锯等,以求提高配送质量,更好地满足用户需要。融合在配送中的货物加工是流通加工的一种特殊形式,其主要目的是使配送的货物完全适合用户的需要和提高资源的利用率。

2. 配送的一般流程

配送的一般流程基本上是这样一种运动过程:进货—存储—拣选—配货、配装—发送。每个环节作业内容如下所述。

(1)进货。进货亦即组织货源,方式有两种:一是订货或购货,表现为配送主体向生产商订购货物,由后者供货,货物的所有权属于配送主体;二是集货或接货,表现为配送主体收集货物,或者接收用户所订购的货物,货物的所有权属于用户。

(2)存储。存储即按照用户提出的要求并依据配送计划将购到或收集到的各种货物进行检验,然后分门别类地存储在相应的设施或场所中,以备挑选和配货。

存储作业一般都包括这样几个程序:搬运、卸货—验收—入库—保管—出库。

(3)拣选、配货。拣选和配货是同一个工艺流程中的两项有着紧密联系的经济活动,有时,它们是同时进行和同时完成的,如散装货物的拣选和配货等。在进行拣选和配货作业时,少数场合是以手工方式进行操作的,而更多的场合是采用机械化或半机械化方式去操作的。如今,随着一些高新技术的相继开发和广泛应用,自动化的拣选、配货系统已在很多国家的配送中心建立了起来,并且发挥了重要的作用。

(4)送货。在送货流程中,包括这样几项活动:搬运、配装和交货。作业程序为:配装—运输—交货。

送货是配送的终结,故在送货流程中除了要圆满地完成货物的移交任务以外,还必须及时进行货款或费用结算。

在送货中,运输是一项主要的经济活动。因此,在进行送货作业时,选择合理的运输方式和使用先进的运输工具,对于提高送货质量至关重要。就运输方式而言,应选择直线运输、"配载运输"等方式进行作业,以充分利用运输工具的载重量和容积,合理安排装载货物和载运方法。

2.4 装卸搬运

2.4.1 装卸搬运概述

1. 装卸搬运的定义

装卸是指物品在指定地点以人力或机械装入运输设备或卸下。搬运是指在同一场所内,对物品进行水平移动为主的物流作业。由于装卸和搬运往往紧密相连,所以通常作为一项物流活动来看待。

　　装卸搬运是随运输和保管等而产生的必要物流活动,它是对运输、保管、包装、流通加工、配送等物流活动进行衔接的中间环节,包括装车(船)、卸车(船)、堆垛、入库、出库(取出、分类、理货)以及联结以上各项动作的短途搬运。

　　2. 装卸搬运的作用

　　物流环节各阶段之间的活动,都离不开装卸搬运作业,它是物的不同运动过程之间互相转换的桥梁。由装卸搬运把物流的各环节之间或在一个环节之内连接成为一种连续的物流作业过程,以实现物流合理化。装卸搬运无论在生产领域或流通领域,在物流活动中都起着十分重要的作用。

　　装卸搬运是随着运输和保管等物流活动的进行而发生的一种辅助作业。虽然装卸搬运是一种辅助作业,但是由于它是运输和保管前后必然发生的作业,因此,采取措施,积极地使它也实现合理化,是非常必要的。

　　3. 装卸搬运的因素

　　涉及装卸搬运的因素主要有五个:人、装卸物、装卸场所、装卸时间和装卸手段。

　　(1)人。虽然现在在装卸搬运作业中大量使用装卸搬运机械和设备,但操纵它们的主体是人。在没有机器的时代,装卸靠人工进行,在使用货车、卡车和集装箱等运输时,仍然大多靠人工装卸。

　　(2)装卸物。因货物种类、性质、形状、重量和大小不同,装卸的方法也不同。对于普通的件杂货物,既可以一件一件地进行装卸,这叫单件装卸,又可以用托盘或集装箱装卸作业,这称为集装化装卸;对于化肥、水泥、小麦等散装固体货物的装卸,称为散装固体装卸;而对于石油、化学品、液化气等的装卸,叫做散装液体货物装卸。

　　(3)装卸场所。从装卸的地点来考虑,主要有运输两端的装卸,即从运输系统上装上和卸下货物;仓库内的搬运,即把货物搬入和搬出仓库、库内搬运;工厂内的搬运,即把原材料、半成品或产品搬上和搬下流水线或车间、厂内搬运等。

　　(4)装卸时间。所谓装卸时间,包括需要的时间、频度和待运时间等内容。物流的方式,按照流动是连续的还是断续的,可分为连续流动装卸方式和间歇集中装卸方式。前者是靠输送带或泵使物品连续流动的作业;后者是将装在集装箱里的货物用机械进行装卸的集装箱化。

　　(5)装卸手段。装卸手段是指装卸用的设施和机械器具等。在装卸时,若以机械为主,称为机械装卸;反之,则为人工装卸。按照所用的机械,可分为输送带装卸、叉式升降机装卸、起重机装卸等。

2.4.2　装卸搬运的基本原则

　　在物流活动的全过程中,装卸搬运是频繁发生的,因而是产品损坏的重要原因之一。因此,在装卸搬运作业过程中,为了使物流合理化,应遵循以下各项基本原则。

　　1. 减少环节,简化流程

　　要千方百计取消、合并装卸搬运的环节和次数,消灭重复、无意义的、可有可无的装卸搬运作业。必须进行的装卸搬运作业,应尽量简化作业流程,应不停顿、不间断地实现流水作业。各工序间要紧密衔接,作业径路要走直线,消灭迂回和交叉作业。

2. 文明装卸,科学运营

要采取一切有效措施,坚决杜绝"野蛮装卸",保证货物完好无损,保证装卸搬运作业人员和设备、设施的安全。要改变装卸搬运只是一种简单的体力劳动的旧观念,对作业者的体力、脑力劳动强度和负荷等,都应控制在科学合理的范围内。

3. 集中作业,集散分工

集中作业能使作业量提高到一定水平,为实现装卸搬运机械化、自动化创造条件。所以,装发点和卸货点尽可能集中,并把同类货物放在一个专业作业区进行。另外,成件货物集装化和散装货物散装化是在装卸搬运过程中实现物流合理化的两个重要方面,应实行集装、散装分工作业。

4. 协调兼顾,标准通用

要使装卸搬运作业与物流其他环节之间,各工序、工步之间,装货点与卸货点之间,以及在管理、工艺、设备、设施等方面,都要协调进行,才能提高效率。如铁路提出"进货为装车作准备,装车为卸车作准备,卸车为出货作准备"等。装卸搬运的货物单元、包装、标志、用语等,应当标准化、系列化、通用化,这是实现装卸搬运现代化的重要条件。

5. 步步活化,省力节能

物料和货物的存放状态对装卸作业的方便程度,称为物的"活性",若用数字来表示,便称为"活性指数"。在装卸搬运过程中,下一步比前一步的活性指数高,下一步比上一步更便于作业时,即称为"活化"。物料或货物的"活化",可以省力节能,提高装卸搬运的工作效率。活性指数见表2.2。

表 2.2　活性指数

堆放形态	散堆于地面	装于箱内	装在货盘上	装在台车上	在输送带上
活性指数	0	1	2	3	4

6. 巧装满载,牢固稳定

在运输和储存的过程中,都要发生装载作业,而车船满载和仓库充分利用是提高经济效益的重要方法。装载时要根据货物形状、大小、轻重、物理化学性能、存放期限、流向及车船、仓库的类型等,采用适当的装载方法和堆码方法,巧装满载,以充分发挥车船和仓库的利用率。

在装卸搬运过程中,一般要求达到牢固稳定。

2.4.3　主要装卸搬运机械及其选择

1. 主要装卸搬运机械

(1)起重机械。起重机械是靠人力或动力使物资做上下、左右、前后等间歇、周期性运动的转载机械,主要用于起重、运输、装卸、机器安装等作业。有较小型起重机(如滑车、手动或电动葫芦等)、桥式类型起重机(有架式起重机、桥式起重机等)、门式起重机和装卸桥、臂架类型(旋转式)起重机(有门座起重机、塔式起重机、汽车起重机、轮胎起重机等)、堆垛起重机等类型。

（2）装卸搬运车辆。装卸搬运车辆是依靠机械本身的运行和装卸机构的功能，实现物资水平搬运和装卸、码垛（小部分车辆无装卸功能）的车辆。主要有叉车（叉车装卸机）、搬运车、牵引阵和挂车等类别。

（3）连续输送机械。连续输送机械是一种可以将物资在一定的输送线路上从装载起点到卸载终点以恒定的或变化的速度进行输送，形成连续或脉动物流的机械。主要有带式输送机、斗式提升机、悬挂输送机械、埋刮板输送机、螺旋输送机、滚柱输送机、震动输送机、气力输送装置等类别。

（4）散装装卸机械。散装装卸机械是一种具有装卸和运输两种功能的组合机械，以装卸散装物资为主。散装装卸机械包括装卸机（如装车机、装船机等）、卸载机（如链斗式卸车机、螺旋卸车机等）、翻车机、堆取料机（如取料机、堆料机等）。

2. 装卸搬运机械的选择

（1）以满足现场作业为前提。即装卸机械首先要符合现场作业的性质和物资特点、特性要求，如在有铁路专用线的车站、仓库等，可选择门式起重机；在库房内可选择桥式起重机；在使用托盘和集装箱作业的生产条件下，可尽量选择叉车以至跨载起重机。而且机械的作业能力（吨位）与现场作业量之间要形成最佳的配合状态。影响物流现场装卸作业量的最基本因素是吞吐量，此外，还要考虑堆码、搬料作业量、装卸作业的高峰量等因素的影响。装卸机械吨位的具体确定须应现场要求进行周密的计算、分析。在能完成同样作业效能的前提下，应选择性能好、节省能源、便于维修、利于配套、成本较低的装卸机械。

（2）控制作业费用。装卸机械作业发生的费用主要有设备投资额、运营费用和装卸作业成本等项。其中，设备投资额是平均每年机械设备投资的总和（包括购置费用、安装费用和直接相关的附属设备费用）与相应的每台机械在一年内完成装卸作业量的比值；装卸机械的运营费用是指某种机械一年运营总支出（包括维修费用、劳动工资、动力消耗、照明等项）和机械完成装卸量的比值；装卸作业成本是指在某一物流作业现场，机械每装卸一吨货物所支出的费用，即每年平均设备投资支出和运营支出的总和与每年装卸机械作业现场完成的装卸总吨数之比。

（3）装卸搬运机械的配套。装卸搬运机械的配套是指根据现场作业性质、运送形式、速度、搬运距离等要求，合理选择不同类型的相关设备。主要包括要克服各种机械自身的弱点，使多台装卸机械在生产作业区内能够有效衔接；设备吨位要相互匹配，便于发挥出每台设备的最大能力；合理安排运行距离，缩短总的物流作业时间等内容。装卸机械配套的方法是按装卸作业量和被装卸物资的种类进行机械配套，在确定各种机械生产能力的基础上，按每年装卸万吨货物需要的机械台数和每台机械所担任装卸物资的种类和每年完成装卸货物的吨数进行配套。具体的计算公式可查阅有关设计手册和物流手册。

2.5　货物包装

2.5.1　包装的概念

1. 包装的定义

包装是包装物和包装操作的总称。在国家标准 GB4122《包装通用术语》中，对包装是这样定义的："包装（package，packaging，packing）是在流通过程中保护产品，方便储运，促进销售，按一定技术方法而采用的容器、材料及辅助物等的总称。也指为了达到上述目的而采用容器、材料和辅助物的过程中施加一定技术方法等的操作活动。"

2. 包装与其他物流分系统之关系

包装和运输、保管、配送、装卸、流通加工、物流信息等，都是构成物流系统的分支系统之一。包装这一分支系统，与其他分支系统有着密切的关系。包装的设计必须根据以后的物流形式来考虑，有时也有根据包装方式决定以后物流的情况。

比如，出口杂货时，如果采用将货物混装于货船的方法，就必须用坚固的木箱包装。但是，如果采用将货物装于集装箱中，由集装箱船运输的方法，使用纸箱（瓦楞纸箱）包装就足够了。

倘若考虑包装与装卸的关系，那么在必须用人工装卸的情况下，包装应限制在可以用人工进行装卸的单件重量以下（一般为 50 千克）；如果在途中全部使用机械装卸，单件重量就不必太小，在交易许可的条件下应尽可能用大的单件重量；如果使用高效灵活的托盘或集装箱，可采用各种规格、形式、材料的包装（除特殊的长重件）进行运输。

如果考虑包装与保管之间的关系，那么在仓库中保管货物堆放太高时，在最低层的包装物必须能承受住上面货物的总重量。例如，毛重 20 千克的箱子堆放 10 层，最下面的箱子必须能承受 180 千克的重量。近来仓库多采用高层堆放的方法，因而包装必须有足够的耐压强度。包装按 8 层堆放设计，即使仓库高度还有空隙，堆放也不能超过 4 层。当然，如采用立体高架的自动化仓库，就没有这方面的问题。

在配送中心，可对货物重新包装，对大包装和散装货物分小包装等进行流通加工作业。当然，信息贯穿于整个包装活动过程中。

此外，包装标准化对整个物流过程起着相当重要的作用。

2.5.2　包装的类型

包装按目的通常分为两类：一类为商业包装，一类为工业包装。

1. 商业包装

商业包装是以促进销售、方便顾客、保护商品及传递商品信息为主要目的的包装。商业包装又称销售包装。

2. 工业包装

工业包装是以提高物流效率，保护商品及传递流动信息主要目的的包装。工业包装又称运输包装。

3. 包装的其他分类

（1）从商品包装的内外层次分，有内包装和外包装。

（2）从包装容器的软硬程度分，有软包装和硬包装。

（3）按包装容器结构可分为下列几种：可折叠包装、可拆卸包装、可携带包装、局部包装、敞开包装、托盘包装和集合包装等。

（4）按包装技术方法可分为：泡罩包装（吸塑包装）、贴体包装、收缩包装、真空包装、充气包装、透气包装、防水包装、防潮包装、防锈包装、防霉包装、防震包装、防尘包装、防辐射包装、防盗包装、防爆包装、防燃包装、防虫包装、隔热包装和轮廓包装等。

2.5.3 工业包装的功能

工业包装具有以下三个方面的作用。

1. 保护商品

包装在保护商品方面的功能表现在以下几个方面：一是防止商品破损、变形；二是防止商品发生化学变化；三是防止商品腐烂、霉变；四是防止鼠咬、虫食；五是防止异物混入。

2. 提高效率

包装在提高效率方面的功能表现在以下几个方面：一是成组化；二是利于分拣；三是可以充分发挥运输工具的容积性能。

3. 传递信息

包装在传递信息方面的功能表现在以下几个方面：一是识别物品；二是跟踪物流；三是提供有关装卸搬运中防止货损的说明。

2.5.4 工业包装标准化及其作用

1. 工业包装标准的概念

货物工业包装标准的基本概念，就是通过包装尺寸以及与货物流通有关的一切空间尺寸的规格化，以提高物流效率。这里所指的空间尺寸，包括铁路货车、载重汽车、船舶、集装箱等运输设备的载货空间尺寸，仓库及零售商店的储存空间尺寸等。由于这一概念的基础是物流的合理化，所以应当把采用托盘化直达运输将货物运到终点作为一项方针。此外，还应当采用托盘联运制，即把共用托盘的方法作为合理推行直达运输托盘化的手段。从这一概念出发，首先应考虑选择共用托盘的尺寸，即联运托盘的尺寸。然后以此为模数，制定与其完全相适应的包装尺寸。

因此，工业包装标准的定义可以理解为：为使包装在物流中的合理化，以公共的模数为基础而制定的系统化通用包装尺寸系列。

2. 包装尺寸标准化的作用

（1）加速货物流通，提高货运质量。产品包装尺寸实现标准化后，可方便地将其集合组装成运输单元整体，使原来依赖人力装卸的各种尺寸的包装件变得可直接由机械来作业，从而使装卸的效率得到提高，运输的车船在站、港停留的时间有所缩短，加速货物的流通过程,使运输效率获得大幅度提高。

同时,由于包装尺寸规格化,方便堆码排列,使得车、船等各种运载工具的容积得到合理充分地利用,使装载量相应提高,提高了货运效率,降低了货运成本。

(2)减少被损,提高货运的质量。一般不同规格的散件货物,在运输过程中装卸、搬运、倒载的次数要比成组运输的集装货物多数倍。集装运输货物的装卸,通常需采用机械化作业装卸。机械化装卸作业一般不易使包装箱的形态发生变化,避免了人力装卸作业易于发生的粗糙装卸及因多次装卸造成的破损和丢失,提高了货物运输的质量。

(3)改善工作条件,促进仓储管理工作现代化。多种规格尺寸的包装件,堆码总是参差不齐,包装件标准化后,就便于堆码,方便理货(清点数字)。同时,有利于采用标准化的立体货架及与之相配套的搬运机械作业,所以说,包装单元尺寸和包装尺寸的标准化能促进仓储技术的改造,是仓储现代化的基础。

(4)促进包装设计思想的革命,加速包装工业的发展。工业包装尺寸的标准化能促进生产部门提前考虑产品的包装设计。在进行产品设计时,把销售包装和运输包装的有关尺寸因素一起考虑,考虑其间的因果关系,从标准尺寸中选择适用的尺寸,而不是待产品设计制造出来后再去考虑包装问题。这样,有利于产品尺寸,及随其以销售为目的包装尺寸和以方便运输为目的包装尺寸之间的相互协调,降低包装成本和运输费用。

3. 工业包装尺寸基础

集合包装或将包装件组合成集装单元,通常是将单件或多件包装和货物组成一个包装单元,将每一个单元作为一个标准化单体进行装卸、运输和仓储作业,以加速货物的流通过程,提高运输工具和仓库容积的利用率。用于包装的托盘,除了本身是一个集合包装单元外,又是集装箱等大型包装的单元体。所以,若是用托盘包装后,再进行集装箱包装运输,则托盘就成为单元尺寸的基础。因此,以托盘尺寸为基础来讨论包装单元尺寸和包装尺寸已成为各国包装专家们的共同看法。在国际标准和各国包装尺寸系列标准中,特别是在包装单元尺寸中,其基础均来源于托盘尺寸。

国际上对包装单元尺寸的采用,基本上形成了 1200 系列和 1100 系列两种系列尺寸。我国标准中规定的包装单元尺寸系列采用 1200 系列尺寸,与国际标准化组织的规定是一致的。20 世纪 60 年代以来,国际标准化组织确认 600 mm×400 mm 包装模数后,1200 系列包装尺寸逐渐成为国际上广泛使用的尺寸,仅有日本、美国、澳大利亚等国家建议将 1100 系列包装尺寸也纳入国际标准。

包装模数是包装容器长和宽的尺寸基数,是以集装单元尺寸为基础的。根据包装模数设计的包装容器,能够较好地利用储存和运输的空间。包装模数确定之后,实际就是规定了包装件的基准底面积为 600 mm×400 mm。所以,各种小包装、外包装和运输包装的有效外廓尺寸,多应符合包装模数 600 mm×400 mm 进行整数分割或整数相乘而得到的分割值和倍数值。

物流模数是以最大设计尺寸为基础,研究运输用车辆及集装箱尺寸、托盘尺寸及与物流有关机械集装系统的尺寸,如卡车、火车、轮船、仓库、飞机、叉车、吊车或其他装卸、搬运机械和工具等的尺寸,是与物流模数紧密相联系的。集装系统是物流系统实现系列化的根本因素。集装系统的核心,就是研究与解决包装模数与物流模数的协调。不但要解决国内物流活动之间各相关部门、系统与机械之间的协调,而且还要与国际间的物流模数相协调。在国际贸易、物资交流日益发展的今天,一国自主型的物流模数迟早将被淘汰。逐步采用国际协调型的物流模数,以适应整个物流的需要,这也是今后扩大国际贸易发展的需要。

物流模数的尺寸,包括托盘尺寸,集装单元尺寸,集装箱尺寸,汽车、卡车车厢尺寸,火车货车车厢尺寸和船舱尺寸等。这些尺寸的基础是集装单元尺寸,也即托盘尺寸,其他尺寸就应与此相协调。

2.6　流通加工

2.6.1　流通加工的概念

1. 流通加工的定义

流通加工(distribution processing)是物品在从生产地到使用地的流动过程中,根据需要施加包装、分割、计量、刷标志、拴标签、组装等简单作业的总称。流通加工是在物品从生产领域向消费领域流动的过程中,为了促进销售、维护产品质量和提高物流效率,对物品进行加工,使物品发生物理、化学或形状的变化的一种物流活动。

2. 流通加工的产生背景

流通加工的产生是为了解决生产与需求在产品功能上的分离。其出现是为了解决产品的标准化和消费的个性化的矛盾,是物流战略中"延期战略"实施的结果。

3. 流通加工和生产加工的区别

流通加工和生产加工的区别在于以下四个方面。

(1) 加工对象不同。流通加工的对象是进入流通过程的商品,具有商品的属性;生产加工的对象不是最终产品,而是原材料、零配件、半成品。

(2) 加工程度不同。流通加工程度大多是简单加工,而不是复杂加工,一般不需要加工设备的重大投资。如果是复杂加工,则应专设生产加工过程。

(3) 加工目的不同。生产加工的目的在于创造价值及使用价值,而流通加工则在于完善其使用价值;生产加工以交换和消费为目的,流通加工有时以自身流通为目的。

(4) 加工单位不同。流通加工由商业或物流企业完成,而生产加工则由生产企业完成。

4. 流通加工的类型

流通加工包括以下八种类型:

(1) 为弥补生产领域加工不足的深加工,如水泥加工成混凝土;

(2) 为满足需求多样化进行的服务性加工,如钢材剪切;

(3) 为保护产品所进行的加工,如加外包装;

(4) 为提高物流效率,方便物流的加工,如贴条形码;

（5）为促进销售的流通加工，如将大包装分拆成小包装；

（6）为提高加工效率的流通加工，如集中加工；

（7）为提高原材料利用率的流通加工，如钢材套剪及边角料的回收；

（8）衔接不同运输方式，使物流合理化的流通加工，如成组化作业。

2.6.2 流通加工合理化

1. 不合理流通加工若干形式

流通加工是流通领域中对生产的辅助性加工，从某种意义来讲它不仅是生产过程的"延续"，实际是生产本身或生产工艺在流通领域的延续。这个延续可能有正、反两方面的作用，即一方面可能有效地起到补充完善的作用，但是，也必须估计到另一个可能性，即对整个过程的负效应。各种不合理的流通加工都会产生抵消效益的负效应。

几种不合理流通加工形式如下。

（1）流通加工地点设置的不合理。流通加工地点设置即布局状况是使整个流通加工是否能有效的重要因素。一般而言，为衔接单品种大批量生产与多样化需求的流通加工，加工地点设置在需求地区，才能实现大批量的干线运输与多品种末端配送的物流优势。

如果将流通加工地设置在生产地区，其不合理之处在于：①多样化需求要求的产品多品种、小批量由产地向需求地的长距离运输会出现不合理；②在生产地增加了一个加工环节，同时增加了近距离运输、装卸、储存等一系列物流活动。所以，在这种情况下，不如由生产单位完成这种加工而无需设置专门的流通加工环节。

一般而言，为方便物流的流通加工环节应设在产出地，设置在进入社会物流之前，如果将其设置在物流之后，即设置在消费地，则不但不能解决物流问题，又在流通中增加了一个中转环节，因而也是不合理的。

即使是产地或需求地设置流通加工的选择是正确的，还有流通加工在小地域范围的正确选址问题，如果处理不善，仍然会出现不合理。这种不合理主要表现在交通不便，流通加工与生产企业或用户之间距离较远，流通加工点的投资过高，加工点周围社会、环境条件不良等。

（2）流通加工方式选择不当。流通加工方式包括流通加工对象、流通加工工艺、流通加工技术、流通加工程度等。流通加工方式的确定实际上是与生产加工的合理分工。分工不合理，本来应由生产加工完成的，却错误地由流通加工完成的，本来由流通加工完成的，却错误地由生产过程去完成，都会造成不合理。

流通加工不是对生产加工的代替，而是一种补充和完善。所以，一般而言，如果工艺复杂，技术装备要求较高，或加工可以由生产过程延续或轻易解决者都不宜再设置流通加工，尤其不宜与生产过程争夺技术要求较高、效益较高的最终生产环节，更不宜利用一个时期市场的压迫力使生产者变成初级加工或前期加工，而流通企业完成装配或最终形成产品的加工。

（3）流通加工作用不大，形成多余环节。有的流通加工过于简单，或对生产及消费作用都不大,甚至有时流通加工的盲目性,同样不能解决品种、规格、质量、包装等问题,相反却实际增加了环节,这也是流通加工不合理的重要形式。

(4) 流通加工成本过高,效益不好。流通加工之所以能够有生命力,重要优势之一是有较大的产出投入比,因而有效地起着补充完善的作用。如果流通加工成本过高,则不能实现以较低投入实现更高使用价值的目的。除了一些必需的,从政策要求即使亏损也应进行的加工,都应看成是不合理的。

2. 流通加工合理化

流通加工合理化的含义是实现流通加工的最优配置,不仅做到避免各种不合理,使流通加工有存在的价值,而且做到最优的选择。

为避免各种不合理现象,对是否设置流通加工环节,在什么地点设置,选择什么类型的加工,采用什么样的技术装备等需要做出正确抉择。目前,国内在进行这方面合理化的考虑中已积累了一些经验,取得了一定成果。

实现流通加工合理化主要考虑以下几个方面。

(1) 加工和配送结合。这是将流通加工设置在配送点中,一方面按配送的需要进行加工,另一方面又是配送业务流程中分货、拣货、配货中的一个环节,加工后的产品直接投入配货作业,这就无需单独设置一个加工的中间环节,使流通加工有别于独立的生产,而使流通加工与中转流通巧妙结合在一起。同时,由于配送之前有加工,可使配送服务水平大大提高。这是当前对流通加工进行合理选择的重要形式,在煤炭、水泥等产品的流通中已表现出较大的优势。

(2) 加工和配套结合。在对配套要求较高的流通中,配套的主体来自各个生产单位,但是,完全配套有时无法全部依靠现有的生产单位进行适当流通加工,可以有效促成配套,大大提高流通的桥梁与纽带的能力。

(3) 加工和合理运输结合。流通加工能有效衔接干线运输与支线运输,促进两种运输形式的合理化。利用流通加工,在支线运输转干线运输或干线运输转支线运输这本来就必须停顿的环节,不进行一般的支转干或干转支,而是按干线或支线运输合理的要求进行适当加工,从而大大提高运输及运输转载水平。

(4) 加工和合理商流相结合。通过加工有效促进销售,使商流合理化,也是流通加工合理化的考虑方向之一。加工和配送的结合,通过加工,提高了配送水平,强化了销售,是加工与合理商流相结合的一个成功的例证。

此外,通过简单地改变包装加工,形成方便的购买量,通过组装加工解除用户使用前进行组装、调试的难处,都是有效促进商流的例子。

(5) 加工和节约相结合。节约能源、节约设备、节约人力、节约耗费是流通加工合理化重要的考虑因素,也是我国设置流通加工,考虑其合理化的较普遍形式。

对于流通加工合理化的最终判断,是看其是否实现社会的和企业本身的两个效益,而且是否取得了最优效益。如果只是追求企业的微观效益,不适当进行加工,甚至与生产企业争利,这就有违于流通加工的初衷,或者其本身已经不属于流通加工范畴了。

本章小结

我国的物流定义中提到了"运输、储存、装卸搬运、包装、流通加工、配送、信息处理等"等具体活动。本章介绍了除信息处理以外的六项活动。

运输管理,就是对整个运输过程的业务活动(发运、运输、接运、中转)和人力、运力、财力和运输设备等进行合理组织,统一使用,调节平衡,监督完成。储存管理就是要使储存合理化,其含义是用最经济的办法实现储存的功能。配送是在经济合理区域范围内,根据用户要求,对物品进行拣选、加工、包装、分割、组配等作业,并按时送达指定地点的物流活动。装卸搬运是随运输和保管等而产生的必要物流活动,它是对运输、保管、包装、流通加工、配送等物流活动进行衔接的中间环节。包装的设计必须根据以后的物流形式来考虑,有时也根据包装方式,决定以后物流的情况。流通加工是物品在从生产地到使用地的过程中,根据需要施加包装、分割、计量、分拣、刷标志、拴标签、组装等简单作业的总称。

这六项活动中,运输、仓储是最基本的,所以也是物流管理的重点。配送是综合性的,可以看成"小型"的物流。装卸搬运、包装、流通加工是辅助性的,当然也是不可或缺的,它们对物流质量中货损、货差的影响要大于对物流成本的影响。

复习与思考

1. 讨论五种运输方式的经济和服务特性。
2. 阐述储存合理化的标志和措施。
3. 描述配送中心的业务流程。
4. 比较自动化物料搬运系统与非自动化物料搬运系统的优点。
5. 比较商业包装和物流包装的作用。
6. 试举出两个流通加工的例子。

案例分析

☐ 海尔国际物流中心

2000年海尔对原来企业内部组织结构进行了大刀阔斧的改造,剥离了原来十几个产品事业部的物流和商流功能,包括采购、物流,成立了物流推进本部,并于当年启动了海尔国际物流中心的建设。海尔物流确立了从企业物流走向市场,发展成为第三方物流的战略思路,并提出将物流业作为海尔新的经济增长点和未来企业发展的核心竞争能力之一。

　　首先,海尔对集团企业的物流机构进行了全面的整合,对全集团所有物流资源进行合理配置和重组。其将过去分散在各个产品事业部的采购业务合并,实行统一采购,以达到或者接近全集团物资 JIT 采购,从而节约采购成本。整合采购权限后,利用集团的品牌与数量优势取得了供货商的最优惠价格,实行统一采购后,采购成本比原来降低了 1%—8%。

　　其次,海尔在完成集中采购的同时也开始了物资配送的大统一,也就是根据生产的需要,对生产的各个环节实行 JIT 配送管理。具体内容是对企业内部各条生产线进行零部件和离线成品或半成品进行统一保管和配送。这样在保证生产正常运转的情况下,最大限度地减少了线上的库存,从而减少了产品库存资金的占用和采购物品资金的占用(包括物资库存),使海尔的库存从 15 亿元下降到了 7 亿元,平均库存时间从 13 天下降到 7 天。

　　为了配合集中配送与管理,海尔斥巨资兴建了海尔国际物流中心(全自动立体仓库),并于 2001 年 3 月投入运营。

　　青岛海尔国际物流中心是由青岛海尔机器人有限公司和昆明船舶设备集团有限公司联合研制开发的全自动物流中心,该中心同时采用了大福、村田等著名物流装备制造商的硬件支持。立体库区共有货位 18 000 余个,是目前国内自行研制开发的规模最大、功能最齐全、科技水平最高的自动化物流系统。物流中心包括原材料、成品两个自动化物流系统,采用了激光导引、条形码识别、无线数字通信、红外通信、智能充电、工业控制、现场总线和计算机网络等国际先进技术,成功集成了具有国际先进水平的工业机器人、巷道堆垛机、环行穿梭车、激光导引车、摄像及语音监控等先进的自动化物流设备。该系统对原材料和成品自动化仓储与收发的全过程实施完全的控制、调度、管理和监控,并与海尔集团的 ERP 系统实现了信息集成,以最少的人机接口实现了最大的物流自动化。

　　海尔国际物流中心与海尔集团计算机管理系统相连,直接进行物流、商流、资金流、信息流等数据通信,系统运行的效益我们不得而知,但观念的更新是现代企业大物流的典范。

　　海尔在物流发展上树立了几个新的观念,支持着海尔的物流理念。

　　1. 市场链的概念

　　海尔认为,市场链就是满足用户个性化的需求。随着电子商务的发展,个性化需求成为可能。人人都是一个市场,人人都有一个市场。对有形产品是这样,对物流服务的要求也是这样。配送的 JIT 是电子商务时代最重要的物流要求,这不仅要求要有合理而健全的配送网络,而且必须安全可靠。

　　2. 仓库是"河流"而不是"水库"

　　仓库以前被认为担负仓储的职能,靠仓库来保证生产,现在把物料的流速作为评价仓库职能的重要指标。从供应链管理的角度来看,只有每一个环节全部流通起来,才能提高整个供应链的反应速度,达到零库存资金占用。

　　提高物流效率的最大目的就是实现零库存。海尔认为,没有订单的生产就是生产库存。在新经济时代,如果仍然照计划生产,而这个计划又不是市场需要的,不是用户的订单,那就是生产库存。

3. 电子商务制胜的关键是速度

海尔认为,电子商务意味着海尔与用户之间是零距离,速度是海尔电子商务制胜的关键,是电子商务的生命,电子商务要求海尔快速满足用户的个性化需求。目前,海尔已经开通了在线购买平台,其电子商务是面向企业整个供应链管理,旨在降低交易成本,缩短订货周期,提高信息管理和决策水平,从质量、成本和响应速度三个方面改进经营,增强企业竞争能力。海尔物流的宗旨是"以时间消灭空间","快速响应"是海尔物流的最大特征。

思考题

1. 简述海尔在物流发展上的几个新观念。
2. 阐述海尔国际物流中心的作用。
3. 试比较现代物流中心与传统仓库的区别。

第3章　物流管理基础

本章关键词

物流战略规划 logistics strategic planning
物流质量管理 logistics quality manage-
　　ment

物流成本管理 logistics cost management
物流信息管理 logistics information man-
　　agement

> **什么是战略规划?**
>
> 　　物流战略规划被定义如下:一个通过提高价值和客户服务而实现竞争优势的统一、综合和集成的规划过程,该规划过程通过对物流服务的未来需求进行预测和对整个供应链的资源进行管理(如何实现目标),导致优越的客户满意度(我们希望实现什么)。这种规划过程是在公司总体目标和规划的背景下进行的。
>
> 　　这一定义包含三个要素:(1)长期目标(客户满意度,竞争优势,供应链管理)、(2)实现目标的方法(价值,客户服务)、(3)实现这些目标的过程(预测,管理)。战略规划通常涵盖5年或更长的时期。

3.1　物流战略规划

3.1.1　物流战略概述

　　对一家公司来说,要想取得物流管理业务的成功,首先要明确企业的物流战略。战略是站在目标和远景的高度来指导某项行动的。管理人员必须善于梦想尚未发生的事物,正如一个建筑师在面对布满灰尘的平地时能够想象一座高楼,面对滚滚洪流能够梦想出一座飞天大桥一样,他们应该既是梦想家,又是绘图师,能够把艺术和结构工程完美地结合起来。

1. 物流战略的目标

企业正如一个复杂的有机体,任何一个组织的有效运行都离不开其他组织的密切配合,因为它们之间总是存在着或大或小的千丝万缕的联系。明确企业的总体战略目标对于企业来说至关重要,总体目标正如大脑一样决定了企业财务、市场占有率等的发展方向和前景。而物流战略正是这个复杂有机体的重要组成部分,好比它的动脉,只有动脉畅通无阻,血液和养分才能够及时输送到各个地方。企业战略的制定是一个富有创造性和激励性的过程,经常由企业首脑部门来确定。企业战略包括多个方面,一般来讲,它由物流战略与制造、营销、财务战略共同构成。

物流战略的目标有三个:成本最小、投资最少和服务改善。

成本最小,是指降低可变成本,主要包括运输和仓储成本,例如物流网络系统的仓库选址、运输方式的选择等。面对诸多竞争者,公司应达到何种服务水平是早已确定的事情,成本最小就是在保持服务水平不变的前提下选出成本最小的方案。当然,利润最大一般是公司追求的主要目标。

投资最少,是指对物流系统的直接硬件投资最小化从而获得最大的投资回报率。在保持服务水平不变的前提下,我们可以采用多种方法来降低企业的投资,例如,不设库存而将产品直接送交客户,选择使用公共仓库而非自建仓库,运用 JIT 策略来避免库存,或利用第三方物流服务等。显然,这些措施会导致可变成本的上升,但只要其上升值小于投资的减少,则这些方法均不妨一用。

服务改善,是提高竞争力的有效措施。随着市场的完善和竞争的激烈,顾客在选择公司时除了考虑价格因素外,及时准确的到货也越来越成为公司的有力的筹码。当然高的服务水平要有高成本来保证,因此权衡综合利弊对企业来说是至关重要的。服务改善的指标值通常是用顾客需求的满足率来评价,但最终的评价指标是企业的年收入。

总之,企业物流战略的制定作为企业总体战略的重要部分,要服从企业目标和一定的顾客服务水平,企业总体战略决定了其在市场上的竞争能力。有时企业战略的制定是为了反击竞争对手的策略,此时,高效的物流系统往往是体现企业竞争力的重要因素,例如,海尔全球性的供应链物流战略保证了海尔“三位一体”的国际化战略。

2. 物流战略的内容

物流战略包括很多方面,如物流战略目标、物流战略优势、物流战略态势以及物流战略措施和物流战略步骤等。其中物流战略目标、物流战略优势和物流战略态势是物流战略规划的基本要点。

物流战略目标,是由整个物流系统的使命所引导的,可在一定时期内实现的量化的目标。它为整个物流系统设置了一个可见和可以达到的未来,为物流基本要点的设计和选择指明了努力方向,是物流战略规划中的各项策略制定的基本依据。

物流战略优势,显而易见是指某个物流系统能够在战略上形成的有利形势和地位,是其相对于其他物流系统的优势所在。物流系统战略可在很多方面形成优势:产业优势、资源优势、地理优势、技术优势、组织优势和管理优势。随着顾客对物流系统的要求越来越高,很多企业都在争相运用先进的技术来保证其服务水平,其中能更完美地满足顾客需求的企业将会成为优势企业。

研究物流战略优势，关键是要在物流系统成功的关键因素上形成差异优势或相对优势，这是取得物流战略优势经济有效的方式，可以取得事半功倍的效果，当然也要注意发掘潜在优势，关注未来优势的建立。

物流战略态势，是指物流系统的服务能力、营销能力、市场规模、在当前市场上的有效方位及沿战略逻辑过程的不断演变过程和推进趋势。

3. 企业环境的战略分析

制定战略规划，必须首先立足于其所处的环境。这里的环境既包括宏观环境和行业环境，也包括企业内部环境。

宏观环境指的是以国家宏观社会经济要素为基础，结合企业的行业特点而确定的指标，所针对的是行业而不是单个企业。如目标市场的经济发展状况、政治稳定情况、社会结构状况、文化和亚文化、法律完善情况以及政策稳定性等。众所周知，一个地区的经济发展状况决定了其社会和个人的购买力，经济发达地区和经济落后地区的居民消费情况有很大的差别。经营环境的变化如果能带来社会购买力的提高，便可为行业提供很好的发展机会。这是一个方面。另外，分析经济的周期对于研究行业发展状况也是十分必要的。是处于经济高涨期、经济衰退期还是经济复苏期，对于制定企业的长期物流发展战略具有很大的制约作用。制定长期物流战略时，除了要考虑经济因素的影响外，政治因素也绝对不可忽视。因为政治稳定性是社会稳定的基础，对于任何企业来说，目标市场的政治稳定性是长期发展的可靠保证。同时，不同的社会结构状况、文化和亚文化会影响居民的消费倾向，从而对物流发生作用。一个国家和地区的法律体系和政策稳定性对于企业来说也是至关重要的，企业要想发展，必须首先获得一个平稳的环境。

建立企业物流系统时，除了要分析企业所处的宏观环境外，最重要的还要分析一下企业所属行业的现状和发展。它分析的内容包括：市场规模与发展、竞争者情况、技术经济支持情况和新技术新产品的影响。市场规模及其发展状况决定了此行业的发展空间和潜力。市场规模大，则企业的投资规模和经营规模可以定在一个比较大的层面。行业的成长性会影响企业的投资方式，企业采取大规模投资还是小规模多次投资的经营决策，必须考虑行业是否处于快速成长阶段。如果行业的成长处于突飞猛进的阶段，属于朝阳产业，有很好的发展势头，则企业可进行大规模的投资，先于竞争者而取得规模优势和行业优势，从而发展成为行业的翘楚，既可以获得领导者的优势，又可以控制和限制其他企业的进入和发展。另外，研究整个行业的发展，不可不研究竞争者的实力与战略，它也是企业在制定发展战略时必须设计的内容。所谓"知己知彼，百战百胜"，有很多经营决策都是在分析对手的战略后做出反应的。企业在竞争中所采取的策略，在很大程度上与自己所处的实力地位有关。如果是行业的领导者，往往凭借其规模优势采取主动的行为去影响其他成员，影响服务价格水平等；作为一个弱势企业，则会寻找发展机会，避免与优势企业硬碰硬，从优势企业在市场上所建立的坚固壁垒中找寻松动的角落，从而形成自身的经营特色和竞争优势，打造属于自己的一片天下。

随着人类社会发展的日新月异，生活和生产的每个角落都打下了技术的烙印。在物流领域也不例外,新技术对降低物流成本、提高物流服务水平起着重要的作用。对物流管理最有影响的技术主要为信息技术、物料处理技术、包装以及包装材料技术、运输技术、优化技术。新技术有可能会引起整个物流系统的革命,使整个社会的物资供应实现准时化,大大缩短物流周期,减少全社会的库存量,使全球的资源得到充分合理的使用。

进行了以上的分析后,我们基本上完成了知彼的过程,同时,我们还要做到知己,对企业的内部环境进行分析,包括对企业内部各职能部门和生产要素的分析。对企业职能部门的分析涉及各职能部门的现状及发展,以及各职能部门之间的联系和沟通,目的是为了找出制约企业发展的"瓶颈"。对生产要素的分析从纵向出发,打破职能的界限,站在整体发展的高度研究各生产要素对企业的影响,以更适合于企业总体战略的分析。

有一点不容忽视,那就是对于环境的分析和研究不是一劳永逸的,而是要时刻关注内外部环境的发展变化,并做出及时的反应。

4. 物流战略管理

对于一个企业的物流设计者来说,重要的不光是了解战略的内容,而更重要的是如何进行战略管理,如何将企业的物流引向光明的未来。首先我们要时刻记住战略管理绝不是一件简单的任务或目标,而是物流管理者在构建物流系统过程中,通过物流战略设计、战略实施、战略评价与控制等环节,调节物流资源、组织结构等,并且最终实现物流系统宗旨和战略目标等一系列动态过程的总和。

在企业的战略设计、战略实施、战略评价与控制中,物流战略形成是物流战略管理的首要环节,它是在对物流所处环境和自身的竞争优势进行了彻头彻尾的分析之后形成的一套区别于其他企业的措施,它指导并决定了整个物流战略系统的运行。战略评价与控制工作渗透在战略管理的各个阶段之中,监督物流系统的运行。

物流系统的设计不是照抄照搬成功企业的经验,而是不断创新,形成自己独特个性的过程。创新对于物流战略设计具有突出的地位和作用。只有通过创新,企业才能提供较高的现有行业的平均水平,从而获得更高的利润。创新的内容可以包括:产品(服务)创新、市场创新、技术创新、组织创新和管理创新等内容。其中,技术创新是最核心的内容,包括新构思的产生与形成、研究与开发、应用与扩散三个紧密联系的基本环节。新的技术经常会使整个行业获得突飞猛进的发展。

不断尝试新的东西能使一个人充满活力,同样,在制定企业的物流战略的过程中,创新性的方法也经常会产生意想不到的效果。

专栏 3.1

美国一家生产办公器材的公司曾采取了创新性的举措而大大节省了服务时间。这家公司以往的器材维修是由技术人员赶往维修地点进行现场维修,这些受过高等训练和享有高工资的技术人员往往在路上花费大量的时间,对于公司来说是极大的浪费。于是公司变换思路,重新设计了其物流系统:在全国各地设立保管办公器材的地点,坏了的器材得到及时的替换后被运往服务中心进行维修,不仅节约了大量的维修成本,而且提高了服务质量,真可谓一举两得。

3.1.2 物流战略规划过程

物流战略规划是公司总体规划的一个重要组成部分。在物流战略规划过程中,营销和物流必须紧密地协调,物流和生产也是这样。物流战略规划来源于营销规划,营销规划必须以公司的目标和战略为基础。图 3.1 提供了体现公司总体规划过程中的物流战略规划、供应链和公司环境的一个有效的框架。

图 3.1 表明所有的规划工作都必须在以下约束条件下进行:

◎ 政治和法律环境;

◎ 社会和经济环境;

◎ 技术环境;

◎ 竞争环境。

在制定物流战略规划之前,必须实施公司规划制定过程中的以下步骤:

◎ 评估消费者和/或行业客户的需要;

◎ 找出可能的目标市场;

◎ 评估目标市场;

◎ 选择目标市场;

◎ 制定供应链目标和战略;

◎ 提出和评估供应链结构的替代方案;

◎ 选择供应链结构。

尽管用来说明规划制定过程的例子是一个从制造商角度来考察的消费品例子,但是模型同样适用于供应链中的其他成员,例如零售商和批发商,也适用于其他工业产品和服务。

1. 消费者评估和潜在目标市场的识别

对消费者进行的评估可能由以下一个或多个因素引起:新产品的引入;市场份额、销售量、赢利能力和投资收益率等方面的绩效不足;消费者购买方式的改变或者消费者市场结构的变化。为了进行评估,管理者必须确定是否有可能满足足够大的客户细分市场(目标市场)的需要,产生期望的利润率;必须确定有针对性的客户群或细分市场,从而可以回答以下问题:

◎ 谁购买或将会购买?

◎ 他们为什么购买?

◎ 他们什么时候购买?

◎ 他们在什么地方购买?

◎ 他们需要什么服务?

◎ 他们如何购买?

◎ 在每一个这样的细分市场上,存在什么样的竞争环境?

按细分市场进行的竞争性分析比总体的竞争性分析更有意义,因为竞争对手的强项和弱势通常会随着分析中的细分市场的变化而变化。

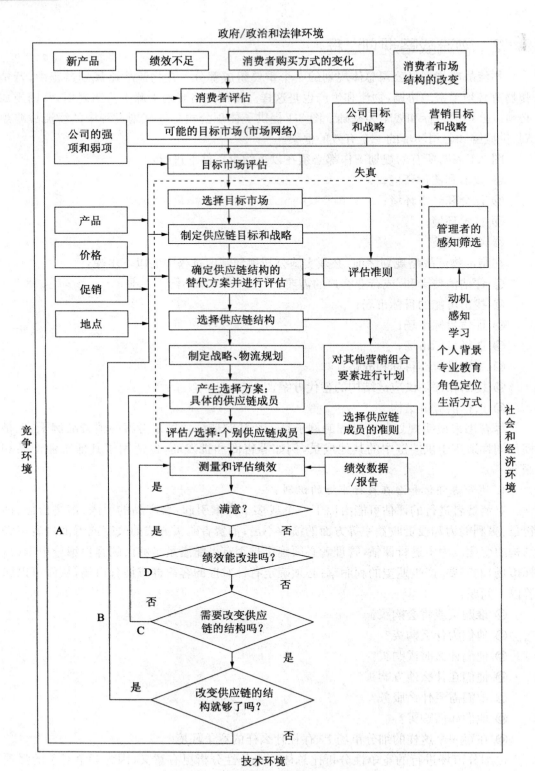

图 3.1　供应链设计、评估和修正模型

2. 目标市场的评估和选择

一旦找出了潜在的目标市场,就必须在充分考虑公司的强项和弱项的条件下,评估潜在的目标市场并选择实际的目标市场。考虑的因素有:生产能力、营销力量、财务资源,公司的目标和战略,营销目标和战略,环境考虑因素,成功的市场开发所需的营销组合。目标市场的选择需要采用市场细分并进行初步盈利分析,目的在于选择能够产生最高的细分市场净利润的目标市场。在赢利能分析时,只考虑那些随着细分市场的增加或放弃而变动的成本。用于市场营销组合的资金总额——用于产品开发、促销、价格和地点——会影响公司最终的市场份额、销售量和盈利能力。花在物流(客户服务)上的总额等于各地点的支出。管理者应该以能提高营销效果与效率以及导致更高盈利的方式,将资金分配给营销组合和单个物流活动。例如,采用批发商来联系零售客户的决策可能会降低广告、销售和物流支付,但是制造商需要降低每单位产品的价格。公司选择的分销渠道会对公司的赢利水平产生巨大的影响。

3. 供应链目标和战略的制定

选择了目标市场后,下一步是要制定供应链的目标和战略。这一过程的一个内容是,有必要找出将要采用的分销渠道和供应商网络。分销渠道可定义为,公司内部和外部的执行那些涉及产品营销职能的组织单位的集合体。这些职能组织是普遍存在的,它们包括采购、销售、运输、分拣、分类、筹资、提供市场风险和营销信息。供应商网络也在不同程度上执行这些职能。执行一项或多项营销职能的公司就成为供应链的一个成员。

供应链的目标产生于公司的营销目标。具体的营销目标包括市场覆盖度,以及充分考虑了可能限制供应链可选方案的产品特点和零售层次上的客户服务水平。供应链战略是指管理者用来实现其目标的具体规划,例如,可利用消费者广告来“拉动”产品通过供应链,或者为了鼓励批发商和零售商将产品“推动”给客户,可提供折扣。此外,管理者可能希望内部执行某些职能,而将其他职能“分割”给外部的供应链成员。总之,存在许多潜在的战略。物流经理人员参与供应链目标和战略的制定是很重要的,因为物流成本影响到供应链的效率,物流考虑因素会影响供应链的效果。

4. 供应链结构替代方案的识别和评估

供应链结构的本质影响到交付和信息传递的速度和一致性、职能绩效的控制和运作的成本。在选择供应链结构时,管理者可能会内部执行所有的营销职能,或可能会选择让外部的供应链成员执行一种或多种职能。可以认为,供应链的设计人员可以获得许多种可选方案。然而,在大多数情况下,在制定决策时,并不是所有的可选方案都是已知的或可以获得的。因此,决策可能不是最优的。即使管理者在某个特定时期,作出了最优的供应链决策,但未预料到的环境变化可能会引起对决策的重新评估。

5. 供应链结构的选择

应该利用细分市场赢利性分析报告形式,对各种供应链结构进行详细的评估。管理者应该选择最能满足公司目标和营销目标的方案。为了满足全国覆盖度的目标,可以采用多种供应链。例如,在某些地理区域内,业务量可能允许公司向零售商进行直接销售,而在其他地区,只有当采用批发商或分销商才能满足公司的投资收益率目标。物流考虑因素会同时影响供应链结构的效率和效果,因此在选择供应链的结构时,必须考虑物流因素。

最后,管理者必须对营销组合的各种组成要素进行规划。此时,可以制定物流战略规划。

6.物流战略规划的制定

有效物流规划的制定依赖于来自营销、制造、财务、会计和物流方面的几种关键的输入。

营销必须为所采用的每一种供应链提供产品、定价和促销战略建议。这将包括产品系列的全部信息,连同规划的产品引进和产品淘汰;定价计划,包括数量折扣和销售条款;如果可以获得,按地理区域、客户类型和客户区分的月销售量预测;根据客户类型和地理区域区分的客户服务政策。计划的客户服务政策对于物流战略家来说是特别重要的,他们应该参与这些政策的制定工作。客户服务政策应该包括客户类型或地理基础上的以下要素:订单发送的方法,订单输入,订单处理;期望的订货周期时间;可接受的订货周期时间变动水平;在库库存的可获得水平;加急和转运方面的政策以及产品替代政策。

制造输入应该提供生产设施的清单,包括制造能力和每种产品的计划生产。当产品可以在一个以上的工厂进行制造时,物流和制造部门必须在充分考虑销售量预测和必要的成本权衡的情况下,确定最经济的生产产品的地方。

应该以支持组织的总体目标的方式执行采购与寻找供应货源有关的活动。采购能够提供有关新技术、潜在的新材料或服务和新的供应货源的信息,这些信息将促使公司能够利用市场机会。采购必须识别供应商网络,并在接受来自物流和其他职能领域的输入之后,选择各个供应商。

财务/会计是执行细分市场分析和成本权衡分析所需的成本数据的来源。此外,财务/会计必须提供有关公司最低投资收益率和为物流资产(如库存、设施和设备)提供融资的资本的可获得情况方面的信息。

物流必须提供的信息有:与产品在工厂和各地的储存地点有关的现有物流网络,供应商与工厂之间、工厂与配送中心之间、配送中心与客户之间的运输连接,配送中心在规模、数量和产品组合等方面的运行特征。此外,物流必须识别与物料流动和储存相关的成本。

一般来说,物流所需的成本包括:各地的储存和搬运的固定和变动成本,供应链中节点之间的运输成本,订单处理成本,库存持有成本和购买/采购成本。

物流战略规划应该包括以下内容:

(1)管理总评,用一般术语描述物流战略及其与其他主要的企业职能之间的关系。

(2)与产品和客户两者的成本和服务有关的物流目标的陈述。

(3)对支持总体规划必需的客户服务、库存、仓储、订单处理和运输战略等的描述。

(4)为规划、相关成本和时间安排及其企业影响提供详细文件描述的主要物流规划或运作规划的概要。

(5)对必要的劳动力和资本需求的预测。

(6)详细说明运行成本、资本需求和现金流的物流财务报表。

(7)描述物流战略对企业利润、客户服务绩效以及对企业其他职能等方面的影响。

7. 供应链物流成员的评估与选择

一旦制定了物流战略规划,管理者必须制定出执行物流战略规划的运作程序或方法。在此阶段,管理者必须提出关于各个供应链成员(如承运商和仓储管理商)的替代方案。管理者必须评估供应链的成员,并选择那些满足评估标准的成员。

8. 绩效评估与供应链的改进

物流战略规划的成功实施要求及时评估绩效和在绩效不满意时做出改变。供应链的总体绩效应该采用赢利分析框架按客户细分市场分别进行评估。

当绩效水平没有达到满意的程度时,管理者必须确定在现有的供应链的成员条件下,是否能够提高绩效水平。如果绩效水平可以提高,管理者必须采取所需的改变,并持续地监督绩效情况(见图 3.1 中 D 环)。如果绩效水平在现有的参与者结构中不能够提高了,并且不需要进行结构改变,那么管理者应该考虑其他可选择的供应链成员,并进行替代(见图 3.1 中 C 环)。如果找不到替代成员,或者需要进行供应链结构的改变,那么需要对供应链的目标和战略进行检查,在此处,重复规划制定过程(见图 3.1 中 B 环)。如果供应链结构的变化并没有产生必要的绩效水平,那么管理者必须重复整个规划制定过程(见图 3.1 中 A 环)。在任何情况下,物流战略规划应该每年进行重新评估,来适应消费者的需要、营销战略、经济环境、竞争环境、政府法规以及可以获取的公司资源等方面的变化。

3.1.3　物流战略规划的制定

制定物流战略规划需要以下条件:

(1) 彻底理解和评价公司战略和营销计划,从而提供正确的战略规划建议和实现能够平衡成本和服务效果的物流系统;

(2) 客户服务研究,确定服务的哪些要素是关键的。服务是如何评估的、期望什么水平的绩效、公司的统效水平与具体的竞争对手的统效水平的对比情况;

(3) 识别与可选的物流系统相关的总成本,选择满足公司、营销和客户要求的最低成本的网络。

当总体的公司战略和营销计划已经确定,物流规划者必须评估基本的方案,并推荐能够以最低的总成本满足客户要求的系统结构。因此,整个过程必须以识别和支持客户服务目标和战略为起点。管理者能够利用客户服务调查来确定公司客户的具体需要和要求,以及公司相对于竞争对手的绩效水平。调查可以用面对面的采访来加以补充。制订计划时,必须考虑客户的具体需求、竞争性服务水平、变化的环境条件和公司愿意提供的服务数量。

在许多公司中,收集这样的信息可能是一个困难的过程。这里,物流评估具有重大的好处。

1. 物流评估

评估活动应在日常的基础上进行,尽管评估之间的时间间隔可能在不同的公司之间变化很大。进行物流评估的一个理由是:为了寻找提高生产率的机会,建立一个能够用于评估物流运行系统的各个不同组成部分的数据库。因此,有必要识别、收集和分析最能说明目前的成本和客户服务水平的数据。在制造环境下进行物流评估时,管理者应采取以下步骤。

(1) 应建立任务小组来协助检查过程。

(2) 必须确定能够影响物流或者被物流影响的目前的公司战略和目标。

（3）任务小组应构建关键的问题，充当内部和外部评估采访的基础，用来识别目前系统中的弱点以及推荐改进措施。

（4）准确、可靠和有效率的关键变量和评估指标必须由主要的客户细分市场识别和产生。

（5）应该执行客户期望和要求的外部评估，确定公司的绩效水平、竞争性惯例以及所需要的绩效水平和具体的服务水平。

（6）应该对目前的物流绩效执行内部评估。这种评估涉及两个不同的过程：

① 与来自整个公司不同职能的代表进行个人面谈；

② 对公司记录和交易数据进行取样，从而能够从统计上对现有的运行系统进行分析，并准确地描述绩效水平。

（7）必须识别和分析成本与服务的权衡方案。

（8）必须对第 3 步中识别的问题加以解决，识别现有系统的改进机会和变革方向，并将其推荐给管理层。

（9）对推荐的变革后存在的系统进行描述，并预测期望的绩效水平。

图 3.2 总结了这些步骤。

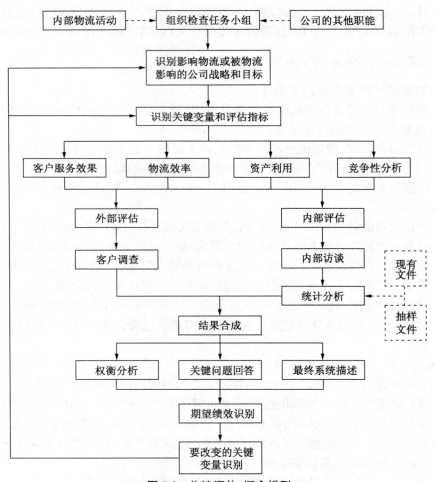

图 3.2　物流评估：概念模型

2. 物流任务小组

公司应该利用任务小组的方法,因为任务小组的成员直接参与到决策的制定过程,并认识到他们负责实施推荐的建议。任务小组方法会引起一定水平的责任心,而当推荐的战略和系统变革是由外部机构提议的,或者由公司内部某个不参与职能的实际日常运作的个人提议的,要让他们有责任心是不可能的。

任务小组需要包括两种类型的人:那些参与管理物流活动的人,如运输、仓储、自有车队运营、客户服务和库存管理;以及那些经常与物流发生相互作用的其他的职能部门的人。因此,应要求审计办公室、营销/销售、制造和采购部门的代表参与任务小组。来自管理信息系统部门的代表也是很重要的。这些职能部门的参与提供了几点好处:可以更多地接触公司范围的数据;有助于建立组织之间的合作;可以拓展视野;最终的推荐意见将更加实用和更加容易实施。

3. 公司战略的检查

公司的某一职能可能会在没有考虑对公司的总体宗旨和目标的影响的情况下,过于频繁地制定目标、战略和运行系统。例如,公司可能希望每年的增长率为15%,实现10%的税前利润,把新的投资收益率定为税后25%,每年至少推出5种新产品。这些目标将对由物流职能控制的每一项活动和产出产生影响。如果预测的投资收益率只有10%或者额外的库存将使利润降低到目标水平之下,那么提议扩展仓库网络是没有用的。

因此,公司的宗旨、公司的目的和目标以及公司的制造、营销和采购战略必须在物流评估的初始阶段加以分析。这一程序有助于识别:(1)在接下来的评估检查阶段需要解决的关键问题;(2)将用于比较目前的物流绩效与客户需求的关键指标;(3)潜在的可选战略。

4. 关键问题的构造

在试图采访客户和内部操作人员之前,以及在评估目前的物流绩效之前,任务小组应该准备问题清单,如果这些问题得以适当解决,将促使公司在其服务的市场上实现明显的竞争优势。这些问题应该涉及面很广,从而它们不会制约任务小组的特权。这些问题必须考虑公司的宗旨和目标,并提出管理高层所关心的各方面的问题。以下问题可作为一些例子:

◎ 在每一个细分市场的结构中,可能产生什么变化,以及这些变化将如何影响每个细分市场的相对重要程度?

◎ 目前,竞争对手采用什么样的供应链,以及公司可以从什么地方获取不同的优势?

◎ 实现公司目前的订货周期时间和满足率标准,会使公司成为其行业中的领先企业吗?

◎ 应制定什么样的总体客户服务战略,这些战略如何根据客户细分市场有所区别?

◎ 公司如何以积极的方式对客户提出的降低库存或其他成本的要求作出反应?

◎ 为了领导行业对客户需要作出反应,公司必须满足什么样的订单处理系统的要求?

◎ 公司应采用集中型仓储网络还是分散型/地区性仓储网络?

◎ 公司如何提高其仓库的生产率,需要采用什么评估指标?

◎ 如何在不对客户服务水平产生不利影响的情况下,降低运输成本?

◎ 小订单是个问题吗？在未来,这种情况可能会怎么变化,管理者应该实施什么战略来使相关成本达到最小?

◎ 公司应该在自有车辆方面扩大投资、缩小投资,还是保持投资不变?

◎ 对于公司物流业务来说,最佳的降低成本的机会是什么?

◎ 公司的物流组织如何最佳地与制造、营销、采购和财务/会计组织合作?

◎ 是否存在将公司的分支机构/独立的运行部门的物流业务合并的机会?

5. 识别关键变量

一旦已经识别了关键的问题,任务小组可以识别具体的变量和评估指标,这些变量和评估指标如果能够获得,它们将使任务小组能够成功地回答问题,并开始重组公司的物流战略。这些变量涉及定量和定性的数据,并能够划分成四大类:

(1)客户服务效果,例如:

订货周期时间,包括总的订货周期时间和订货周期的每个组成要素的时间;

满足率(交付的产品占订购的产品的比例);

对客户询问的反应能力;

调整订购数量的能力;

改变要求的交付日期的能力;

与生产计划相互作用的能力;

替代产品或延期订购物品的能力。

(2)物流效率,或者与以下职能活动相关的成本:

运输;

仓储;

库存管理;

生产计划和安排;

采购;

订单输入和订单处理。

(3)资产的利用,例如:

库存;

仓储设施;

自有车辆运作。

(4)与客户服务属性和资产利用有关的竞争性惯例和绩效。

6. 外部评估

外部评估可能包括:全面的邮件调查,或者有选择地与能够代表公司所服务的不同细分市场的客户之间进行的深入访问,例如原始设备制造商、自有商标的零售商、批发商或者大型的大规模零售商,年采购额的差异,地理位置。其主要的目标是反映公司的总体业务/产品组合。这是通过收集关于供应商与客户物流系统之间的相互作用的具体信息以及确定主要的竞争对手的物流/客户服务效果来实现的。应该进行考虑目前和将来的竞争环境和客户服务要求的调查。物流评估会包括许多基本的问题,以及一些行业/具体情况特有的问题。表 3.1 提供了在竞争性分析中需要包括的基本调查问题。

表 3.1　竞争性分析的问题样本

采 购 物 流	销 售 物 流
1. 您向您的主要供应商订购产品的频率是多少？	1. 您的客户向您订购产品的频率是多少？
2. 这些订单典型的大小是多少？	2. 这些订单典型的大小是多少？
3. 当从您的主要供应商补充库存时,您遇到的典型的提前期为多长？	3. 当您的客户从您公司补充库存时,典型的提前期为多长？
4. 在您要求的交付日期正常交付的产品占订购产品的比例是多少？	4. 在您的客户要求的交付日期正常交付的产品占订购产品的比例是多少？
5. 您喜欢什么样的提前期？	5. 您的客户喜欢什么样的提前期？
6. 您的订单最终交付的比例为多少,通常需要多长时间才能收到您的所有订货？	6. 您的客户的订单最终交付的比例为多少,通常需要多长时间才能收到所有订货？
7. 您的每个主要的供应商目前在订货周期(提前期)时间和满足率方面的绩效如何？	7. 您目前在订货周期(提前期)时间和满足率方面的绩效如何？
8. 如果某个供应商不能够在您要求的"需要日期"执行订单,您选择以下方案的次数的百分为多少？ a. 取消订单 b. 向供应商要求延期订货 c. 要求替代产品 d. 延期订货,同时将订单提交给另一个供应商	8. 如果您不能够在您的客户要求的"需要日期"执行订单,您的客户选择以下方案的次数的百分为多少？ a. 取消订单 b. 要求延期订货 c. 要求替代产品 d. 延期订货,同时将订单提交给另一个供应商
9. 您利用以下技术来将订单发送给您的主要供应商的次数的百分比为多少？ a. 在线终端 b. 互联网 c. 固定费用长途电话服务(800 电话服务) d. 由您支付费用的电话 e. 邮件 f. 传真 g. 手工交给销售人员	9. 您的客户采用什么方法将他们的订单递交给您？您的客户利用以下技术来将订单发送给您的次数的百分比为多少？ a. 在线终端 b. 互联网 c. 固定费用长途电话服务(800 电话服务) d. 由您支付费用的电话 e. 邮件 f. 传真 g. 手工交给销售人员
10. 您的供应商有采用"预定交付"计划的吗？是哪些供应商？	10. 您有采用"预定交付"计划的吗？
11. 您会将您的多大比例的订单归为紧急订单(尽可能快地运输)？	11. 您的客户会将多大比例的订单归为紧急订单(尽可能快地运输)？
12. 您的主要供应商定期地为您提供以下的书面信息/报告吗？ a. 关于已发送的订单的确认通知 b. 未完成的订单的状态报告 c. 产品的可获得情况/库存状态数据 d. 运输信息的提前通知	12. 您定期地为您的客户提供以下的书面信息/报告吗？ a. 关于已发送的订单的确认通知 b. 未完成的订单的状态报告 c. 产品的可获得情况/库存状态数据 d. 运输信息的提前通知
13. 您的主要供应商为大批量订货提供激励措施(例如先付运费、数量折扣、货物损坏的索赔处理或延长支付条款)吗？	13. 您为大批量订货提供激励措施(例如先付运费、数量折扣、货物损坏的索赔处理或延长支付条款)吗？
14. 您的主要供应商提供何种类型的条款？您喜欢什么条款？	14. 您提供何种类型的条款？您的客户喜欢什么条款？
15. 在采购您需要的主要部件/产品时,您通常使用几家供应商的货源？	15. 您的客户在采购需要的主要部件/产品时,通常使用几家供应商的货源？

（续表）

采 购 物 流	销 售 物 流
16. 您采用什么准则来选择供应商？	16. 您的客户采用什么准则来选择供应商？
17. 在过去 3 年中，与您经常有业务往来的供应商的数量变动多少？	17. 在过去 3 年中，与您经常有业务往来的客户的数量变动多少？
18. 您预测这种变动在将来会如何变化？	18. 您预测这种变动在将来会如何变化？
19. 那些一致地为您提供理想的/满意的客户服务的供应商与那些没有提供满意服务的供应商的区别性特征或服务是什么？	19. 您提供给您的客户的正常/公布的提前期是多少？
20. 在过去的 12—18 个月中，您的主要供应商如何提高关于您发出的订单的客户服务、交付和信息等方面的绩效？	20. 在过去的 12—18 个月中，您如何提高关于您的客户发出的订单的客户服务、交付和信息等方面的绩效？
21. 对于目前您还没有获得的物流/客户服务，您喜欢供应商提供什么服务？	21. 对于目前您的客户还没有获得的物流/客户服务，您的客户喜欢您提供什么服务？
22. 在库存管理中或当您向您的主要供应商订货时，您使用或者正在考虑使用"准时制/零库存"理念吗？	22. 您已经经历或正在经历您的客户的订货特点的改变吗？
23. 您执行权衡分析来权衡数量折扣或提前购买的经济性与增加的库存持有成本吗？	23. 您具有能够按单个物品识别现有库存金额、订单余额和延期订货余额的计算机化的库存记录/客户订单状态系统吗？
24. 在过去 5 年中，您所在的企业的平均年增长率为多少？您预计在未来的 5 年中，这种增长率会是多少？	24. 您的库存存储单元、产品、产品系列的年库存周转次数为多少？
25. 在过去的 12—18 个月中，您向您的主要供应商订购原材料的方式是否发生了显著的改变？	25. 您执行权衡分析来权衡数量折扣或提前购买的经济性与增加的库存持有成本吗？
	26. 您尝试为快速移动的物品和数量低的物品持有不同的安全库存吗？

  表 3.1 中的许多问题可以根据客户细分市场、按订单生产的产品与按库存生产的产品、渠道细分或产品系列/产品组进一步区分。理想情况下，在访问过程中，公司的身份不应该被揭露，从而能够收集客观的行业范围的数据。为此，在执行物流评估时能够得到大学研究人员或咨询师的帮助常常是更加合适的。深入的访问可能提供足够的数据来继续进行物流战略的制定，或者管理者可以利用它们作为全面的邮件调查的基础。

  7. 内部评估：个人采访

  除了利用外部评估，那些分析物流绩效的人员还应该收集来自与公司的管理者之间的深入采访的信息。具体来说，需要为以下每一种管理职能准备正式的采访提纲：

客户服务/订单管理；

运输（入厂/出厂）；

仓储运作；

库存管理和预测；

产品计划和安排；

购买/采购；

营销/销售；

财务控制/会计；

数据处理。

8. 内部评估:公司记录的取样

各种类型的原始资料可充当物流评估的定量阶段的基础数据。这些原始资料的获取可以从现有文件中提取数据,或利用取样技术进行收集。以下代表了可能的数据来源:

(1) 现有文件;

① 订单历史记录和/或未完成的订单文件;

② 提单和/或运输货单的数据文件;

③ 自有车队的行程报告;

④ 仓库工作时间卡或工资记录。

(2) 原始资料。

① 在选定的时间段内所有运进和运出的拖车货物的信息,包括原始地和目的地的邮政编码、货物、拖车体积利用百分比、产品到达的损坏情况。

② 仓库用于收货、存放、分拣、包装、运输、清理、存货重新整理的工作小时。

③ 自有车队的数据,包括:路线、行驶英里数、空车英里数、拖车体积利用百分比、运输重量和发生的固定和变动成本。

④ 支付给公共、合同承运商和铁路承运商的运输费用(预先的单据),根据商品代码、实际重量、亏损重量、方式、承运商名称以及发运点/目的地邮政编码汇编。

⑤ 从订单中提取的订货周期和满足率信息和/或按客户细分市场运输和汇编的物品、产品组、运输和订购的数量、客户订货的日期、接到货物的日期、库存担保/保留的日期、发送到配送中心的日期、分拣日期和运输日期等信息。

有了以上概括的原始资料和基于计算机的统计软件,就有可能有效地进行广泛的分析。该阶段生成的报告可以划分成以下几大类:

① 拖车、箱式货车或有篷货车在公司的每个设施送进和运出的重量、体积和商品/产品的种类;

② 公司的每个设施进出的供应链流量和零部件数量;

③ 公司设施和内部活动的仓库工作小时和工资账目;

④ 接受(目的地)和发货(原始地)的地理分布;

⑤ 如果合适的话,自有车队或合同承运商的运输路线、行驶英里数、成本/收益和拖车的构成;

⑥ 根据运输模式、承运商、地理区域和重量折扣种类划分的由公共承运商和合同承运商运输并得到支付的入厂和出厂的运输数量;

⑦ 有关周期时间和服务评估指标的订单历史数据,例如满足率和准时交付。

为了有助于各种分析,应该为所有的原始资料开发共同的编码结构。共同的代码为细分市场(例如地理区域、公司位置、产品组和客户细分市场)和总体市场提供了识别产品流、正确的物流成本和关键的客户服务评估指标的能力。数据收集中的任何问题都应该被完全记录下来。以下代表了一般编码结构的一个例子:

(1) 所有的交易都应该包括所涉及的邮政编码的前3位数字。

（2）可以将所有运输所涉及的运输方式汇编成1位数字的表格,例如：

◎ 自有车队；

◎ 合同承运商；

◎ 公共承运商；

◎ 本地货车运输；

◎ 铁路运输；

◎ 平板车装运；

◎ 空运；

◎ 空运快递包裹服务；

◎ 经纪人；

◎ 运输代理人。

（3）公司的每个发货和收货地点应该用一个唯一的代号来识别。

（4）运输所涉及的承运商的名称应该能被识别。这可以通过构建一个3位数或4位数的前后参照的编码系统来实现。

（5）应该对客户进行研究,从而有逻辑地将客户重新划分到有意义的细分市场中。

（6）收货应该被划分成有代表性的商品,例如钢铁、铜、塑料、发动机、包装和退货等。在这一方面,1位数的按字母顺序的代码已证实是最有用的。

（7）库存储存单元（SKU）应该按以下方式分类：

① 快速移动的产品与缓慢移动的产品；

② 品牌；

③ 客户组；

④ 产品类别/组；

通常通过选择模型中或存储代码中的某些字段,结合客户代码分类,来实现库存储存单元的分类。

9. 综合过程

一旦完成内部评估和外部评估步骤,有必要识别成本与服务的权衡机会;解决在关键问题阶段构造的问题;描述所推荐的战略,包括为了准确地报告物流系统的效果所需要对现有评估指标做出的改变。

如果取样过程足够全面,那么就应该可以进行能准确预测替代战略和权衡的影响的统计分析。例如,在给定一系列的满足率的条件下,可利用回归分析来预测期望的订货周期时间,或者在实际的安全库存水平的基础上,准确地预测满足率。类似地,可预测各种规模或重量的运输成本和运输时间。这种分析在确定公司的配送中心将零担（LTL）订单保留多长时间来合并成整车（TL）运输方面是很有用的。同样,管理者可以利用方差统计分析来识别各种客户、产品或其他细分市场是否需要或采用显著不同的订货周期时间、满足率、订货批量、产品组合、加急/紧急订单、运输方式、按订单制造与库存产品、损坏的预防技术。

所有这些数据对于制定有效率的和有效的物流战略是必要的。前文所描述的分析方法有可能推荐物流战略,识别目前的物流运行系统需要进行具体改变,描述哪些关键变量需要调整,以及为公司提供市场竞争/差异优势。

外部评估使管理者能够比较公司在客户认为最重要的那些属性方面相对于主要的竞争对手的绩效。与内部评估相结合,外部评估使管理者能够识别绩效方面的主要差距。然后,为了消除差距,建立起超越行业竞争对手的竞争优势,公司应尽全力来识别世界一流的实践和流程,不管这些实践和流程在什么行业得到成功实施。

3.1.4　物流规划

1. 企业物流战略规划的决策层次

企业物流战略规划要说明的是企业做什么、何时做以及如何做的问题,涉及三个层面:战略层面、策略层面和运作层面。它们之间的主要区别在于计划的时间跨度。战略规划(strategic planning)是长期的,时间跨度通常超过一年。策略规划(tactical planning)是中期的,一般短于一年。运作计划(operational planning)是短期决策,是每个小时或者每天都要频繁进行的决策。表 3.2 举例说明了不同规划期的若干典型问题。

表 3.2　战略、策略和运作决策举例

决策类型	决策层次		
	战略层次	策略层次	运作层次
选　　址	设施的位置、设施的规模和数量	客户在不同设施间的分配	库存定位
运　　输	选择运输方式	确定服务的内容	线路选择、发货、派车
订单处理	选择和设计订单录入系统	确定处理客户订单的先后顺序	确定补货数量和时间,订单履行
客户服务	设定标准	客户分析、服务定价	投诉处理、信息反馈
仓　　储	地点选择、布局	存储空间选择	订单履行
采　　购	制订采购政策	洽谈合同,选择供应商	发出订单

各个规划层次有不同的视角,由于时间跨度长,战略规划所使用的数据常常是不完整、不准确的,数据也可能经过平均,一般只要在合理的范围内接近最优,就认为规划达到要求了。而另一个极端,运作计划则要使用非常准确的数据,计划的方法应该既能处理大量的数据,又能得出合理的计划。

为了全面比较不同的企业物流规划方案,我们就不能仅仅局限于一个规划层次,例如选址问题,我们不仅要考虑配送中心的数量、规模和位置,也要考虑配送中心的库存控制策略,同时也要照顾到配送线路的选择、发货等问题。

2. 企业物流系统的主要规划领域

企业物流规划主要解决四个方面的问题:客户服务目标、设施选址战略、库存决策战略和运输决策战略,如图 3.3 所示。除了设定所需的客户服务目标外(客户服务目标取决于其他三方面的战略设计),企业物流规划可以用物流决策三角形表示。这些领域是相互联系的,应该作为整体进行规划,每一领域都会对系统设计有重要影响。设计物流系统时应该时刻记住这四方面是不可分割的整体。

（1）客户服务目标。企业提供的客户服务水平比其他因素对系统设计的影响都要大。服务水平较低，可以在较少的储存地点集中存货，利用较廉价的运输方式。服务水平高则恰恰相反。但当服务水平接近上限时，物流成本的上升比服务水平上升更快。因此物流战略规划的首要任务是确定恰当的客户服务水平。

（2）设施选址战略。存储点及供货点的地理分布构成物流规划的基本框架。其主要内容包括，确定设施的数量、地理位置、规模，并分配各设施所服务的市场范围，这样就确定了产品到市场之间的线路。

（3）库存战略。库存战略指管理库存的方式。将库存分配（推动）到存储点与通过补货自发拉动库存，代表着两种战略。由于企业采用的具体政策将影响设施选址决策，所以必须在物流战略规划中予以考虑。

（4）运输战略。运输战略包括运输方式、运输批量和运输时间以及路线的选择。这些决策受配送中心与客户以及配送中心与工厂之间距离的影响，反过来又会影响配送中心选址决策。

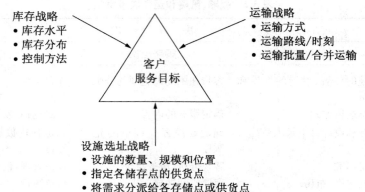

图 3.3　企业物流系统规划领域（物流决策三角形）

顾客服务水平、物流设施分布、库存和运输之所以是物流规划的主要方面，是因为它们直接影响到企业的利润率、现金流和投资回报率。由于规划的各个方面是互相影响的，所以在做决策时应充分考虑整体的利益。

当企业没有自己的物流系统，则执行物流规划的必要性很明显。但当企业的物流系统已经存在，应该在何时改善其现有的物流系统是物流规划的重要问题。这可以从以下五个方面来考虑。

（1）市场需求。市场的需求及其地理分布直接影响物流网络系统的构建。一个国家和地区需求的大幅度变化往往是物流系统需要重建的指示灯。随着需求的变化，对现有物流设施规模的扩大和缩小是必需的，同时在那些没有建设物流系统的地区，由于需求的增长，也应该建立相应的物流系统。基本上，一年中需求持续增长几个百分点便可以考虑重建物流系统。

（2）顾客服务水平。顾客服务水平变化的原因有竞争对手的战略发生变化，或市场发生变化。

（3）产品特性。物流中的产品特性包括重量、体积、价值和风险。我们可以在物流中通过包装、流通加工等方式改变其特性。

（4）物流成本。如公司的物流成本相对较高，则其进行更新物流规划的频率就快一些，以保持对市场的敏感性。例如生产食品、工业化工产品的公司，由于其物流成本较高，所以进行微小的改善便可大幅度降低成本。但对于一些高科技产业如计算机等，由于物流成本在成本中仅占微小的比例，所以其改善物流系统的动力相对较小。

（5）定价方法。采购或销售物品时定价方法的改变也会对物流规划产生影响。企业一般只关心自己责任范围内所产生的成本，如果一个公司最初的定价方法是由顾客来承担运输成本，那么它往往会只建立少量的仓库来降低成本，尽管我们知道成本在很多时候是可以转换的，但当定价方法改变时，运输成本需要由供货方来承担的话，则它不得不考虑运输所产生的成本而重新设计物流系统。

制定物流战略规划涉及 8 个主要领域的集成：(1)客户服务；(2)供应链设计；(3)网络战略；(4)仓库设计与运作；(5)运输管理；(6)物料管理；(7)信息技术；(8)组织和变革管理。物流战略规划提出的代表 8 个主要领域的相应问题包括以下内容：

◎ 每个客户细分市场的服务要求是什么？

◎ 在各种供应链成员中，如何实现运作的集成？

◎ 什么样的供应链结构最能够使成本实现最小化，并提供具有竞争力的服务水平？

◎ 什么样的物料搬运/存储技术将有助于在设施和设备方面最佳投资水平的条件下，实现服务目标？

◎ 是否存在降低短期和长期运输成本的机会？

◎ 目前的库存管理程序能够支持更加严格的服务要求吗？

◎ 需要什么样的信息技术来实现物流运作的最大效率？

◎ 应该如何组织资源来实现最佳的服务和运作目标？

3.2 物流成本管理

3.2.1 物流冰山说

"物流冰山说"是对物流费用的一种形象的比喻。在企业的全部物流费用中，由企业财务直接支付的运费、仓库保管费、装卸作业费、包装费等，是很明显的，是能够计算和掌握的，可称为直接物流费用。但这部分费用只是全部物流费用中的一部分，甚至是一小部分，不过是冰山的一角。因为在企业内部占压倒多数的物流成本，未作为物流费用单独计算，而是混杂在制造成本、销售成本以及一般经费之中，难以明确掌握。比如，公司以 500元/单位的价格向外购买设备的配件，这一费用在财务上自然归入制造成本，实际上，这500 元当中，包含了相当比例的物流费用。日本早稻田大学教授西泽修，根据这种情况，提出"物流冰山说"（见图 3.4）。把全部物流费用形象地比喻为大海中浮着的一座冰山，其

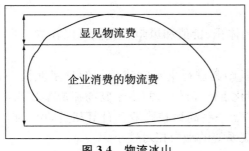

图 3.4　物流冰山

露出水面看得见的部分,只是冰山的一角,用以比喻企业明显的物流费,即可直接计算和掌握的那一部分;而潜在水中的大部分比喻为企业消费的物流费用,即难以明确掌握的那部分。物流冰山说的用意,在于让人们不要只看到冰山的一角,而要了解冰山的全部,即不要只看到明显的物流费用,而是要掌握全部物流费用,以此引起人们对物流的重视。

解决上述问题的根本方法就是进行物流成本计算,将混入其他费用科目的物流成本全部抽出来,使人们清晰地看到潜藏在海平面下的物流成本的巨大部分,挖掘出降低成本的宝库和"第三利润源泉"。

3.2.2　物流成本的构成

在物流过程中,为了提供有关服务,开展各项业务活动,必然要占用和消耗一定的活劳动和物化劳动,这些活劳动和物化劳动的货币表现,即为物流成本,也称为物流费用。物流成本包括物流各项活动的成本,如商品包装、运输、储存、装卸搬运、流通加工、配送、信息处理等方面的成本与费用,这些成本与费用之和构成了物流的总成本,也是物流系统的总投入。

为进行物流成本的计算,首先应确定计算口径,即从哪个角度来计算物流成本,因此必须对物流成本的构成进行分析。从不同的角度,物流成本的构成有不同的分类。

1. 按照物流的范围分类

按照物流的范围,物流成本可以分为供应物流费、企业内物流费、销售物流费、回收物流费和废弃物流费等 5 种。

(1) 供应物流费。是指从商品(包括容器、包装材料)采购直到批发、零售业者进货为止的物流过程中所需要的费用。

(2) 企业内物流费。是指从购进的商品到货或由本企业提货时开始,直到最终确定销售对象的时刻为止的物流过程中所需要的费用,包括运输、包装、商品保管、配货等费用。

(3) 销售物流费。是指从确定销售对象时开始,直到商品送交到顾客为止的物流过程中所需要的费用,包括包装、商品出库、配送等方面的费用。

(4) 回收物流费。是指包括材料、容器等由销售对象回收到本企业的物流过程中所需要的费用。

(5) 废弃物流费。是指在商品、包装材料、运输容器、货材的废弃过程中而产生的物流费用。

2. 按照支付形态的不同分类

按照支付形态的不同物流成本可以分为材料费、人工费、公益费、维护费、一般经费、特别经费、委托物流费、其他企业支付物流费等 8 种。

（1）材料费。材料费是指因物料的消耗而发生的费用，由物资材料费、燃料费、消耗性工具、低值易耗品摊销及其他物料消耗等费用组成。

（2）人工费。人工费是指因人力劳务的消耗而发生的费用，包括工资、奖金、福利费、医药费、劳动保护费以及职工教育培训费和其他一切用于职工的费用。

（3）公益费。公益费是指给公益事业所提供的公益服务支付的费用，包括水费、电费、煤气费、冬季取暖费、绿化费及其他费用。

（4）维护费。维护费是指土地、建筑物、机械设备、车辆、船舶、搬运工具、工具器具备件等固定资产的使用、运转和维护保养所产生的费用，包括维护保养费、折旧费、房产税、土地、车船使用税、租赁费、保险费等等。

（5）一般经费。一般经费是指差旅费、交通费、会议费、书报资料费、文具费、邮电费、零星购进开支、城市建设税、能源建设税及其他税款，还包括物资及商品损耗费、物流事故处理及其他杂费等一般支出。

（6）特别经费。特别经费是指采用不同于财务会计的计算方法所计算出来的物流费用，包括按实际使用年限计算的折旧费和企业内利息等。

（7）委托物流费。委托物流费是指将物流业务委托给物流业者时向企业外支付的费用，包括向企业外支付的包装费、运费、保管费、出入库手续费、装卸费等。

（8）其他企业支付物流费。在物流成本中，还应包括其他企业支付的物流费，比如商品购进采用送货制时包含在购买价格中的运费和商品销售采用提货制时因顾客自己取货而扣除的运费。在这些情况下，虽然实际上本企业内并未发生物流活动，但却发生了物流费用，这笔费用也应该作为物流成本而计算在内。

3. 按照物流的功能分类

按照物流的功能，物流成本可以分为物品流通费、信息流通费、物流管理费等三类。

（1）物品流通费。物品流通费是指为完成商品、物资的物理性流通而发生的费用，可进一步细分为包装费、运输费、保管费、装卸搬运费、流通加工费和配送费。

（2）信息流通费。信息流通费是指因处理、传输有关的物流信息而产生的费用，包括与储存管理、订货处理、顾客服务有关的费用。

（3）物流管理费。物流管理费是指进行物流的计划、调整、控制所需要的费用，包括作业现场的管理费，也包括企业物流管理部门的管理费。

3.2.3　物流成本控制

成本控制是指在物流活动过程中，按照规定的标准调节影响成本的各种因素，以将企业各项耗费控制在计划范围以内。在实际工作中，只有随时按标准监督，调节原材料采购、材物料的领发和使用、工资和费用的支付和固定资产折旧的提取等，才有可能实现企业预期的成本目标。

1. 成本控制的基本原则

为了做好成本控制工作，应遵循下列基本原则：

（1）企业成本的日常管理应坚持统一领导和分级、归口管理相结合；

（2）以财会部门为中心，使财会部门与运输、仓储、配送、装卸搬运、包装、流通加工等部门的日常成本管理相结合，做到何处有成本、费用发生，何处即有人负责；

（3）要有利于物流的发展，以提高企业经济效益为目的；

（4）做到一般控制与重点控制相结合；

（5）严格执行成本开支范围，防止乱挤成本的现象发生。

2. 成本控制的基本工作程序

成本控制的基本工作程序如下。

（1）制定成本标准。成本标准是成本控制的准绳。成本标准，首先包括成本计划中规定的各项指标，但成本计划中的一些指标都比较综合，还不能满足具体控制的要求，这就要求规定一系列具体的标准，确定这些标准的方法主要有计划指标分解法和定额法两种。计划指标分解法即将大指标分解为小指标，分解时可按物流环节分解，亦可按物流项目分解，定额法就是建立起定额和费用开支限额，并将这些定额和限额作为控制标准来具体执行。

（2）监督成本的形成。监督成本的形成就是根据控制的标准，对成本形成的各个项目经常地进行检查、评比和监督。不仅要检查指标本身和执行情况，而且要检查和监督影响指标的各项条件。

（3）及时纠正偏差。通过成本形成的监督，可以揭示成本差异。成本控制的关键工作是针对成本差异发生的原因，查明责任者，分别情况，分别轻重缓急，提出改进措施，加以贯彻执行。对于重大差异项目的纠正，可以专门立项研究，制订切实可行的解决方案，并认真贯彻执行。在执行过程中也要及时加强监督检查。方案实现以后，还要检查方案实现后的经济效益，衡量是否达到了预期目的。

3. 成本控制的基础性工作

加强成本控制，必须建立健全有关的基础性工作。成本控制的基础性工作主要有以下一些。

（1）建立分级控制和归口控制的责任制度。为了调动全体职工对成本控制的积极性，企业必须明确各级组织（总公司、分公司、网点或代理）和各归口的职能管理部门（如财会、生产、技术、物资、设备等）在成本控制方面的权限与责任，建立健全成本控制的责任制度。因此，企业要将成本计划所规定的各项经济指标，按其性质和内容进行层层分解，逐级落实到各个公司、网点和各个职能科室，实行分级归口控制。各个归口职能部门，既要完成其他部门分配下达本部门的各项费用指标，也要负责完成总公司下达的归口指标，并进一步把归口管理的指标分解下达到有关执行单位和部门，从而形成一个上下左右、纵横交错、人人负责的企业成本控制体系。根据权、责、利三者结合的原则，在建立成本控制责任制的同时，必须赋予责任单位和部门以一定的经济权限和利益，使其有搞好本单位责任成本的相对的自主权。这些自主权一般有：压缩流动资金定额的权限，以减少利息支出；上交多余固定资产的权限，以减少固定资产占用费和折旧费的支出；上交多余劳动力的权限，以减少工资支出；本单位奖金分配的权限，以调动职工的积极性。

（2）建立严格的费用审批制度。一切费用预算在开支以前都要经过申请、批准手续后才能支付,即使是原来计划上规定了的,也要经过申请和批准。这样做,有利于对一切费用在将要发生前再进行一次深入的研究,根据变化了的新情况,再一次确定费用的合理性,以保证一切费用的使用效果。

(3)加强和完善成本实际发生情况的收集、记录、传递、汇总和整理工作。成本控制要把费用和消耗发生的情况与成本控制标准进行对比分析,这就需要有反映成本发生情况的数据,就要进行收集、记录、传递、汇总和整理工作。数据的收集和记录必须经常、准确、齐全,需要有科学合理的收集方法和记录方式,符合监督程序的需要;数据的传递要有正确线路,迅速及时;汇总和整理工作要有科学合理的统一规定。以上成本控制数据的收集和汇总整理,通常是通过企业中的业务核算、统计核算和会计核算来实现的。

(4)开展降低成本的群众活动。组织发动广大职工开展各种降低成本的活动,如"小指标竞赛",降低成本的技术攻关活动等。这是成本控制中带有根本性的基础性工作。注意开展这方面的活动,成本控制才有坚实的群众基础。

4. 物流成本控制的内容及措施

(1)工资费用的控制。企业职工的工资,是国民收入的重要组成部分,是劳动者的劳动所得。所以,职工工资是否合理,既关系到职工的切身利益,又关系到国民经济积累基金与消费基金的比例关系。因此,对工资费用的控制不应单纯地考虑降低成本,还应注意调动职工的积极性。工资费用的控制必须和制订劳动定额和人员定编工作结合起来,讲求人员配备的经济性。

(2)燃、物料消耗的控制。在运输成本中,车/船燃油费开支是十分惊人的。由于车型/船型已决定了能耗的基本状况,物流公司可对车/船燃油消耗定额进行严格控制。一项运输任务结束时车/船应根据实际耗用量填制燃、润料消耗报告,并计算实际耗用量与消耗定额之间的差异。

另外,拥有众多运输设施的物流公司应与几家供油公司签订供油合同,争取以相对较低的油价获得燃油,在一定时期内稳定油价。

对物料消耗,可视具体情况,实行限额控制、金额控制和定额控制。对耗用量大、使用次数频繁并有消耗定额的材料,实行限额控制;对各种零星材料按金额控制,对劳保用品等应实行定额控制。

(3)折旧费用的控制。折旧费用的控制,在于事前对购置或建造物流设施、设备,应组织有关部门进行技术经济论证和可行性研究,优选方案。对原有设施,应充分挖掘其潜力,延长使用和提高利用效率,增加产量,降低成本中单位折旧费。

(4)修理费用的控制。控制修理费用的途径主要是加强设施、设备的平时维护、保养,并制订合理的修理计划。

(5)委托费用的控制。委托费用是指当有些环节的物流活动外包给其他单位时发生的支出。这项费用的控制主要通过市场机制,在成本和服务质量的权衡下选择合适的供应商。

(6)存储费用的控制。存储费用包括存货的存储成本,存货的订购成本以及短缺成本。存储成本包括存储设施的成本、搬运费、保险费、盗窃损失、过时损失、折旧费、税金以及资金的机会成本。其中有些在上述几项费用中已出现,但有些由于无法在财务报表上直接统计得出而往往被忽略。很明显,存储成本高则应保持低库存量并经常补充库存。

订购成本是指准备购买订单或生产订单所引起的管理和办公费用。例如盘点库存和计算订货量所产生的成本就属于订购成本。该成本也包括有关跟踪订单系统的成本。如果运输由买方负责,则运输费用也应包括在订购成本之中。

短缺成本是指当某一物资的储备耗尽时,对该物资的需求或者被取消或者必须等到再次补充库存后才能得到满足。这就涉及权衡补充库存满足需求的成本与短缺成本之间的大小。这种平衡经常是难以得到的,因为难以估计损失的利润、失去顾客的影响以及延误损失。虽然通常可以为短缺成本定义一个范围,但这种假设的短缺成本往往还只限于猜测的程度。

存储成本的控制主要通过采用合适的库存策略来实现。

(7) 管理费用和其他费用的控制。管理费用、其他费用的内容十分复杂,牵涉面广。对此类指标,应实行分级归口管理。企业应根据国家规定的费用开支标准和各项费用定额,编制管理费用预算,分解下达费用指标,落实责任单位,严格审批手续。对重大项目,如软件开发费,应要求负责单位进行可行性研究,提出预算。

3.3 物流质量管理

3.3.1 影响物流质量的因素

现代质量管理学专家菲根鲍姆认为,影响质量的基本因素有 9 个方面或称之为"9M",即市场(markets)、资金(money)、管理(management)、人员(men)、激励(motivation)、材料(materials)、机器和机械化(machines and mechanization)、现代信息方式(modern information methods)、产品规格要求(mounting product requirement),在这 9 个"M"中,对物流质量影响较大的有 8 个"M"。

1. 市场

市场对物流质量的影响体现在需求的个性化和物流服务品种相对通用化的矛盾。尽管最近物流市场上提供的服务品种和数量在不断地增长,但离"一对一营销"的物流服务要求还存在很大的差距。物流企业要认真识别工商企业的需求,以便作为发展新服务品种的根据。市场的范围日益扩大,而所提供的服务则应更为专业化、细分化。

2. 资金

资金对物流质量的影响体现在投资改善设施和物流成本控制之间的矛盾。对于自动化和机械化的要求迫使物流企业拿出大笔的资金用于新设备和新工艺,这就要增加企业的投资。如果投资后的设施利用率不高,那么就可能形成质量成本增高,造成大量的亏损。

3. 管理

管理人员和项目经理对物流服务质量承担职责。营销部门和研发部门必须对物流项目的设计提出适应需求的规格要求;质量管理部门必须安排整个物流过程的质量检测方法以便能够确保服务符合质量要求。

4. 人员

人员对物流质量的影响体现在质量是由人员控制的,人员的不称职将导致物流质量的下降。

5. 激励

物流质量复杂性的提高进一步加强了每一位职工对质量作出贡献的重要意义。对人类动机研究的结果显示,除了金钱报酬以外,当今的工人要求强化工作上的成就感,以及承认他们对实现公司目标所做出的贡献,这就突出了质量教育和提高质量意识的必要性。

6. 机器和机械化

机器和机械化对物流质量的影响主要是效率和操作标准化的问题。机械化程度越高,提高工人和机器的利用效率以及切实降低成本就越是提高服务质量的关键因素。

7. 现代信息方法

现代信息方法对物流质量的影响主要体现在货物跟踪,自动化仓库,库存控制,运输决策等方面。现代信息技术使用越广泛,物流质量越容易得到控制。

8. 产品规格要求

物流服务也是产品,也要有规格要求,其对物流质量的影响主要体现在运达时间、可靠性、可得率等方面。

3.3.2 物流质量管理的基础工作

开展物流质量管理,应重视和做好一系列基础性的工作。属于物流质量管理基础性的工作主要有以下几点。

1. 标准化工作

物流标准化指的是以物流为一个大系统,制定系统内部设施、机械装备、专用工具等各个分系统的技术标准;制定系统内分领域如包装、装卸、运输等方面的工作标准;以系统为出发点,按配合性要求,统一整个物流系统的标准;研究物流系统与相关其他系统的配合性,进一步谋求物流大系统的标准统一。

2. 计量工作

计量工作是一种关于测量和保证量值一致、准确的重要的技术基础工作。

从企业来看,计量工作是保证测量的量值准确和一致,确保技术标准的贯彻执行,保证仓库入/出库及配送数量的准确的重要手段,是质量管理的一项重要的基础工作。

3. 质量信息工作

质量信息,是指反映物流服务质量的基本数据、原始记录以及客户投诉等各种情报资料的总称。质量信息是质量管理的耳目,也是一种重要的资源。

影响质量的因素是多方面的、错综复杂的。搞好质量管理,提高服务质量,关键是要对来自各方面的影响因素有个清楚的认识,在同时存在的许多矛盾中,要善于区别现象和本质。否则,改进质量管理就会抓不到点子上。为此,必须十分重视第一手资料,取全取准资料;同时,还必须对这些丰富的第一手资料进行科学的整理,精心的研究、分析和加工,使它们集中地反映出质量问题的根本,为加强质量管理工作提供切实可靠的依据。

可见,质量信息是质量管理不可缺少的重要依据;是改进物流质量,改善各环节工作质量最直接的原始资料和信息来源;是正确认识影响质量诸因素变化和质量升降的内在联系,掌握提高质量规律性的基本手段。因此,质量信息工作是质量管理的一项重要基础工作。

质量信息工作,必须做到提供资料的及时性,否则,就会贻误时机。质量信息工作必须保持高度的灵敏性,使信息渠道畅通,做好质量管理部门和企业领导的耳目。质量信息工作还应当做到全面、系统。它应当全面地反映质量管理活动的全过程,经常地反映质量管理相互联系的各个方面,系统地反映其变动情况。这样,才能帮助我们切实掌握质量运动发展的规律性,才能使质量信息在质量反馈和积极预防质量缺陷方面充分发挥作用。这样,质量信息工作才能真正成为认识质量运动发展规律的有力武器,成为质量管理的可靠基础。

4. 质量责任制

在现代企业生产中,企业的产品(包括服务)要经过许多人的共同劳动(包括脑力劳动和体力劳动)才能生产出来。每个人在产品形成过程中,只分担一部分,甚至是很小一部分工作。然而这很小的一部分工作,却是整个产品形成过程中不可缺少的组成部分。企业里每一个人的工作,都通过不同的渠道,不同的方式直接或间接地影响着产品质量的好坏。每一个人究竟应该做些什么?应该怎样去做?应该有些什么责任?又应该有些什么权利?这些必须通过建立责任制把它们明确地规定下来。因此,建立质量责任制,是组织共同劳动,保证生产正常进行,确保产品质量的基本条件。也只有通过建立质量责任制,才能把质量管理各个方面的任务和要求,具体地落实到每个部门和每个工作岗位,全面质量管理也才能成为一个实实在在的管理活动。

5. 质量教育工作

质量管理要始于教育、终于教育。质量教育工作是推行物流质量管理的一项基础性工作。人是生产力诸要素中最活跃最重要的要素。工作要靠人去做,服务质量的优劣,归根到底取决于职工队伍的技术水平,取决于各方面管理工作的水平。开展物流质量管理,必须从提高职工的素质抓起,把质量教育工作视为"第一道工序",作为提高服务质量、提高企业素质、提供合格的人力资源的重要保证。

3.3.3 物流质量管理的八大原则

1. 以顾客为中心

组织依存于其顾客。因此,组织应理解顾客当前的和未来的需求,满足顾客需求并争取超过顾客期望。

2. 领导作用

领导者应建立本组织统一的宗旨、方向和内部环境。所创造的环境应能使员工充分参与实现组织的目标的活动。

3. 全员参与

各级人员都是组织的根本，只有他们的充分参与，才能使他们的才干为组织带来收益。

4. 过程方法

将相关的资源和活动作为过程来进行管理，可以更高效地达到预期的目的。

5. 管理的系统方法

针对设定的目标，识别、理解，并管理一个由相互关联的过程组成的体系，有助于提高组织的有效性和效率。

6. 持续改进

持续改进是组织的一个永恒的目标。

7. 以事实为决策依据

有效的决策是建立在对信息和资料进行合理和直观的分析基础上。

8. 互利的供方关系

组织与供方之间保持共同的利益关系，可增进两个组织创造价值的能力。

3.3.4　物流质量的内容

一般来说，物流质量概念包含以下几个内容：

1. 商品的质量保证

物流的对象是具有一定的质量的实体，即有合乎要求的等级、尺寸、规格、性质、外观。这些质量是在生产过程中形成的，物流过程在于转移和保护这些质量，最后实现对用户的质量保证。因此，对用户的质量保证不仅要依赖生产，而且也依赖流通。

2. 商品的质量改善

物流过程不单是消极地保护质量及转移质量，现代物流由于采用流通加工等手段，还可以改善和提高商品的质量，因此，物流过程在一定意义上说也是质量的形成过程。

3. 物流服务质量

物流业有极强的服务性质，属于第三产业范围。其性质主要在于提供服务，满足用户要求。所以，这就需要掌握和了解用户要求，如商品质量的保持程度、流通加工对商品质量的提高程度、批量及数量的满足程度、配送额度、间隔期及交货期的保证程度、配送和运输方式的满足程度、成本水平及物流费用的满足程度、相关服务（如信息提供、索赔及纠纷处理）的满足程度等等。

4. 物流工作质量

物流工作质量是指物流各环节、各工种、各岗位具体工作的质量。为实现总的服务质量，要确定具体的工作要求，形成日常的工作质量指标。

由于物流系统的庞杂，工作质量内容也十分庞杂。以仓库工作质量为例，就可归纳为商品损坏、变质、挥发等影响商品质量因素的控制及管理；商品丢失、错发、错报等影响商品数量因素的控制及管理；商品维护、保养；商品入库、出库检查及验收；商品入库、出库计划管理,计划完成及兑现的控制;商品标签、标示、货位、账目管理,建立正常的规章制度;库存量的控制;质量成本的管理及控制;库房工作制度、温湿度控制;工作标准化管理;各工序设备正常运转、完好程度管理;上、下道工序(货主、用户)服务等等。

5. 物流工程质量

和产品生产的情况类似,物流质量不但取决于工作质量,而且取决于工程质量,受制于物流技术水平、管理水平、技术装备等因素。好的物流质量是在整个物流过程中形成的,要想提高物流质量,必须对影响物流质量的设备、工艺方法、计量与测试、环境等,进行有效控制。

3.3.5 物流质量管理实施中的几种重要方法

1. 质量目标管理

目标管理(Management by Objective,MBO)是由企业的管理者和员工参与工作目标的制定,在工作中实行"自我控制"并努力完成工作目标的一种管理制度。实行目标管理,使企业的成就成为每个员工的成就,有利于激励广大员工关心企业的兴衰,增强凝聚力和发扬"团队精神"。

目标管理的要点是:

(1) 为企业各级各类人员和部门规定目标;

(2) 目标管理的对象由工人发展到管理人员,即各级管理人员(包括总经理)都要被"目标"所"管理",因此,目标管理也被称为"管理的管理"或"管理管理者";

(3) 按实现目标的业绩考核各级各类人员;

(4) 目标管理是分权制、"参与管理"的必然结果,注重激励员工积极性,强调"自我控制";

(5) 注重成果,讲求经济效益。

目标管理是实现企业经营目的、提高经营效果的重要手段,它有利于改善企业素质、增强活力并提高企业的科学管理水平。目标管理强调从工作的结果抓起,因此,有助于推动人们为实现既定的目标去寻求先进的管理技术和专业技术,改进经营管理和各项作业活动。

实施质量目标管理的一般程序是:

(1) 制定企业的质量总目标,通常是企业在一定时期内(多数企业均以一年为目标周期)经过努力能够达到的质量工作标准。判定该目标时应考虑定性与定量相结合,并尽量具体化、数量化。

(2) 展开企业质量总目标,自上而下层层展开,落实到每个部门、每个员工,做到"千斤重担大家挑,人人肩上有指标"。这样,每个部门和个人的分目标,就是单位对他的要求,同时也是每个部门和个人对单位的责任和预期的贡献。这样做将有利于贯彻质量责任制与经济责任制。

在制定各级的分目标时,应制定相应的实施计划并明确管理重点,以便于检查和考核。

（3）实施企业质量总目标，即根据企业质量方针和分目标，建立质量目标管理体系，充分运用各种质量管理的方法与工具实施运作，以保证企业质量目标的实现。

（4）评价企业质量总目标。通过定期的检查、诊断、考评、奖惩等手段，实施改进，必要时进行目标值的调整。对质量总目标实施效果进行评价时，应将不足之处和遗留问题置于下一个新的质量目标的循环系统中，进一步改进、实施。

2. PDCA 循环

PDCA 循环即是"计划—执行—检查—总结"工作循环的简称，也称戴明圈，它是国内外普遍采用于提高质量的一种管理工作方法。

PDCA 反映了以下四个阶段的基本工作内容。

P(plan)阶段——为满足顾客需求，以社会、经济效益为目标，制定技术经济指标，研制、设计质量目标，确定相应的措施和办法，这就是计划阶段。

D(do)阶段——按照已制订的计划和设计内容，落实实施，以实现设计质量，这就是执行阶段。

C(check)阶段——对照计划，检查执行的情况和效果，及时发现计划执行过程中的经验和问题，这就是检查阶段。

A(action)阶段——在检查的基础上，把成功的经验加以肯定，形成标准，便于今后照此办理，巩固成果，克服缺点，吸取教训，以免重犯错误，对于尚未解决的问题，则留到下一次循环解决。这就是总结阶段。

如果将上述工作程序具体化，则可分为八个步骤：

第一步：分析现状，找出存在的质量问题，并尽可能用数据加以说明；

第二步：分析产生质量问题的各种影响因素；

第三步：在影响质量的诸因素中，找出主要的影响因素；

第四步：针对影响质量的主要因素，制定措施，提出改进计划，并预计其效果；

第五步：按照制订的计划认真执行；

第六步：根据计划的要求，检查实际执行的结果，看是否达到了预期的效果；

第七步：根据检查的结果进行总结，把成功的经验和失败的教训都形成一定的标准或规定，巩固已经取得的经验，同时防止重蹈覆辙；

第八步：提出这一循环中尚未解决的问题，让其转入下一次的 PDCA 循环中去处理。

PDCA 循环具有三个特点。

（1）大环套小环，互相衔接，互相促进。PDCA 作为企业管理的一种科学方法，适用于企业各个方面的工作。整个企业存在整体性的一个大的 PDCA 循环，各部门又有各自的 PDCA 循环，形成大环套小环，依次还有更小的 PDCA 循环，相互衔接，相互联系。

（2）螺旋式上升。PDCA 是周而复始地循环。每循环一次就上升一个台阶。每次循环都有新的内容与目标，都解决了一些质量问题，使质量水平犹如登梯似地不断提高。

（3）推动 PDCA 循环，关键在于 A（总结）阶段。对于质量管理来说，经验和教训都是宝贵的。通过总结经验教训，形成一定的标准、制度或规定，使工作做得更好，才能促进质量水平的提高。因此，推动 PDCA 循环，一定要抓好总结这个阶段。

按照 PDCA 循环的四个阶段、八个步骤推进提高产品质量的管理活动,还要善于运用各种统计工具和技术对质量数据、资料进行收集和整理,以便对质量状况作出科学的判断。

3. QC 小组活动

质量管理小组是指企业的员工围绕着企业的质量方针和目标,运用质量管理的理论和方法,以改进质量、改进管理、提高经济效益和人员素质为目的,自觉组织起来、开展质量管理活动的小组,简称 QC 小组。它的积极作用表现为下列四个方面:

(1) 为企业开展质量管理打好基础,为提高产品质量提供保证;

(2) 可以改善和增强人员素质,提高企业管理水平;

(3) 是实现企业质量方针、目标的基础;

(4) 为提高企业经济效益,降低成本开辟途径。

开展 QC 小组活动作为质量管理的一种措施和手段,必须加强管理,才能使 QC 小组的活动取得满意的成效。通常应从以下六个方面实施管理。

(1) QC 小组的组建。组建原则:从实际出发,采取自愿结合或行政组织等多种方式,在本部门或跨部门组建。

QC 小组类型:主要有现场型、攻关型、管理型和服务型 QC 小组。

QC 小组任务:根据 QC 小组的性质决定其任务,如:学习质量管理的理论、方法和手段,贯彻执行有关质量管理的标准,增强质量意识,树立质量第一、全员参与、系统控制、预防为主和让用户完全满意的观念;开展工序质量控制,改进质量、革新技术、改善环境、实施科学管理等;组织攻关活动,针对某项技术、质量难题,组织攻关,以求解决;开展质量经济分析,降低消耗,减少质量损失,提高经济效益;总结成果,交流经验。

(2) QC 小组的登记注册。企业为掌握 QC 小组的状况,必须对 QC 小组进行登记注册,以便于管理和监控,掌握活动成果和跟踪验证,并对小组活动的开展进行指导,同时,通过登记注册可以增强 QC 小组成员的责任感和荣誉感,提高小组对开展活动并取得成功的信心。

(3) QC 小组活动的开展。QC 小组应以科学的 PDCA 循环工作为理论依据,按程序开展活动,其注意事项如下:要制订活动计划;正确选择课题;应采取生动活泼、喜闻乐见、有吸引力的好形式;活动过程应讲求实效、创新、灵活、切合实际;要充分发挥小组每个成员的积极性,协调合作、分工明确,提高活动效果;对现状及存在问题的分析至为关键,一定要依靠集体的智慧,群策群力,分析、确认产生问题的主要原因与根源,以便采取对策和措施;要正确、合理选用数理统计方法,讲求实用、有效,切忌盲目追求高、深、新的方法和形式;对活动的过程和结果均应认真做好记录,以满足证实需要和具有可追溯性。

(4) QC 小组活动成果的发表。QC 小组活动取得成果之后,企业要让其填写成果申报表,受理成果申报,然后组织成果评审小组,对成果进行调查和验证,其主要内容包括:活动是否按计划进行,是否做好记录;活动中所用的统计方法是否正确、合理;活动程序是否运用合理,是否根据课题具体情况灵活、合理、创新地开展活动;活动的成果是否达到预定目标,经济效益的核算是否合理,并经财务部门确认;活动成果是否经过一定时间的验证(通常要经三个月以上的验证方可申报成果);对效果好的措施是否采取了巩固、防止问题再发生的措施,是否纳入有关文件或进行了相应的更改。

经调查、验证确认后的活动成果,企业通常要组织召开一定形式的成果发表会。通过成果发表,对参加 QC 小组活动的员工是一种激励,对进一步调动其积极性、促进小组活动的发展,以及总结交流、取长补短、共同提高将产生良好的效果。同时,组织成果发表会,有助于锻炼、培养和造就人才,有助于培育、评选产生优秀的 QC 小组,参加上一级的成果发表会、开阔视野,提高企业的荣誉和知名度。

(5) QC 小组活动成果的评价。对 QC 小组活动成果的评价是否公正、合理、正确,对 QC 小组的发展和参加者的积极性,将会产生重大的影响。因此,首先要组织一个评价委员会或小组,由其掌握评价方法、标准,统一尺度,以便对活动成果进行一致、公正的评价。

活动成果的评价包括对小组活动的评价和对小组活动成果的评价两大方面。前者侧重于评价小组活动的经常性、持久性、全员性、科学性;后者要求在评价成果时做到全面、公正和合理,并实行统一的评价标准和办法(如按标准的内容进行打分评价等)。

(6) 优秀 QC 小组的评选和奖励。为激励 QC 小组活动的健康开展,并做到经常化、持久化,应对在物流服务质量和质量管理中做出突出成绩,取得显著成果的 QC 小组进行表彰,并评选出各级优秀 QC 小组,给予适当的物质奖励和精神奖励。这是对 QC 小组创造性的成果所给予的充分肯定,同时也将为增强广大员工的责任感、荣誉感,提高其工作的积极性与创造性,产生良好的效果和促进作用。

4. 质量文化建设

培育企业质量文化,属于企业精神文明建设的范畴。所谓质量文化,就是指企业和社会在长期的生产经营中自然形成的涉及质量空间的理念、意识、规范、价值取向、思维方式、道德水平、行动准则、法律观念,以及风俗习惯和传统惯例等"软件"的总和。职业道德和敬业精神是培育企业质量文化的重要内容。质量文化不仅直接显现为产品质量、服务质量、工作和管理质量,而且还延伸表现为消费质量、生活质量和环境质量,集中体现出整个民族素质的高低。质量问题、质量事故频频发生,在一定意义上说,受到落后的质量文化的制约是其重要原因之一。

所以,培育企业质量文化,应注重企业质量信誉的形象建设,建立"让用户完全满意"的企业文化和行为准则。

建设企业质量文化,不仅是我国企业所面临的形势和当务之急,而且是国际潮流的发展趋势。质量文化已经成为企业文化、企业精神文明建设的核心,世界上任何成功的企业无一不是以其优秀的质量文化而制胜的。

质量文化是一种管理文化,又是一种经济文化,也是一种组织文化,这是从更深的层次去理解的质量文化的内涵。质量文化着重提倡全面质量管理,包括宣传贯彻 ISO 9000 族标准,侧重于提高企业全体员工的质量意识、质量观念和质量管理技能。今后质量管理的研究,将致力于社会质量管理、宏观质量管理、质量与知识经济、质量策略与可持续发展战略、质量组织行为和质量法规等方面,使质量文化走出企业的圈子,拥有更大的发展空间。同时,质量文化将始终成为推动、开展企业文化建设的中心。

3.4　物流信息管理

3.4.1　物流信息管理概述

1. 信息与管理的关系

信息与管理的关系体现在以下几个方面：

(1) 信息是企业管理活动的基础；

(2) 信息处理是企业管理活动的基本内容；

(3) 信息管理是企业管理的重要组成部分；

(4) 信息能够减少不确定因素，从而改变决策中预期结果的概率，因此，对决策过程是很有价值的。

2. 信息管理的定义

信息管理（数据管理）就是管理企业信息资源，包括制定信息政策，定义信息需求，进行数据规划，编制数据字典，维护数据质量标准，统一规划、组织、控制信息处理活动（收集、加工、传输、存贮、检索、提供）的一整套特别的组织功能。

信息政策：有关信息分享、传递、需要、标准、分类、储存等的规则。

信息需求：明确企业各级管理人员在进行管理决策和开展日常管理活动过程中何时、何处以及如何需要哪些信息。

数据规划：从企业的战略高度，对数据资源的管理、开发、利用进行长远发展的计划，用以指导数据库和数据仓库的设计。

数据字典：对企业数据流及数据存储（包括各类数据文件、单证、凭据等）中的所有数据元素进行规范定义的一份详细清单。

数据质量标准：为满足信息需求而应达到的时间、精度、格式、可得性等方面的具体要求。

信息处理：识别使用者的信息需要，对数据进行收集、存贮和检索，将数据转换成信息，对信息的传输加以计划，并将这些信息提供给使用者。

3. 现代信息管理的特征

现代信息管理具有以下几个特征：

(1) 强调信息管理不能单靠技术因素，必须重视人文因素；

(2) 突出在企业中发挥信息资源的作用；

(3) 在管理组织上设立重要的岗位（CIO）和独立的部门；

(4) 把信息管理提升到战略高度，把信息视为战略资源；

(5) 利用计算机通信网络技术，建立有效的信息系统。

4. 物流信息管理的作用

物流信息管理的作用表现在以下方面：

(1) 使物流各环节的工作更加协调；

　　(2) 信息共享,提高效率;

　　(3) 信息统一管理,减少冗余,避免信息的不一致;

　　(4) 提供决策支持;

　　(5) 与客户的信息共享、互动;

　　(6) 提高服务质量,改善客户关系。

　　5. 物流信息管理的内容

　　物流信息管理通常包括以下内容:

　　(1) 市场信息收集与需求分析;

　　(2) 订单处理;

　　(3) 物流动态信息传递;

　　(4) 物流作业信息处理与控制;

　　(5) 客户关系管理;

　　(6) 物流经营管理决策支持。

3.4.2　物流信息系统

　　1. 物流信息系统的定义

　　物流信息系统(logistics information system,LIS)是以计算机和网络通信设施为基础、以系统思想为主导建立起来的,为了进行计划、操作和控制而为物流经理提供相关信息及为业务人员提供操作便利的人员、设备和过程相互作用的结构体。

　　用系统的观点来看,物流信息系统是企业信息系统的一个子系统,它本身又可以分解成一系列的子系统。

　　基于计算机的信息系统是一个人—机系统。这个人—机系统是以人为主体的系统,它对企业的各种数据和信息进行收集、传递、加工、保存,将有用的信息传递给使用者以帮助其对企业的全面管理。

　　2. 物流信息系统的发展

　　(1) 从辅助企业管理的角度看:

　　业务处理──→管理控制──→决策支持──→战略管理

　　(2) 从系统网络发展的角度看:

　　单机系统──→局域网系统──→广域网系统/Intranet──→EDI/Extranet──→物流电子商务系统

　　(3) 从数据管理技术的角度看:

　　文件管理──→数据库管理──→数据仓库管理

　　(4) 从管理理念的角度看:

　　注重企业内部管理──→注重客户关系管理(CRM)

　　3. 物流信息系统的结构

　　(1) 物流信息系统的层次结构。

物流信息系统的层次结构见图3.5。

图 3.5　物流信息系统的层次结构

（2）物流信息系统的功能结构。

物流信息系统的功能结构见图3.6。

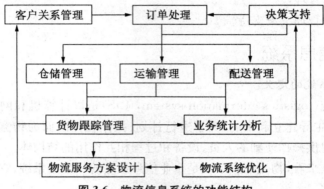

图 3.6　物流信息系统的功能结构

4. 物流信息系统的基本特征

由于物流信息系统的控制从货主订单开始到将货物交付收货人结束,同其他领域的信息相比,物流信息具有其本身的特征,主要表现在：

（1）由于物流是一个大范围的活动,物流的信息源分布在一个很大的范围内,信息源点多,信息量大。如果这个大范围内未能实现统一管理或标准,则信息便缺乏通用性。

（2）物流信息的动态性强,信息的价值衰减速度很快。因此,对信息工作的及时性要求很高。在大的系统中,为了确保信息的及时性,信息的收集、传输、加工和处理都要加快速度。

（3）物流信息的种类多,不仅本系统内部各个环节有不同的信息种类,而且由于物流系统与其他系统之间有密切的联系,因此还必须收集这些类别的信息。这使得物流信息的分类、研究、筛选等工作的难度大大增加。

5. 物流信息系统的要求

物流信息系统的基本要求有：

（1）开放性：便于和外部系统的连接。

（2）可扩展性：便于系统功能逐步完善,不一定一步到位。

（3）安全性：一要防止信息丢失、篡改；二要防止信息被盗。

(4) 协同性：企业内部各部门之间的信息的协同；和外部企业信息的协同。

(5) 快速反应：争取第一时间获得信息；对不正常事件的及时预警。

(6) 信息的集成性：便于统一管理。

(7) 支持远程处理：适应信息网络化的要求。

6. 物流信息系统的建设目标

物流信息系统是物流系统的中枢神经，起到支持保障作用。它的任务是实时掌握物流的动态，从货物网上订单托运，到第三方物流公司所控制的一系列环节的协调，再到将货物交到收货人手中，使得物流供应链尽量做到透明化。第三方物流要赢得货主的信任，完善的物流供应链和先进的信息系统是必不可少的。物流信息系统的总体目标可设为：适应当前基于 Internet/Intranet 的网络信息结构，以 e-business 为发展方向，根据现代物流的发展特点，借鉴发达国家同类物流企业的经验，开发出广度上与客户相连，深度上具有决策支持功能的信息系统。

在信息系统进行建设时，还必须在总体目标下设定以下具体目标：

(1) 实现对物流全过程的监控。在发生地抓住资料，将分散在发货人、收货人、物流仓储中心、承运人等处的信息有机的集成在一起，适当地在整个作业流程中抓住资料。货主输入所有相关资料，系统自动把所有资料传送到卡车操作、货舱操作、运输操作，然后到船东，成为船代、港务局和海关的资料。利用条码或电子标签，完整地跟踪产成品从生产车间到零售货架的各个环节，使客户能够通过 Internet 查询快速了解即时的销售动态，以便确定进一步的生产计划、销售计划和市场策略。

(2) 库存统一控制。物流公司可以将各地的仓库（自己拥有的或公共的）和运输方式的舱位视为虚拟的统一仓库进行集中的管理或调拨。

(3) 有效地支持门到门的物流服务。无论经过多少运输方式、中转环节、是否进行拼装箱操作，确保对同一票货的识别，保证运输、仓储等各个环节之间的协调一致，准确及时地完成包括多个环节的门到门的物流指令。

(4) 有效地支持配送、包装、加工等物流增值服务。物流服务商可以针对多个客户的不同要求设计多种增值业务模式。

(5) 反映所有非正常业务中的问题。随时了解每一笔延期签收、残损、退货等非正常业务的具体信息，以便动态定位找到原因。

(6) 将新的管理理念、先进的管理技术与信息系统相结合。

(7) 加强市场营销与客户关系管理。

7. 物流信息系统的开发过程

信息系统的生存周期包括六个步骤：计划、需求分析、信息系统设计、程序编写、测试和运行维护。

(1) 计划。确定要开发信息系统的总目标，给出它的功能、性能、可靠性以及接口等方面的设想。研究完成该项信息系统任务的可行性，探讨解决问题的方案，并且对可供使用的资源（如计算机硬、软件、人力等）、成本、可取得的效益和开发的进度做出估计。制订完成开发任务的实施计划。

（2）需求分析。需求分析主要是对开发的信息系统进行详细的定义。这包括信息系统人员和用户共同讨论决定，哪些需求是可以满足的，并加以确切地描述。写出信息系统需求说明书或功能说明书及初步的系统用户手册，提交管理机构评审。

（3）信息系统设计。设计是信息系统工程的技术核心。在设计阶段中设计人员要把已确定了的各项需求转换成一个相应的体系结构，结构中每一组成部分是意义明确的模块，每个模块都和某些需求相对应，即所谓概要设计；进而对每个模块要完成的工作进行具体的描述，以便为程序编写打下基础，即所谓详细设计。对管理信息系统来说，还要设计全局的数据结构。

（4）程序编写。把信息系统设计转换成计算机可以接受的程序，即写成以某一程序设计语言表示的"源程序清单"。这步工作也称为编码。自然，写出的程序应该是结构良好、清晰易读的，且与设计相一致的。

（5）测试。测试是保证信息系统质量的重要手段，其主要方式是在设计测试用例的基础上检验信息系统的各个组成部分。首先进行单元测试以发现模块在功能和结构方面的问题，其次将已测试过的模块组装起来进行组装测试，最后按规定的需求，逐项进行有效性测试，决定已开发的信息系统是否合格，能交付给用户使用。

（6）运行和维护。已交付的信息系统投入正式使用，便进入运行阶段。这一阶段可能持续若干年甚至几十年。信息系统在运行中可能由于多方面的原因，需要对它进行修改。其原因可能有：运行中发现了信息系统中的错误需要修正；为了适应变化了的信息系统工作环境而作适当变更；为增强信息系统的功能需作变更。

由于开发信息系统沿着生存周期要经过这么多步骤，开发出的信息系统产品能否真正符合要求又只有到后期投入运行时才能得知，并且如果不能符合要求就将前功尽弃。为解决这一问题，近年来有人开始仿照硬件研制样机的办法开发信息系统，即研制信息系统样品，也称建立快速原型。其方法是，给出初步的需求以后，用很短的时间建立一个具有基本功能的简单信息系统模型作为参考。经试运行，并和用户研讨后决定如何改进此模型，或是按此雏形正式投入开发工作。

本章小结

对于一家公司来说，要想取得物流管理业务的成功，首先要明确企业的物流战略。物流战略包括很多方面，如物流战略目标、物流战略优势、物流战略态势以及物流战略措施和物流战略步骤等。其中物流战略目标、物流战略优势和物流战略态势是物流战略规划的基本要点。企业物流战略规划要说明的是企业做什么、何时做以及如何做的问题，涉及三个层面：战略层面、策略层面和运作层面。

在物流过程中，为了提供有关服务，开展各项业务活动，必然要占用和消耗一定的活劳动和物化劳动，这些活劳动和物化劳动的货币表现即为物流成本，也称为物流费用。物流管理的主要目的是降低物流成本。本章介绍了控制物流成本的一系列措施。

物流质量管理应遵循八大原则。本章介绍了物流质量管理实施中的几种重要方法。

物流信息系统是物流系统的中枢神经,起到支持保障作用。它的任务是实时掌握物流的动态,从货物网上订单托运,到第三方物流公司所控制的一系列环节的协调,再到将货物交到收货人手中,使得物流供应链尽量做到透明化。

复习与思考

1. 为什么规划是物流经理的一项重要活动?
2. 营销规划在战略物流规划的制定过程中起什么作用?
3. 你认为物流战略规划过程中最重要的要素是什么?为什么?
4. 制定物流战略需要执行什么评估?
5. 解释测量和评估单个渠道成员的绩效的重要性。
6. 你认为未来物流经理面临的最重大的挑战是什么?为什么?
7. 在整个供应链中将制造和物流作业同步化的好处是什么?
8. 试论述降低物流成本的有效途径。
9. 说明"订单处理系统是构成物流信息系统的基础"。

案例分析

□ 一个行业例子

某一家年收入达 10 亿美元的公司的一个 50 000 万美元的部门制订了一项物流战略规划,该公司生产和分销用于家电产品制造的工业产品。一个主要的目标是识别公司目前的客户服务绩效。公司在美国中西部、西南部和西海岸地区经营制造和仓储设施。公司将产品销售给原始设备制造商(OEM)以及批发商和零售商。

公司承受了来自 OEM 客户对当地仓储不断增长的压力,这些客户正在他们自己的公司中尝试着实施准时制库存管理。大型的 OEM 客户希望公司将仓库设置在临近其工厂的位置,从而可以缩短提前期。管理者关心的是这一决策将对公司的库存水平和物流运作产生的影响。实际上,为了给两大 OEM 客户提供货物,当地仓储所必须增加的库存将达到约 200 万美元。

开始,管理者相信确定配送中心的地区性网络是否可行的最佳方法是购买某个咨询公司的服务,该咨询公司采用了一个仿真模型。然而,这种方法所需的成本和时间证明是让人无法接受的。

经过了与公司的管理者之间的初步讨论,项目将重点调整到研究公司目前的客户服务能力,以及推荐公司应该在未来追求的物流战略。为了促进这项任务,管理者提出了以下的主要问题：

◎ 商业(消费者)和 OEM(工业)市场的结构可能会产生什么变化？

◎ 这些变化将如何影响公司的商业和 OEM 细分市场的相对重要性？

◎ 竞争对手目前使用什么物流系统？他们有可能做出改变吗？

◎ 在市场中,如何能够实现差异化优势？

◎ 目前的订单处理和信息系统与最新的信息处理技术相比较,情况如何？

◎ 为了领导行业,需要什么样的客户服务系统能力？

◎ 应该实施什么客户服务战略？这些战略如何根据客户细分市场、产品类别和订货批量有所区别？

◎ 三周的订货周期标准会领导行业吗？

◎ 零星订单问题的程度如何？在将来可能发生如何变化？对付这一问题需要采用什么战略？

◎ 为了积极地对准时制库存规划或要求做出反应,需要进行哪些改变？

◎ 公司应该实施集中型仓储战略,还是应该实施分散型/地区性仓储战略？

◎ 如何能够提高配送中心的生产率？需要采用什么绩效评估指标？

◎ 物流组织如何最佳地与制造和营销连接？

为了回答这些问题,需要进行内部评估和外部评估。内部评估的目的在于对公司在主要的客户服务方面的实际绩效进行量化,例如订货周期和在库库存的可获得情况,以及识别各种物流运作部门之间和物流与公司的其他职能(如制造、营销/销售、财务/会计)之间目前和潜在的问题/冲突。外部评估的目的在于识别客户在对供应商进行评估的过程中所使用的客户服务要素,以及确定公司及其竞争对手的相对绩效水平。

内部评估的完成经过了两个阶段。在第一阶段中,与客户服务、运输、仓储等职能进行 7 次深入的采访,与财务/会计、预测、制造、生产规划、库存管理、采购和营销职能之间进行 11 次采访。在采访过程中构建和采用了全面的采访纲要,所有采访都有录音记录。在完成采访之后,对信息进行综合,总结主要的意见和问题。

内部评估的第二个阶段由两个月的客户订单运输样本构成。这是必要的,因为公司不具有包含识别订货周期时间、订货周期的变动性和满足率所需的所有数据的订单历史文件。在整个系统中,订单从运输追溯到订单的获取。样本由两个月内的所有运输数据构成。对于每一次运输,需要检查公司的记录,确定以下时间：

客户服务中从订单接受到客户服务订单收集之间的时间；

订单收集到订单发送给配送中心之间的时间；

订单发送给配送中心到配送中心进行分拣之间的时间；

配送中心订单分拣到包装之间的时间；

订单包装到运输之间的时间。

这些信息根据库存种类、客户类型、邮政编码、所需日期、承诺日期、运输日期、重量、运输地点和方式分别进行收集。样本可能并不完全代表年业务情况,因为在一年中的其他高峰期内,有可能出现更多的缺货现象和更长的提前期。但是如果存在某种偏颇,管理者认为也是可以接受的。

外部评估由与挑选的 OEM 和商业客户之间深入的采访构成。对客户进行挑选,使他们能够代表公司的业务。告诉被采访的个人,采访者正在进行有关准时制库存管理系统的研究,收集有关销售商所采用的降低客户库存的方法的信息。采访被设计来收集有关销售商与客户物流系统之间的相互作用以及主要的销售商的效果等具体的信息。采访者也问一些有关目前和将来的竞争环境和客户服务要求等问题。

通过将产出与内外部评估相比较,管理者能够为以下客户服务范畴识别公司目前的绩效水平、客户期望和需要改进的方面:

内部职能的订货周期时间,以及订单发送时间和向外的运输时间;

订货周期时间的变动范围;

准时交付的绩效水平;

运输的产品占订购的产品的百分比;

订单的数量和频率;

不同规模类别(重量)的运输数量。

根据评估结果和部门"在主要市场中维持领先地位和在竞争加剧、技术快速变化、越来越重视产品质量和服务的市场环境中维持要求的利润"的宗旨,推荐以下物流战略:

支持部门的战略重点,为客户订单提供可靠的提前期,为"A"类物品提供高水平的库存可获取性,提供所有订单的服务的一致性,以及以成本效益的方式对客户查询和紧急需求提供反应和灵活性。客户服务的改善可以通过采用最新的技术提高物流生产率来实现。

根据推荐意见,"A"类物品应实施战略,建立 2 周的订货周期,以从客户发出订单到客户收到所订购的产品之间的时间长度计算。2 周的订货周期伴随着库存可获得性标准为 98%。即客户将在发出订单的 2 周时间内以 98% 的概率完整地收到他们的订货,具有很高的准时绩效水平。对于"B"类物品的相应标准为 6 周,订单完整的概率为 99%。

为了实施这一战略,推荐以下变革:

实施自动化订单处理系统;

实施内部销售/电话销售规划;

修改目前针对批发/零售客户的销售条款;

实施正式的生产和库存战略和建立客户服务与生产规划之间的程序和职责;

修改用于将订单发送给配送中心的系统;

实施预定的交付规划;

更新仓库管理系统;

设计和实施物流的综合绩效评估指标。

成功实施这些推荐的变革使公司成为在客户服务方面的行业领先企业。此外,由于订单输入和订单处理成本的降低,生产停顿时间的减少,货物出厂运输的合并,入厂运输的合并和路线安排,仓库搬运活动生产率的改进,以及技术、原材料、在制品和完工产品库存的减少,报酬条款的变化所导致的加班时间的减少,公司将实现的年成本节约额保守地估计在 200 万—400 万美元范围内,更为乐观的估计为每年节约 1 000 万美元。

除了可定量化的收益,研究指出了许多不能用财务指标来量化,但能使公司进一步提高更有效地服务于商业和 OEM 客户的能力的机会。这些机会包括:

减少安排生产所需的工作;

减少原材料和在制品库存;

降低因过多的加急零部件订单所引起的管理成本;

消除关于路线安排和仓库运输规划方面的重复工作;

由于更短的和更加稳定的提前期而消除了客户的安全库存;

由于在线的替代产品信息和更加准确的产品可获得信息而增加了订货数量;

实施预定的交付和修正的销售条款,平稳了运输活动;

为客户提供更加可靠和一致的服务;

减少了入厂和出厂的损坏;

缩短了入厂和出厂的运输时间;

加强了对销售商的运输政策的控制;

减少了销售商的包装、路线安排和时间安排方面的差错。

与实施变革相关的一次性成本估计在 130 万—150 万美元之间。这些成本主要体现在新的在线交互式的订单处理和仓库管理信息系统。研究花费的公司预算外成本大约为 30 000 美元。

资料来源:[美]詹姆士·R.斯托克等(2003),第 675—679 页。

思考题

1. 试为内部评估编制采访纲要。

2. 试为外部评估编制采访纲要。

3. 请结合本案例说明物流规划对企业经营的重要意义。

第4章 企业物流的构成

企业物流 enterprise logistics/integrated logistics

生产物流 production logistics/internal logistics

供应物流 supply logistics/inbound logistics

销售物流 physical distribution/outbound logistics

回收物流 returned logistics

企业物流——一个综合而成的物流系统

物流被看作是使企业与其顾客和供应商相联系的能力。来自顾客和有关顾客的信息,通过销售活动、预测及其他各种形式传遍整个企业,然后将这种信息提炼成具体的制造计划和采购计划。如同产品和材料生产那样,被启动的增值物流过程最终将制成品的所有权转移给顾客。为了更好地有助于理解,我们把常规物流作业划分成三个领域:购买获取、制造支持和实物配送,分别对应于供应物流、生产物流和销售物流。另外,企业在生产、供应、销售的活动中总会产生各种边角余料和废料,这些东西回收是需要伴随物流活动的,所谓回收物流是指废旧物资通过一定的手段回收、加工,重新投入使用所要经过的一系列的流动过程。这些组成部分作为一个企业的综合物流作业单位,如图4.1的中间部分所示。

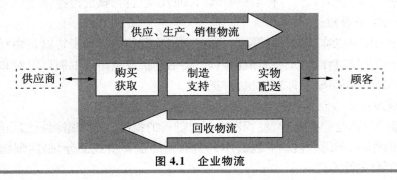

图 4.1 企业物流

4.1 企业供应物流（采购物流）

企业为保证生产的正常进行，需不断组织原材料、零部件、燃料、辅助材料等的供应物流活动，同时应以最小的消耗和最低的成本，为企业获取最大利润做出应有的贡献。采购管理是供应物流管理的重点内容之一，它在供应链企业之间原材料和半成品生产合作交流方面架起一座桥梁，沟通生产需求与物资供应的联系。因此，供应物流有时也称为采购物流。

本节介绍供应物流的基本概念及采购管理的基本内容。

4.1.1 供应物流的概念

供应物流是指企业生产所需的一切物资（原料、燃料、备品备件、辅助材料等）的采购、进货运输、仓储、库存管理、用料管理和供应管理。

供应物流系统是企业物流系统中的一个子系统，与企业生产系统、财务系统、技术系统等各部门以及企业外部的资源市场、运输市场、供应商的销售物流部门等有密切的联系。

任何企业都存在供应物流的问题，特别是大型生产企业或巨型生产企业，供应物流的问题更为突出。如海尔集团、宝钢集团等，仅供应物流的成本每降低一个百分点，企业每年就将节省上亿元的资金投入。

4.1.2 供应物流活动

1. 采购

采购工作是企业与社会的衔接点，是依据企业的供应—采购计划来进行物资外购的作业层，还负责市场资源、供货厂家、市场变化、物资质量等信息的收集。可以说，采购是企业生产的开始。

2. 生产物资供应

供应工作是供应物流与生产物流的衔接点，是依据生产—供应计划和物资消耗定额进行生产资料供给的作业层，并负责物资消耗的管理。供应方式有两种基本形式：一种是用料部门到供应部门领料，另一种是供应部门按时按量进行物资配送。

3. 仓储与库存管理

仓储管理工作是供应物流的转换点，负责生产物资的接货和发货以及物资储存管理。库存管理工作是供应物流的重要组成部分，主要依据企业生产计划制订供应和采购计划，并负责制订库存控制策略及计划的执行与反馈。

4. 装卸与搬运

装卸、搬运工作是物资接货、发货和堆码时进行的操作。装卸搬运虽然是随着运输和保管而产生的作业，却是衔接供应物流中其他活动的重要组成部分，是实现物流机械化、自动化和智能化的重点之一。

4.1.3　供应物流过程

不同的企业、不同的生产工艺、不同的生产组织模式、不同的供应环节和不同的物流供应链,使得企业供应物流过程有所区别,使得企业供应物流出现了许多不同的模式。尽管不同的模式在某些环节上有着各自不同的特点,但是供应物流基本流程是相同的,一般有以下几个环节。

1. 取得资源

取得资源是完成所有供应活动的前提条件。取得什么样的资源是由核心生产过程提出来的,同时也要按照供应物流可以承受的技术条件和成本条件来进行决策。物资的质量、价格、距离、信誉、供应及时性等都是重要的考虑因素。

2. 组织到厂物流

取得的资源必须经过物流才能到达企业。这个物流过程是企业外部的物流过程,在物流过程中,往往要反复运用装卸、搬运、储存、运输等物流活动才能使取得的资源到达生产企业。这个物流过程可以由企业自己的物流部门、供应商的物流部门或第三方物流企业来完成。

3. 组织厂内物流

企业所取得的资源到达企业后,经过企业物资供应人员的确认,在厂区继续运动,最后到达车间、分厂或生产线的物流过程,称作供应物流的企业内物流。厂内物流一般由企业自己承担,现在有些新建立的企业也把这部分物流让第三方物流企业承包。企业的物资仓库经常作为内外物流的转换节点。

4.1.4　供应物流模式

1. 供应商代理形式

供应商代理形式是指供应商或者社会销售企业送货上门。生产企业可以免除物流活动,供应商利用熟悉的物流渠道,对生产企业进行供应服务,并不断增加服务的内容,取得生产企业更多的信赖,共同结成战略联盟。供应物流的费用可以包含于物资采购价格之内,或单独由生产企业额外支付。

2. 委托第三方物流企业代理

委托第三方物流企业代理是在生产企业完成了采购程序之后,由销售方或者生产企业委托专业物流公司从事送货或者提货的物流活动。这种方式将逐步成为主流。

3. 自供与外协

自供是生产企业上一生产环节的产品作为下一生产环节的原材料来供应。

外协方式一般由生产企业向外协厂提供所需产品的技术图纸以及品质要求,由外协厂组织生产、供应,以满足生产企业的需要。

4. 供应链物流供应

以信息和网络为依托的供应链体系将物资供应商、生产商、储运商、分销商、消费者组成供需物流网络链,供应商和企业将结成最高层次的联盟,在互利互惠、共享信息、共担风险、相互信赖的原则下,建立长期的供应合作关系。

4.1.5 供应方式

1. 准时供应方式

准时供应方式是按照生产企业的要求,在计划的时间内或者用户随时提出的时间内,实现用户所要求的供应。准时供应方式大多是双方事先约定供应的时间,互相确认时间计划,因而有利于双方做供应物流和接货的组织准备工作。从生产企业一方来看,准时供应方式是一种比较理想的方式。

2. 即时供应方式

即时供应方式是准时供应方式的一个特例,是完全不依靠计划时间而按照用户偶尔提出的时间要求,进行准时供应的方式。这种方式一般作为应急的方式采用,但在网络经济时代,由于电子商务的广泛开展,在电子商务运行中,最基本消费者所提出的服务要求,大多缺乏计划性,而又有严格的时间要求,所以,在新经济环境下,这种供应方式有被广泛采用的趋势。需要说明的是,这种供应方式由于很难实现计划和共同配送,所以成本较高。

3. 零库存供应方式

在买方市场环境下,由于产品供大于求,买方有主导权,就可以设计出各个领域的零库存。零库存的前提条件,是有充分的社会供应保证、现代的管理方法和技术手段。必须说明的是,生产企业的原材料零库存并不意味着供应商的零库存,库存物资的资金占压是由供应商负担的。

4.1.6 供应物流的合理化

1. 准确预测需求

以企业生产计划对各类物资的需求为依据确定出物资供应需求量。生产计划是根据市场对该产品的需求量来决定的,而供应计划则是依据生产计划下达的产品品种、结构、数量、质量的要求,各种材料的消耗定额和生产工艺时序等来制订的。供应计划要做到对各种原材料、购入件的需要量(包括品种、数量)和供货日期的准确需求预测,才能保证生产正常进行,降低成本,加速资金周转,提高企业经济效益。因此,制订切实可行的生产计划,确定合理的物资消耗定额、储备定额,是做到准确预测需求的关键。

2. 合理控制库存

供应物流中断将使企业生产陷于停顿,因此必须占压一定的资金,持有一定数量的物资储备,以保证生产的正常进行。这种物资储备一方面必须保证正常生产所需(正常库存),还必须能够应付紧急情况(安全库存),另一方面,合理控制库存、进行库存动态调整、减少资金占压又是节约成本的良好途径。采用JIT的生产企业,要求供应的各类物资按时、按地、按量送到,使库存量为零或接近零。

3. 进行采购决策

采购决策的主要内容包括市场资源调查、市场变化信息的采集与反馈、供货厂家选择和进货批量、进货时间间隔等。其中如何综合评价质量与价格因素，是一项十分复杂的工作。

4. 供应保障

供应保障包括运输、仓储管理、服务等方面。要采用合理的运输方案，选择运输线路短、环节少、时间快、费用省以及合理的运输工具。同时进行先进的仓储管理，如利用计算机进行物资进、存、耗动态管理，机械化、自动化仓储作业等。服务方面主要是方便生产和节省费用，如供应模式、供应手段的选择。

5. 健全管理组织机构

供应物流涉及的领域方方面面，因此必须健全管理组织机构。一般应包括：物资供应计划管理、物资消耗定额管理、物资采购管理、物资运输管理、物资仓储管理、物资供应管理、物资回收与利用管理以及监督检查管理等部门。

4.1.7 供应物流中的零库存

零库存的含义是以仓库储存形式的某种或某些种物品的储存数量为"零"，即不保持库存。不以库存形式存在就可以免去仓库存货的一系列问题，如仓库建设、管理费用、存货维护、保管、装卸、搬运、存货占用流动资金及库存物的老化、损失、变质等问题。

实现零库存方式的主要形式有：

1. 委托保管方式

仓库业主接受企业的委托，代为保管物资，并按照一定的标准或者协议价格收取一定的仓储费用，同时也可以按照企业的要求进行存货配送或者运输。但是，这种零库存方式主要是靠库存转移实现的，并未能使库存总量真正降低。仓库业主对所存物资承担保管的责任。

2. 协作分包方式

协作分包方式主要是制造企业的一种产业结构形式，这种结构形式可以以若干分包企业的柔性生产与准时供应，使主企业的供应库存为零；同时主企业的集中销售库存使若干分包劳务及销售企业的销售库存为零。

3. 轮动方式

轮动方式也称同步方式，是在对生产系统进行周密设计的前提下，使各个环节速率完全协调，从而根本取消甚至是工位之间暂时停滞的一种零库存、零储备形式。这种方式是在传送带式生产基础上，进行更大规模延伸形成的一种使生产与物资供应同步进行的方式，通过传送系统供应从而实现零库存的形式。轮动方式需要较大的设施与设备投资。

4. 准时供应系统

准时供应系统可用来合理计算各工位的生产能力，合理安排生产计划，使整个生产过程同步进行。准时方式不是采用类似传送带的轮动系统,而是依靠有效的衔接和计划达到工位之间、供应与生产之间的协调,从而实现零库存。

5. 看板方式

看板方式是准时方式中一种简单有效的方式,也称"传票卡制度"或"卡片"制度。最先是在日本丰田汽车制造公司采用的。在企业的各工序之间、企业之间、生产企业与供应者之间,采用固定格式的卡片为凭证,由下一环节根据自己的节奏,逆生产流程方向,向上一环节要求供应,从而协调关系,做到准时同步。采用看板方式,可使供应物流实现零库存,或库存水平大幅度降低。

6. 水龙头方式

水龙头方式是一种像拧开自来水管的水龙头就可以取水而无须自己保有库存的零库存形式,这是日本索尼公司首先采用的。这种方式经过一定时间的演进,已发展成即时供应制度。用户可以随时提出购入要求,采取需要多少就购入多少的方式,供货者以自己的库存和有效供应系统承担即时供应的责任,从而使用户实现零库存。适于这种供应形式实现零库存的物资,主要是工具及标准件。

4.2 企业生产物流

一个制造企业的生产过程实质上是一个物流过程。所谓生产计划,实际上是物料流动的计划。计划的对象是物料,计划执行的结果也要通过对物料的监控来考核。这也是生产物流管理通常被称为"物料管理"的原因。

生产计划的实施,必定伴随着物料数量、形态和存储位置的改变。任何物料都必定存放在一定的空间位置上,这些存储位置就是对物料的监控点。对计划执行情况的监控,对物料状况的反馈信息,主要来自这些监控点。计算机终端或数据采集装置往往就设在这里。生产物流管理强调对物料的存储、传送、数量和状态的变化等信息的管理。

生产物流是指原材料、燃料、外购件投入生产后,经过下料、发料、运送到各个加工点规定的生产工艺过程进行加工、储存的全部生产过程。因此,生产物流的形式和规模取决于生产的类型、规模、方式和生产的专业化与协作化水平。

生产物流区别于其他物流系统的最显著特点是它和企业生产密切联系在一起。只有合理组织生产物流过程,才有可能使生产过程始终处于最佳状态。因此,企业没有生产就没有生产物流,生产物流不畅就会导致生产停顿或混乱。

企业生产物流过程需要物流信息提供支持,通过信息的收集、传递、储存、加工和使用,控制各项物流活动的实施,使其协调一致,保证生产的顺利进行。生产物流管理的核心是对物流和信息流进行科学的规划、管理与控制。

4.2.1 影响生产物流的主要因素

不同的生产过程形成了不同的生产物流系统,生产物流的构成与下列因素有关:

（1）生产工艺。不同的生产工艺,加工设备不同,对生产物流有不同的要求和限制,是影响生产物流构成的最基本因素。

（2）生产类型。不同的生产类型、产品品种、结构的复杂程度、加工设备不尽相同,将影响生产物流的构成与比例关系。

（3）生产规模。生产规模指单位时间内的产品产量,因此规模大,物流量就大;规模小,物流量就小。相应的物流实施、设备就不同,组织管理也不同。

（4）专业化与协作化水平。社会生产力的高速发展与全球经济一体化,使企业的专业化与协作化水平不断提高。与此相适应,企业内部的生产趋于简化、物料流程缩短。例如,过去由企业生产的毛坯、零件、部件等,就可以由企业的合作伙伴来提供。这些变化必然影响生产物流的构成与管理。

4.2.2　管理组织生产物流的基本条件

生产物流与其他物流明显的区别是它与生产过程密切联系在一起,只有合理组织生产物流过程,企业生产才能正常进行。在企业生产物流组织过程中,要特别注意以下几个方面:

（1）物流过程的连续性。生产是一个工序一个工序往下进行的,因此要求物料能够顺畅、最快、最省地走完各个工序,直至成为产品。任何工序的不正常停工,工序间的物料混乱等都会造成物流的阻塞,影响整个企业生产的进行。

（2）物流过程的平行性。一般企业通常生产多种产品,每种产品又包含着多种零部件。在组织生产时,将这些零部件安排在各个车间的各个工序上生产,因此要求各个支流平行流动,如果任何一个支流发生延迟或停顿,整个物流都会受到影响。

（3）物流过程的节奏性。物流过程的节奏性是指产品在生产过程各个阶段,都能有节奏、均衡地进行,即在相同的时间内完成大致相同的工作量。时紧时慢必然造成设备或人员的浪费。

（4）物流过程的比例性。产品的零部件组成是固定的,考虑到各个工序内的质量合格率,以及装卸搬运过程中的可能造成的损失,零部件数量必然在各个工序间有一定的比例关系,形成了物流过程的比例性。当然这种比例关系,随着生产工艺的变化、设备水平和操作水平的提高会发生变化。

（5）物流过程的适应性。企业的生产组织正向多品种、少批量的管理模式发展,要求生产过程具有较强的应变能力。即生产过程具备在较短的时间内,由生产一种产品迅速变化为生产另一种产品。因此物流过程应同时具备相应的应变能力。

4.2.3　准时生产方式(JIT 方式)下的生产物流

准时生产(just in time, JIT)方式就是在需要的时候,按需要的量,生产所需的产品。它是起源于日本丰田汽车公司的一种生产管理方式。这种生产管理方式的核心是追求一种零库存生产系统或使库存达到最小的生产系统。

1. JIT 方式的基本思想

JIT 方式的基本思想是为了使企业获取最大利润,采取各种方法和措施,消除或降低生产经营中的各种浪费,降低产品成本。这里的浪费定义为使成本增加的各种生产因素,即不会带来任何附加价值的各种生产因素。例如生产过剩引起的库存以及资金占用;人员余裕带来的浪费;设备利用不合理和产品质量低下带来的浪费等。为了消除或降低浪费,JIT 采取的主要措施是适时适量地生产产品、最大限度地减少操作工人、全面及时地进行质量检测与控制。图 4.2 所示为 JIT 的基本思想与实现方法。

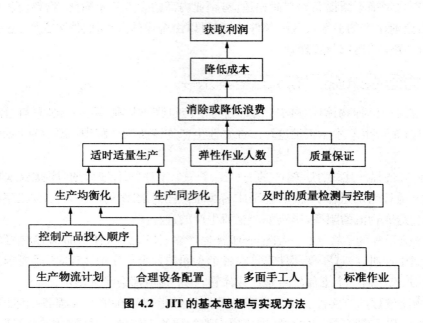

图 4.2　JIT 的基本思想与实现方法

(1) 适时适量生产。JIT 方式认为企业只有在市场需要时,才生产出所需的产品。只有这样才能最大限度降低库存。适时适量生产的具体方法有:

① 生产过程的均衡化:

a. 制订合理生产计划,控制产品投产顺序;

b. 设备通用化;

c. 制定作业标准,即制订合理操作顺序和操作规范;

② 生产过程的同步化:

a. 合理布置设备;

b. 缩短作业更换时间;

c. 制定合理作业节拍;

d. 采取后工序领取的控制流程。

(2) 弹性作业人数。弹性作业人数是指根据每月生产量的变化,相应地增减生产中的作业人数,从而降低成本。主要方法有:

① 适当的设备配置；

② 培养训练有素,具有多种技艺的操作人员；

③ 制定或改善标准作业组合。

(3) 质量保证。在 JIT 方式中,为了保证产品质量,将质量管理贯穿于每一道工序中,对产品质量进行及时检测与处理,同时实现提高质量与降低成本的一致性。

2. JIT 方式的生产物流计划与控制

(1) JIT 方式的生产物流计划的特点。在 JIT 方式中,同样根据企业的经营方针和生产预测制订年度计划、季度计划、月度计划,最后根据月度计划制订物流作业计划。它的主要特点是:

① 真正的生产指令只下达给最后一个工序。

② 其他工序只下达每月大致生产的品种和数量计划。

(2) 产品投产顺序计划的制订。制订正确的产品投产计划,既要使各工序的作业速度大致相同,避免由于各工序作业速度不同而引起的全线停车的可能,又要使各种零部件出现的几率保持不变,避免某种零部件在制品库存量太大造成积压。

3. JIT 方式的实现手段——看板管理

所谓看板,是一种生产指令的传送工具,可以是卡片、圆球等东西。看板是 20 世纪 50 年代丰田公司创造的,经过 40 余年的发展,看板在许多方面都发挥着重要作用。

(1) 看板的功能。

① 传递生产、运送的工作指令。

② 防止过量生产和运送。没有看板,不能生产。

③ 进行目视管理。

④ 不断改善的工具。通过减少看板,减少库存。

(2) 看板的种类。

① 工序内看板。

② 信息看板。

③ 工序间看板。

④ 对外订货看板。

⑤ 临时看板。

(3) 看板的使用方法。

无论是哪一种看板,都要根据 JIT 的基本思想制订相应的使用方法,否则无法实现 JIT 的目标。

① 工序内看板。工序内看板必须与实物一起移动。后工序领取时,摘下挂在产品上的工序内看板,挂上领取用的工序看板运走。该工序然后按看板被摘下的顺序以及看板所表示的数量组织生产。

② 信息看板。信息看板挂在成批制造的产品上,当该批产品的数量减至基准数时摘下看板,送到生产工序,生产工序按看板指示的数量组织生产。

③ 工序间看板。工序间看板挂在从前工序领来零部件的箱子上,当该零件被使用后,取下看板,放回到看板回收箱内。现场工作人员定时回收看板,集中起来分别送到相应工序,各工序按看板指令组织生产。

④ 对外订货看板。对外订货看板与工序间看板基本相同,但回收后分别送到协作厂家,协作厂家按看板指令组织生产。

看板的回收与分发,有时工作量大,可借助计算机进行管理。

4.2.4 物料需求计划系统(MRP 系统)与生产物流

MRP(material requirement planning)生产管理思想和方法是在全面分析制造企业生产库存的特点以后建立和发展起来的,是一种将企业采购物流、生产物流、销售物流集成在一起的"一体化"系统。自 1961 年美国的奥立克(Josph Orlick)在一家拖拉机制造厂建立第一个 MRP 系统起,MRP 已获得广泛应用,取得了明显的经济效果。

1. MRP 基本概念

(1) 独立需求与相关需求。

① 独立需求。当一个库存项目的需求与其他库存项目的需求无关时,称为独立需求。因此,独立需求是一种不能从上一级需求派生出下一级需求的需求类型,即需求项目之间没有任何联系,不会发生一个项目的需求对另一个项目的需求产生影响的需求形式,如对成品、备品备件等的需求。这种需求受市场等随机因素的影响,需求一般可以经过预测得到。

② 相关需求。当一个库存项目的需求与其他库存项目的需求直接相关时,称为相关需求。相关性包含两方面:一种是纵向的,即上一级需求项目派生出下一级需求项目(图 4.3),如 A、Q 项目是独立需求,B、C、D、E 是相对需求;另一种横向的,如随同产品发货的附件等。

为了确定相关需求,对每种产品需建立如图 4.3 所示的反映产品构成情况的结构图。在 MRP 系统中,这种图称为物料清单(bill of material)。

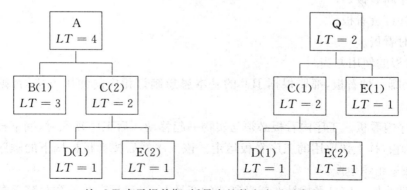

注:LT 表示提前期,括号内的数字表示需求量。

图 4.3 物料清单

（2）时间分段与提前期。

在订货点方法中,库存状态没有时间坐标。记录内容仅有库存量和已订货量。当库存量和已订货量之和小于订货点时,就是组织订货、发出订单的时刻。所以在订货点方法中,时间是间接出现的。而 MRP 方法中,定义了时间分段,并按时间分段计算物料需求,这是 MRP 的重要特点之一。

由于库存项目中引进了时间分段,为了正确计算各相关需求,必须确定各库存项目的提前期。不同类别的库存项目,其提前期含义也不同。如对外购件,其提前期定义为订货日和入库日之差;对加工零件,其提前期定义为坯料出库日和零件加工完成入库日之差等。

（3）MRP 的基本功能。

MRP 的设计原则是适时物流原则,即在需要的时间,生产或采购需要的数量。图 4.4 所示为 MRP 系统流程图。

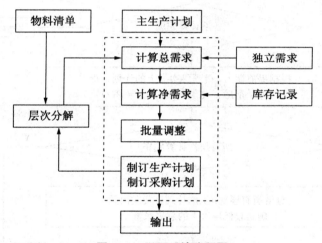

图 4.4　MRP 系统流程图

从图中可知,MRP 系统的基本输入为:

① 主生产计划;

② 产品结构图（物料清单）;

③ 库存记录。

MRP 系统的基本输出为:

① 生产计划;

② 采购计划。

2. MRP 处理逻辑

MRP 系统的所需的计算和步骤并不复杂,只涉及简单的算术计算。图 4.5 所示为 MRP 处理逻辑图。

有关计算项目的意义如下:

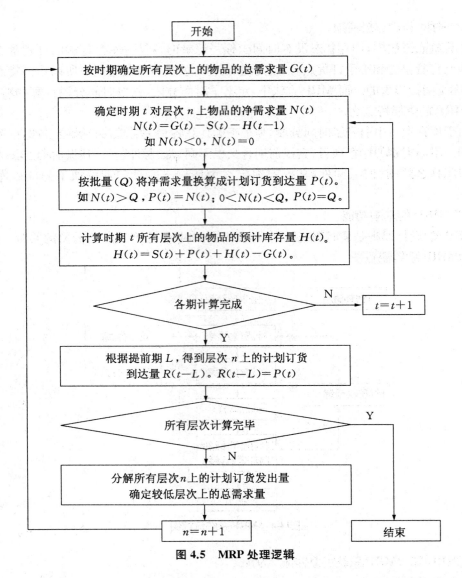

图 4.5 MRP 处理逻辑

（1）总需求量。每个时期的预计生产量、耗用量或出库量，独立需求项目等于主生产计划中的数量，相对需求项目由它的母体得出。

（2）预计到达量。已经订货（生产或采购）物料的数量和时间。

（3）预计库存量。满足需求后的期末库存量。

（4）净需求量。总需求量减去预计到达量和上期预计库存量。

（5）计划订货到达量。计划订货的数量和时间，根据计算出的净需求量，按生产或采购批量调整。

（6）计划订货发出量。应当发出订单的时间和订货数量。

例 4.1 已知 $A=103$，$Q=200$ 及库存、分配情况如下，计算图 4.3 物料清单中项目需求。

名称:A　　批量:1　　提前期:4
库存量:18　保险库存量:5　已分配量:10

时　期	PD	1	2	3	4	5	6	7	8
总需求量									103
预计到达量									
预计库存量	3	3	3	3	3	3	3	3	0
净需求量									100
计划订货到达量									100
计划订货发出量						100			

名称:Q　　批量:1　　提前期:2
库存量:6　保险库存量:6　已分配量:0

时　期	PD	1	2	3	4	5	6	7	8
总需求量								200	
预计到达量									
预计库存量	0	0	0	0	0	0	0	0	
净需求量								200	
计划订货到达量								200	
计划订货发出量						200			

名称:B　　批量:1　　提前期:3
库存量:10　保险库存量:0　已分配量:0

时　期	PD	1	2	3	4	5	6	7	8
总需求量					100				
预计到达量									
预计库存量	10	10	10	10	0				
净需求量					90				
计划订货到达量					90				
计划订货发出量		90							

名称:C　　批量:1　　提前期:2
库存量:20　保险库存量:0　已分配量:0

时　期	PD	1	2	3	4	5	6	7	8
总需求量					200	200			
预计到达量									
预计库存量	20	20	20	20	0	0			

时 期	PD	1	2	3	4	5	6	7	8
净需求量					180	200			
计划订货到达量					180	200			
计划订货发出量			180	200					

名称:D　　批量:200　　提前期:1
库存量:0　　保险库存量:0　　已分配量:0

时 期	PD	1	2	3	4	5	6	7	8
总需求量			180	200					
预计到达量									
预计库存量	0	0	20	20					
净需求量			180	200					
计划订货到达量			200	200					
计划订货发出量		200	200						

名称:E　　批量:500　　提前期:1
库存量:30　　保险库存量:0　　已分配量:0

时 期	PD	1	2	3	4	5	6	7	8
总需求量			360	400		200			
预计到达量									
预计库存量	30	30	170	270	270	70			
净需求量			330	230					
计划订货到达量			500	500					
计划订货发出量		500	500						

3. MRP 中的物流管理

（1）批量问题。MRP 系统可以准确计算出原材料、外购件和零部件的需求量和需求时间。一般情况下，原材料、外购件的批量由企业的采购物流系统决定，而零部件的制造批量要由生产物流系统决定。由于带有时间的概念，传统的 EQP、EPQ 等批量方法已明显不能适用于 MRP 系统。人们已经研究出许多与 MRP 有关的批量方法，如 Wagner-Whitn algorithm，Least unit cost，Sliver meal approach 等。

由于产品结构多层次性，每层都有批量问题，而且下一层批量一般都比上一层的大。如果上层出现波动，下层波动会逐渐放大。因此，一般将提前期固定，只对最下层采取批量策略，其他层按等量需求法确定，即需要多少，就生产多少。

批量问题是 MRP 系统成败的重要因素之一，一个库存项目的批量也往往影响其他项目的批量，它还与设备生产准备、加工费用、运输设备、库存管理等许多因素有关。因此应根据具体情况选择或设计合适的批量。

（2）库存问题。MRP 计算中，需要准确的库存记录，因此必须提供详细的、全面的库存数据。库存数据的错误或延迟，将导致系统的运行失败。如果对计算机处理的速度影响不大，一般对库存项目不进行 ABC 分类，这样可以对全部物品实行准确的管理，有利于大幅度降低库存，减少资金占用。但如果库存项目数量过多，严重影响系统运行速度或库存项目难以进行实时管理时，也可采用 ABC 分类方法，对库存项目进行分类，以便对重点库存项目进行重点管理，其他库存项目则采用常规的管理方法，按定期或定量库存方法管理。

安全库存是为了应付不确定因素，如不合格品，原材料、外购件延期交货，设备故障，停电等。一般仅对最低层项目设立安全库存。安全库存应根据生产工艺水平、设备水平、工人素质、管理水平等确定，并进行定期调整。

（3）物流控制问题。MRP 系统既是一个物流计划系统，又是一个物流控制系统。一旦发生与计划相背离的情况（主生产计划与需求不一致或其他波动），就重新运行 MRP 系统，便可获得最新情况下的生产与采购计划。

（4）计划期问题。计划期不能比最长的产品制造周期短。在这个前提下，计划期长，计划的预见性就越好，对于生产能力的安排就越有利。但计划期长，数据的处理量就大，运行时间就长。因此计划期的长短应按企业产品的最长生产周期、计划工作要求、设备能力等决定。

（5）计划的时间单位。计划的时间单位小，计划工作的精度就高，有利于降低库存，合理安排设备的生产能力，但同时数据处理量就大，运行时间就长。实践证明，对于机械制造行业，以周为单位比较好。但对于预计计划，一般采用月或双月为计划单位。

4. MRP 的发展

（1）闭环 MRP 阶段。MRP 可以依据产品的生产计划、产品结构图和物资库存情况，计算出各个零部件、外协件、原材料的需求计划，但没有考虑企业内部资源是否有能力实现上述计划，为了使 MRP 制定的计划切实可行，人们将 MRP 发展成闭环 MRP。闭环 MRP 不单纯考虑物料需求计划，还将与之有关的能力需求、车间生产作业计划和采购等方面的情况考虑进去，使整个问题的处理形成闭环。

美国生产和库存控制协会将闭环 MRP 定义为以物料需求为核心并包括销售及运营等其他计划功能（生产规划、主生产计划和能力需求计划）的系统。一旦计划阶段完成且计划被确认为合理可行，则执行功能开始运行，包括投入产出（能力）度量、详细计划和调度、预测的供应商和厂方的延期报告、供应商计划等等生产控制功能。"闭环"一词不仅表明了整个系统包含所有这些功能，而且指执行功能还能提供反馈信息，从而使计划在任何时候都保持有效。

图 4.6 描述了一个闭环 MRP 系统。

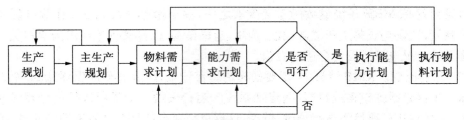

图 4.6　闭环 MRP 系统的反馈流程

闭环意味着问题和产生的数据将反馈到系统并验证系统,必要时做一定的修改。从图中可以看出,MRP 系统的输入是主生产计划。MRP 程序对所有的零件、组件和为满足计划所需的其他资源进行需求展开之后,能力需求计划模块检查 MRP 的输出,判断是否有足够的能力。如果没有,对 MRP 模块的反馈信息将指出计划需要修改。而后通过MRP 系统,订单下达给生产系统,执行能力和物料计划。从这个角度看,MRP 是一个控制、数据收集、完成订单和评价结果的系统,对生产能力、物料的任何改变都将反馈回系统。

（2）MRPII 阶段。企业的经济效益最终要用货币形式来表现,因此企业都希望 MRP 系统能够反映财务信息。在这一需求的推动下,闭环 MRP 在 20 世纪 70 年代末期发展成了 MRPII（制造资源计划,Manufacturing Resource Planning）。

MRPII 将市场信息、财务信息、工程信息、生产与库存信息有效地集成在一起,实现了管理职能的集成。与闭环 MRP 相比,MRPII 扩展了如下功能:

① 把企业财务管理、成本管理与 MRP 结合在一起;

② 把经营计划、销售规划与管理、生产规划纳入统一管理;

③ MRPII 具有模拟功能,能够根据不同的决策方针模拟出各种结果,进行辅助决策;

④ 一般具有中央数据库,实现了信息集成;

（3）ERP 阶段。为了进一步提高企业竞争实力,MRPII 在实践中不断发展与完善,在 20 世纪 90 年代末进入了 ERP（Enterprise Resource Planning）阶段。

ERP 主要增加了下列功能:

① 融合了其他先进的管理思想和方法（如 JIT、TQM、OPT、TOC 等）,不断完善自身系统;

② 增加了客户关系管理、供应商管理、供应链管理等功能;

③ 增加了分销资源系统（Distribution Resource Planning, DRP）的功能;

④ 运用计算机技术的最新成果,不断改善系统功能和用户界面;

⑤ 发展与企业其他系统的接口,实现更大范围内信息集成。

4.3　企业销售物流

企业的产品只有经过销售才能实现其价值,从而创造利润,实现企业价值。销售物流是企业在销售过程中,将产品的所有权转给用户的物流活动,是产品从生产地到用户的时间和空间的转移,是以实现企业销售利润为目的的。销售物流是包装、运输、储存、配送等诸环节的统一。

4.3.1　销售物流是企业物流活动的一个重要环节

销售物流是企业物流的一部分,占据了企业销售总成本的 20% 左右。因此,销售物流的好坏直接关系到企业利润的高低。销售物流是企业物流活动的一个重要环节,它以产品离开生产线进入流通领域为起点,以送达用户并经售后服务为终点。

销售物流是生产企业赖以生存和发展的条件,又是企业本身必须从事的重要活动,它是连接生产企业和消费者的桥梁。对于生产企业来讲,物流是企业的第三个利润源,降低销售物流成本是企业降低成本的重要手段。企业一方面依靠销售物流将产品不断运至消费者和用户,另一方面通过降低销售过程中的物流成本,间接或直接增加企业利润。

销售物流是以满足用户的需求为出发点,从而实现销售和完成售后服务,因此销售物流具有更强的服务性。销售物流过程的终结标志着商业销售活动的终结。它的所有活动及环节都是为了实现销售利润,因此物流本身所实现的时间价值、空间价值及加工价值在销售过程中处于从属地位。

销售物流的服务性表现在要以用户为中心,树立"用户第一"的观念,销售物流的服务性要求销售物流必须快速、及时,这不仅是用户和消费者的要求,也是企业发展的要求。销售物流的时间越短,速度越快,资本所发挥的效益就越大。在销售物流中,还需强调节约的原则和规模化的原则。一般来讲,物流的价值主要是规模价值。此外,销售物流通过商品的库存对消费者和用户的需求起到保证作用。在销售过程中,正确确定库存数量,减少库存费用就是这一目标的体现。

4.3.2　销售物流对整个物流系统的影响

市场营销对物流系统的设计和运行有着决定性的影响,市场营销的要求决定了物流系统中必要的机能——物流服务的领域,同时,市场营销又成为物流成本变动的直接动因。因此,市场营销承担了物流设计和运行成本的直接责任,充分了解市场营销对物流产生的各种影响,有利于在市场营销决策中考虑物流因素,真正实现将供、产、销一体化。

1. 顾客服务对物流的影响

市场营销中顾客服务的实现与物流活动有着密切的联系,通常情况下,市场营销为了迅速、有效地满足顾客需求,促进产品附加价值的实现,要求物流活动快速地向顾客提供服务、提供物流服务时具有较高的稳定性和可信赖性、拥有即时交易库存量。

物流系统的设计直接依存于销售活动的模式。顾客需求分布的差异性决定了多种物流方式的存在。例如,对采购规模比较大的用户实行从地区仓库进行直送,而地区流通系统的建立,对规模比较小的用户来讲,则有利于提高经济服务水准,拓展市场。此外,当一个仓库不能完全满足大用户供货需求时,就有必要将数个地区仓库统一使用,这样,对小规模用户来讲,就会因为难以利用仓库而造成服务成本上升,因此,很多厂家都实行对大客户进行工厂直送,在向用户让利的同时降低成本。

从当今的发展趋势看,一些大需求用户,如零售连锁店等都在建立自己独立的流通系统,如配送中心等,并与供应商的进货系统统一起来。生产企业在考虑大客户的利益,努力降低成本和商品价格的同时,也必须考虑到方便小客户,维护他们的利益。

我们都知道冬天是销售冬季服装的最好季节,但是我们却不能准确预测哪几天是销售的最高峰,因为我们并不能够确定哪几天天气最为寒冷。也就是说,我们可以把握一般的需求特征,但却不能正确把握某一时点的需求水准、需求发展状况、需求高峰或下降情况。这种产品需求特性在物流系统的设计方面扮演着相当重要的作用,即为了维持服务的可信赖性,必须设定必要的安全库存水准。此外,为了及时对应需求的变动,需要不断改善输送方式或输送组织,建立迅速可靠的通信渠道。

商品库存量与流通速度是一种正比例关系,交易保存量越大,越容易实现商品的快速流转,所以,销售部门或零售业为了及时满足出现的需求,并实现向客户的快速配送,常常拥有较大的商品储存量。此外,商品库存也能实现商品的迅速配送,这是因为仓库离市场越近,向用户迅速流转商品的服务越容易实现。因而,现在很多生产企业,为了与所提供服务的目标用户相配合,直接将仓库建在需求方附近。库存量或仓库点的建设又直接决定了物流成本的高低。库存量越大、仓库点越分散,物流成本越高,物流效率越低。由此看来,市场营销中顾客服务的要求对物流活动的效率产生影响,顾客服务要求过高,势必会对物流效率产生负面影响。

2. 销售通道对物流的影响

销售部门的主要工作就是实现商品从生产者向消费者的转移,包括时间、地点和所有权的转移。销售部门进行了大量工作:通过调研为计划和销售收集大量市场信息,通过促销活动及时向市场传递新产品,寻找潜在消费者,并根据市场需求调整产品结构。它包括产品的制造、分级、分类和包装等活动,以最终实现商品的销售。

商品的销售和物流功能可以由生产企业也可以由中间商来完成。当由生产企业来进行销售时,生产成本增加,其产品的价格也必然上升。当由中间商进行销售时,生产企业的费用和价格下降了,但是中间商必须增加开支,以完成销售工作。由谁来进行销售和完成物流的问题实际上是一个有关效率和效益的问题。

商品的整个销售过程由物流、商流、资金流、信息流和促销人员流等构成。物流描述了实体产品从原材料到最终顾客的流程。商流是指商品所有权从生产厂家或者销售商向下游销售商或者最终消费者的实际转移。资金流是指顾客通过银行和其他金融机构将货款付给经销商或者生产企业,此外,还要向运输公司和独立仓库支付费用。信息流是指引导市场从一方向另一方转移的相关信息。零售商或批发商作为商品的销售渠道,以及物流系统的构成要素必须承担相应的物流机能,例如仓储、本地区市场分析、配送、订货发货等。

随着物流技术的变化和经济的发展,多种产品销售渠道之间发生了冲突,比如厂家直销和商店销售之间。因此,销售渠道的变革直接影响物流活动的合理化。如今,很多大型零售商或零售连锁店通过物流系统的重组来确保物流活动的经济性,亦即将物流系统的构筑与收集消费者需求信息和提高商品购买力紧密结合在一起,从而发挥零售业直接接触消费者、直接面向市场的优势。由于零售业的积极推动,原有的物流格局开始崩溃。此外,从厂商的角度来看,为了更好地了解顾客需求,保持物流经济性,也在积极进行对流通渠道各阶段的管理和整合,试图通过对渠道的控制,在消费者中确立厂商的品牌形象。所有这些渠道上的变革,都直接或间接影响着物流的格局和由此而产生的效率和效果。

3. 产品线对物流的影响

企业的产品线的长短对物流系统有很大的影响,如果企业产品线非常长,那么生产、订货处理、在库管理、输送等相关的物流问题就会十分复杂,因此,新产品的生产或者生产的扩大必须考虑到物流的顺畅问题。例如,产品的设计必须考虑到产品的包装方式、搬运方式等等,不方便搬运的产品是不会有好的市场效果的。

不断扩大产品生产线,创造新产品已成为当今企业经营的重要手段。但是,产品线的无限扩大,会直接影响物流效率,从而对企业利润的增加起到抑制作用。通常人们认为企业总销售额的增长必然会带来物流成本的下降,但事实正好相反,产品线扩大虽然使企业总销售额增加,但同时也带来单位物流成本的上升,也就是说大多数物流成本与某个品种的平均销售量有关,而与总销售量无关。所以,在确定产品线扩大的时候,应当充分考虑新产品线的平均销售规模以及相应的物流成本。当然,在此基础上要考虑整个产品线的组合状况,以及对整个物流成本的影响,亦即是否存在单个种类产品不经济,但能推动其他种类产品超过规模销售量或降低物流成本。

特定产品线中不同品种的需求特性不会是相同的,也就是说,产品品种的需求分布差异很大。一般而言,大部分品种需求量相对较少,而少数品种却占了需求量的绝大多数。产品品种的需求分布特性表明。大需求量品种的物流应与小需求量品种的物流区分开来,也就是说,相对大需求量品种更加侧重物流成本降低而言,小需求量品种或需求量比较固定的品种应更注重物流服务的维持和改善。例如,一大需求量品种为了降低输送费用,改善服务效果,可以将商品更多地转移到地方仓库,而小需求量品种在库维持的必要性较小,可以实现中央仓库保管,采用空运等迅捷的输送方式。相对于大需求量品种而言,拥有广泛的地方仓库尽管能提高服务的可信赖性,但是长期增加库存会降低商品周转率,增加物流成本,作为一种解决办法,可以考虑采用迅捷的自动补充系统,即在货物快要出清的时候,采用机械化的形式补充货源。尽管这种系统投资很大,但在大需求量、品种较多、需求持续的状况下,要比常年大量在库的维持成本低得多。

4. 销售策略对物流的影响

企业在日常经营活动中,为了在特定时期提高销售额,或扩大市场份额,常常采取各种各样的促销手段,这些销售策略在一定时期和范围内的确能提高企业收益,但应当注意的是,在计算企业的收益时不能忽视销售策略对物流成本的影响。诸如在实施特定促销或商品折扣活动时,有可能使商品销售量在一定时间内达到高峰,与这种促销活动相对应,必须合理安排、确立商品销售高峰期的制造、输送、库存管理、事务处理等各种物流要素和活动,并使设备投资和在库投资有利于缓和销售高峰期对商品输送所造成的压力。除此之外,促销期的商品往往与平时销售的商品不太一致,在包装和设计上会突出促销品特征,这就会出现与上述产品线扩大相类似的物流问题。另外,促销期的商品在生命周期上也会有所限制,与产品生命周期的变化相对应就会派生出计划、管理、需要的迅速反应、过剩产品的处理等其他问题。因此,在企业实施销售策略或促销战略时,应充分考虑它对物流产生的影响。

4.3.3 销售物流合理化

1. 销售物流合理化的实现

传统的销售物流是以工厂为出发点,采取有效措施,将产品送到消费者手中。而从市场营销观点来看,销售物流应先从市场着手,企业首先要考虑消费者对产品及服务水平的要求,同时企业还必须了解其竞争对手所提供的服务水平,然后设法赶上并超过竞争对手。

许多企业把销售物流的最终目标确定为以最短的时间、最少的成本把适当的商品送达用户手中,但在实际工作中很难达到上述目标,因为没有任何一种销售物流体系能够既能最大限度地满足用户的需求,又能最大限度地减少销售物流成本,同时又使用户完全满意。例如,如果用户要求及时不定量供货,那么销售企业就要准备充足的库存,就会导致库存量高,库存费用增加,同时,及时不定量的随时供货又使运输费用增加,从而使企业在销售过程中物流的成本费用增加。若使销售物流成本低,则必须选择低运费的运输方式和低库存,这就会导致送货间期长,增加缺货风险,而顾客的满意度则会降低。

(1)销售物流的职能成本与系统成本的矛盾。为了实现销售活动,仓储、运输、包装等各职能部门所投入的成本称为职能成本。系统成本则是整个销售物流活动过程中各职能成本的总和。不少企业往往认为自己的物流系统已达到高效率水平,因为库存、仓储和运输各部门经营良好,并且都能把各自成本降至低水平。然而,如果仅能降低个别职能部门的成本,而各部门不能互相协调,那么总系统成本不一定最低,这就存在着各职能部门的成本与系统总成本的矛盾。企业销售物流系统的各职能部门具有高度的相关性,企业应从整个物流系统的成本来考虑制定物流决策,而不能仅考虑降低个别职能部门的成本。

(2)制订系统方案,进行综合物流成本控制。

① 直销方案的综合物流费用分析。把商品直接销售到用户手中,这种销售物流方案一般会耗费较高的物流成本费用,因为通常直销的货物数量不会很大而且运输频率较高,因此运送成本较高。但是这种直销一般是针对急需的用户采用,一旦延误,很有可能失去用户。如果失去销售机会而损失的成本大于物流成本,则企业还是应采取直销方案。

② 中转运输方案的综合物流费用分析。如果企业经计算发现,将成品大批量运至销售地区仓库或中转仓库,再从那里根据订单送货给每一位用户的费用少于直接将货物送至用户,则可采用这种在销售过程中经中转再送货的方案。增建或租赁中转仓库的标准是增建或租赁仓库所节约的物流费用与因之而增加顾客惠顾的收益大于增建或租赁仓库所投入的成本。

③ 配送方案的费用分析。配送价格是到户价格,与出厂价相比,其构成中增加了部分物流成本,因而价格略高于出厂价。与市场价相比,其构成中也增加了市场到用户这一段运输的部分成本,因而价格也略高于或等于市场价。但是用户若将以往的核算改成到

户价格的核算,就可以发现,配送价格更优越。

对于生产厂家,仅以出厂价交出货物,不再考虑以后到用户的各物流环节的投入,省去大量的人力物力。配送方案可以使企业、配送中心、用户三方面分享规模化物流所节约的利益,因此,配送中心的代理送货将逐渐成为资源配置最合理的一种方案。

(3) 销售物流的统一管理。在销售物流过程中,仓储、运输、包装决策应该是互相协调的。在不少企业,将物流运营权分割成几个协调性差的部门,就会使得控制权过于分散,而且还使得各职能部门产生冲突。如运输部门只求运费最低,宁愿选用运费少的运输方式大批量运输,库存部门尽可能保持低库存水平,减少进货次数,包装部门则希望使用便宜的包装材料。各部门都从自己的局部利益出发,从而使整个系统的全局利益受损。因此,企业应将销售物流活动统一管理,协调各职能部门的决策,全权负责,这对于节约企业的物流投入是非常有利的。

2.销售物流合理化的形式

销售物流合理化应该做到在适当的交货期,准确地向顾客发送商品;对于顾客的订单,尽量减少商品缺货或者脱销;合理设置仓库和配送中心,保持合理的商品库存;使运输、装卸、保管和包装等操作省力化;维持合理的物流费用;使订单到发货的情报流动畅通无阻;将销售额等订货信息,迅速提供给采购部门、生产部门和销售部门。

构筑厂商到零售业者的直接物流体系中一个最为明显的措施是实行厂商物流中心的集约化,即将原来分散在各支店或中小型物流中心的库存集中到大型物流中心,通过信息系统等现代化技术实现进货、保管、库存管理、发货管理等物流活动。原来的中小批发商或销售部门则可以成为品牌授权销售机构。物流中心的集约化虽然从配送的角度看造成了成本上升,但是,因为它削减了与物流关联的人力费、保管费、在库成本等等费用,在整体上起到了提高物流效率、削减物流成本的目的。

销售物流活动受企业的销售政策制约,单单从物流效率的角度是不能找出评价的尺度的。例如,食品厂为了把自己新开发的商品打入市场,在向大型超级市场配送货物时,可能要改变原来经由批发部门供货的做法,哪怕是一箱货物也采取从工厂直接送货这种效率极低的物流方式。因为保证商品供应,使本厂制品在销售市场上不断货,是新品打入市场策略的一个重要步骤。这说明销售物流活动作为市场销售战略手段,有时即使是不考虑效率问题也是必需的。所以,在考虑销售物流的合理化问题时,经常考虑销售政策的关系是很重要的,这是因为在很多情况下,要合理组织销售物流活动,至少必须改变买卖交易条件。

销售物流合理化的形式有大量化、计划化、商物分离化、差别化、标准化等多种形式,下面分别给予简单介绍。

(1) 大量化。这是通过增加运输量使物流合理化的一种做法,一般通过延长备货时间得以实现,如家用电器企业规定三天之内送货等。这样做能够掌握配送货物量,大幅度提高配送的装载效率。现在,以延长备货时间来增加货运量的做法,已被所有的行业广泛采用。

(2) 计划化。通过巧妙地控制客户的订货,使发货大量化。稳定(尽量控制发货的波动)是实行计划运输和计划配送的前提。为此必须对客户的订货按照某种规律制订发货计划,并对其实施管理,例如,按路线配送、按时间表配送、混装发货、返程配载等各种措施,被用于运输活动之中。

(3)商、物分离化。商、物分离的具体做法之一,是订单活动与配送活动相互分离。这样,就把自备载货汽车运输与委托运输乃至共同运输联系在一起了。利用委托运输可以压缩固定费用开支,提高了运输效率,从而大幅度节省了运输费用。商、物分离把批发和零售从大量的物流活动中解放出来,可以把这部分力量集中到销售活动上,企业的整个流通渠道得以更加通畅,物流效率得以提高,成本得到降低。

(4)差别化。根据商品周转的快慢和销售对象规模的大小,把仓储地点和配送方式区别开来,这就是利用差别化方法实现物流合理化的策略。即实行周转较快的商品群分散保管,周转较慢的商品群尽量集中保管的原则,以做到压缩流通阶段的库存,有效利用保管面积,库存管理简单化等。此外,也可以按销售对象决定物流方法。例如,供货量大的销售对象从工厂直接送货;供货量分散的销售对象通过流通中心供货,使运输和配送方式区别开来。对于供货量大的销售对象,每天送货;对于供货量小的销售对象集中一周配送一次,把配送的次数灵活掌握起来。无论哪一种形式,在采取上述方针时,都把注意力集中在解决节约物流费与提高服务水平之间的矛盾关系上。

(5)标准化。销售批量规定订单的最低数量,比如成套或者成包装数量出售,会明显提高配送效率和库存管理效率。比如某一级烟草批发商进货就必须至少以一箱(50条)为一个进货单位。

4.3.4 订单处理

订单处理主要包括三种作业,即客户询价报价、订单确认、销售物流协调。

1. 订单处理业务流程

(1)订单处理业务流程描述。

① 检查订单要求是否全部有效,确认订单信息是否完全;

② 提请信用部门审查客户的资信情况;

③ 根据客户信用度情况,提请营销人员进行营销分析;

④ 提请会计人员记录有关往来账目;

⑤ 根据货物描述及客户要求,进行服务的合理策划与设计;

⑥ 货物托运信息与各个分包商联系,委派任务。

(2)订单处理业务流程图。

订单处理业务流程见图4.7。

2. 订单处理的模式

接受订单的处理模式,根据企业的营运方式可区分为两大类:"订单生产方式的订单"与"存货生产方式的订单"。所谓订单生产方式的订单是以客户的订单来组织生产,基本上库存为零,或者只能给客户提供参考样品。订单生产方式生产的一般为大型设备、设施等。存货生产方式则是根据销售部门对市场的预测得出的结论来组织生产,销售人员销售的是已经生产出来的产品。

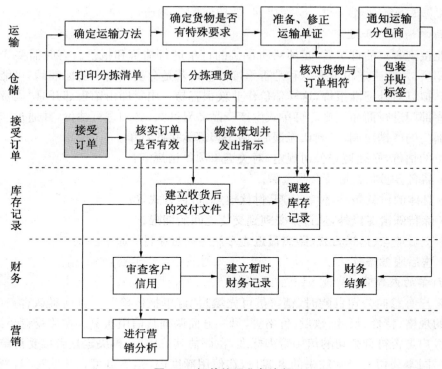

图 4.7　订单处理业务流程

订单生产方式的订单处理流程如下。

（1）销售部在同意客户订单之前，必须了解生产部门的生产设计能力，获得生产部门的确认。

（2）销售部在接到客户的订单样品及询价单价后，将样品交由设计部门设计打样。

（3）市场部根据制作完成的产品样品，与生产部门讨论制造流程及可能需要的生产日程后，拟定样品成本分析报告，呈报总经理核准。

（4）销售部将制作完成的产品样品及设计图样交给客户，由其认可并商议交货期。

（5）客户同意交货期，并同意接受所制成的样品后，则由销售部组织报价工作。

（6）若客户对样品不满意，则由设计部门依据客户意见，再予修改。

（7）若客户不同意交货期，则由销售部与生产部及实际生产作业部门研究后，再与客户洽商。交货期的确定，必须协调客户需求与企业的制造生产能力。

（8）客户同意样品及交货期后，销售部根据样品成本分析报告，再加上运费、保险费、各项费用及预期利润，算出售价，并列表呈总经理核准。

（9）总经理同意并签字后，由销售部负责承办人员向客户报价。

（10）若客户接受报价，销售部接到客户正式订单后，首先检查订单各项条件齐全与否，订购内容是否清楚，若有涂改应盖章注记。

多数企业的产销形态，属于存货生产方式，其重点在于销售预测的能力与准确性，市场部门要通过销售预测，再给生产部门下发可能的销售量；生产部门根据市场部门的预测来安排采购与生产工作。

3. 订单的估价和报价

企业接到客户的订单后,必须对所承接的订单进行估价和报价。有时需要先与生产部门协调后,才能决定报价多少和是否承接订单。若是存货式生产的标准品,可能在企业内部早已拟订对外标准报价,这样估价作业就很容易。出货即由销售部开具"出货单",再交由仓库部门进行商品运输。订单式生产产品差异度大,必须进行估价,并通过与内部生产计划部门的产销协调,经确认无误后,由销售部承接此订单。

订单的估价,必须遵守公司规定,对关键事项严格规定:

(1) 品名、规划、数量及合同金额;

(2) 具体的付款条件:付款日期、付款地点、付款方式等;

(3) 除特殊情况以外,从订单受理到交货之间的期限;

(4) 交货地点、运送方式、距离最近之车站等交货条件;

(5) 售后服务条款。

4. 订单的内部管理

当客户有意向公司订购时,销售员可先填写"订单报价单",一方面确认客户的需求,如产品的规格、特性、尺寸、数量、价格等,另一方面调查其信用状况。在接受订单之前,必须确定客户是否符合公司的信用管理标准,在评估其信用后,再决定是否接受订单。

若是同本公司有经常往来的老客户,在信用额度内,销售员可直接填写"订货单",经主管审核通过后,即可准备出发。

"订单生产方式"的出货,销售员在承接订单之前,事先要获得生产制造部门确认是否可如期交货。承接订单后,为了避免作业疏忽而丧失销售机会,一定要将品名、数量、单价、交货日期以及其他条件加以记录,使该笔订单得到适当处理。

若库存现货不足,致使无法出货,要经由销售员迅速将此事传达给客户,同时协商变更交货日期。

5. 订单的产销协调

很多企业都存在产销脱节的问题。对于存货生产方式的产销协调,公司可作年度预算,亦即在前一年的 10 月份左右,作下一年的销售预算,预测出各个月份的产品销售量,再决定各期的生产预算、原料采购预算、人工成本预算、制造费用预算及销售费用预算,也就是说,在尚未执行之前,先做出书面计划与预算,使各部门的主管有机会在事前作沟通,以免各持本位主义,使公司整体利益受损。

对于订单生产方式的产销协调,情形比较复杂,一般可以参照如下程序。

(1) 生产部门应及时详实地提供生产计划和设计生产能力,供销售部门据此作为谈判与接单依据。

(2) 销售部在与客户谈判时,应考虑公司目前的生产状况以及生产设计能力,尽量争取最有利条件,避免现场生产变动过大。

(3) 由销售部统筹负责订单的汇总、整理与编排作业,根据订单的重要性与急迫性决定交货优先顺序,避免每位销售员自行到生产现场跟催。

（4）生产部门排定生产计划时，应预留部分生产能力，并在生产计划表上显现出来，以避免紧急插单带来换线频繁的困扰。

（5）产销协调会议应每周至少召开一次，由总经理或厂长主持，参加人员为制造部门、销售部门、仓库及车间等主管。

（6）为使排程能顺利执行，应于每日下班前（后）召开生产检讨会，将当日生产数量及异常现象予以检讨，以决定加班时间、人手调派或外包措施。

此外，亦可针对次日生产订单之备料及其他准备事宜事先做协调。

6. 订单与整个物流系统的协调

订单的重要特征表现在订单大小、订单时间以及订单统计的相关特性等要素。

订单大小在形式上多种多样，特别是在某些产业中订单大小千差万别。有时候订单大小呈指数分布，即平均发货量比较适当，但一方面有极少数商品的订单非常大，另一方面很多订单又非常小。因为这种小订单在数量上占了企业订单总数的大部分，这样企业就必须弄清楚这种销售究竟有多大比例，它对物流信息系统和整个物流系统会造成什么样的负担和影响。对数正态分布是一种比较合理的订单量分布形式，即在总需求中有 2 到 3 个大订单，其他订单相对较小。如今很多企业为了提高物流效率，降低不必要的成本，在订单量类型分析的基础上，对特定商品设定最低订单量，当然，最低订单量必须充分考虑商品的需求特性和其他经营管理要素。

实行什么样的价格折扣计划对订单量的形成有一定的影响，一般订单量有随价格下降而增大的倾向。在实行价格折扣或降价的情况下，客户要在考虑自身条件（如使用量、在库维持费、事务费、购入费等预算）的基础上决定最佳购入量，不存在价格差的场合，最佳订单量的选择与价格的关系不明显。因此，在价格折扣能产生效应的情况下，一种或数种产品的降价会使物流量相对集中。

进一步地看，价格的下降还会对相应的制造、流通技术以及物流方式和效率产生影响。例如，某企业发现实行价格折扣能促使顾客订单向大单位化发展，因而坚持使用价格折扣来推动物流量的集中。但是与此同时，企业的生产与物流系统的配置无法适应物流量集中发展的要求，产生了经营活动的断层，阻碍了企业价格政策和促销政策的实施。所以，在实行价格折扣时必须充分考虑物流量与生产、流通以及物流系统的协调问题。

在订单持续很多或持续很少，或者集中起来物流量很大的情况下，要求企业使用顾客补充发货系统，也就是进行系统化的发货。

4.3.5 配送需求计划（DRP 系统）

配送需求计划（distribution requirements planning，DRP）是一种更加复杂的计划方法，它要考虑多个配送阶段以及各阶段的特点。DRP 在逻辑上是物料需求计划（material requirements planning，MRP）的扩展，尽管这两种技术之间存在着一个根本性的差异。MRP 是由企业制订和控制的生产计划所确定的。而 DRP 则是由顾客需求引导的，企业无法加以控制。所以，MRP 通常是在一种相互需求的情况下运作的，而 DRP 则是在一种独立的环境下运作,由不确定的顾客需求来确定存货需求。MRP 的构成需要协调从材料到制成品之间的计划和综合。因此,MRP 在制造或装配完成之前就一直控制着存货。一旦在工厂仓库中接收了制成品后,DRP 马上就承担了协调的责任。

1. DRP 过程

图 4.8 说明了 DRP/MRP 联合系统的概念设计,它综合了制成品、在制品和材料计划。DRP 协调存货水平、计划存货运输,并且(如有必要)重新计划各层次之间的存货。

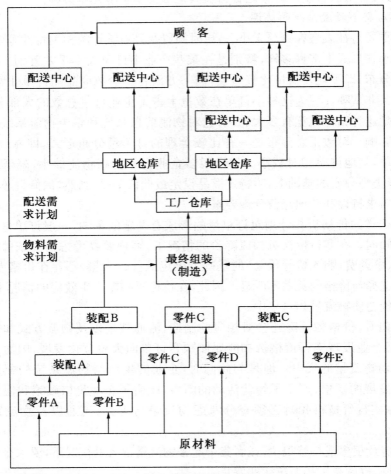

资料来源:[美]唐纳德·J.鲍尔索克斯等(1999)。

图 4.8　综合的 DRP/MRP 系统的概念设计

DRP 计划最基本的工具就是明细表,它用于协调整个计划范围内的需求。每一个 SKU 和每一个配送设施都有一张明细表。同一个 SKU 的明细表被综合起来,即可用于确定诸如工厂仓库之类的整个补给设施的需求。

图 4.9 举例说明了三个配送中心和一个中央供给设施的明细表。这些明细表用每周的时间增量展开,反映了一段时期内的活动。虽然每周增量是最常见的,但也可使用每日或

波士顿配送中心
现有存货剩余:352   完成周期:2 周
安全储备:55   订货批量:500

	上期结余	周							
		1	2	3	4	5	6	7	8
总需求数		50	50	60	70	80	70	60	50
已定期收取数						500			
预计现有存货	352	302	252	192	122	542	472	412	362
已计划订货数			500						

圣地亚哥配送中心
现有存货剩余:140   完成周期:2 周
安全储备:2 周   订货批量:150

	上期结余	周							
		1	2	3	4	5	6	7	8
总需求数		20	25	15	20	30	25	15	30
已定期收取数						150			
预计现有存货	140	120	95	80	60	180	155	145	110
已计划订货数				150					

芝加哥配送中心
现有存货剩余:220   完成周期:2 周
安全储备:115   订货批量:800

	上期结余	周							
		1	2	3	4	5	6	7	8
总需求数		115	115	120	120	125	125	125	120
已定期收取数		800							800
预计现有存货	220	905	790	670	550	425	300	175	855
已计划订货数							800		

中央供给设施
现有存货剩余:1 250   完成周期:3 周
安全储备:287   订货批量:2 200

	上期结余	周							
		1	2	3	4	5	6	7	8
总需求数	0	0	0	650	0	0	800	0	0
已定期收取数									
预计现有存货	1 250	1 250	1 250	600	600	600	2 000	2 000	2 000
主计划收取数							2 200		
主计划订货数				2 200					

→ 至物料需求计划(MRP)时间表

资料来源:同图 4.8。

图 4.9　三个配送中心和一个中央供给设施的 DRP 明细表

每月的周期时间。对于每一个地点和 SKU,明细表报告当前现有存货剩余、安全储备、完成周期长度以及订货批量等。此外,对于每一个计划期,明细表报告总需求数、已定期收取数,以及预计现有存货数和已计划订货数。总需求数反映了来自顾客和其他配送设施的需求,这些配送设施由考察地点供给。已定期收取数是指已计划何时到达配送中心的补给装运。预计现有存货数是指预期的周末存货水平,它等于上一周的现有存货数减去本周总需求,加上任何已定时的接收数。

已计划订货数是指已建议向供给源提出的补给需求数。DRP 采用图 4.9 中所示的计划报告或显示方式,预计供应链未来每一层次的存货需求是处于单一厂商的控制之下,还是处于多个厂商的控制之下。实例 4.2 将讨论这些 DRP 显示屏或报告的解释和动态状况。

例 4.2 MMH 公司有三个配送中心(DC)位于美国,在其位于加拿大魁北克的制造工厂内有一个中央供给设施。这里介绍它们的配送资源计划(DRP)系统在为期 8 周的时间内是如何发挥作用的。

波士顿配送中心拥有的安全储备水平定在 55 个单位的小器具。当储备下降到该水平以下时,配送中心就会发出订单,补给 500 个以上的小器具。从中央供给设施装运到波士顿配送中心的前置时间为 2 个星期。

经波士顿配送中心的 DRP 显示,有 8 周的需求预测数,称作总需求数。一开始的现有存货剩余数为 352 个小器具,配送中心预测在第 5 周内将只有 42 个小器具(现有存货 122 个小器具减去总需求数中的 80 个小器具)。

这将低于安全储备水平,于是,DRP 在第 3 周内(第 5 周减去前置时间 2 周)启动已计划订货数(500 个小器具)。如已预测的那样,订货一到,该配送中心又恢复到安全作业水平。

小器具在芝加哥是高销量货品,所以,芝加哥配送中心的总需求数要比波士顿配送中心高。它一次订购小器具的数量也更多。

检查芝加哥配送中心的 DRP 显示,有 800 个小器具已经在运输途中(已定期接收数),并且应该在 1 周内抵达。它们如期抵达,并在第 6 周安排接下来的 800 个小器具的订货,以应付在第 8 周内即将到来的低于安全储备的状况。

根据经验,圣地亚哥配送中心将其安全储备表示为安全时间(2 周)。

经检查 DRP 显示,圣地亚哥配送中心了解到,如果不进行补给,第 5 周内将剩余 30 个小器具(60 减 30),第 6 周内将剩余 5 个小器具(30 减 25),在第 7 周内现有存货余数为负 10(5 减 15)。于是,圣地亚哥配送中心在第 3 周(第 7 周减安全时间,再减前置时间,总计 4 个星期)启动已计划订货数(150 个小器具)。

中央供给设施的 DRP 显示类似于各配送中心的显示,不过,它显示有关启动和接受制造订货方面的主计划建议。

中央供给设施的总需求数是由各配送中心促成的:波士顿和圣地亚哥配送中心在第 3 周生成总计为 650 个小器具的需求,而芝加哥配送中心则在第 6 周生成 800 个小器具的需求。中央供给设施发现,在第 6 周内现有存货余数将是负值。因此,它在第 3 周启动一项主计划订货量(2 200 个小器具),以弥补短缺。

2. DRP 的优点与局限性

DRP 之类的综合存货计划系统为管理部门提供了一系列的便利。在组织方面的主要作用包括营销方面的和物流方面的。其在营销方面的主要作用如下:

(1) 改善了服务水准,保证了准时递送和减少了顾客抱怨;

(2) 更有效地改善了促销计划和新产品引入计划;

(3) 提高了预计短缺的能力,使营销努力不花费在低储备的产品上;

(4) 改善了与其他企业功能的协调,因为 DRP 有助于共用一套计划数字;

(5) 提高了向顾客提供协调存货管理服务的能力。

其在物流方面的主要作用如下:

(1) 协调装运降低了配送中心的运输费用;

(2) DRP 能够准确地确定何时需要何种产品,降低了存货水平;

(3) 存货减少,使仓库的空间需求也减少了;

(4) 延交订货现象的减少,降低了顾客的运输成本;

(5) 改善了物流与制造之间的存货可视性和协调性;

(6) 提高了预算能力,因为 DRP 能够在多计划远景下有效地模拟存货和运输需求。

尽管存货管理的计划方法的优点很可观,但是对它们的有效性仍存在着诸多限制。

第一,存货计划系统需要每一个配送中心精确的、经过协调的预测数。该预测数对于指导货物在整个配送渠道的流动是必需的。从理想上来说,物流系统不在任何地点维持过多的存货,所以,在变小了的存货计划系统内不存在误差的余地。在某种程度上,如果预测精度能够达到这种水准的话,那么,存货计划系统就将运作良好。然而,这就需要对每一个配送中心和 SKU 都进行预测,并且要有充足的前置时间以运输产品。由于这些要求,就有可能存在着三种误差来源:预测本身也许有错误;也许在错误的地点对需求做了预计;或者有可能在错误的时间对需求做了预测。在任何情况下,使用预测数去指导存货计划系统时,预测误差就有可能成为一个重大问题。

第二,存货计划要求配送设施之间的运输具有固定而又可靠的完成周期。虽然完成周期的变化可以通过各种安全的前置时间加以调整,但是完成周期的不确定因素会降低计划系统的效力。

第三,由于生产故障或递送延迟,综合计划常易遭受系统紧张的影响或频繁改动时间表的影响。系统紧张容易导致生产能力利用的波动、更改时间表的费用以及递送方面的混乱。配送的作业环境具有反复无常的特点,更加剧了系统的紧张程度。而在补给运输完成周期和卖主递送可靠性等方面的不确定因素则能使 DRP 系统极度紧张。当物流计划者了解到这些问题的潜在原因时,他们可以利用诸如安全储备之类的不确定性缓冲方法做好充分准备,以应付频繁发生的作业时间的变动。尽管 DRP 并非是存货管理普遍适用的解决办法,但是诸如陶氏化学品公司(Dow Chemical)和伊斯特曼柯达公司(Eastman Kodak)已经报道,它们使用该方法,并取得了重大的改善。

4.4 企业回收物流

企业在生产、供应、销售的活动中总会产生各种边角余料和废料,这些东西回收是需要伴随物流活动的,而且,在一个企业中,回收物品处理不当,往往会影响整个生产环境,甚至影响产品质量,也会占用很大空间,造成浪费。

按照唯物辩证法的观点,废与不废是相对的。在自然界中,任何一种物质资料都有它的特定属性和用途。"废弃物"一词具有相对的内涵。"废弃物"只是在一定时期、一定范围内而言的,资料的形式或用途发生了变化,而它本身可以被利用的属性并没有完全消失,只要被人们发现和利用后,它就可以变成有用的资源。所谓回收物流是指废旧物资通过一定的手段回收、加工,重新投入使用所要经过的一系列流动过程。

4.4.1 企业废旧物资产生的来源

(1) 企业生产的工艺性废料。生产工艺废料是指企业在生产产品的工艺过程中产生的废料。如化工类型生产企业中化学反应的剩余物、排放物和副产品等;金属轧钢生产企业中产生的切头、切尾、汤道、钢渣、炉底等;采矿企业中产生的剥离废料、尾矿排泄物等;造纸企业中产生的废液等;金属加工企业中产生的废屑、边角余料等。

(2) 企业生产过程中产生的废品。企业在生产过程中产生的废品并不是企业生产工艺的必然产物,但无论是成品、半成品或各种中间产品都有可能产生一定数量的废品。

(3) 企业生产中损坏和报废的机械设备。企业机械设备的损坏多数是由于生产过程中各种不同的事故造成的。企业机械设备的报废是由于设备经过使用产生的正常磨损到终极限度而退出生产过程的设备。改革开放前,中国设备折旧年限和更新周期平均在 25 年以上;现在一般为 7—10 年左右。设备的更新周期,随着科学技术的迅速进步而逐渐缩短。设备更新周期越短,报废的旧设备就越多。

(4) 企业生产维修过程中更换下来的各种废旧零件和材料,以及设备的各种包装废弃物。

(5) 由精神磨损产生的旧材料、旧设备等。精神磨损也称为无形磨损,它是由于劳动生产率的提高,科学技术的进步造成某些设备继续使用会产生不经济的现象。随着科学技术的飞速发展,新技术转化为新产品的时间不断缩短:40 年前平均周期为 8 年;20 年前为 5 年;10 年前为 3 年。有些产品甚至 1 年内要更新几次。在经济发达国家中,1 年内更新的产品要占全部产品的 40% 以上。应当指出,由于精神磨损而淘汰的设备,使用价值并没有失去。因此,受精神磨损的设备归入废旧物资应有一定的限度。

4.4.2 对废旧物资的认识

废旧物资的使用价值与科学技术的发展是紧密相连的,某种废旧物资,在一定时期科学技术的基础上,可能会失去使用价值或成为"废弃物"。但随着科学技术的进步,人们认识到废旧物的潜在使用价值,使其重新使用,这时,废旧物资就变成一种有用的新资源了。

（1）废旧物资残存着物资的使用价值。有些产品在消费使用中，部分或大部分使用价值丧失，但仍有少部分使用价值残存。

（2）物资在某一应用方面消费后，使用价值丧失后，但另一方面的使用价值仍然尚存。这种情况主要表现为废旧物资与原物资相比，没有发生本质的变化，仍可按原来的使用价值发挥作用，如金属材料、麻布等物资的边角余料，用于原使用方向可能在规格、尺寸、形状等已不能满足要求，但在另一个使用方向上还具有其他的使用价值。

（3）废旧物资经简单加工恢复其使用价值。对于一些回收的废旧物资经过简单加工，既不改变使用方向，也不减少使用价值，就可重新投入使用。如回收的包装箱、酒瓶、醋罐等经简单整理、清洁就可以重新发挥原来的效能。

（4）废旧物资经深加工恢复到原来的形态，发挥更大的使用价值。废旧物资的深加工是采用物理、化学的方法，使废旧物资恢复到最初的原始形态。如从电子器件触点中提炼铂、金；从洗相废液中提炼白银等。

4.4.3　回收物流的特点、功能与网络

1. 回收物流的特点

（1）逆向性。回收物流中退回的商品或报废的物品的流动与正常的商品流的方向刚好相反，即从消费者→中间商→制造商→供应商。

（2）不确定性。回收物流产生的地点、时间和数量是不确定的。正向物流则不然，按量、准时和指定发货点是其基本要求。

（3）复杂性。发生回收物流的地点较为分散、无序，不可能集中一次向接受点转移；另外，退货商品或报废的商品处理过程复杂，从而导致管理的复杂。

（4）处理费用高。这主要是因为这些商品通常缺少规范的包装，又具有不确定性，难以充分利用运输和仓储的规模效益；另一个重要原因在于许多商品需要人工的检测、判断和处理，极大地增加了人工的费用，同时效率低下。

（5）价值的递减性。对于退回或召回的商品而言，由于在逆向流动过程中产生一系列的运输、仓储、处理等费用都会冲减其价值，因此，这类产品的价值具有递减性。

（6）价值的递增性。对于有的报废商品而言，它对消费者没有价值，但通过逆向流动后经过再处理，又重新获得它们的价值，因此，这类产品具有价值的递增性。

对于一个包含产品回收处理的物流系统而言，有七项特征使得回收物流系统的控制变得非常复杂：①回收产品的时间和数量的不确定性；②需要平衡回收产品的需求和供给；③需要将回收的产品分解；④回收产品所需物料数量的不确定性；⑤需要回收物流网络的支持；⑥物料配合的复杂性；⑦对于修复以及再制造作业所需的物料，其处理流程是相当随机的而且是不确定的，同时其处理时间的不确定性也很高。

通过以上分析我们可以了解到回收物流在管理上比正向物流复杂得多，而究其原因在于回收物流比正向物流增加了许多复杂性和不确定性。恰恰是这些复杂性和不确定性往往会使整个回收物流的绩效变差。

2.回收物流系统功能

尽管不同的回收物流系统涉及的具体活动可能不一样,但一般都包括以下功能。

(1)收集。通过有偿或无偿的方式,将分散在各地的废旧物品收集起来,运往处理的地点。该步骤可能包括收购、运输和仓储等环节。由于从分散的消费者处收集废旧物品涉及大量的小批量运输,收集费用很高,在回收物流总成本中占据相当大的比重。此外,该过程的运输也是回收物流中引起环境污染的关键因素之一。因此,废旧物品收集过程应该尽量采用合并运输策略,如利用正向物流中的回程运输,以减少不必要的运输。

(2)检测和分类。对回收产品的质量进行检测,以确定合适的处理方案,并据此进行分类。该步骤可能包括拆卸、破碎、检测、分类和仓储等环节。早期检测和分类可以及早识别没有回收价值的废品,节省对无用废弃物的运输成本,但检测和分类需要昂贵的设备,只能在有限的地方设置,因而必须在两者之间进行权衡。

(3)再处理。对回收产品或其零部件进行处理,以重新获取价值。该步骤可能包括清洗、零部件替换和重新组装等环节。其中,再处理方式主要有再使用、再制造和再循环。再使用针对只需清洗或少量维修工作即可直接再使用的包装、产品或零部件,如玻璃瓶、塑料瓶、罐、箱、托盘等包装容器,复印机和打印机的墨盒,一次性相机,二手家具、服装和书等;再制造是指保留废旧零部件的结构和功能特性,通过必要的拆卸、检修和替换,使其恢复得同新的一样,如飞机和汽车的发动机、计算机、复印机和打印机部件等;再循环是指循环利用废旧物品中的原材料,如废旧金属、纸、玻璃、塑料等。专业的再处理设备需要高昂的投资,因而在很大程度上决定着整个回收物流系统的经济可行性。因此,一般要求回收品数量较大且集中处理,以形成规模经济效应。

(4)废弃处置。对那些出于经济或技术上的原因无法再利用的废旧产品或零部件进行销毁。该步骤可能包括运输、填埋或焚毁等环节。

(5)再分销。将处理后的再生产品运往市场进行销售。该步骤可能包括销售、运输和仓储等环节。该过程与正向分销物流类似,需要在运输的合并和快速反应之间进行权衡。

3.回收物流网络类型与结构

根据废旧物品种类及其回收处理方式的不同,会有不同的回收物流网络类型和结构,如再使用回收物流网络、再制造回收物流网络、再循环回收物流网络和商业退回回收物流网络等。

(1)再使用回收物流网络。可再用物品中最常见的是各类包装,广泛应用于啤酒或软饮料、食品、化工和集装箱运输等行业。其中,玻璃瓶等商业包装的再使用回收物流网络类似于再制造回收物流网络,不同的是前者只需简单的清洗和检测,而后者需要复杂的修复或再加工。对于集装箱等工业包装,闲置时一般存放在物流服务提供商的集装箱站场,一旦有用箱请求,则被送往发货方,用过的空集装箱从收货方收回,并进行简单的清洗和维修。

(2)再制造回收物流网络。典型的可再造物品包括飞机和汽车的发动机、机电设备、复印机和计算机部件等价值较高的产品,其主要驱动因素是对上述物品进行增值修复以获取经济效益。再制造需要产品生产的有关知识,因而通常由原始设备制造商 OEM 来完成。由于新产品加工和旧产品修复之间的密切关系,并且新产品和修复产品的销售市场可能重合,因而可以将再制造物流网和传统生产分销物流网进行集成,综合考虑两者的设施共用和运输合并。目前,再制造回收物流网络大多是在已有正向物流网络基础上进行扩展,形成多级闭环物流网络。

(3)再循环回收物流网络。物料循环利用由来已久,如废旧金属、纸、玻璃、塑料等。收集的废旧物品价值一般较低,但需要先进的处理技术和专用设备,投资成本很高,因而要求回收处理设施比较集中,进行大批量处理,以形成规模经济效应。再循环回收物流过程涉及的活动不多,网络结构较简单。

(4)商业退回回收物流网络。商业退回主要源于商业回收或客户投诉退货,如错发或有缺陷的商品、零售商的积压存货等。为了减少成本、降低库存和增加灵活性,可以在较大区域范围内设置一个分销中心,集中处理来自不同地区的退回商品。对退回的商品有多种处理方法可以选择:质量好的商品可以送回原商品库,进行再次销售;质量不好的商品,可以作为处理品销售;如果退回商品无法直接销售,或通过修复、改制可以显著提高商品售价,那么在出售前可以先完成上述操作,然后作为修复品或再制品进行销售;如果上述选择都无法进行,则对贵重的或可循环的材料进行回收,再以最低的成本对其进行废弃处置。

4.4.4　回收物流管理

鉴于回收物流本身存在的复杂性和不确定性,回收物流管理一定要有信息技术和运营管理系统的支持,才能使其实现规范化。在没有建成回收物流信息系统的情况下,应该从根本上控制进入流通领域的商品和包装材料,比如在产品设计过程中充分考虑环保要素和回收物流的需要,使得将来的回收处理和产品再制更方便,提高产品的质量以减少退货量等。

实施回收物流不仅能节省资源、节约企业成本,为企业创造经济价值,提高产品附加价值,增加企业竞争优势,有利于改进产品设计、包装,促使企业不断创新;还能减少污染,改善人类生存环境,提高企业形象,创造社会价值。因此,越来越多的企业意识到回收物流已日渐成为企业之间竞争的一个有力武器,回收物流管理已经被提到了一个战略高度。西尔斯负责物流的执行副总裁曾说:"回收物流也许是企业在降低成本中的最后一块处女地了。"那么,如何管理企业的回收物流体系?

(1)企业应建立独立物流职能部门,而且管理层对回收物流系统有全面的认识和足够的重视。回收物流活动是一个复杂的活动,它需要专业的人员进行管理和协调,因此它不能附属于其他部门,必须成立独立的部门进行管理。而且,企业管理层应该对回收物流工作足够的重视。一份针对 300 多位负责供应链及物流的企业经理人所作的调查报告显示,有 40%的人认为,回收物流失败的首要因素是管理层没有深刻认识回收物流系统的重要意义,以至于没有引起足够的重视,其次是公司缺乏相关政策和运作系统,再次是疏忽管理和缺乏物流人才。因此,作为管理者,应该有长远的战略眼光,重视企业回收物流系统的构建,制定出有利于回收物流实施的政策,赋予物流部门足够的权力并大力培养物流人才来实施回收物流。

(2)在供应链的范围内构建企业回收物流系统。回收物流活动是一个复杂的活动,涉及供应商、制造商、中间商、顾客等节点企业,如果其中某一节点企业没有处理好退货问题,就会影响整个供应链的绩效,因此企业要实施回收物流,还必须与供应链上的其他企业合作。另外,面对激烈的竞争,企业为了提高顾客满意度,留住顾客,于是采取宽松的退货策略,这使得企业将下游客户的风险转向企业自身,由于供应链上存在"长鞭"效应,上游企业所获的信息将出现严重失真,这又会为企业带来更大的风险。为了实现供应链最大利益,尽量减少"长鞭效应"所带来的风险,企业必须与供应链上的其他企业共享信息,建立战略合作伙伴关系,减少不必要的商业退回,从而减少回收物流。也就是说,企业必须在供应链的范围内构建回收物流系统。

(3)减少进入逆向流通的商品及包装材料。如在产品和生产过程的设计中充分考虑回收物流的需要,便于方便将来的回收和利用。严格控制退货政策也可以达到减少退货量的目的。

(4)通过相关信息技术加强回收物流的管理。企业可通过信息技术的应用帮助回收物流实现规范化。例如使用三维的条形码技术,可以储存更多的商品信息,这样有关商品的结构、生产时间、材料组成、销售状况、处理建议等信息就可以通过条形码加注在商品上,也便于对进入逆向流通的商品进行有效及时的追踪。另外,分拣技术、仓储技术等的应用可以提高工作效率。

(5)建立回收物流的处理中心。将进入逆向流通的产品集中到处理中心,以期形成规模效益,这与建立地区的配送中心是一个道理。有人认为回收物流的处理中心可以与地区的商品配送中心合二为一,共同使用仓储、运输等硬件及管理等人力资源设施,最终将回收物流与正向物流充分结合起来。这是一个非常理想的设计,但一些有关的实践却并不成功。一些同时管理双向物流的经理们表示这种做法就好像"一身侍二主",往往力不从心,结果通常是回收物流成为了管理中被忽略的牺牲品。现在的多数做法是使用独立的回收物流处理中心,或即使与配送中心使用同一设施,但保持独立的两套操作系统。

(6)适当使用第三方物流来协助管理回收物流。企业可以将回收物流全部或部分外包给第三方物流公司,另外,建立工业同盟或者类似的行业组织来共同处理回收物流的管理,促进规模效益和技术进步。

本章小结

企业物流包括企业供应物流、企业生产物流、企业销售物流和企业回收物流等组成部分。

供应物流是指企业生产所需的一切物资(原料、燃料、备品备件、辅助材料等)的采购、进货运输、仓储、库存管理、用料管理和供应管理。

生产物流是指原材料、燃料、外购件投入生产后,经过下料、发料,运送到各个加工点规定的生产工艺过程进行加工、储存的全部生产过程。因此,生产物流的形式和规模取决于生产的类型、规模、方式和生产的专业化与协作化水平。

销售物流是企业在销售过程中,将产品的所有权转给用户的物流活动,是产品从生产地到用户的时间和空间的转移,是以实现企业销售利润为目的的,销售物流是包装、运输、储存、配送等诸环节的统一。

企业在生产、供应、销售的活动中总会产生各种边角余料和废料,这些东西回收是需要伴随物流活动的,这就是回收物流。

本章分别对上述 4 个领域的物流展开了论述。

复习与思考

1. 比较各种供应物流模式。
2. 阐述供应物流合理化的途径。
3. 物流应如何配合实施准时采购?
4. 比较制造企业采购和商业企业采购的区别及对物流的不同要求。
5. MRP、MRPII、ERP 的含义是什么?
6. 简述 MRP 的计算方法。
7. 某产品 X 由 2 个单位的 Y 与 3 个单位的 Z 组成。Y 由 1 个单位的 A 与 2 个单位的 B 组成。Z 由 2 个单位的 A 与 4 个单位的 C 组成。

   X 的提前期是 1 周;Y,2 周;Z,3 周;A,2 周;B,1 周;C,3 周。

   (1) 画出物料清单。

   (2) 如果第 10 周需要 100 个单位的 X,画出一张计划时间表以显示每一种物料应在什么时间订货及订货量。
8. 论述销售物流合理化的途径。
9. 试说明订单处理系统是构成物流信息系统的基础。
10. 物流绩效是如何受企业所采用的订单处理系统的影响的?

案例分析

☐ 上海通用的柔性生产与精益物流

毋庸置疑,上海通用汽车公司(简称上海通用)的生产物流是中国乃至全世界柔性生产与精益物流的典范,可以想象,在上海通用的车间,无数各式各样的零部件汇聚到部件装配车间或者总装车间,被准确无误地送入自动化生产线,又被丝毫不差地安装到不同类型的汽车上,组成一辆辆具有人类灵气和生命力的汽车,整个生产过程如此复杂,而又如此精益而美丽,这就是现代企业生产物流的无限魅力。

柔性化生产源自汽车业发达的欧美,是20世纪末国际上先进的生产理念,是"以顾客为中心"的理念在生产上的延伸,是多品种、小批量产品生产的最优方法,其所带来的时间与成本优势,能快速将具有价格竞争力的优质产品带到市场,国内许多生产厂家比如东风汽车公司都在尝试进行柔性生产。上海通用项目设计规划之初,投资双方就决心改变国人对汽车厂家的看法,以现代国际化企业的要求来进行汽车厂的建设,从而为中国汽车消费者带来最具吸引力的产品,因此必须引进柔性生产系统。上海通用汽车生产线投产后,不同品种、不同规格的各型轿车实现了共线生产,成为通用公司全球范围内柔性最强的生产线之一,在世界汽车制造业中也屈指可数。

柔性生产的前提条件是为生产线及时准确地供给物料。如果把资金比喻成公司的血液,那物料供应无疑就是生产线的血液,物料供应系统就是生产线的供血系统。与公司的营销体系相对应,上海通用实行的是拉动式的物料供应系统,这是目前国际上较为先进的拉动式经营策略,是保持生产过程中库存量最小的系统,也就是说,公司根据收到的客户订单安排生产,与此同时生成相应的物料计划发给各个供应商,这样既保证生产时有充足供货,又不会有库存而占用资金和仓库。如何保证生产线前的物料供应及时准确呢?同样也是依靠高科技信息系统支持的简单实用的看板拉动式体系来完成。当生产线工人发出物料需求指令时,该指令由处于物料箱内带有条形码的看板来传递(图4.10)。当工人开始使用一箱零件时,就把看板放在工位旁固定地点。物料人员定时收取看板,使用条形码、扫描仪和光缆通信等工具,排出下一次供料时间。司机根据看板卡从临时仓库取出新的物料,并在每一箱中放入一张看板,然后将新的物料送至操作处。

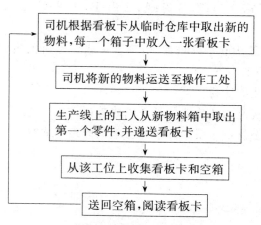

图4.10 上海通用公司看板系统

此外,生产线工人还可通过物料索取系统,使用按钮、灯板等设备作为电子拉动信号传递对消耗物料进行补充的信息。当生产线货架或货盘中用到仅剩最后 n 个零件时,操作工按动按钮,物料索取灯启动,司机立即将索取卡送到物料存储区,取出物料送到工位,并将物料索取灯关闭,确认物料发送,这套电子拉动系统,确保了信息的准确性,基本上消灭了由于数据传递错误而引起的物料短缺现象,如图 4.11 所示。

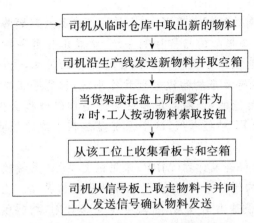

图 4.11　通用汽车公司物料索取系统

另一部分物料,如保险杠、座椅等较大的选装零件,是通过联网电脑系统将即时的需求计划传递给供应商,其中包括交货时间、排序信息及交货数量,供应商将经过排序的物料准确及时地送到生产线旁。

为了配合柔性化生产的需求,物料系统还做了其他调整。其中之一就是对部分零部件实施排序配送。举例来说,三种不同尺寸的车窗玻璃,由同一个工人共线装配,如果不对玻璃进行排序,生产线旁必须安放三个不同的料架,而工人也必须花费时间进行辨别,根据车型不同从不同料架上取货。因此排序法对节省生产线旁存料空间、提高工作效率有很大作用。此外,物料部门还增加了车间的货物窗口,采用新型料架,改进物料摆放,提高了配送柔性化程度。

上海通用物流系统对柔性生产的支持更多地体现在一点一滴的细微之处。无论是生产线大量使用的空中悬链输送系统、随行夹具、标准多样的物流容器等,还是大量使用的地面有轨平移输送车、自动回转输送台等,以及为生产线配送物料的电动牵引拖挂车等,无一不体现着标准、规范、精益之特色。可以说正是由于有了大量物料输送装置的精心设计,标准精巧的物料集装器具的充分使用,现场整齐规范的物料摆放等,才为上海通用实施精益物流管理打下了良好基础。

通过精益物流管理,上海通用取得了降低库存、节省占地空间、减少搬运、便于操作、简洁系统、使用最少设备等效果,既保障了柔性生产线的正常运行,也对产品质量不断提高有巨大促进,从而也强化了企业核心竞争力。

上海通用在精益物流管理上倡导全新理念,突出核心能力,全心全意制造高品质别克轿车,而将与企业核心能力不直接相关的外部物流作业外包给专业物流公司,甚至将厂区的工业车辆管理与维修、厂区绿化与保洁等与企业核心能力无关的作业也全部外包;上海通用厂区也不设仓库,由第三方物流公司每2小时送货到车间零件暂存区,保证厂内只有2小时库存,从而使物流系统相当高效。此外上海通用还对专业物流公司和供应商提供技术支持,将物流管理延伸至物料供应商和第三方物流公司,将物流与信息流无缝对接,有效保证了生产线作业。

要对成千上万的不同物料精益管理,对大量的产成品及时销售与配送,对上百家供应商进行管理,必然需要一个核心的指挥控制系统,就像乐队需要指挥,引导各种音符组成美妙乐章一样。我们认为这个系统就是物流管理运作的灵魂,是物流管理运作的神经系统。显然,像上海通用这样复杂的物流管理运作系统,仅凭手工统计管理,通过传统方式传递物流作业信息是不可能的:上海通用精益物流运作管理也必然有一个信息化的神经中枢,有管理物流作业的IT神经系统,这个系统显然在上海通用物流管理中起着至关重要的作用。

据介绍,上海通用物料需求计划(MRP)采用的是SAP系统软件,贯穿从订单—物料准备—发运的一个完整的闭环系统,体现了企业的供应链关系。上海通用利用信息技术,可对客户的个性化需求快速及时反应,自动安排生产计划、物料供应计划等。在电脑中,除了存有客户对购买车型、配置的个性化要求,还对每辆生产车辆编有SGM生产编号,这个编号是车辆在流水线上的身份证,自动车体识别系统将汽车制造信息自动读入电子标签内,零部件组装等制造信息就将随车身经过每一生产工段直至进入总装车间。通过计算机联网系统,将与汽车"身份证"对应的符合顾客个性化需求的汽车制造过程中所需物料信息,一一对应传递到各工位,在生产线上根据车辆不同的生产编号准确无误地执行不同的任务,正确完成不同的装配工作,形成由零部件的涓涓细流汇成整车流的完整过程。

上海通用信息系统不仅在生产物流中发挥着重要作用,而且在对供应商管理及信息交换以保证零部件准时配送中、在产品营销中起到了巨大作用。对供应商信息交换与管理的系统是通过整个信息系统中的MGO子系统实现的。这一系统有订单展开、产品信息描述、物料需求计划自动生成、物流配送、库存管理控制及与供应商的信息交换等功能,是物料供应控制的灵魂。成品销售与配送是通过GPDS子系统实现的,这一系统具有订单管理、确认、展开功能,有售后服务与配件服务管理功能,有客户关系管理功能以及产品成本与库存分析功能等。可以认为,没有完善的物流系统,要完成如此复杂的物流作业管理,是不可想象的。

自上海通用投产以来,通过持续改进战略,上海通用在物流管理上已经做了许多改进。目前上海通用按持续改进战略,还在不断研究如何进一步缩短订货周期、缩短产品制造周期,如何高效管理和利用物流信息;如何进一步改善供应链;如何更好地做到精益求精,如何做到物料供应的即时配送,快速反应;如何做到客户订单的快速反应;如何实现零库存,如何进一步做好营销管理;如何进一步做好成品售后维修服务和零配件的及时供应等等。据介绍,目前正在研究的比较具体的改进措施就有:利用企业电子商务平台,改进与供应商的信息交流,并准备通过互联网与供应商做到供货信息及时交流,缩短响应时间,支持制造系统。也在探讨对由供应商供货的大型零部件,如供货批量小、供货配送效率不高的,今后是否可采用单独派车循环取货方法,以进一步提高运输效率等等。值得一提的是,在上海通用公司,整个通用的厂区及其生产线对社会公众是完全开放的。这在某种意义上也体现了欧美的企业风范和企业社会化的精髓。

资料来源:赵刚(2004),第 319—322 页。

思考题

(1) 说明看板管理的作用并描述其做法。

(2) 阐述精益物流的理念。

(3) 就案例对我国企业的启示展开讨论。

第5章　物流管理组织

物流组织 logistics organization

组织结构 organization structure

组织设计 organization design

组织管理 organization management

组织绩效 organization's performance

物流组织——实现物流合理化的基础和保证

现代组织理论认为：组织是相互协作的关系，是人与人之间相互作用的系统。组织所要实现的目标是使人们在共同劳动中，能够为实现共同的目标而有效地工作。也可以说，是通过有意识地形成职务或职位结构，使人类的活动有秩序地进行。组织是进行有效管理的手段。建立健全合理的物流管理组织是实现物流合理化的基础和保证。

组织与现代管理存在着极为密切的联系。组织是形成和维持组织而进行管理的一个因素，是管理的一个重要职能。组织设计论的代表人物布朗在他的《企业组织》一书中指出："管理是为经营目的服务的，组织是为管理服务的。"已建立起来的组织是旨在实现管理目的的手段，被视为进行有效管理的工具。

企业的物流组织管理是现代物流管理的重要组成部分，是指在企业中为进行物流管理，把责任和权限体系化了的组织。物流管理组织的职能，是通过建立一定的物流管理机构，确定与其相应的职位、职责和职权，合理传递信息等一系列活动，将物流各要素联结成一个有机的有秩序的总体。物流要素的结合，最终体现在人的劳动的结合上，即把人们承担的物流任务组织成一个体系，以便有助于人们共同为实现企业的经营战略目标而工作。

5.1 物流管理组织的内容和原则

5.1.1 物流管理组织的内容

物流管理组织包含两方面的内容：一是组织设计，二是组织管理。

1. 组织设计

既然管理是对人们从事业务活动的计划、组织、协调和控制，那么，组织就成为管理过程中不可或缺的手段。在组织目标明确之后，就必须考虑进行有效的组织设计以保证组织目标的实现。概括国内外学者的基本观点，组织设计就是为了有效地实现经营目的对组织的结构和活动进行创构、变革和再设计，其任务是综合考虑企业所处的宏观和微观的经济环境、企业发展战略、技术水平、企业规模以及生命周期等各种因素，设计清晰的组织结构，规划和设计组织中各个部门的职能和职权，确定组织中的职能职权、参谋职权、直线职权的活动范围并编制职务说明书。综合地讲，组织设计的目的就是要通过创构柔性灵活的组织，动态地反映外在环境变化的要求，并且能够在组织演化成长的过程中，有效积聚新的组织资源要素，同时协调好组织中部门与部门之间、人员与任务之间的关系，使员工明确自己在组织中应有的权利和应承担的责任，有效地保证组织活动的开展，最终保证组织目标的实现。

物流管理组织设计，是物流组织的建立过程或改善过程。它不仅包括进行社会物流高层次决策组织体系、生产（企业）物流组织体系、专业物流职能管理组织体系的设计，还要根据设定的物流组织体系的目标和企业物流业务分工，规定物流部门的职位、职权和职责，规定它与其他部门之间的关系、协调原则和方法，建立责任制度以及指令和反馈信息的渠道和程序。

2. 组织管理

如果说组织设计是物流管理的静态组织，那么组织管理则是物流组织体系的运行过程，即组织体系对物流过程的动态管理，使物流系统的各组成部分按明确的业务分工，准确无误地执行各自的职能，保证物流总体活动的系统协调进行。

5.1.2 建立物流管理组织的基本原则

物流管理组织形成的基本条件在于如何明确业务范围，如何进行业务分工以及如何实施物流管理的统一化。基于这一条件，设计物流管理组织首先要有系统观念。根据前面对物流系统的分析可知，物流管理系统有五个必不可少的组织要素：人员、职位、职责、关系和信息。物流管理组织的系统观念，就是要立足于物流任务的整体，综合考虑各要素、各部门的关系，围绕共同的目的建立组织机构，对组织机构中的全体成员指定职位，明确职责，交流信息，并协调其工作，达到物流管理组织的合理化，使该组织在实现既定目标过程中获得最大效率。在物流管理组织建立过程中，应从具体情况出发，根据物流系统管理的总体需要，体现统一指挥、分级管理原则，体现专业职能管理部门合理分工、密切协作的原则,使其成为一个有秩序、高效率的物流管理组织体系。具体来说,建立与健全物流管理组织必须遵循下述基本原则。

1. 有效性原则

有效性原则是物流管理组织基本原则的核心,是衡量组织结构合理与否的基础。有效性原则要求物流管理组织必须是有效率的。这里所讲的效率,包括管理的效率、工作的效率和信息传递的效率。物流管理组织的效率表现为组织内各部门均有明确的职责范围,节约人力,节约时间,有利于发挥管理人员和业务人员的积极性,使企业能够以最少的费用支出实现目标,使每个物流工作者都能在实现目标过程中做出贡献。有效性原则要求物流管理组织在实现物流活动的目标方面是富有成效的。物流管理组织的成效最终表现在实现物流目标的总体成果上。所以,有效性原则要贯穿在物流管理组织的动态过程中。在物流管理组织的运行过程中,组织机构要反映物流管理的目标和规划,要能适应企业内部条件和外部环境的变化,并随之选择最有利的目标,保证目标实现。物流管理组织的结构形式、机构的设置及其改善,都要以是否有利于推进物流合理化这一目标的实现为衡量标准。

2. 统一指挥原则

统一指挥原则是建立物流管理指挥系统的原则,其实质在于建立物流管理组织的合理纵向层次,设计合理的垂直机构。

物流管理组织机构是企业的物流管理部门,负有对不同范围的物流合理化的使命。为了使物流部门内部协调一致,更好地完成物流管理任务,必须遵循统一指挥的原则,实现"头脑"与"手脚"的一体化、责任和权限的体系化,使物流管理组织成为有指挥命令权的组织。在统一指挥原则下,一般形成三级物流管理层次,即最高决策层、执行监督层和物流作业层。高层领导的任务是根据企业或社会经济的总体发展战略,制定长期物流规划,决定物流组织机构的设置及变更,进行财务监督,决定物流管理人员的调配等;中层领导的任务是组织和保证实现最高决策的目标,包括制订各项物流业务计划,预测物流需求,分析设计和改善物流体系,检查服务水平,编制物流预算草案,分析物流费用,实施活动管理,进行物流思想宣传等;基层领导的主要任务是合理组织物流作业,对物流从业者进行鼓励和奖励,协调人的矛盾和业务联系的矛盾,进行思想工作。

管理层次的划分,体现纵向指挥系统的分工和分权原则。物流管理组织层次的合理划分,是形成强有力的物流管理指挥体系的前提,而物流管理指挥体系的建立对于实现物流管理组织化、改变人们轻视物流的传统观念具有重要意义。

3. 合理管理幅度原则

管理幅度是指一名管理者能够直接而有效地管理其下属的可能人数及业务范围,它表现为管理组织的水平状态和组织体系内部各层次的横向分工。管理幅度与管理层次密切相关,管理幅度大就可以减少管理层次,反之则要增加管理层次。

管理幅度的合理性是一个十分复杂的问题。因为管理幅度大小涉及许多因素,诸如管理者及下属人员素质,管理活动的复杂程度,管理机构各部门在空间上的分散程度等。管理幅度过大,会造成管理者顾此失彼,同时因为管理层次少而事无巨细,鞭长莫及;反之,必然会增加管理层次,造成机构繁杂,增加管理上人力、财力支出,并会导致部门之间的沟通及协调复杂化。因此,合理管理幅度原则一方面要求适当划分物流管理层次,精简机构;另一方面要求适当确定每一层次管理者的管辖范围,保证管理的直接有效性。

4. 职责与职权对等原则

无论是管理组织的纵向环节还是横向环节,都必须贯彻职责与职权对等原则。

职责即职位的责任。职位是组织机构中的位置,是组织体内纵向分工与横向分工的结合点。职位的工作责任是职务。在组织体内职责是单位之间的连接环,而把组织机构的职责连接起来,就是组织体的责任体系。如果一个组织体没有明确的职责,这个组织体就不牢固。职权是指在一定职位上,在其职务范围内为完成其责任所应具有的权力。职责与职权应是相对应的。高层领导担负决策责任,就必须有较大的物流决策权;中层管理者承担执行任务的监督责任,就要有监督和执行的权力。职责与职权的相适应叫权限,即权力限定在责任范围内,权力的授予要受职务和职责的限制。不能有职无权,无职也不能授权,因为这两种情况都不利于调动积极性,很可能会影响工作责任心,降低工作效率。

要贯彻权责对等的原则,就应在分配任务的同时授予相应的职权,以便有效率、有效益地实现目标。

5. 协调原则

物流管理的协调原则,是指对管理组织中一定职位的职责与具体任务要协调,不同职位的职能要协调,不同职位的任务要协调。具体地讲,就是物流管理各层次之间的纵向协调、物流系统各职能要素的横向协调和部门之间的横向协调。在这里,横向协调更为重要。

改善物流管理组织的横向协调关系可以采取下述措施:

(1) 建立职能管理横向工作流程,使业务管理工作标准化;

(2) 将职能相近的部门组织成系统,如供、运、需一体化;

(3) 建立横向综合管理机构。

6. 以客户为中心原则

长期以来,企业不是以市场和用户为中心,因而不少企业仍然保留着计划经济和政企不分的痕迹,自然在一些企业的组织形式中不可避免地保留与政府机构相对应的部门和职能,企业领导和管理人员不是企业家而是行政官员。在这种情况下,企业不可能以客户为中心,视"顾客为上帝"。

企业要实现以客户为中心,那么就必须通过其合理的组织形态加以保证,即要有相应的组织机构和流程来保证客户真正成为"上帝"。比如,目前流行的客户关系管理(CRM)以及呼叫中心技术都是实现以客户为中心的有效方法。

7. 与业务流程相结合原则

对于企业来说,单纯地以一个用户为中心的业务流程设计并不复杂,但是,企业全面业务流程的设计和再造可能会成为一个比较复杂的问题。业务流程将改变传统企业组织形态中的许多观念,影响企业的部门设置和职能的划分。因此,企业的组织形态必须紧密结合物流经营管理活动和业务流程来设计、选择和确定。

8. 与电子商务相结合原则

企业发展的实践表明,电子商务的实施与发展,将对企业的组织形态以及企业的内部各部门的职权、地位和责任产生较大的影响,因此,企业的组织形态的建立要充分考虑实施电子商务的因素,应当与企业的电子商务建设紧密结合起来。

物流管理组织的上述原则,都将具体体现在物流组织的结构形式中。

5.2 物流管理组织设计

从企业组织的发展历程中,我们可以清晰地看出,每当有一项新的管理职能受到重视,在组织结构中都会作出相应的反映。早期的企业(工厂),生产(制造)是唯一的重点,对应的是直线制组织结构,厂长可以一条线直接管到工人。后来,财务受到重视,企业中出现了财务部门。再后来,人力资源受到重视,人事部门就应运而生。有的企业(比如制造企业)技术(产品研发)特别重要,企业的组织结构中就会有研发(R&D)部门。在竞争特别激烈的市场经济环境下,营销开始走俏,市场部/销售部之类的部门也就纷纷进入企业组织结构。近年来,信息被视为企业的重要资源,信息管理提上了议事日程,信息部门也就顺理成章地进入了企业组织结构。现在,物流——这一昔日并不起眼的分散于各部门之中的有关活动的集合——受到了前所未有的青睐。物流部门开始在企业组织结构中出现,物流经理的岗位还成了令人羡慕的要职。

然而,我国企业真正建立起物流管理组织的还不是太多,且大都处在摸索完善之中。本节将从分析物流管理组织形式的演变过程开始,探讨物流管理组织设计中的有关问题,我们所说的设计不仅是组织结构的选择,还是对支持、计划和控制系统的设计,从而通过组织结构及其人员来执行企业的战略。

5.2.1 物流管理组织形式的演变

1. 物流职能分散于企业内部

历史上,物流职能分散于企业内部,通常没有专门的物流经理和物流部门来管理整个物流过程。这样的传统组织结构类似于图 5.1 所示的结构。这种职能分割的现象,意味着物流方面的工作缺乏跨部门的协调,从而导致重复和浪费,信息常常被扭曲或延迟,权力界线和责任常常是模糊的。

2. 物流管理的趋势转向将物流职能集成

然而,自 20 世纪 50 年代以来,物流管理的趋势转向将物流职能集成,由公司的一个高层经理负责,并实施集成化物流管理的概念。驱动功能集合的动机在于深信将物流功能归集于一个组织,可增加一体化的可能性。这也和传统管理组织理论相吻合——传统管理组织理论告诉我们,功能上近似的岗位可组合在一个部门,既有利于工作协调,也可提高工作绩效。

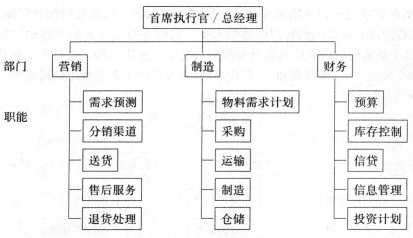

图 5.1　传统企业组织结构

物流功能的集合并形成物流管理组织的工作并不是一蹴而就的。最早出现的物流管理组织是实物配送（physical distribution）组织和物料管理（material management）组织，分别从属于市场营销部门和生产制造部门。图 5.2 是当时具有一定代表性的企业组织结构示例。

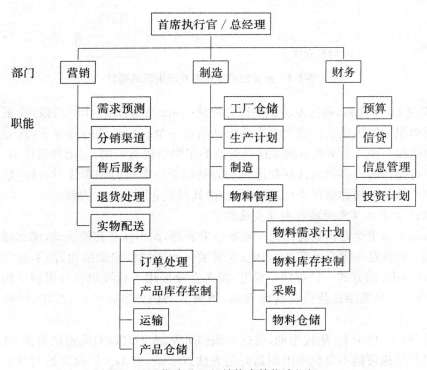

图 5.2　早期企业组织结构中的物流组织

首先从职能部门中独立出来并上升到更高组织层次上的是实物配送职能,因为对厂商来说,实物配送直接影响到客户服务的水平。这时在总的企业组织结构中增加了新的部门。图 5.3 是实物配送职能被提升和重组后的企业组织结构。这种组织结构在欧美最早出现在 20 世纪 60 年代晚期和 70 年代早期,在今天的工业企业中仍可看到。

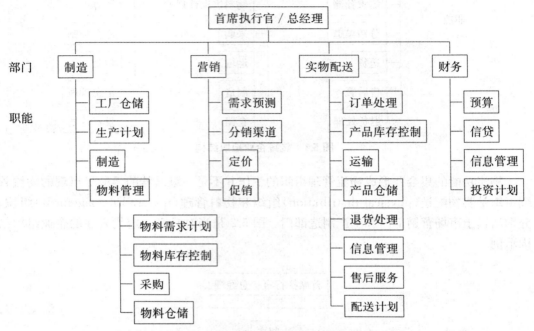

图 5.3 企业组织结构中物流组织的提升

20 世纪 80 年代初,物流发展到了综合物流(integrated logistics)阶段,真正意义上的物流管理组织开始出现了。这个组织结构试图在一个高层经理的领导下,统一所有的物流功能和运作。图 5.4 所展示的是这一阶段的组织结构的示例,它把物流作为一项职能,将实际上可操作的许多物流计划和运作功能划归于一个权力和责任下,目的是对所有原料和制成产品的运输和储存进行战略管理,使其对企业产生最大的利益。

3. 物流管理从注重功能转向注重过程

有人认为如果企业将物流作为一项职能来看待,而不注意其他活动,那么结果远远谈不上最优。物流是一项交叉职能,因此,它需要一个不同的组织结构,而不是“职能筒仓”(functional silo)的方式。针对这一意见,很多企业采用了直线职能参谋制结构。在这种组织中,有一个物流副总裁负责物流管理,物流活动仍分散在生产、市场、财务等直线职能中。

然而,到 20 世纪 80 年代中期,通过实践和研究,人们日益明确地认识到,功能集中的一体化组织结构可能不是物流组织最好的方法。于是,有不少厂商开始对什么是理想的组织结构进行新的和更深广的思考。厂商们开始检验物流能力在产生客户价值总的程序中所扮演的角色。这预示着一种怎样才能最好地取得一体化物流绩效的新的思想。在这

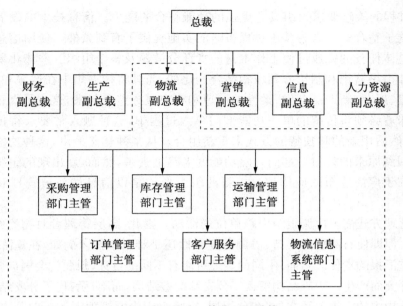

图 5.4　物流一体化组织结构

一思想的指引下，首先提出了基于过程的策略。基于过程策略将一组广泛的物流活动看作增值链进行管理。过程策略的重点是通过将采购、生产计划以及实物分销作为一个一体化系统而获得效益。基于过程策略下的组织结构由于从纵向管理变为横向管理而迎合了企业组织结构向水平型组织和矩阵型组织发展的趋势。将焦点集中在过程上，在很大程度上减轻了将功能集聚到无所不包的组织单元中去的压力。至关重要的问题不是如何去组织个别的功能，而是如何最好地管理整个物流过程。将物流作为过程管理的组织结构见图 5.5。

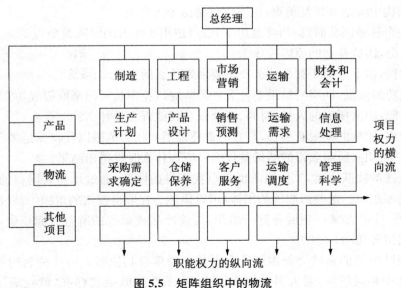

图 5.5　矩阵组织中的物流

基于过程的策略要求组织具有更强的功能整合的能力。信息技术的发展和广泛应用导入的电子整合的潜力为基于过程策略的实施提供了有利条件。使用信息技术来协调或指挥整体任务的完成可使工作本身的责任分散遍及整个组织。一体化要求物流与其他的诸如市场营销和制造等领域相结合。比如,与其将精力集中在运输和库存方面,不如将运输、库存、新产品开发、柔性的制造和客户服务整合起来,这才是真正的努力方向。这意味着必须将传统的单一功能部门融入过程中,这种融入常要求将传统的组织结构分割,然后用新的和独特的方式来重新组合。从某种意义上讲,这种功能的分隔好像又重新回到原来的按单一部门分隔功能的老路上去了,然而,新出现的组织模型的关键区别却在于广泛遍布的应用信息。新的组织形式是以信息如何被管理和分享为特征的。

矩阵管理方式需要协调组织中跨单位的活动。因此,高层管理者对物流经理的支持是必需的。但即便有高层的支持,协调的复杂性还是难以掌握。例如,在矩阵组织中,普遍存在多重汇报的责任。然而,不同的经理可能有不同的目标,问题就会因向多个经理汇报导致的冲突而产生。矩阵结构覆盖了分支结构型结构,而不是替代了分支结构型结构。除了分支结构内的汇报关系之外,在公司层,矩阵组织中的管理者还要向分支结构外、职能内的其他人汇报。这种结构也可以用于建立跨两个或两个以上分支结构项目的汇报关系。无论采用何种结构,都将物流看作一个过程。在供应链管理环境中作为一个过程管理时,具体的组织结构常常呈现为多种形式。

接着出现的是团队组织。团队被定义为:"基于一个共同的目的,设定绩效目标以及相互负责的方法,具有互补技术的少数人。"一般存在两种类型团队:任务团队和工作团队。任务团队因特定的、明确的并具有清晰的最终目的而存在。而工作团队是持续进行的,更类似于一个具有特定的、持续的目标的分支结构。对一些工业企业来说,团队组织能够取得良好的效果。团队结构同样支持目前许多公司所经历的组织层次"扁平"化。人们在团队结构中为结果相互负责,而不仅仅是由个人负责。

创建一个任务团队时,应当注意以下几点(适用于所有的团队类型):

(1)机会:团队存在的原因是什么?

(2)过程:接下来的步骤是什么? 将要回答什么问题?

(3)成功的证据:期望的结果是什么? 团队应该花多长时间来取得成功?

(4)资源:团队所需的人员、时间、资金以及其他资源是什么?

(5)约束:团队的期限有多长,具有的责任范围和权力范围以及预算是多少?

(6)期望:团队所需获得的结果是什么? 应该什么时候得出结果?

回到上述的团队定义,工作团队也是自我指导的团队,通过承担共同目的和目标,区别于其他类型组织。这些跨职能的团体(可以描述为在取得授权的组织中被授权的人)常常围绕提供一个产品或一项服务进行组织,对该产品或服务的所有方面负责,从设计、开发到客户支持等活动。

工作团队框架的独特之处也在于它不是一种重叠其他组织形式的暂时结构。工作团队在实际中相对较少,对大多数组织而言,当工作团队确实存在,就代表了重大的变革。关键问题是,联合执行和广泛的跨职能交互作用和参与是否会比传统方式产生更好的结果。只有答案是肯定时,组织才会采用工作团队的形式。采用团队组织的结构示例见图5.6。

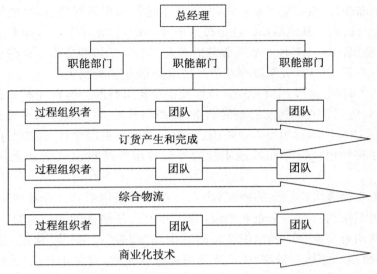

图 5.6　团队组织结构

克莱斯勒(Chrysler)是采用工作团队方式的一个企业。每一个汽车制造商的车型平台团队分别为新车型(如 Neon)的设计、开发、物流、工程、采购等方面负责。利用团队组织可以在同一时间采用不止一种类型的团队。所采用的组织结构应该适合所执行的活动和组织文化。在发展到工作团队之前,组织常常先采用委员会形式,然后是任务团队。相反,组织也可能认为工作团队对取得更好的绩效未必有益。

由于组织中大部分员工看重的是个人成果和个人责任,所以采用团队可能很危险,甚至会导致组织功能障碍。为了解决潜在的问题,大部分组织训练其员工作为小组或团队中的一员来行使职责。培训可能包括评价多样性和个人差异、团队相互作用、团队责任,甚至可能包括团队建设训练或工作场所之外的活动等主题。在开发团队和委员会时必须注意的其他问题包括:负责程度、职责和决策权力的范围、团队绩效对个人绩效评估的影响等。

无论选择何种形式的结构,职能之间的关系仍然是物流工作的关键因素。与其他职能建立良好的工作关系,对物流经理的绩效极为重要。但是,企业完善其物流系统时,经常发现分散职权与流行的管理趋势背道而驰,比如工作团队。原因在于,"在授权时代,物流需要的是集权控制"。因此,物流通常是矩阵团队的成员,既要向团队汇报又要向集中化物流职能汇报。在团队与集中化职能中,可以在整个公司范围内实施有效且高效率的策略。

4. 物流外包与联盟组织的出现

进入 21 世纪,关于优化组织形式的讨论仍然在继续。外包作为一种管理多种物流活动的可接受的方式,在企业中得到越来越多的运用。专家预测,一种"空心公司"(hallow corporation)将会发展起来。这种空心公司是仅包含管理者和策划人员的小型组织,其他活动包括制造、物流、分销、制单、销售、营销等,通过雇用外部公司完成。采用这种类型组织结构的基本原理是,组织应当专业化,并专注于他们做得最好的活动(他们的核心竞争力),雇用专业公司完成其他活动。这个概念的变形就是"虚拟企业",即大量企业集合在一起,在有限范围内进行某种产品或服务的开发、生产、销售和分销。这些企业建立了一种紧密的工作关系,但这种关系仅存在于产品或服务的生命期内。

在电子商务时代,这种"空心公司"和虚拟企业是可行的。客户并不关心企业是如何组织或集成的,他们关心的是所看到的结果,如产品质量、客户服务水平等。在电子环境中,电子邮件和因特网的运用使得企业内、企业间的通信更加便利,传统上在企业内部执行的活动更容易外包。物流和其他职能的外包对组织结构以及活动之间的协调均有影响。

对多种企业物流组织类型的回顾,表明存在多种结构形式。企业可以成功地运用一种或多种组织结构。对一个企业来说,哪一种形式是最优的呢?这是一个很难回答的问题。与其调查多家企业的组织结构然后推测"理想"或"最优"系统,还不如采取一些经验措施,将组织结构与效率/生产率联系起来。显然,对企业来说,最好的系统是能够使其效率和效益最大化的系统。物流经理必须确定最适合企业的组织结构,并评估其结果。

5.2.2 建立/优化物流管理组织的步骤

任何组织都会涉及物流活动,对物流活动的管理自然也是企业管理的一个内容。如果说以前对物流活动的重要性(对企业效益的影响)认识不足,物流活动的管理有点随意,企业直到现在还没有建立起一个正式的物流管理组织,或虽然有物流管理组织但效益并不理想的话,那么,随着对物流重要性认识的提高,建立/优化物流管理组织的问题应该提上企业的议事日程了。

事实上,组织随着时间而改变。为了反映环境或企业变化,企业也应该经常修改它的组织结构。当企业试图构建新的物流管理组织单元或对已存在的物流管理组织进行重组,通常可在组织学和组织行为学理论的指导下,按以下步骤或顺序进行。

1. 研究公司战略和目标

当前,物流已成为企业经营的战略性课题,亦被称为"物流战略化"时代。也就是说,企业的发展战略已将物流纳入其中。企业整体战略和目标给出物流的长期发展方向和中心。物流组织结构必须支持企业整体策略和目标。因此,最重要的是,物流经理能完全理解他们的活动在执行企业战略中所扮演的角色。此外,物流组织结构必须与企业主要目标相一致。

2. 明确定义物流管理组织应包含的职能

物流到底包含哪些职能事实上没有一个统一的标准,不同的企业有不同的规定。除了一些基本的职能(如运输、仓储、装卸搬运等)大家都认同以外,更多的职能(如采购、销售预测、订单处理、工厂和仓库选址、库存控制、包装、信息管理等)取决于企业自己的定义。由于物流组织是在对原有组织的重组过程中新生而成,难免会遇到权力再分配的冲突,也确实存在对一些物流子职能是集成好还是分散好的两难抉择。这时,应从大局出发,按组织设计的原则,通过成本权衡分析,以提高企业整体效益为目标,来定义物流管理组织的职能。

有人曾对 100 多家美国企业进行调查,发现典型的物流组织对海外运输、企业内运输、仓储、国内运输、材料装卸和库存管理等负责。这些是基本的物流职能,因此由高级物流经理来管理十分重要。其他职能包括销售预测、原材料库存、国际物流活动等,对实行企业物流任务来说虽然重要但不是必需的,因此物流组织通常不对其负责。当然这种情况不是一成不变的。

3. 按与公司结构和企业类型相一致的模式组织职能

企业整体结构是影响物流组织结构的另一因素。传统的企业组织结构有直线制、直线职能制、直线职能参谋制、矩阵制等模式。不同的企业组织结构下的物流组织结构也不一样。

企业类型的不同对物流组织结构也有影响。制造商、批发商、零售商都是物流活动的执行者,但他们通常采用不同的组织方式。

制造商可以采用基于过程、基于市场或基于渠道的策略。基于过程的策略涉及将一组广泛的物流活动看作增值链进行管理。过程策略的重点是通过将采购、生产计划以及实物分销作为一个一体化系统而获得效益。基于市场的策略涉及对跨越多部门或跨越多经营单位的一组有限的物流活动进行管理。采用基于市场策略的物流组织追求:(1)联合装运不同经营单位或不同产品组的产品给客户;(2)采用一张订单发票,简化销售和物流的协调。通常高级销售主管和高级物流主管向各自的高级经理汇报。基于渠道的策略关注于在零售商和分销商的联合下管理物流活动。渠道导向的策略更注重外部控制。一般来说,采用基于渠道策略的企业在其分销渠道中存在大量的向前或向下流动的产成品库存。

由于批发商在供应链中的地位和所执行的活动性质不同于制造商,它们的组织结构也不同于制造商。除了传统的批发商职能之外(例如:运输、存储),当今的批发商还提供大量的增值服务,包括轻加工和装配、定价、订单处理、库存管理、物流系统设计以及促销材料的研制。

由于零售商直接面对最终客户,面临激烈的竞争,与制造商相比,他们通常更着重于库存、仓储和客户服务等活动。零售商比制造商和批发商更倾向于集中化。零售物流活动描述如下:零售商的物流作业的地理位置集中并且高度复杂。零售分销仓库距零售商店所在地通常应不超过一至两天的行程。零售商分销系统的目标众所周知,就是使得运输计划相对简单、直接。零售商通常从其分销仓库运输大量的存货单元,从而引起对复杂控制系统的需求。由于零售空间的高成本,库存输入渠道的概念在零售中非常重要。适时地向商店运送产品是保持商店的库存水平和库存周转率的必要条件。

另外,许多零售商已经更多地采取由制造商"直达商店"交付的做法,并且通过第三方物流来完成大量的物流服务,代替自己去执行这些活动等。

在汇报关系方面,如果企业是一个消费品公司,一般而言,物流将向营销小组汇报;如果企业是一个工业产品生产商,则物流将向制造、运营或管理层汇报。许多结合消费品和工业产品客户的企业中,物流通常是一项直接向首席执行官(CEO)汇报的独立组织活动。随着企业更加广泛地认识到物流的战略重要性,这个惯例正在逐步形成。

4. 了解高级物流经理的管理风格

高级物流经理的管理风格几乎与组织正式结构同样重要,因为高级物流经理以及他或她下一级管理者的管理风格和人格,均会对组织所有层次的员工的态度、动机、工作道德和劳动生产率产生影响。有时仅仅由于最高管理层的改变(管理风格也随之改变),组织结构并没有改变,企业在人员、员工士气、劳动生产率等领域就经历了重大变化。

管理风格是使得两个具有同样组织结构的企业的效率、生产率和赢利能力处于显著不同水平的无形原因之一。管理风格是企业物流任务成功与否的一个重要因素,是许多不同组织结构能够取得同等效果的主要原因之一。

管理风格对组织结构具有适应性。有的企业领导的管理风格适合于集权型的组织结构,而有的企业领导的管理风格适合于分权型的组织结构。了解高级物流经理的管理风格,为其构建合适的物流组织结构,可使组织的效率更为理想。

5. 针对柔性进行组织

变化是不可避免的,任何物流组织必须能够适应变化。缺少响应能力和适应性的组织经过一段时间后必然会失去其有效性。当物流组织难以预测其市场或企业将来的变化时,它必须能接受那些变化并以恰当方式对其做出响应。

6. 了解可用的支持系统

由于物流活动的本质特性,支持系统是必须的。物流组织不能独自存在,必须有大量的支持服务和辅助专家来支持物流部门或分部。一个有效的管理信息系统(MIS)是有效物流网络的一个重要方面。其他可用的支持服务和系统包括法律服务、计算机系统、管理服务和财务服务等。

7. 制订人力资源配置计划并予以实施

一个有效物流组织中,最重要的因素就是人,是人从根本上决定了企业物流运作的有效程度。因此,在组建或重新组建一个物流组织的过程中,考虑员工技能和能力、工资标准、培训计划、甄选和保留过程以及其他与员工有关的问题极其重要。

对一个成功组织来说,优秀的物流经理是尤其必需的。多产和高效的员工必须被有效地领导。优秀的物流经理必须具备下列品质或特征:人格尊严和对商业道德的认知、激励员工的能力、编制计划的能力、组织的能力、自我激励、管理控制、有效口头沟通、监督能力、解决问题的能力、自信。

下面列示了成功的物流经理具有的大部分关键能力:

(1) 运用监督、开发、招聘、甄选等能力,构建并维护一个物流组织;

(2) 运用培训技能和培训资源来开发管理者和监督者,以运作和管理多种物流部门、设备、网络；

（3）运用决策技能来管理复杂、快速变化的业务；

（4）应用基本数学、统计、会计、预算和人力资源方面的知识来制定目标并估量完成目标的进度；

（5）在管理和指导会议时运用技能收集决策所需的信息；

（6）运用书面和口头沟通技能将物流活动汇报给公司管理部门、客户以及其他有关者；

（7）应用仓储、库存控制、运输、制造、采购以及针对企业或工业其他领域的知识来制定运营决策；

（8）应用仓储、库存控制、运输、制造、采购以及针对企业或工业其他领域的知识来制订战略计划。

物流活动曾经一度被分散在组织的各个部门，但现在物流成为一个高度结构化、计算机化，需要编制大量预算的职能领域。一般而言，物流经理的控制范围扩大了，包括运输、仓储、库存、订单处理、包装、原材料处理、预测和计划以及采购等。物流经理的作用已经大大不同于过去，而且在将来很可能有更大的不同。物流经理总是不得不面对众多的问题，包括经济不确定性、通货膨胀、产品和能源短缺、环保、规章约束、全球竞争以及客户日益增长的需求与期望。作为一项职能，物流变得日益复杂，因此管理好它，特别是在供应链管理环境下，变得更加困难。

成功的组织是那些成功地融合了组织结构、计划过程、员工和管理方式的组织。

5.3 物流组织的管理

5.3.1 影响物流组织构成和效果的因素分析

影响组织构成和效果的因素有：组织特征，公司战略，环境特征，员工特征，管理政策和惯例。

1. 组织特征

结构和技术是企业组织特征的主要构成因素。

结构指不同职能领域之间存在的关系——职能间（营销、财务、运营、制造、物流）或职能内部（仓储、运输、采购、客户服务）。这些关系通常通过企业的组织结构图表现。结构变量可以是分权、专门化、正式化、控制跨度、组织规模、工作单位大小等。

一个组织的技术是指组织将输入资源转化为产出的整个过程中的信息决策和沟通系统、机器设备、工艺及流程的总和。它的核心是组织如何将原材料转换为产成品并提供给客户的整个过程的问题。

技术对组织结构的影响体现在：技术复杂程度的增加导致其组织结构复杂程度的增加；对某种技术类型的组织来说，它应该建立与其技术特点相符的组织结构体系，才能取得成功；高新技术的应用将对企业组织的复杂性、规范性、集权与分权产生影响。

组织效益是组织所采用的技术和其组织结构有机结合的函数。

成功的物流组织结构拥有大量的共同特征,尽管根据它们的组织图,看起来差异极大。通常,它们拥有以下特征:正式的物流或物流渠道管理组织,政策制定和目标设置的集中方法,包含超出那些典型物流活动的活动和过程(如采购,包装);面向物流战略的组织结构,无缝的、集成的物流过程,消除物流过程内和物流过程与企业其他职能/过程间的职能隔离,物流过程持续改进必需的能力。

2. 企业战略

一个企业组织的战略,可以被定义为对企业基本的长期目标的确定和实现这些目标的途径及方法。为了实现组织的这些基本而长期的目标,必须设计和规划新的行动流程,对资源进行分配或再分配;为适应变化中的需求、动荡的环境、新技术的发展和竞争者的行为等等,而采取相应的行动方针和政策,以保证自己为实现基本目标的各种活动的正常开展。

国内外许多组织学家和管理学家的研究以及组织管理的实践都告诉我们,组织的战略是影响组织结构的一个重要因素。

最早把组织目标和战略看作影响组织结构的决定因素的是古典经济理论学家们。他们在回答"什么决定组织结构"的问题时,唯一的回答是:"组织的目标和战略。"他们主要的理论假设基础为:(1)任何组织都有一个或多个要实现的共同目标;(2)组织都以"合理的方式"去实现自己的目标;(3)组织的目的是将输入转化为输出;(4)组织经营的环境是特定的。如果这些假设成立,那么,组织结构就可被解释为推理过程的结果。正如彼得·德鲁克所说的那样:"结构是一种用以实现组织目标的方式。因此,关于组织结构的一切工作都必须以组织的目标和战略为出发点。"也有组织学家指出:"组织的目标一旦被确定,那么,组织结构的发展、权力的流程以及其他关系就会自然而然、合乎逻辑地形成。"

美国哈佛大学历史学家艾尔弗雷德·钱德勒(Alfred Chandler)于1962年出版了《战略与结构》一书,这是最早系统地论述组织战略对组织结构影响的专著。当今国内外许多有关战略与结构关系的著作都明显地受到了钱德勒的理论的影响。钱德勒指出,企业战略的改变先于并导致其组织结构的改变。

3. 环境特征

企业内部和外部因素影响组织的效果。内部因素称为组织氛围,基本上可以由物流经理控制,有时也被称为企业文化。

组织氛围与组织效果有关,当从个人角度衡量效果时(如工作态度、绩效、满意度、投入程度)尤为明显。

外部因素,有时称为不可控因素,包括政治和法律环境、经济环境、文化和社会环境以及竞争环境。

4. 员工特征

有效组织的关键是占据组织一个个岗位的员工。员工完成各自工作责任的个人能力最终决定了任何组织的整体效果。所有员工具有变动的工作态度、具体目标、需求和能力。即使在同样的工作环境中,这些因素的不同也会造成人们行为上的差异。这些差异会直接影响两个与组织效果相关的重要组织过程:组织依恋(员工认同其雇主的程度)和工作绩效。如果没有依恋和绩效,组织就不能达到一定效果。

5. 管理政策和惯例

宏观层次上的政策(如,在整个企业应用的那些政策)决定了组织的整体目标结构。微观(部门)层次上的政策影响企业不同职能各自的目标,如仓储、运输、订单处理、客户服务等。宏观和微观政策同样也影响组织程序和实践。计划、协调和促进目的导向的活动——这些活动决定组织的有效性,依赖于企业宏观和微观层次上采取的政策和惯例。

5.3.2　物流组织的评价

1. 物流组织绩效衡量指标

组织绩效可以用多种标准进行衡量。目前,企业衡量绩效的基本指标主要有:

(1) 出厂运输成本;

(2) 存货盘点的准确性;

(3) 订单满足率;

(4) 产成品库存周转率;

(5) 按时交货;

(6) 客户投诉;

(7) 盘盈/短缺/毁损;

(8) 缺货(产成品);

(9) 退货和折让;

(10) 产品满足率;

(11) 入厂运输成本;

(12) 延期交货;

(13) 库存过期;

(14) 订货周期时间;

(15) 来料质量;

(16) 整体客户满意度;

(17) 库存持有成本;

(18) 单位物流成本与预算;

(19) 发票准确度。

和不同类型的企业可以采用不同的物流组织结构一样,不同类型的企业有不同的衡量指标体系,特定的物流组织绩效衡量指标的选择必须依赖于企业的具体特征和需求,对任何企业在评价过程中采用所有的衡量指标是不切实际的。当然,尽管界定物流组织有效性的衡量指标体系是必要的第一步,但仅这样做还是不够的。接下来一步就是要区分这些因素的优先次序,制定具体衡量方法来评价它们各自的有效水平。大多数例子显示出,时间和资金约束限制了采集和跟踪这些评价标准所需的全部数据。所以,在评价过程中可以采用一些合适的模型,因此只检查一部分可用指标或采集部分数据就足够了。为了衡量组织效果,开发用于收集原始数据和计算这些指标的技术或程序或许是难点所在。

为了计算这些指标,必须对这些指标加以确切的定义,给出明确的算法。比如企业广泛地利用"销售成本率"来评价组织的有效性,就必须回答一些问题。举例来说:"是采用销售净额还是销售总额?总成本中包括什么样的物流活动?管理者工资是否包含在内?是否包括库存持有成本?订单组合或服务水平上是否有变化?"除非在计算成本效果指标时,全部成本恰好正是物流成本所应包含的成本,否则不能简单地回答这些问题。如果管理者采用并实施一体化物流管理的概念,则通常理解为包含全部相关成本。

2.指标的统计分析

指标的统计分析比仅仅获得这些指标值对评价物流组织的效果更为重要。统计分析最常用的有对比分析法、因素分析法、时间序列分析法等。

比如,给出的指标必须同预定标准相比较来进行评价,这是对比分析法的例子。这些标准或许从内部产生,也就是说,它们或许在组织内部制定,以使其与基准回报率、投资收益率以及其他财务绩效指标相一致。物流绩效标准也可以由外部产生。许多物流经理认为,他们企业的标准应根据在那些同行业的其他企业或其他行业具有类似特征的领导企业来建立。存在很多赞成这种方法的观点,但主要的观点表明,一个组织应该最关心它的竞争地位,因此,竞争会影响管理者评价其企业有效性的方法。毕竟,在市场中,客户通过他们的日常购买间接评价企业的绩效水平。这种方法的局限性在于,每个竞争者采用不同的市场经营组合,或是面向不同的细分目标市场。一个企业或许在物流上的费用高于另一个企业,但它获得了更高的利润和销售。因此,直接在两个竞争者之间进行比较一定要谨慎。

对比分析法应用于具体分析指标的例子有:

(1)物流成本占销售的百分比:

① 内部比较(如分部之间);

② 外部比较(如类似企业之间)。

(2)特定物流职能的成本占销售的百分比或占物流总成本的百分比:

① 内部比较(如分部之间);

② 外部比较(如类似企业之间)。

(3)绩效:

① 预算与实际对比,以货币、工时、职员总数或其他恰当方式表示;

② 以恰当方法将劳动生产率、产出与投入比较:提供的服务、时间(订货周期、发票周期)、按时交货的可靠性、客户投诉水平、错误(发票、发运);

③ 约束下的项目管理:时间约束、资金限制、预计效益(资金节约、生产率提高等)。

3.物流经理评价

对物流经理进行绩效衡量至关重要。一般而言,从下列三方面特征评价管理者。

（1）直线管理能力。这项指标用于评价物流经理对部门日常作业管理与实现生产率、利用率和包括预算在内各方面绩效目标的能力。

（2）解决问题能力。这与诊断作业中的问题，识别节约成本、改善服务或提高投资回报率机会的能力有关。

（3）项目管理能力。这涉及安排并管理纠正问题、提高生产率、取得改进收益的项目的能力。

许多组织采用一种称为360度评估的方法来评定其物流经理。制定决策通常含有老板、工人/同级人员和下属的匿名参与。当产生的结果更加定性而非定量时，这种方法会产生一幅清晰的画面——员工如何被所有层次的人了解，以及识别参与者之间的模糊区域和冲突区域。一旦克服了那些问题，管理者就会更加有效。采用有效的做法，最终结果将产生更为优秀的管理者。

如果管理者想要衡量组织绩效，他必须采用多种指标。另外，这些指标必须是可以测定的，并需要建立绩效标准。最后，管理者应该将它的组织与同行业其他企业组织进行比较。很可能并不存在每个企业都会采用的唯一的理想组织结构。组织物流活动使其效果最大化的最合理的途径是，理解这些影响组织绩效的指标（因素），并将它们包含在计划、实施和组织控制中。

5.3.3　改善物流组织有效性的方法

许多方法可以帮助物流经理改善组织的有效性。其中最重要的有：战略目标设定，资源获取和利用，企业文化建设，加强信息沟通，选择具有丰富领导和决策的专门知识的高级物流经理，组织适应性和创新。

1. 战略目标设定

战略目标设定涉及建立清晰定义的两类目标：组织整体目标和员工个人目标。这两类目标必须一致并且针对最大企业/员工效益设定。例如，企业或许设定一个降低订货周期时间10％的整体目标，但是为了达到这个目标，每一个员工都要试图改进他或她在订货周期中的工作。

2. 资源获取和利用

资源获取和利用包括人力资源和财务资源的利用，同样也包括技术的利用，以尽可能达到企业目标和各项具体目标，包括以下几方面：拥有受过培训和经验丰富的人员来管理企业自有运输车队，为企业仓库采用合适的存储系统和检索系统，以及为了充分利用期货采购的机会、大规模存货和其他资本项目，而拥有必需的资金。

3. 企业文化建设

企业文化建设牵涉到营造适当的组织气氛，以激励员工使得他们的效益最大化，乃至整个物流职能的效益最大化。可以用来开发以目标为指导的企业文化的战略，包括正确的员工选择和安排、培训和发展计划、任务设计、绩效评价与促进面向目标行为的奖励系统相结合。

4. 加强信息沟通

在任何组织中,信息沟通过程是影响物流职能效果一个最重要的因素。如果没有良好的信息沟通,物流政策和程序不能在组织中有效传递,同时也无法反馈那些政策和程序成功或失败的信息。物流领域的信息流可以是自上向下的(老板—员工)、自下向上的(员工—老板)或是平级的(老板—老板或员工—员工)。

对企业经理的调查显示,制定决策所需的信息,80%是组织中已有的。然而,38%的经理指出,他们实质上浪费了大量时间试图去找到这些信息,68%的经理认为信息采集成本超过了信息对组织的价值。

5. 选择具有丰富领导和决策的专门知识的高级物流经理

在组织中高级物流经理所运用的领导和决策的专门知识的重要性可与有效信息沟通相比。许多企业的物流部门或分部是其高级物流经理的一个镜像。如果高级物流经理是一个能力很强并令人尊敬的人,一个能够制定深思熟虑的、合理的、一致的决策的人,那么向他或她汇报的物流组织往往会取得极好的效果。相反地,一个由缺乏必需的领导和决策技巧的经理领导的物流组织通常不会取得良好的效果。

6. 组织适应性和创新

最后,组织适应性和创新是有效物流组织的一个重要特征。物流活动周围的环境需要持续地监视。当条件变化时,为了继续给企业和市场提供成本和服务的最优结合,物流必须适应环境并进行创新。不断波动的环境条件包括运输规则变化、客户服务需求变化、企业目标市场竞争程度的变化、市场经济和/或财政转变以及技术进步等。然而,重要的是适应性和创新并不是偶然的、无计划的。

在 21 世纪,适应、持续改进、员工自治和目标的统一已经代替了优化设计、作业的一致性、命令和控制以及规模经济。自组织团队正在替代公司的等级制度,创新正替代资本而成为组织中最重要的资源。

一个有效组织还必须表现其稳定性和持续性。它不仅要发现企业能够交付市场的独特产品或服务,而且要坚持不断地为客户提供价值。

5.3.4　物流组织协调

有效的和有效率的物流组织是供应链管理中至关重要的因素。企业面临的问题和挑战不仅在于物流组织结构的设计,还在于多种物流活动之间的协调。

为达到多种物流活动之间的协调,可以从几个方面着手:战略与作业的协调,集权与分权的协调,直线职能与参谋职能的协调。

战略与作业是指物流活动在企业中所处的地位。从战略上来说,确定物流在公司结构中相对市场、制造、财务/会计等其他活动的地位非常重要。但是,高级物流经理管理的仓储、库存控制、订单处理、运输以及其他多种物流活动的作业结构,也是同样重要的。

集权分布表现为有一个中央机构,最典型的是公司总部,来管理物流活动的系统,或者由一个部门或个人来控制物流作业职权的系统。由于形成了规模经济,将订单处理、运输或库存控制等活动集中规划,可以节省费用。物流活动的分权对产品或市场多样化的企业是有效的。随着计算机和信息系统技术的进步,通过集中的或分散的物流网络,企业能够提供高水平的客户服务。

在基本的组织结构中,物流活动可以是直线活动、参谋活动或直线与参谋相结合的活动。与销售或生产等活动一样,物流可以作为直线活动。在这些活动中,员工是去"做事情",也就是说,执行多种任务。在参谋型组织中,订单处理、运输、仓储等直线活动可以包含在一个物流副总裁的管理范围之内,或分散在生产、市场、财务/会计等职能中。各种参谋活动辅助并协调直线职能。直线活动和参谋活动相结合使这两种组织类型相互融合,从而消除系统中固有的直线活动和参谋活动相互不协调的缺点。

5.4 物流组织发展的挑战

5.4.1 建立学习型的组织

组织学习在管理中是相对较新的术语。尽管学习对个别的工人和经理来说是已经认可的事,但将它扩展到全体组织,还会遇到各种严重的挑战,但也具有潜在的利益。一些人说,对于高层经理的首要挑战,在于提高和培养组织改进和创新的能力。在这种意义上,学习变成了组织的统一力量,代替控制而成为管理层的基本职责。

对于今天的物流经理和工人来说,为了对付市场经济的挑战而需要更好的教育,对这一点现在已经很少有争论了。管理过程的能力和避免过于垂直的组织层次,意味着在所有层次的雇员需要提高他们学习的能力。这种迅速学习的能力,是未来胜者和败者的本质差别。

然而,学习并不只限于涉及发展新的个人技术和知识来取得卓越的结果。一个组织需要有继承经验的能力,从而将其传送给几代工人和经理。当一个雇员退休或离职时,可能有很多无法估价的经验和至关重要的知识在组织中丢失了。因而广泛意义上的学习,包括继承和分享知识的计划和项目。再次,信息技术的力量似乎能成为拯救企业困难的源头。

联机交易系统能被设计成"窗口"或至关重要的"数据银行",以帮助被授权的工人做出决策。另外,有效灵活的物流的关键在于设定和评估运作情景方案的能力。要提高这种能力,其关键点也在于学习,不仅指技术,还应包括信息的使用。为了从经验中获益,一个组织必须学习如何继承它,并使之对其他人也有用。最后学习与个人的经历和更普遍的忠诚的命题也有着直接的关系。

一个物流组织留住其卓越的雇员的方法在于显示其愿意在他们的教育中投资。作为雇员,如果你的学习在深度和广度上扩展,那么,就减少了人员过时的危险。一个人的职业永远是过时和退休之间的竞赛。问题的本质在于竞赛的速度已经加速到不能丧失机会学习这一步。在持续学习上有动机和有支持的雇员是更有价值和更有市场的。

5.4.2　管理变革

物流经理关注的最棘手的问题或许是如何对付变革。这是找不到一个蓝本来指导他们怎样做的事情。通常有三个主要的变革形式。

第一种变革是有关战略变革的问题。这包括了用新的或改进的方法服务客户。

第二种变革的类型是对一个厂商的运作结构进行修正。物流经理应根据战略要求，对产品应该定位在何处、客户要求应如何处理等等进行不断的修正。这种运作重组，代表着能促使厂商的能力符合其战略要求。

第三种变革的类型是有关人力资源的变革。这包括当物流的使命和范围改变时，及时地对组织结构做出相应的改革以及对人员的要求的变化。

组织结构修正首先要考虑的是在经理和工人之间建立一种正面的认识。这要求对变革的需要予以理解。我们必须接受这样的事实：如果一个厂商仍想保持其竞争力，组织变革将是不可避免的。

其次是避免急于求成。现今的层级制控制型组织结构已经生存了几个世纪，它并不需要在一天里被解散。经理应该在试图加速转换物流组织结构中，小心地通过本章前面讨论过的各个进化阶段，选择合适的组织结构。尽管加速变革是可能的，但试图省略对指明的组织的自然进化的研究可能是高度危险的，并将导致重组结构的失败。当今的竞争水平不允许犯错误，因此，尽管迅速变革有吸引力，但只有小心进行，才会取得真正的成功。

关于变革的最后要考虑的因素，是一种吸引新的改进绩效的挑战性方法的组织能力。当所需要的变革发生时，每日的业务仍然需要进行。虽然有些人提倡极端的变革，但它看上去并不非常适合物流组织。

还需要指出的是，一个厂商所能适应的变革节奏，对每一个组织来说都是独特的。一个厂商能采纳多少变革需要精确的量度，通常它比经理所设想的大多数变革要少，且实际的变革比所期望的要长。

5.4.3　联盟的管理

随着供应链管理理念的普及和被接受，物流外包现象将日益普遍，联盟的管理也将被提上议事日程。

尽管大量的厂商试图创建联盟，但是大多数的经理却报告说，他们的组织对实施或衡量这种安排的绩效并不具有清晰的政策或方针。尽管有不少文章就应寻求怎样的联盟提供过一些指导，但大多数是十分概括的。然而，有六个方面被确认为对于成功的联盟的发展是至关重要的，它们是：广阔的渠道透视，选择匹配，信息分享，角色特定，基本规则和退出条例。关于联盟为什么失败的原因也被确认：目标模糊，信托不当，口头承诺，人员意见不协调，运作框架不当，衡量不当。

为了更好地理解，现对一个联盟为什么能成功作一剖析，主要从三个方面进行分析：创建联盟，实施联盟，维持联盟的生命力。

1. 创建联盟

这里所研究的联盟通常是由被称为客户的伙伴发起的。这在所有的制造商—原料供给者和制造商—服务供应者关系之间都是如此。有趣的是，许多原料供给者说，开始他们试图与他的客户——制造商建立联盟，但很难成功。于是，原料供应者开始和他们的进料方建立联盟，这时他们自己成了客户，正好和开始时准备和他的客户——制造商建立联盟的方向相反，而现在则容易成功。

对上述现象的一个潜在的解释是买方掌握联盟的主动权。在买卖关系中，卖方往往会根据买方的要求实行合理的变革，以促进组织间的交换。如果把雇佣关系看作联盟，这好比制造商的雇员（卖方），也会按照他们上级经理（买方）的要求做事。当一个销售厂商就形成一个联盟而接近一个潜在的客户时，它的建议，不论在分量和影响上都不如来自购买者厂商提出的同样建议。

制造者—商人联盟却显示了某些与这个现象相异之处。虽然，联盟往往是由商人正式发起的，但在一些情况下，实际上是制造商提出了最初的想法。换句话说，就联盟的生长发育来说，制造商播了种子，也就形成了这个联盟的存活力的概念。当商人准备结成这个联盟时，它就会发起更详细的讨论。

发展一个联盟要考虑的另一个关键因素是提出倡议的厂商必须完成一个有深度的对其内部实践、政策和文化的评价。发起厂商为了实施和支持一个成功的联盟，应该对他进行的任何必要的内在变革的能力作出评价。比如，在制造商—原料供应者联盟中，制造商不得不检验他们对每件产品重新定价的能力。购买者要有一种方法来估计联盟对提升企业竞争力的作用有多大。对于购买者来说，关键是要确定总的市场价值，而不是具体的市场价格。如果联盟能降低订购成本，则哪怕市场价格不变，总的市场价值是增加的。

另外一个内部的评价是对关键联盟在集中管理方面真正授权的能力的评价。比如，制造者需要对运作和战略一体化的水平做出诚实的评价，以便他们能培育与服务供应者的关系。联盟初始设计所设想的一体化所能带来竞争优势，如提高生产率或对客户订单做出快速反应等，只有通过广泛的信息分享取得。因此有关系统能力水平、数据收集、分析、绩效衡量和训练等问题的回答信息，必须在联盟伙伴间及时和精确地予以分享。

如果联盟包括了许多在不同条件、能力，或竞争要求运作下的伙伴工厂、仓库和/或储存，则对一体化的能力同样需要进行评价。这对于多个分销中心和/或储存点的商人尤为重要。在这种情况下，关键是问题在于，内部单位利用共同的运作实践和相容信息系统的能力。灵活地适应以市场为基础的特殊的要求，对于联盟的长期生命力是很重要的。

2. 实施联盟

成功实施联盟的关键是明智地选择一个伙伴。合作伙伴必须具有相容的文化、共同的战略远见和相互支持的运作理念。组织文化并不必须是一致的，而战略意图和理念必须是相容的，以保证核心能力和力量是互补的。

比如,制造商对服务供应者发起建立联盟的愿望,部分原因是为了改进仓库运作和提高运输可靠性,以及增加联合项目,以支持他们在市场上的特殊战略竞争优势。即使服务供应商是领导者,制造商通常却对质量、绩效衡量标准有更卓越的构思和运作能力。联盟伙伴之间的吸引力,就服务供应商而言,在一定程度上取决于服务供应者的能力,愿意完成具有创造性的、改革性的运作,和愿意为制造商所提出的问题提供以信息为基础的解决方案;而就制造商而言,则取决于制造商是否能满足服务供应商所要求的内在质量和完成作为制造商的绩效衡量技术。在这种意义上,联盟伙伴的运作理念相互之间是支持和互补的,尤其是在提高改进系统物流过程的共同战略远见方面。

联盟应该以小的规模开始,从而能较易成功并取得早期的胜利。重要的是这种早期的胜利可以大大地触动,并建立起对联盟绩效的信心。在生产者—原料供应者联盟中,以小量开始,意味着最初并不需要在信息技术方面进行投资,只要手工的交流系统就足够了,且可为关键接触提供机会。关键的问题在于用最简单的形式实施联盟,然后在改进会显著增加价值时,再在复杂技术的安排上做微调。

3. 维持联盟的生命力

联盟生命力的长期延续,取决于三个关键活动:共同的战略和运作目标,双向的绩效衡量方法,以及正式和非正式的反馈机制。下面将就每一项活动予以描述。

实施联盟时,必须共同决定战略和共同目标。这种主张虽然已经在一些学术和商业的文献中被广泛的讨论过,并且成为常识,但是对于诸如必须追踪、审视和经常性地更新这些目标,以赢得长期的改进,恐怕尚未很好地理解。比如,一个制造商要开发一种新的产品,就应该建立一个有关产品定位,尤其是怎样将它推入市场的目标。这个目标必须考虑到怎样才能在商人们引入和接受新产品过程中起到关键作用。

为了便于连续的追踪,必须把所定的目标转换成为专门的绩效指标,对于所使用的绩效指标和测量频率应该由联盟各方共同决定,而且应该是双向的。通常,制造者和原料供应商之间使用的指标,特别集中于供应商的绩效性质,诸如及时的发送和质量等方面。这里所研究的联盟——制造商和原料供应商就开发成功了一个共同的指标,这个指标就是总的系统库存。对此,供应商认为,重要的是伙伴双方都减少了库存,而并不只是制造商。制造商通过将库存退回原料供应商,而使自己的库存减少。总的系统库存指标考虑了伙伴双方的库存,从而保证了库存减少的真实性,这对双方都是有利的。

绩效的反馈可通过正式和非正式的方法进行。年度审视是对联盟绩效的正式评价。这些审视通常由最高层经理牵头进行,其主要关注点集中于检查和更新战略目标。

季度的或每月的审视仅在所研究的一部分联盟进行。这些审视不如年度评价那样正式而且通常不经过最高层经理;它们集中于追踪和审视战略目标和运作绩效。当被使用时,则主要是对为达到战略目标而做的运作实践变革进行审视,从而创造一个能被确认的连续改进的途径。

每周或每日审视在所有联盟中都以非正式的方式进行。这些审视由关键接触者处理,主要是用来解决问题和确认潜在的改进机会。它们对于解决或避免冲突是至关重要的,并有利于关键接触者发展紧密的工作关系。虽然程序通常在性质上是非正式的,但解决的机制常常是相当详细的。比如,不在同一地点运作的两个制造商—服务供应商的联盟中,涉及的伙伴在每一个工厂和服务供应商的客户中心或仓库设施之间都有专门的接触人员的名单。

本章小结

　　物流管理组织,是指在企业中为进行物流管理,把责任和权限体系化了的组织。在物流管理组织建立过程中,应从具体情况出发,根据物流系统管理的总体需要,体现统一指挥、分级管理原则,体现专业职能管理部门合理分工、密切协作的原则,使其成为一个有秩序、高效率的物流管理组织体系。组织结构图是描述企业组织结构的有效工具,它可以使人们了解企业的许多职能领域是如何相互关联,以及物流子职能之间是如何协调的。本章给出了制造企业的物流管理组织结构的设计方案,供有关企业参考。

复习与思考

1. 讨论企业物流组织结构和一体化物流管理之间的关系。
2. 并不存在唯一理想或最优的物流组织结构,这个观点经常被提出。你认为它是否正确? 简要说明你的观点。
3. 试分析四川长虹电器股份有限公司的物流管理组织(关于该公司的基本情况可从网站 http://www.changhong.com.cn 查阅)。
4. 对采用物流外包方案的企业,其物流管理组织应该如何设计。
5. 说明"订单处理系统是构成物流信息系统的基础"。

案例分析

☐ 成功企业的物流组织结构

　　虽然,面向企业的物流活动,没有唯一最好的组织形式,但我们还是可以从对成功企业组织结构的调查中获益。首先,作为纯粹的图形表示方式,组织结构图使人们可以了解企业的许多职能领域是如何相互关联,以及物流子职能之间是如何协调的。其次,对不同工业企业的组织图观察说明,不存在唯一的理想结构。最后,由于不同行业类型的物流活动存在共性,不同的组织图将会存在明显的类似之处。根据经验发现,物流职能应该以特定的方式进行构建或组织。

一、洛姆 & 哈斯公司的物流组织结构

洛姆 & 哈斯公司(Rohm and Haas Company)在世界 25 个国家拥有业务,是一家资产为 67 亿美元的专业化学品制造商(公司详细信息请见 http://www.rohmhass.com)。大约 40% 的销售来自北美以外。1999 年,公司收购了 LeaRonal(电子化学)和莫顿国际(Morton International,专业化学)。图 5.7 体现了它的物流活动,这是 1996 年为了将全部分销职能合并在一个供应链和物流主管下而重新组建的。公司在物流领域拥有 16 个生产点、30 个仓库和 400 名员工。洛姆 & 哈斯公司 1997 年的物流预算是 1.2 亿美元,它采用所有运输方式将其化学产品运送到世界各地分销中心。

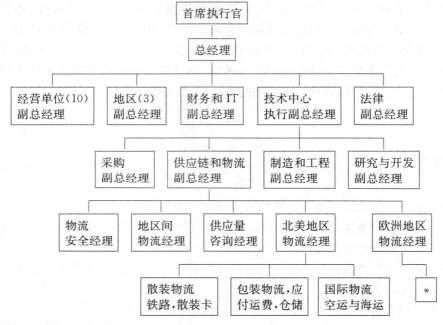

* 同样向欧洲地区物流经理汇报。

图 5.7　洛姆 & 哈斯公司的物流组织结构

二、3M 公司的物流组织结构

作为一家资产 160 亿美元,在世界 60 多个国家生产并销售其产品的创新高科技产品制造商,明尼苏达矿业制造股份有限公司(3M,公司详细信息请见 http://www.mmm.com)所采用的组织结构如图 5.8 所示。由于存在大量的分部和产品,3M 公司在全世界近 200 个国家雇用了大约 6 000 名物流员工为其客户服务。公司在美国运营 8 个仓库或分销中心,并拥有 15 个销售或订单登记点。图 5.8 显示了要向物流汇报的一些职能,包括客户服务、运输、供应链管理和国际物流。每个仓库制定其库存控制决策。整体库存管理决策(如何时、何地、存储多少产品)是生产分部的责任。以这种结构,3M 适应了在全球市场的竞争。

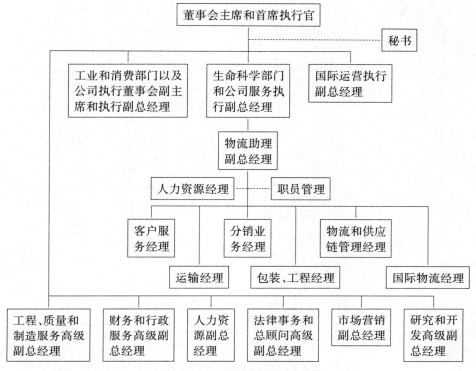

图 5.8　3M 公司的物流组织结构

资料来源：赵刚(2004)，第 119—121 页。

思考题

试通过网络寻找一到两个你认为比较好的公司的物流组织结构并作简要评说。

第二篇

物流决策篇

第二篇

昆虫学概论

第6章　物流需求预测与网络规划

本章关键词

物流需求 logistics demand
预测 forecast

物流网络规划 logistics network planning
网点选址 facility location

物流网络——物流过程中相互联系的组织与设施的集合

物流网络规划与设计是物流管理部门的一个最基本的责任。物流效率直接依赖和受限于物流的网络结构。被直接用于进行物流作业的设施的数量、规模以及地理关系等影响着向顾客提供服务的能力和成本。典型的物流设施是制造工厂、仓库、码头、物流中心、配送中心及其之间的运输条件。确定每一种设施需要多少数量、其地理位置以及各自承担的工作等,是物流网络设计的重要组成部分。

物流网络的设计需要确定承担物流工作所需的各类设施的数量和地点。对物流需求的预测就显得必不可少。市场之间在地理上存在大量差异的事实是很容易说明的,因而一个网络的设计必须考虑地理上的变化。不仅要考虑产品的销售市场分布的地理差异,类似的地理上的差异存在于材料和零部件来源的地点。当一家厂商涉及全球物流时,有关网络设计的问题就会变得更为复杂。

因为在动态的、竞争性的环境中,产品的分类、顾客的供应量,以及制造需求等都在不停地变化,所以对于不断地修正设施网络以适应供求基本结构变化的重要性怎么强调也不过分。

6.1　物流需求预测概述

物流需求预测,就是利用历史的资料和市场信息,运用适当的方法和技巧,对未来的物流需求状况进行科学的分析、估算和推断。

6.1.1　物流需求分析

因为预测的需求是所有部门(包括物流、营销、生产和财务部门)进行规划和控制的基础,所以需求预测水平对企业整体至关重要。需求的水平和需求的时间极大地影响了生产能力、资金需求和经营的总体框架。每个部门都有各自特殊的预测问题。物流部门的预测涉及需求的空间和时间特征、需求波动的幅度和随机程度。

1. 需求的空间和时间特征

需求的空间和时间特性是预测中比较常见的。需求随时间的变化归因于销售的增长或下降、需求模式季节性变化和多个其他因素导致的一般性波动。多数短期预测方法都会处理需求的这种时间变化,常常称之为时间序列。

物流有空间和时间维度,即物流管理者必须知道需求量在何处发生,何时发生。规划仓库位置、平衡物流网络中的库存水平和按地理位置分配运输资源等都需要知道需求的空间位置。所选择的预测技术必须反映影响需求模式的地理性差异。此外,先进行总需求预测,后按地理位置分解(从上至下预测法,top-down forecasting)与先对每个地点需求单独预测,再根据需要汇总(从下至上预测法,bottom-up forecasting),所需的预测技术也不同。

2. 无规律需求和规律性需求

物流管理者将产品分组,以确定不同的服务水平,或仅仅是对他们分别管理。这些不同的产品组和不同种类的产品都会随时间形成不同的需求模式。需求模式一般可以分解为趋势(trend)、季节性(seasonal)和随机性(random)因素。如果随机波动只占时间序列其余变化部分的很小比重,那么利用常用的预测方法就可以得到较好的预测结果。

如果某种产品的需求由于总体需求量偏低,需求时间和需求水平非常不确定,那么需求就是间歇式的,这样的时间序列就被称为是无规律的。刚刚进入产品线或要退出产品线的产品常常出现这种模式的需求,因为只有少数客户有需求,而且分散在不同的地区,所以每个存储点面对的需求很低,或是由对其他产品的需求派生出来的。这类需求模式利用通常的方法尤其难以预测,但这类产品可能占企业经营产品种类的 50%,因此给物流管理者提出特殊的需求预测难题。

3. 派生需求和独立需求

因物流管理者为之规划的企业经营方法的不同,需求的特点也差异巨大。在一种情况下,需求来自许多客户,这些客户多数为独立采购,采购量只构成企业分拨总量的很少一部分。此时的需求就被称作独立的需求。在另一种情况下,需求是特定生产计划要求派生出来的,这样的需求就称为是从属性的。例如,从某供应商处购买新轮胎的数量就是汽车厂要生产的新汽车量的一定倍数。这种根本差异导致了需求预测方法的不同。

如果需求是独立的,统计预测方法的效果就很好。多数短期预测模型的基本条件都是需求独立且随机。相反,派生需求模式会有很强的倾向性,而且不是随机的。

6.1.2　物流需求预测的作用

物流需求预测的作用具体体现在以下几个方面。

1. 物流需求预测是物流管理的重要手段

在物流管理活动中,我们如果能通过预测了解和把握市场的未来需求变化,就能采取有效的战略战术。比如,我们如果预测到下个月某种商品的市场需求量将有大幅度的上扬,就可以事先调整库存策略,以免到时供不应求而失去市场机会。法国的展望与预测中心学者马塞尔·巴扬指出:"在任何时候,我们都要先于竞争对手捕捉到未来技术的发展前景和消费者的要求。同时要有足够的勇气利用预测成果做出决策。许多企业家遭受失败……是没有预测或预测错误。"

2. 物流需求预测是制定物流发展战略目标的依据

通过物流需求预测,可以揭示和描述市场需求的变动趋势,勾画未来物流需求发展的轮廓,并对物流需求发展可能出现的种种情况——有利方面和不利方面,成功的机会和失败的风险——进行全面系统的分析和预见,从而为制定物流发展战略目标和方向提供依据,避免决策的片面性和局限性。有了预测作依据,我们就能"运筹于帷幄之中,决胜于千里之外"。例如,我们可以通过对客户的需求预测而了解到采取什么样的经营方针对企业更有利;我们可以通过市场预测而制定我们的网络发展战略。

3. 物流需求预测是物流管理的重要环节

物流管理按一般的意义说,就是对物流活动的计划、组织、指挥、协调、控制,就是做决策,或者说运筹。无论是计划还是决策,首先都要做到对物流发展中的诸因素心中有数,而要心中有数就必须依靠预测。因此,一切物流管理活动,首先都是从对信息的了解分析和预测入手,物流需求预测是物流管理的重要环节。

物流需求预测是物流管理的重要环节,但并不是最终的目的。物流需求预测的作用和真正价值在于指导和调节人们的物流管理活动,以便采取适当的策略和措施,谋求更大的利益。

从物流需求预测工作的内容来看,它具有相对的独立性。但从物流需求预测工作在物流管理的层次地位来看,它必须服从于计划、决策等更高管理活动层次的需要。因此,物流需求预测应按计划、决策的要求,亦即物流运筹的要求开展工作。

6.1.3　预测的基本步骤

预测,并非只是做出预计推测那一瞬间的行动,而应看作是一个过程。一般地说,预测过程包括以下几个步骤。

1. 根据预测的任务确定预测的目标

具体地说,就是按计划、决策的需要,确定预测对象、规定预测的时间期限和希望预测结果达到的精确度等。

2. 收集和分析有关资料和情报

资料和情报是预测的基础,可以从中分析得到反映预测对象特性和变动倾向的信息。原始资料必须经过加工整理,以便去伪存真,去粗取精。对资料和情报的一般要求是要准确、及时、完整和精简实用。

3. 选择预测方法并进行预测

预测者经分析研究了解预测对象的特性,同时根据各种预测方法的适用条件和性能,选择出合适的预测方法。预测方法是否选用得当,将直接影响预测的精确度和可靠性。

运用预测方法的核心,是建立描述、概括研究对象特征和变化规律的模型。定性预测的模型是指逻辑推理的程式。定量预测的模型通常是以数学关系式表示的数学模型。根据预测模型,输入有关资料、数据,即可得到预测结果。

4. 分析评价

分析评价就是对预测结果的准确性和可靠性进行验证。预测结果受到资料的质量、预测人员的分析判断能力、预测方法本身的局限性等因素的影响,未必能确切地估计预测对象的未来状态。此外,各种影响预测对象的外部因素在预测期限内也可能出现新的变化。因而要分析各种影响预测精确度的因素,研究这些因素的影响程度和范围,进而估计预测误差的大小,评价原来预测的结果。在分析评价的基础上,通常还要对原来的预测值进行修正,得到最终的预测结果。

5. 提交预测报告

预测报告应概括预测研究的主要活动过程,列出预测的目标、预测对象及有关因素的分析结论、主要资料和数据、预测方法的选择和模型的建立,以及模型预测值的评价和修正等内容。

预测报告提交上级有关部门,作为编制计划、制定决策和拟定策略的依据。

预测过程还可分为准备、实施、验证和交付决策等四个阶段。具体程序见图 6.1。

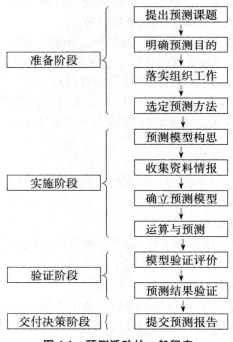

图 6.1 预测活动的一般程序

6.2　预测方法

6.2.1　预测方法总结

预测可使用的标准化方法很多。这些方法分为三类：定性法、时间序列分析法和因果分析法。每一类方法对长期和短期预测的相对准确性不同，定量分析的复杂程度不同，产生预测方法的逻辑基础不同（历史数据、专家意见或调查）。

1. 定性法

特点：主观性、判断性，基于估计与评价。

（1）市场调研（最适合的预测期：中期到长期）。通过各种不同方法（调查、面谈等）收集数据，检验市场假设是否正确。这种方法在长期预测和新产品销售预测中经常用到。

（2）小组共识（最适合的预测期：中期到长期）。会议上自由讨论。这种方法的中心思想是认为群体讨论将得出比任何个人所能得到的更好的预测结果。会议参加者可以是高级管理人员、销售人员或顾客。

（3）历史类比（最适合的预测期：中期到长期）。将所预测的对象与类似的产品相联系。利用类似产品的历史数据进行预测，这在设计开发新产品时很重要。

（4）德尔菲法（最适合的预测期：中期到长期）。由一组专家分别对问卷作回答，由组织者汇集调查结果，并形成新的调查问卷，再由该组专家重新回答。由于接受了新的信息，这对这组专家而言也是一个学习过程，而且不存在群体压力或有支配权力的个体对整个群体的影响。

2. 时间序列分析法

特点：基于事件随时间发生的历史用于预测未来。

（1）简单移动平均（最适合的预测期：短期）。将一段包含一些数据点的时间段求平均，即用该时间段所含数据点的个数去除该段内各点数据值之和。这样一来，每一点对平均值都具有相同的影响力。

（2）加权移动平均（最适合的预测期：短期）。个别点的权重可能比其他点高或低，可根据经验而定。

（3）指数平滑（最适合的预测期：短期）。最新数据的权重高于早期数据，此权重因子依指数下降。

（4）回归分析（最适合的预测期：短期到中期）。将历史性的数据按数据位随时间变化拟合为一条直线。最常用的拟合法是最小二乘法。

（5）鲍克斯—詹金斯（Box-Jenkins）法（最适合的预测期：短期到中期）。它把各种统计模型与数据结合在一起，利用贝叶斯（Bayesian）后验分布将这些模型应用于时间序列分析。

（6）希斯金（Shiskin）时间序列（最适合的预测期：短期到中期）。这是一个将时间序列分解为季节分量、趋势分量和不规则分量的有效方法。该方法需要至少三年分季节的历史数据。该方法对确定公司销售额等拐点识别问题非常奏效。

（7）趋势外推（最适合的预测期：短期到中期）。使数学方程趋势曲线与数据点相匹配，并将其外推至未来。

3. 因果分析法

特点：试图弄清预测项目的基础与环境系统情况。例如，销售量可能会受到广告、质量和竞争对手的影响。

（1）回归分析（最适合的预测期：短期到中期）。与时间序列中的最小二乘法相似，但可能包括多元变量。回归分析的基础是其他事件的发生影响了预测结果。

（2）经济模型（最适合的预测期：中期）。试图用一系列相关的方程来描述经济中的某些部门。

（3）投入产出模型（最适合的预测期：中期）。关注每一家企业对其他企业及政府的销售情况。它给出由于另一家企业的采购变化导致的某一生产企业预期销量的变化情况。

（4）先行指标（最适合的预测期：短期到中期）。统计那些与所预测的序列同方向变动，但其变动发生在所预测的序列变动之前的数据。例如，汽油价格的上涨预示着未来大型轿车销售的减少。

近年来，随着计算机应用技术的不断发展，又出现了以计算机应用为基础的预测方法，如模拟预测模型、神经网络预测模型等。

模拟预测模型是以计算机为基础的动态模拟。预测人员可以对模型中的内部变量和外部环境进行假设，根据模型中的变量，预测人员可以询问诸如如果价格上涨 10%，预测结果将如何变化，国家经济的一次轻微衰退将对预测带来什么影响等问题。

神经网络预测模型是受生物神经功能的启发而形成的数学预测模型。模型的特点是新数据到来后，模型可以进行学习。对不连续的时间序列，该方法似乎比其他时间序列模型预测得更准确。

6.2.2　指数平滑法及应用举例

短期预测中最有效的方法可能就是指数平滑法。该方法很简单，只需要得到很小的数据量就可以连续使用。指数平滑法在同类预测法中被认为是最精确的，当预测数据发生根本性变化时还可以进行自我调整。指数平滑法是移动平均法的一种，只是会给过去的观测值不一样的权重，较近期观测值的权数比较远期观测值的权数要大。

这种几何权数法可以用简单的表达式表示，表达式中只涉及最近期的预测和当期的实际需求。这样，下一期的预测需求就为：

$$下一期预测值 = \alpha（实际需求值）+ (1-\alpha)（前期的预测值）$$

其中，α 是权数，通常称作指数平滑系数，它的值介于 0 和 1 之间。需要注意的是所有历史因素的影响都包含在前期的预测值内，这样，在任何时刻只需保有一个数字就代表了需求的历史情况。

用公式表示为：

$$S_{t+1} = \alpha x_t + (1 - \alpha)S_t \tag{6.1}$$

上述方程式是用指数平滑法计算预测值的通式。式(6.1)的另一种写法可给指数平滑法提供进一步的理解。通过重新调整式(6.1)中的项目，可得

$$S_{t+1} = S_t + \alpha(x_t - S_t) \tag{6.2}$$

在这个公式中，用指数平滑法算出的新预测值，仅仅是在原预测值上加上 α 乘以原预测值误差的积。很明显，当公式中 α 值趋近于 1 时，新预测值将包含一个相当大的调整，即用前期预测中所产生的误差进行的调整。相反，当 α 值趋近于 0 时，新预测值就没有用前次预测的误差做多大调整。因此 α 值大小对预测效果的影响与在计算移动平均数时包括观察值多少对预测效果的影响相同。确定 α 值大小的有效方法就是计算不同 α 值时的预测误差。

例 6.1　根据表 6.1 给出的 1—11 月餐刀需求量的观察值，分别取 $\alpha = 0.1$，0.5，0.9，预测 12 月的餐刀需求量，并对不同的 α 值进行误差比较。

表 6.1　用指数平滑法预测 12 月份的餐刀需求量

月　份	时期	需求量的观察值	指数平滑值		
			$\alpha = 0.1$	$\alpha = 0.5$	$\alpha = 0.9$
1 月	1	2 000			
2 月	2	1 350	2 000	2 000	2 000
3 月	3	1 950	1 935	1 675	1 415
4 月	4	1 975	1 937	1 813	1 897
5 月	5	3 100	1 940	1 894	1 967
6 月	6	1 750	2 056	2 497	2 987
7 月	7	1 550	2 026	2 123	1 874
8 月	8	1 300	1 978	1 837	1 582
9 月	9	2 200	1 910	1 568	1 328
10 月	10	2 775	1 939	1 884	2 113
11 月	11	2 350	2 023	2 330	2 709
12 月	12		2 056	2 340	2 386

表 6.1 表明 α 值为 0.1、0.5 和 0.9 时所计算出来的预测值。表中最后 3 栏可用式(6.1)或式(6.2)来进行计算。只须注意，第一个时期没有前期预测值可以利用，最好能利用观察值。因此，1 935 这个数，在 $\alpha = 0.1$ 这栏是用 2 000(前期预测值)再加上 $0.1 \times (1\,350 - 2\,000)$ 来得到的。然后把这个数用来作为第三时期的预测值。α 值对前期观察值进行平滑修匀所产生的效果在表 6.1 中可以看出，较大的 α 值(0.9)对预测值的平滑作用很小，而较小的 α 值则有着相当大的平滑作用。

表 6.2 表明，此例中，较小的 α 值比较大的 α 值能给出更好的预测值。

表 6.2 指数平滑法预测误差比较

		误 差	绝对误差	误差平方
$\alpha = 0.1$	总	551	4 771	3 431 255
	平均	55	477	343 126
$\alpha = 0.5$	总	674	5 688	4 338 332
	平均	67	569	433 833
$\alpha = 0.9$	总	−423	6 127	5 034 081
	平均	−42	613	503 408

6.2.3 回归预测方法及应用举例

1. 相关与回归

世界上各种事物之间或每个事物的各个方面之间总处于两种状态,即有关系或无关系,如果把各种事物或每个事物的各个方面用最能反映其本质特征的变量来表示,那么这些变量之间也只能存在两种状态:有关系或无关系。比如,物资的需求与价格,物资的采购量与需求量,物资的采购成本与销售利润等。如果变量间有关系,那么这关系通常又可以用两种形式表现出来,这就是变量间的确定性关系与变量间的非确定性关系。

变量间的确定性关系又称为变量间的函数关系,是指一些变量之间的关系能用确定的数学公式表示,就称这些变量间有确定性关系。比如所采购物资的总额与采购该物资时的单价及数量之间就是确定性关系,再比如某企业年采购物资总数量与该年度企业每月应采购物资总量间也是确定性关系。但在市场采购活动中,各种影响采购因素间的关系极为复杂,并且时常还受一些偶然因素的影响。因此,有关采购的变量之间存在完全确定的函数关系的情况是极为少见的,大部分是在变量之间存在着某种相互联系、相互制约的关系,而这种关系又有某些不确定性,故称这些变量间存在着非确定性关系,也即相关关系。在物资采购中,例如物资的需求量与物资价格之间的关系就是非确定性的相关关系。一般而言,物资价格下降,需求量肯定上升,但我们却不能用确切的函数关系式表示每减少一个单位的价格肯定能增加多少的需求量,而只能用统计的方法表示出对某种物资每降低一个单位的价格,大约能增加多少需求量。再如物资的采购成本与销售利润之间也同样存在着非确定性的相关关系。

变量间非确定性的相关关系不能用精确的函数关系式唯一地表达,但在统计学意义上,它们之间的相关关系可以通过统计的方法给出某种函数表达方式,这种处理变量间相关关系的方法就是回归分析方法。而回归分析预测法是通过大量收集统计数据,在分析变量间非确定性关系的基础上,找出变量间的统计规律性,并用数学方法把变量间的统计规律较好地表现出来,以便进行必要的预测。

2. 一元线性回归预测法

一元线性回归预测是回归预测的基础。若预测对象只受一个主要因素影响,并且它们之间存在着明显的线性相关关系时,通常采用一元线性回归预测法。

（1）预测模型。

设变量 x 与变量 y 之间有相关关系，且当 x 确定之后，y 有某种不确定性，如果在散点图上可以看出 x 与 y 之间有线性相关关系，其相关方程为：

$$y = a + bx \tag{6.3}$$

式中：a、b——回归系数。

采用最小二乘法得到，a、b 的计算公式为：

$$b = \frac{\sum x_i y_i - n\overline{xy}}{\sum x_i^2 - n\overline{x}^2} \tag{6.4}$$

$$a = \overline{y} - b\overline{x} \tag{6.5}$$

$$\overline{x} = \frac{1}{n}\sum x_i$$

$$\overline{y} = \frac{1}{n}\sum y_i$$

例 6.2　在一场足球赛上的咖啡销售量通常是一个温度的函数，较低的温度常导致销售量增长。表 6.3 罗列了上两个季度国内球赛的温度和咖啡销售量。使用温度的线性回归作为因果关系或自变量，在表 6.3 的底部说明了它的数量关系。该回归方程（$y = 49.775 - 0.45x$）说明了温度每增加 1 华氏度（x 值增加 1），咖啡消耗量就下降 450 杯（0.450 × 1℉ × 1000 杯）。回归分析中通常都包括了相关系数，由因变量中的变化比例（例如，咖啡消耗量）乘以自变量（例如，温度）求得。相关系数的范围可以从 0 至 1，其中 1 的值表示自变量与因变量是完全相关。在本例中，温度的变化说明了咖啡消耗量变化的 88%。

表 6.3　足球赛咖啡消耗量与温度

日　期	温度（℉）	咖啡消耗（1 000 杯）	日　期	温度（℉）	咖啡消耗（1 000 杯）
9-10	65	21	10-14	40	33
9-24	42	32	10-21	56	24
10-1	58	19	11-11	25	36
10-15	32	29	11-18	30	38
10-29	28	40	$y = 49.775 - 0.45x$		$r^2 = 0.88$
11-12	20	43	其中，$y =$ 咖啡消耗量		
9-16	72	18	$x =$ 温度		
9-30	62	24	$r =$ 相关系数		

如果能够识别一种良好的关系（诸如温度与咖啡消耗量之间的关系），那么该信息就能够被用来有效地进行需求预测。在本例中，咖啡、杯子、糖和奶酪的预计需求可以利用天气预报事先确定。当能够识别诸如温度之类的主导变量时，因果预测或回归预测就能发挥良好的作用。然而，对物流应用来说，这种情况并不特别常见。如果该需求预测是基于一个单一因素的话，所做的就是简单回归分析；使用一个以上的因素时，被称作**多元**

回归。

回归预测利用了主导事件或可预见事件与独立的销售量之间的相关关系。有时，即使一贯表现出高度的相关关系，也不一定存在着相关关系，比如，产品的销售量，就不一定和一些独立的事件存在着相关关系。相关关系假定，某种主导的独立因素，先于预测的销售量，如一种相关产品的销售量。然而，销售量回归预测的最可靠的利用是建立在因果关系基础上的。既然回归预测能够有效地考虑外部的因素和事件，那么因果关系技术就更适合于长期预测或总量预测。例如，它们常被用来做出年度的或全国的销售预测。

3. 相关性检验

研究两个变量 x 与 y 之间是否存在线性相关关系，通常的办法是将独立的 n 对观测数据 $(x_1, y_1), (x_2, y_2), \cdots, (x_n, y_n)$ 在坐标上画出散点图，由直观观察进行判断。但这两个变量的线性相关程度到底有多大，却不得而知。既能判断两个变量线性相关又能回答这两个变量的线性相关程度的方法，还要借助于数理统计分析。

对两个变量的线性相关性的检验可以通过数理统计中的 F 检验和 R 检验来进行，计算回归平方和和残差平方和所占的比重。F 检验，即计算由线性因素引起的变量 y 的分散程度与由其他因素引起的变量 y 的分散程度哪个比较大一些；R 检验，即计算由线性因素引起的变量 y 的分散程度在总的变量 y 的分散程度中的比重有多大。

4. 多元线性回归预测法

在物流系统中，不仅存在一个因素作用于一个变量的情况，而且多个因素同时作用于某一变量的情况也很常见。如果对前一种情况可以用一元回归分析方法进行有关的预测，那么对后一种情况就可以用多元回归分析方法进行有关的预测。多元线性回归分析方法是一元线性回归理论与技术在多变量线性关系系统中的重要延伸，也是预测中常使用的方法。

多元线性回归分析预测法是对自变量和因变量的 n 组统计数据 $(x_{1i}, x_{2i}, \cdots, x_{ni}; y_i)(i = 1, 2, \cdots, n)$，在明确因变量 y 与各个自变量间存在线性相关关系的基础上，给出适宜的回归方程，并据此做出关于因变量 y 的发展变化趋势的预测。因此，多元线性回归分析预测法的关键是找到适宜的回归方程。

类似于一元线性回归分析，可以用线性方程

$$y = b_0 + b_1 x_1 + b_2 x_2 + \cdots + b_m x_m \tag{6.6}$$

来近似描述 y 与 $x_1, x_2, \cdots, x_n$ 之间的线性相关关系，它的参数也可以用最小二乘法进行估计。建立一个多元回归模型需要复杂的统计方法，但现在在计算机上可以使用计算机软件包来根据统计数据建立合适的多元回归方程，这样就会方便许多。

回归分析预测法是利用变量间因果关系进行预测的重要方法之一，除了线性回归分析预测法外，还有非线性回归分析预测法。

为了使预测结果比较切合实际，提高预测质量，为决策和计划提供可靠的依据，通常是将定性预测和定量预测两种预测方法相结合。

在物流需求预测中,由于企业中的物流人员经常做的是为编制短期计划所需的物流需求预测,因此常用时间序列法和回归分析法。

6.2.4 聚焦预测方法及应用举例

聚焦预测由伯尼·史密斯(Bernie Smith)首创。他主要将此方法应用于成品库存管理。

1. 聚焦预测方法论

聚焦预测就是根据某些规则进行简单试算,这些规则较符合逻辑,并已将其历史数据外推至未来的过程易于理解。在计算机模拟程序中分别应用所有这些规则进行实际外推需求计算,然后通过将结果与实际需求对比,衡量出运用这些规则来预测的效果如何。由此可见,聚焦预测系统的两个要素是:(1)有一些简单的预测规则;(2)利用历史数据对预测规则进行计算机模拟。

下面是一些简单、符合一般常识的规则,可验证这些规则并确定取舍。预测规则示例可能包括:

(1)过去 3 个月内的销量为未来 3 个月内的可能销量;

(2)去年某 3 个月内的销量为今年同期的可能销量(这也可以解释季节效应);

(3)未来 3 个月内的销量可能比过去 3 个月增加 10%;

(4)未来 3 个月内的销量可能比去年同期增加 50%;

(5)今年某前 3 个月销量的变化率(与去年同期相比)等于其后 3 个月销量的变化率。

上述规则并非固定不变,如果又出现适用的新规则,则将它补充进去。如果某一规则不再适用,则将它剔除。

聚焦预测的第二部分是计算机模拟。要使用该系统,历史数据必须已知,比如已知 18—24 个月的数据。然后分别照上述规则进行模拟,预测最近期的历史数据,预测结果最好的那条规则便可用于预测未来。

例 6.3 平底烤锅的单位需求预测。表 6.4 所示为一种平底烤锅在某 18 个月内的单位需求情况,试推测 7 月、8 月和 9 月的需求量,并将结果与稍后给出的实际需求相对比。

表 6.4 需求情况

月份	去年	今年	月份	去年	今年
1	6	72	7	167	
2	212	90	8	159	
3	378	108	9	201	
4	129	134	10	153	
5	163	92	11	76	
6	96	137	12	30	

解:为简明起见,我们仅用规则 1 和规则 5 来说明这一方法。实际预测时,应全部试

用上述所有规则。

聚焦预测时,首先试用规则1,即过去3个月内的销量即为未来3个月的可能销量。(文中需求量和销量可互换,我们假定需求量在实际销量相等处达到最大。)我们先以过去3个月的值来检验这条规则:

$$预测值(4月+5月+6月)=需求量(1月+2月+3月)$$
$$=72+90+108=270$$

由于实际需求量为363(134+92+137),所以预测结果为实际需求的270/363=74%。换言之,预测结果偏低了26%。

接下来验证规则5,即今年前3个月销量的变化率(与去年同期相比)等于其后3个月销量的变化率。

$$预测值(4月+5月+6月)=[今年的需求量(1月+2月+3月)/去年的需求量(1月+$$
$$2月+3月)]\times去年的需求量(4月+5月+6月)$$
$$=[(70+90+108)/(6+212+378)]\times(129+163+96)$$
$$=(270/596)\times388$$
$$=175.77$$

今年4月、5月和6月的实际需求量之和为363,因此,预测为实际需求的175/363,即仅为实际需求的48%。

由于规则1比规则5更好地预测了过去3个月的需求,所以我们用它来预测今年7月、8月和9月的需求。规则1认为过去3个月内的销量为未来3个月的可能销量。

$$预测值(7月+8月+9月)=需求量(4月+5月+6月)$$
$$=134+92+137=363$$

由表6.5可知,今年7月、8月和9月的实际需求之和357。表6.5还列出了今年各月份的历史需求数据以及与之相应的去年同期销售情况。

表 6.5　预测结果

月份	去年	今年	月份	去年	今年
1	6	72	7	167	120
2	212	90	8	159	151
3	378	108	9	201	86
4	129	134	10	153	113
5	163	92	11	76	97
6	96	137	12	30	40

根据聚焦预测得出结果后,再由买方和负责管理产品的库存控制人员检查或修改(如有必要)。根据计算机的预测结果,他们能知道所用的预测方法,如果不能就所用的预测方法达成一致,他们会接受或修改预测结果。史密斯指出,8%的预测结果被买方修改了,

因为这些人了解某些计算机未曾考虑到的因素(比如先前某次需求量增大的原因,以及由于竞争对手推出替代品造成的下一期预测结果偏高等)。

史密斯还提到,在他应用各种指数平滑法(包括适应型平滑)进行预测模拟时,聚焦预测给出的结果比其他方法好得多。

2. 聚焦预测系统的开发

下面是开发聚焦预测系统的几条建议。

(1) 不要试图添加季节指数。让预测系统自己找出季节性,对新产品而言尤其如此。因为只有当历年数据已知、系统已达稳态时,季节性才是适用的。预测规则可以解决这一问题。

(2) 如果预测值异常偏高或偏低(比如,当季节性因素存在时,预测值为上一期或上年的两倍或三倍),则标出一个指示符号(如字母 R),以通知受此需求影响的人修正预测结果。切勿随意舍弃这类需求异常值,因为它可能是对需求类型的有效响应。

(3) 让那些未来进行预测活动的人(如买方或库存计划员)参与创建预测规则。史密斯与其公司的全部买主进行了一项"你能否估算自己的聚焦预测值"的活动,利用两年的数据和 2 000 种产品,用聚焦预测法对过去某个月作预测。买主被要求用任何一种他们所偏好的规则进行预测,如果他们所用的规则始终优于已有规则,则将之补充到规则列表中。

(4) 确保规则简洁明了,通俗易懂并为预测人员信赖。

总之,如果需求是独立于系统产生的,比如预测末端产品需求、零配件以及用于众多产品的原材料和零件,聚焦预测有着明显的优越之处。

6.2.5　预测误差

在预测中,使预测的结果能够尽量与实际情况相符合,是所有预测方法的根本目的。预测结果与实际情况是否相符合的标志就是通过对预测结果与实际情况相比较,得到两者的偏差结果,分析偏差的多少及产生原因,并作为反馈信号以调整和改进所使用的预测模型,使预测的结果与实际情况更相符合。这里的偏差,称之为预测误差,这里的计算、分析、反馈、调整过程,称之为误差分析。

1. 产生误差的原因

预测是要研究事物发展的客观规律,但经过预测得到的规律并不是实际的客观规律,充其量它只是事物过去的规律。即便是在此基础上参照现在的情况推断出来的未来,也毕竟不是现实的未来。事物总是发展变化的,事物的未来是不确定的,它可能发生,也可能不发生,即使发生了,在范围和程度上也很可能与事先的推断有较大的出入。因此,误差在预测中是不可避免的。通常将实际值与预测值之间的差别定义为预测值的误差,表示为

$$e_i = x_i - x_i' \tag{6.7}$$

式中:x_i——第 i 时刻的实际值;

x_i'——第 i 时刻的预测值；

e_i——第 i 时刻的预测误差。

在预测过程中，误差产生的原因是多方面的，主要有：

（1）用于预测的信息与资料引起的误差。物流需求预测的信息与资料是通过市场调查得到的，它是进行预测的基础，质量优劣对预测的结果有直接的影响。对信息与资料的一般要求是系统、完整并真实可靠，否则会产生预测误差。

（2）预测方法及预测参数引起的误差。预测是对实际过程的近似描述，同时预测中使用的参数仅仅是对真实参数的近似，不同的预测方法或同一预测方法，使用不同的预测参数，其误差大小是不一样的。因此选择适宜的预测方法及预测参数是减少预测误差的关键之一。为了获得较好的预测结果，人们通常采用多种预测方法或多个预测参数进行多次预测计算。然后用综合评价方法找到实际变动线的最佳趋势预测线或确定最佳的预测方法及预测参数。

（3）预测期间的长短引起的误差。预测是根据已知的历史及现实而对未来的描述，但未来是不确定的，影响未来的环境和条件也会与历史及现实有所不同，如果差异很大而预测过程中没有估计到，就必然会产生误差。一般预测的期间越长误差越大，减少误差的办法是重视对事物的未来环境与条件的分析，重视事物的转折点并加强对信息与资料的收集与分析整理。

（4）预测者的主观判断引起的误差。预测者的知识、经验和判断能力对预测结果也有很大影响。因为无论是预测目标的制定，信息与资料的收集整理，还是预测方法的选择，预测参数的确定以及对预测结果的分析都需要有预测者的主观判断。要减少误差就要求预测者具备广泛的知识、丰富的经验、敏锐的观察能力和思考能力，以及精确的判断能力。

2. 误差的一般计算方法

根据误差的定义，误差的计算方法也有许多，最一般的方法是式(6.7)所表示的方法。另外，常用的误差计算方法还有以下几种。

（1）平均误差。几个预测值的误差的平均值称为平均误差。记为 MD，其计算方法为：

$$MD = \frac{1}{n}\sum e_i = \frac{1}{n}\sum(x_i - x_i') \tag{6.8}$$

由于每个 e 值有正有负，求代数和有时会相互抵消，所以 MD 无法精确地显示误差。

（2）平均绝对误差。几个预测值的误差绝对值的平均值称为平均绝对误差。记为 MAD，其计算方法为：

$$MAD = \frac{1}{n}\sum |e_i| = \frac{1}{n}\sum |x_i - x_i'| \tag{6.9}$$

公式中由于每个项为正值，因而弥补了式(6.8)的缺点。

（3）相对误差平均值。几个预测值相对误差的平均值称为相对误差平均值。其计算方法为：

$$\frac{1}{n}\sum e_i' = \frac{1}{n}\sum \frac{x_i - x_i'}{x_i} \tag{6.10}$$

式中 e_i'——预测值的相对误差。

式(6.10)与式(6.8)有同样的缺点。

(4) 相对误差绝对值平均值。几个预测值相对误差绝对值的平均值称为相对误差绝对值平均值,其计算方法为:

$$\frac{1}{n}\sum |e_i'| = \frac{1}{n}\sum \left| \frac{x_i - x_i'}{x_i} \right| \tag{6.11}$$

(5) 均方差。几个预测值误差平方和的平均值称为均方差,记为 S^2,其计算方法为:

$$S^2 = \frac{1}{n}\sum e_i^2 = \frac{1}{n}\sum (x_i - x_i')^2 \tag{6.12}$$

(6) 标准差。均方差的方根称为标准差,记为 S,其计算方法为:

$$S = \sqrt{\frac{1}{n}\sum e_i^2} = \sqrt{\frac{1}{n}\sum (x_i - x_i')^2} \tag{6.13}$$

在以上几种误差计算方法中均方差和标准差计算最为常用。

6.3　物流网点选址问题及方法

固定设施在整个物流网络中的选址是一个十分重要的决策问题,它决定了整个物流系统的模式、结构和形状。而物流系统的模式、结构和形状直接影响物流系统运作中可选用的方法及其相关成本。

选址决策包括确定所使用设施的数量、位置和规模。这些设施包括网络中的各种节点(如工厂、港口、供应商、仓库、零售店和服务中心)——是物流网络内货物运往最终消费者过程中临时经停的地方。

设施选址方法的研究发展已成为一个受人关注的研究领域。

物流网点选址问题的描述:假设工厂的位置已经确定,而且它的生产能力能够充分满足市场的需要,同时,各零售店或者用户的位置和销售量也已经确定;并假设,从工厂到物流中心(网点)所需要的运输费用为 F,从物流中心到零售点和用户的发送费用为 D,经营物流中心所需要的管理费用是 M,模型的总的物流费用 C 表示,即

$$C = F + D + M \tag{6.14}$$

现在求解物流网点最佳地点的问题就成为要使式(6.14)所表示的总物流费用最小。为此,要确定:

(1) 物流中心的数目;

(2) 各个物流中心的位置;

(3) 各个物流中心的规模。

6.3.1　选址问题的分类

在对选址方法进行讨论之前,将问题划分成几种类型会对我们有所帮助。

1. 按驱动力划分

在决定设施定位的因素中,通常某一个因素会比其他因素更重要。在工厂和仓库选址中,最重要的因素一般是经济因素。

零售选址时,地点带来的收入往往起决定性作用,地点带来的收入减去场地成本就得到该地点的赢利能力。

而在服务设施(医院、自动化银行、慈善捐赠中心或维护设施)的选址中,到达的容易程度则可能是首要的选址要素,在收入和成本难以确定时尤其如此。

2. 按设施的数量划分

单一设施的选址与同时对多个设施选址是截然不同的两个问题。单一设施选址无须考虑竞争力、设施之间需求的分配、集中库存的效果、设施的成本。运输成本是要考虑的首要因素。

3. 按选择的离散程度划分

有些方法考察一个连续空间内所有可能的点,并选择其中最优的一个。这就是我们所说的连续选址法(continuous location methods)。

另一种方法是在一系列可能方案中做出选择,这些方案事先已经过了合理性分析。这种方法就是离散选址法(discrete location methods)。后者在实践中更为常用,主要针对多设施选址。

4. 按数据的集成程度划分

选址问题往往涉及对众多网络设计布局的评估。为了控制问题的规模以便求解,在解决实际选址问题时一般有必要使用集成的数据关系(aggregation data relationships)。

由于该方法精度有限,所以只能将设施定位在某较大的地理范围内(如整个城市)。

另一方面,较少使用数据集成的方法,尤其是场地选址法,就能够对只隔一条城市街道的不同位置加以区别。

后者在零售业选址和对工厂、仓库的最终位置做选择时尤其重要。

5. 按时间难度划分

选址方法的性质可以是静态的,也可以是动态的。换句话说,静态方法以某单一时期(如一年)的数据为基础进行选址。

然而,选址规划也可能一次跨越多年。若设施是固定投资,且从一地迁向另一地的成本很高,则尤其如此。用于多个阶段选址规划的方法被称为动态方法。

6.3.2　选址的方法

近年来,选址理论迅速发展。特别是计算机的应用,促进了物流系统选址的理论发展,对不同方案的可行性分析提供了强有力的工具。

选址的方法大体上有以下几类。

1. 专家选择法

专家选择法是以专家为索取信息的对象,运用专家的知识和经验,考虑选址对象的社会环境和客观背景,直观地对选址对象进行综合分析研究,寻求其特性和发展规律,并进行选择的一类选址方法。

专家选择法中最常用的有因素评分法和德尔菲法。

2. 解析法

它是通过数学模型进行物流网点布局的方法。采用这种方法首先根据问题的特征、外部条件以及内在的联系建立数学模型或者图的模型,然后对模型求解,获得最佳布局方案。采用这种方法的优点是能够获得较为精确的最优解,缺点是对一些复杂问题建立恰当的模型比较困难,因而在实际应用中受到很大的限制。

解析法中最常用的有重心法和线性规划法。

3. 模拟方法

该种方法是将实际问题用数学方法和逻辑关系表示出来,然后通过模拟计算及逻辑推理确定最佳布局方案。这种方法的优点是比较简单,缺点是选用这种方法进行选址,分析者必须提供预定的各种网点组合方案以供分析评价,从中找出最佳组合。因此,决策的效果依赖于分析者预定的组合方案是否接近最佳方案。

4. 启发式的方法

该法是针对模型的求解而言的,是一种逐次逼近的方法。对这种方法的进行反复判断,实践修正,直到满意为止。该种方法的优点是模型简单,需要进行方案组合的个数少,因而容易寻求最佳的答案。缺点是这种方法得出的答案很难保证是最优化的,一般情况下只能得到满意的近似解。

用启发式进行选址,一般包括以下步骤:

(1) 定义一个计算总费用的方法;

(2) 制定评判准则;

(3) 规定方案改进的途径;

(4) 给出初始方案;

(5) 迭代求解。

6.4　单个网点选址

单个网点选址是指计划区域内设置网点的数目唯一的物流网点选址问题。

6.4.1　因素评分法

因素评分法在常用的选址方法中也许是使用得最广泛的一种,因为它以简单易懂的模式将各种不同因素综合起来。每一个备选地点都按因素计分,在允许的范围内给出一个分值。然后将每一地点各因素的得分相加,求出总分后加以比较。得分最多的地点中选。

使用因素评分法选址的步骤如下:

（1）给出备选地点；

（2）列出影响选址的各个因素；

（3）给出每个因素的分值范围；

（4）由专家对各个备选地点就各个因素评分；

（5）将每一地点各因素的得分相加，求出总分后加以比较，得分最多的地点中选。

表 6.6 给出了某选址问题中影响选址的每个因素及其分值范围。

表 6.6　影响选址的每个因素及其分值范围

影响因素	分值范围	影响因素	分值范围
区域内能源情况	0—330	供水	0—10
动力的可用性和供应稳定性	0—200	气候	0—50
劳动力环境	0—100	供应商情况	0—60
生活条件	0—100	税收政策和有关法律法规	0—20
交通运输情况	0—50		

这种简单的因素评分法存在的最大的一个问题是：这种方法没有将每种因素所关联的成本考虑在内。例如，对某个影响因素来说，最好和最坏的地址之间只有几百元的区别，而对另一个影响因素来说，好坏之间可能就有几千元的差别。第一个因素可能分值最高，但对选址决策帮助不大；第二个因素分值不高，但能反映各个地址的区别。为了解决这个问题，有人建议将每一因素的分值根据权重来确定，而权重则要根据成本的标准差来确定，而不是根据成本值来确定。这样就把相关的成本考虑进来了。

6.4.2　重心法

重心法是将物流系统的需求点看成是分布在某一平面范围内的物体系统，各点的需求量和资源量分别看成是物体的重量，物体系统的重心将作为物流网点的最佳设置点，利用确定物体中心的方法来确定物流网点的位置。具体过程如下。

设在某计划区域内，有 n 个资源点和需求点，各点的资源量或需求量为 $W_j (j = 1, 2, \cdots, n)$，它们各自的坐标是 $(x_j, y_j)(j = 1, 2, \cdots, n)$。该网络用图 6.2 表示。

在计划区域内准备设置一个配送中心，设该配送中心的坐标是(x, y)，配送中心至资源点或需求点的运费率是 C_j。根据求平面中物体重心的方法，可以得到：

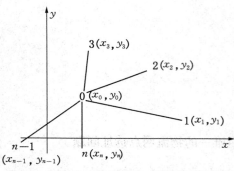

图 6.2　配送中心与资源点、需求点坐标网络

$$
\begin{cases}
\bar{x} = \sum_{j=1}^{n} C_j W_j x_j \Big/ \sum_{j=1}^{n} C_j W_j \\
\bar{y} = \sum_{j=1}^{n} C_j W_j y_j \Big/ \sum_{j=1}^{n} C_j W_j
\end{cases}
\tag{6.15}
$$

代入数值,实际求得$(\bar{x}, \bar{y})$的值,即为所求得配送网点位置的坐标。

必须指出的是,通过上述方法求得的配送中心坐标还不是最优的,因为它没有考虑设置一个配送中心后现有资源点和需求点之间将不再直接联系而要通过该配送中心中转,运输距离将发生变化,从而运输成本也将变化。所以必须将以上方法加以如下优化。

假设配送中心的地理坐标是(x_0, y_0)。配送中心到资源点或者需求点的发送费用为C_j,总的发送费用为D,则有:

$$D = \sum_{j=1}^{n} C_j \tag{6.16}$$

而C_j又可以用下面的式子来表示:

$$C_j = r_j W_j d_j \tag{6.17}$$

式(6.17)中:r_j——从配送中心到资源点或者需求点的发送费率(即每 1 千米的单位吨的发送费);

W_j——资源点的供应量或者需求点的发送量;

d_j——从配送中心到资源点或者需求点的直线距离。

其中,d_j也可以写成如下形式:

$$d_j = [(x_0 - x_j)^2 - (y_0 - y_j)^2]^{1/2} \tag{6.18}$$

把方程式(6.18)代入(6.17),得到:

$$D = \sum_{j=1}^{n} r_j W_j d_j \tag{6.19}$$

从方程式(6.19)和方程式(6.16)可以求得使D为最小的(x_0, y_0)。解决问题的方法是根据x_0和y_0的一阶偏导数为零的原理求解的,计算公式如下:

$$\frac{\partial D}{\partial x_0} = \sum_{j=1}^{n} r_j W_j (x_0 - x_j)/d_j = 0 \tag{6.20}$$

$$\frac{\partial D}{\partial y_0} = \sum_{j=1}^{n} r_j W_j (y_0 - y_j)/d_j = 0 \tag{6.21}$$

从方程式(6.20)和(6.21)中可以求得最适合的x_0和y_0,即:

$$x_0 = \frac{\sum_{j=1}^{n} r_j W_j x_j/d_j}{\sum_{j=1}^{n} r_j W_j/d_j} \tag{6.22}$$

$$y_0 = \frac{\sum_{j=1}^{n} r_j W_j y_j/d_j}{\sum_{j=1}^{n} r_j W_j/d_j} \tag{6.23}$$

方程式的求解方法:

方程式(6.22)和(6.23)的右边还含有未知数(x_0,y_0),如果从两个方程式的右边完全消除x_0和y_0,计算将会很复杂,计算量也很大。因此,可以采用迭代的方法进行计算。用迭代方法计算的方法如下:

(1) 给出配送中心的初始位置坐标(x_0^0,y_0^0),可用重心公式计算得出的结果作为初始解代入;

(2) 利用方程式(6.16)和(6.17)计算与(x_0^0,y_0^0)相应的总的运输发送费用D^0;

(3) 把(x_0^0,y_0^0)分别代入方程式(6.16)、(6.20)和(6.21)中,计算配送中心的改善地点(x_0^1,y_0^1);

(4) 利用方程式(6.16)和(6.17)计算相对应的总的运输发送费用D^1;

(5) 把D^1和D^0进行比较,如果$D^1 \geqslant D^0$,则说明(x_0^0,y_0^0)就是最优化解。如果$D^1 < D^0$,则说明计算结果得到改善,并且有待更进一步优化,于是返回第三步做进一步的计算,再把(x_0^1,y_0^1)代入方程式(6.16)、(6.20)和(6.21)中,计算配送中心的再改善地点(x_0^2,y_0^2)。

这样反复计算下去,直到$D^{n+1} \geqslant D^n$,求得最优化解(x_0^n,y_0^n)为止。

上述研究表明,用迭代方法进行物流中心选择的关键是给出物流中心的初始位置。本文中将各个资源供应点或者需求点的地理重心作为初始地点;在实际应用中,也可以选用任意初始地点的方法;还可以根据各供应点或者需求点的位置和物资的需求、供应量的分布状况选取初始地点。初始地点的确定方法是可以完全不同的,没有一般的确定初始地点的统一规则,但根据地理位置中心来确定初始地点的方法还是比较可取的,它可以减少计算量,降低盲目性。

下面举例说明迭代法选址模型。

例 6.4 如表 6.7 中,有四个零售点的坐标和物资需要量。

表 6.7 四个零售点的数据

零售点	物资需求量 W_j（吨）	运输费率 r_j	坐标 x_j	坐标 y_j
1	2	5	2	2
2	3	5	11	3
3	2.5	5	10	8
4	1	5	4	9

第一步,按照各零售点销售货物的重量,求四个零售点所构成的四边形的重心,重心的坐标$(\bar{x},\bar{y})$可以用下面的方程式求得:

$$\bar{x} = \sum_j r_j W_j x_j / \sum_j r_j W_j \tag{6.24}$$

$$\bar{y} = \sum_j r_j W_j y_j / \sum_j r_j W_j \tag{6.25}$$

在这个举例中,假设r_j是相同的,所以在方程式(6.24)和(6.25)中可以消除r_j。用表

(6.7)中的数据求$(\bar{x}, \bar{y})$可得：

$$\bar{x} = \frac{2 \times 2 + 3 \times 11 + 2.5 \times 10 + 1 \times 4}{2 + 3 + 2.5 + 1} \approx 7.8$$

$$\bar{y} = \frac{2 \times 2 + 3 \times 3 + 2.5 \times 8 + 1 \times 9}{2 + 3 + 2.5 + 1} \approx 4.9$$

故四个零售点的重心是(7.8，4.9)。然后再把这个坐标作为初始地点(x_0^0, y_0^0)，用迭代法来改善它，使总的发送费用最小。

按照步骤(2)求D^0。首先根据方程式(6.18)计算，得到：

$$d_1 = [(7.8 - 2)^2 + (4.9 - 2)^2]^{1/2} = 6.5$$

$$d_2 = [(7.8 - 11)^2 + (4.9 + 3)^2]^{1/2} = 3.7$$

$$d_3 = [(7.8 - 10)^2 + (4.9 - 8)^2]^{1/2} = 3.8$$

$$d_4 = [(7.8 - 4)^2 + (4.9 - 9)^2]^{1/2} = 5.6$$

然后，由方程式(6.19)，得到：

$$D^0 = (2 \times 6.5 + 3 \times 3.7 + 2.5 \times 3.8 + 1 \times 5.6) \times 5 = 196$$

按照步骤(3)求(x_0^1, y_0^1)，得到：

$$x_0^1 = \frac{2 \times 2/6.5 + 3 \times 11/3.7 + 2.5 \times 10/3.8 + 1 \times 4/5.6}{2/6.5 + 3/3.7 + 2.5/3.8 + 1/5.6} = 8.6$$

$$y_0^1 = \frac{2 \times 2/6.5 + 3 \times 3/3.7 + 2.5 \times 8/3.8 + 1 \times 9/5.6}{2/6.5 + 3/3.7 + 2.5/3.8 + 1/5.6} = 5.1$$

按照步骤(4)，用改善的地点(8.6，5.1)计算各d_j和D^1：

$$d_1 = [(8.6 - 2)^2 + (5.1 - 2)^2]^{1/2} = 7.3$$

$$d_2 = [(8.6 - 11)^2 + (5.1 + 3)^2]^{1/2} = 3.2$$

$$d_3 = [(8.6 - 10)^2 + (5.1 - 8)^2]^{1/2} = 3.0$$

$$d_4 = [(8.6 - 4)^2 + (5.1 - 9)^2]^{1/2} = 6$$

因为$D^1 = 191 < D^0 = 196$，所以应返回步骤(3)计算(x_0^2, y_0^2)：

$$x_0^2 = \frac{2 \times 2/7.3 + 3 \times 11/3.2 + 2.5 \times 10/3.2 + 1 \times 4/6}{2/7.3 + 3/3.2 + 2.5/3.2 + 1/6} = 9.0$$

$$y_0^2 = \frac{2 \times 2/7.3 + 3 \times 3/3.2 + 2.5 \times 8/3.2 + 1 \times 9/6}{2/7.3 + 3/3.2 + 2.5/3.2 + 1/6} = 5.2$$

再按照步骤(4)，对改善的地点(9.0，5.2)计算各d_j和D^2：

$$d_1 = [(9 - 2)^2 + (5.2 - 2)^2]^{1/2} = 7.7$$

$$d_2 = [(8.6 - 11)^2 + (5.1 - 3)^2]^{1/2} = 3.0$$

$$d_3 = [(8.6 - 10)^2 + (5.1 - 8)^2]^{1/2} = 3.0$$

$$d_4 = [(8.6 - 4)^2 + (5.1 - 9)^2]^{1/2} = 6.3$$

现有 $D^2=191=D^1$。 $D^2=(2\times7.3+3\times3.0+2.5\times3.0+1\times6.3)\times5=191$ 由于这个计算是取一位小数,所以 D^1 和 D^2 的比较不太严密,但是,可以知道 (x_0^1, y_0^1) 已经接近于最优化解。现在把这个迭代步骤归纳为表 6.8,最后所求得的最佳地点是(8.6,5.1)。

表 6.8 迭代计算的结果

计算次数	配送中心的选定地点	总运输发送费
0	(7.8,4.0)	196
1	(8.6,5.1)	191
2	(9.0,5.2)	191

重心法尽管理论上能够求得比较精确的最优化结果,但是在现实的工作中,却不一定容易实现。首先,在精确的最优化解的位置上,由于其他因素的影响,决策者考虑其他因素后,有时不得不放弃这一最优化解的结果,而去选择现实中满意的其他方案。其次,在该模型中将距离用坐标来表示,这样就把运输费用看成是两点间直线距离的函数,这一点与实际是不相符的,虽然可通过在距离计算公式中增加一个调整系数来加以修正,但系数的合理选取还是有一定的难度。最后,当供给点和需求点同在一个系统中时,求得的"重心"的最优性是在供给点必须通过该"重心"再到达需求点的前提下取得的,而事实上,这个前提并不是真正必须的,在很多情况下,由于明显的不合理性而会对结果进行调整,调整的结果就难以保证其最优性。

6.5 多个网点选址

在我们现实的物流系统中,单个网点的选址规划是很少的,大量存在的网点选址是多个的,即在某计划区域内设置多个物流网点,多个网点选址的方法又可以分为两种类型,一类是物流网点无限制的情况,另一类是物流网点有限制的情况。实际上,物流网点有限制的情况只需要在模型中增加一个网点数目的限制约束就可以了。

6.5.1 多个网点单品种选址决策的数学模型

这种模型的方法只考虑一种物资,其网络结构如图 6.3 所示。

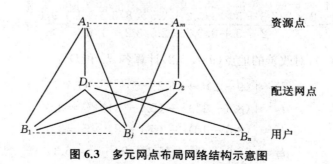

图 6.3 多元网点布局网络结构示意图

假设 F 为网点布局方案的总成本,根据网点布局的概念,应使总成本最低,于是有目标函数:

$$\min F = \sum_{i=1}^{m}\sum_{k=1}^{q}C_{ik}^{x}X_{ik} + \sum_{k=1}^{q}\sum_{j=1}^{n}C_{kj}^{y}Y_{kj} + \sum_{i=1}^{m}\sum_{j=1}^{n}C_{ij}^{z}Z_{ij} + \sum_{k=1}^{q}\left(F_{k}W_{k} + C_{k}\sum_{i=1}^{m}X_{ik}\right)$$

(6.26)

方程式中:

X_{ik}——备选网点 k 从资源点 i 进货的数量;

Y_{kj}——用户 j 从备选网点 k 中转进货的数量;

Z_{ij}——用户 j 从资源点 i 直达进货的数量;

W_{k}——备选网点 k 是否得选中的决策变量;

C_{ik}^{x}——备选网点 k 从资源点 i 进货的单位物资进货费率;

C_{kj}^{y}——备选网点 k 向用户 j 供货的单位物资发送费率;

C_{ij}^{z}——用户 j 从资源点 i 直达进货的单位物资进货费率;

F_{k}——备选网点 k 选中后的基建投资费用;

C_{k}——备选网点 k 中转单位物资的仓库管理费用。

在这个模型中,各个资源点调出的物资总量不大于该资源点的生产、供应能力,各个用户调运进来的物资总量不小于它的需求量,则有如下的约束条件存在:

$$\sum_{k=1}^{q}X_{ik} + \sum_{j=1}^{n}Z_{ij} \leqslant a_{i} \quad i=1,2,\cdots,m$$

(6.27)

$$\sum_{k=1}^{q}Y_{kj} + \sum_{i=1}^{m}Z_{ij} \geqslant b_{j} \quad j=1,2,\cdots,n$$

(6.28)

其中:

a_{i}——各资源点的供应总量;

b_{j}——各用户的需求量。

对于任一物流网点,由于它既不能生产物资,也不消耗物资,因此每个物流网点调进的物资总量应等于调出物资的总量,根据这一点,有如下的约束条件存在:

$$\sum_{i=1}^{m}X_{ik} = \sum_{j=1}^{n}Y_{kj} \quad k=1,2,\cdots,q$$

(6.29)

另外,网点布局经过优化求解后的结果,可能有的备选地址被选中,而另外的一些被淘汰。被淘汰的备选网点,经过它中转的物资数量为零。这一条件可由下面的约束条件满足:

$$\sum_{i=1}^{m}X_{ik} - MW_{k} \leqslant 0$$

(6.30)

其中:

$$W_{k} = \begin{cases} 1 & k \text{ 点被选中} \\ 0 & k \text{ 点被淘汰} \end{cases}$$

方程式中 M 是一个相当大的正数。由于 X_{ik} 是物资调运量,不可能小于零,故当 W_k 为零时,$X_{ik}=0$ 成立;当 W_k 为 1 时,M 是一个相当大的正数;MW_k 足够大,X_{ik} 为一有限值,所以不等式成立。

综上所述,可以写出多元单品种物流网点布局的数学模型如下:

$$\min F = \sum_{i=1}^{m}\sum_{k=1}^{q}C_{ik}^{r}X_{ik} + \sum_{k=1}^{q}\sum_{j=1}^{n}C_{kj}^{y}Y_{kj} + \sum_{i=1}^{m}\sum_{j=1}^{n}C_{ij}^{z}Z_{ij} + \sum_{k=1}^{q}\left(F_kW_k + C_k\sum_{i=1}^{m}X_{ik}\right)$$

(6.31)

$$\sum_{k=1}^{q}X_{ik} + \sum_{j=1}^{n}Z_{ij} \leqslant a_i \quad i=1,2,\cdots,m$$

$$\sum_{k=1}^{q}Y_{kj} + \sum_{i=1}^{m}Z_{ij} \geqslant b_j \quad j=1,2,\cdots,n$$

$$\sum_{i=1}^{m}X_{ik} = \sum_{j=1}^{n}Y_{kj} \quad k=1,2,\cdots,q$$

$$\sum_{i=1}^{m}X_{ik} - MW_k \leqslant 0$$

$$W_k = \begin{cases} 1 & k \text{ 点被选中} \\ 0 & k \text{ 点被淘汰} \end{cases}$$

$$X_{ik}, Y_{kj}, Z_{ij} \geqslant 0$$

这是一个混合整数规划的数学模型,解这个模型可以求得 X_{ik},Y_{kj},Z_{ij} 和 W_k 的值。X_{ik} 表示了网点 k 的进货来源,$\sum_{i=1}^{m}X_{ik}$ 决定了该网点的规模;Y_{kj} 表示了网点 k 与用户的供求关系与供货量,相应地也就知道了该网点的供货范围;而 $\sum_{i=1}^{m}Z_{ij}$ 表示直达供货部分,$\sum_{k=1}^{q}W_k$ 为计划区域内应布局网点的数目。

6.5.2 多个网点多品种选址决策的数学模型

所谓多个网点多品种的选址问题是指有多个物流网点、多种配送物资的情况下的物流网点选址,这种情况下的物流网点布局更加接近实际情况。

从理论上讲,多个网点多品种问题的解决方法只需在单品种问题中增加多品种的因素就够了。但是,从实际情况来看,各个品种都要按照各自的优化方案选择中转点,因此同一用户可能会需要同类不同品种的物资,他们将分别从几个不同的网点进货,这就会造成使某些需求量不多的物资的运输工具的利用率降低、运输成本增大的现象。

上面分析的情况表明,无论是用户自己派车提货,还是由物资供应部门组织配送,其效果都是不经济的,对实行物资的计划管理也是不利的因素。因此,为了尽可能地降低成本,就有必要将用户所需同类不同品种的物资的进货进行相对的集中,希望从某一个网点进货的数量应有一个最低的限额。

假设计划区域内需设置 p 种物资的流通网点,引入表示品种的下标 $l(l=1, 2, \cdots, p)$。考虑用户 j 从网点 k 进货的最低下限,根据用户的需求情况设为 E_j。由此对模型进行修正,可以得到多个网点多品种选址的数学模型如下:

$$\min F = \sum_{l=1}^{p}\sum_{i=1}^{m}\sum_{k=1}^{q} C_{lik}^{r} X_{lik} + \sum_{l=1}^{p}\sum_{k=1}^{q}\sum_{j=1}^{n} C_{lkj}^{y} Y_{lkj} + \sum_{l=1}^{p}\sum_{i=1}^{m}\sum_{j=1}^{n} C_{lij}^{z} Z_{ij}$$
$$+ \sum_{k=1}^{q}\left(F_k W_k + C_k \sum_{i=1}^{m}\sum_{l=1}^{p} X_{lik}\right) \tag{6.32}$$

$$\sum_{k=1}^{q} X_{lik} + \sum_{j=1}^{n} Z_{lij} \leqslant a_{li} \quad i=1, 2, \cdots, m$$

$$\sum_{k=1}^{q} Y_{lkj} + \sum_{i=1}^{m} Z_{lij} \geqslant b_{lj} \quad j=1, 2, \cdots, m$$

$$\sum_{i=1}^{m} X_{lik} = \sum_{j=1}^{m} Y_{lkj}$$

$$\sum_{i=1}^{m}\sum_{l=1}^{p} X_{lik} - MW_k \leqslant 0$$

$$\sum_{l=1}^{p} y_{lkj} - E_j I_{kj} \geqslant 0$$

$$\sum_{l=1}^{p} Y_{lkj} + MI_{kj} \leqslant 0$$

$$W_k = \begin{cases} 1 & k \text{ 点被选中} \\ 0 & k \text{ 点被淘汰} \end{cases}$$

$$I_{kj} = \begin{cases} 1 & \text{网点 } k \text{ 与用户 } j \text{ 有供需关系} \\ 0 & \text{网点 } k \text{ 与用户 } j \text{ 无供需关系} \end{cases}$$

$$X_{lik}, Y_{lkj}, Z_{lij} \geqslant 0$$

同多个网点单品种选址模型一样,这也是一个混合整数规划模型。解此模型得到 X_{lik},Y_{lkj},Z_{lij} 以及 0—1 整数变量 W_k,I_{kj} 的值,X_{lik} 或者 Y_{lkj} 决定了网点 k 的规模,$\sum W_k$ 为计划区域内设置网点的数目,由 I_{kj} 确定网点 k 和用户 j 之间是否存在供需关系。当 $W_k=0$ 时,因 X_{lik} 和 Y_{lkj} 均为零,故 I_{kj} 必为零;当 $W_k=1$ 时,I_{kj} 可以为 0 或者 1,为 0 时表示网点 k 与用户 j 有供需关系,并且物资供货量不小于 E_j。

上面分析的两类物流网点选址的模型,是对实际问题的一种简化,诸如网点规模的限制、设置成本和仓储费用的非线形等都未考虑到。特别是在多品种的物流模型中,在物资品种、备选网点数目较多的情况下,模型求解也是十分困难的。因此,用混合整数规划求解多元网点选址问题,只是适合简单的情况。

我们来举一个小型的多产品问题的例子,来说明如何用整数规划求解选址问题。

例 6.5 假设问题如图 6.4,现有 3 个顾客需要两种产品,但每个顾客只能由同一个仓库供货。这就需要在两个仓库之间进行选择。仓库 1 的货物搬运处理成本为 2 美元/担;如果投入营运,该仓库的固定成本为每年 10 万美元;仓库的处理能力为每年 11 万担。仓

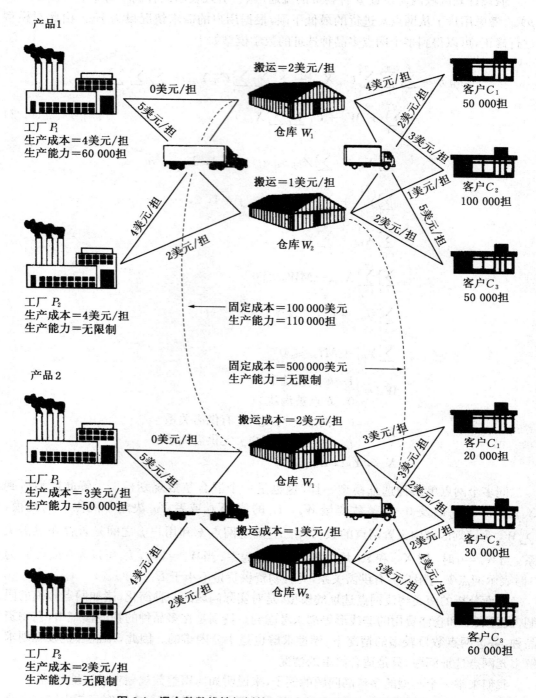

图 6.4 混合整数线性规划的一个小型多产品仓库选址问题

库 2 的货物搬运处理成本为 1 美元/担；固定成本为 50 万美元；处理能力无限制；不存在维持仓库运营的最低数量限制。有两个工厂为仓库提供产品。每个工厂都可以生产其中任何一种产品，但每种产品的单位担生产成本是不同的。

工厂 1 的生产能力有限制（可生产 6 万担产品 1,5 万担产品 2）。工厂 2 生产任意一种产品都没有生产能力的限制。

我们的任务是弄清该使用哪些仓库，怎样将顾客需求分配给他们，各工厂应该向每个仓库供多少货？

解：将问题的数据代入上述模型，利用物流专用软件 LOGWARE 中 MIPROG 模块功能，可求出该问题的解。解的结果是仅使用仓库 2，利用工厂 2 供货。成本小结见表 6.9。

表 6.9　成本小结

类　别	成　本	类　别	成　本
产　品	1 020 000	仓库固定成本	500 000
运输成本	1 220 000	总　计	3 050 000
仓库处理成本	310 000		

6.6　物流网点选址的其他方法

6.6.1　物流网点布局的运输规划法

多元网点布局数学模型中之所以出现 0—1 型整数变量，是由于考虑了网点的基本建设投资，因而使模型变得复杂了，这给计算求解造成很大的困难。如果在物流网点布局中，如果不考虑建设投资这一成本，那么模型将变成如下形式：

$$\min F = \sum_{i=1}^{m}\sum_{k=1}^{q} C_{ik}^{x}X_{ik} + \sum_{k=1}^{q}\sum_{j=1}^{n} C_{kj}^{y}Y_{kj} + \sum_{i=1}^{m}\sum_{j=1}^{n} C_{ij}^{z}Z_{ij} + \sum_{k=1}^{q}\sum_{i=1}^{m} C_{k}X_{ik} \tag{6.33}$$

$$\sum_{k=1}^{q} X_{ik} + \sum_{j=1}^{n} Z_{ij} \leqslant a_i \quad i=1,2,\cdots,m$$

$$\sum_{k=1}^{q} Y_{kj} + \sum_{i=1}^{m} Z_{ij} \geqslant b_j \quad j=1,2,\cdots,n$$

$$\sum_{i=1}^{m} X_{ik} = \sum_{j=1}^{n} Y_{kj} \quad k=1,2,\cdots,q$$

$$X_{ik}, Y_{kj}, Z_{ij} \geqslant 0$$

该模型的目标函数中的第一、第四两项完全相似，可以合并。式中第三组约束方程两边表示备选网点 k 的设置规模，如果假定各个备选网点均有一个足够大的设置规模上限 d_k，则此约束方程式可以改写成下面的两个不等式：

$$\begin{cases} \sum_{i=1}^{m} X_{ik} + X_k = d_k & k=1,2,\cdots,q \\ \sum_{j=1}^{n} Y_{kj} + X_k = d_k \end{cases}$$

其中 X_k 表示备选网点 k 的闲置能力。

经过以上处理,并假定计划区域内的总资源等于总需求,则模型变成为:

$$\min F = \sum_{i=1}^{m} \sum_{k=1}^{q} (C_{ik}^x + C_k) X_{ik} + \sum_{k=1}^{q} \sum_{j=1}^{n} C_{kj}^y Y_{kj} + \sum_{i=1}^{m} \sum_{j=1}^{n} C_{ij}^z Z_{ij} \qquad (6.34)$$

$$\sum_{k=1}^{q} X_{ik} + \sum_{j=1}^{n} Z_{ij} = a_i \quad i=1,2,\cdots,m$$

$$\sum_{k=1}^{q} Y_{kj} + \sum_{i=1}^{m} Z_{ij} = b_j \quad j=1,2,\cdots,n$$

$$\sum_{i=1}^{m} X_{ik} + X_k = d_k \quad k=1,2,\cdots,q$$

$$\sum_{j=1}^{n} Y_{kj} + X_k = d_k \quad k=1,2,\cdots,q$$

$$X_{ik},\, Y_{kj},\, Z_{ij},\, X_k \geqslant 0$$

这是一个转运问题的模型。解此模型可得决策变量 X_{ik}, Y_{kj}, Z_{ij}, X_k 的值,且有如下等式: $\sum_{i=1}^{m} X_{ik} = \sum_{j=1}^{n} Y_{kj}$,表示备选网点 k 处所设置网点的规模。若 $\sum_{i=1}^{m} X_{ik}=0$,说明备选网点 k 处不应该设置网点,即 k 点被淘汰;否则 k 点被选中,其规模:

$$d_k' = d_k = X_k \qquad (6.35)$$

应该说明的是,备选网点的设置规模上限 d_k 并不需要有已知条件给出,而只需根据计划区域内的物资流通量估计设定,估计量应该尽量大一些。

综上所述,对不考虑网点设置成本的网点布局问题,用转运问题的模型就很容易得到解决。

6.6.2 模拟方法

1. 模拟的定义

一个系统,譬如一个企业管理系统或物流管理系统,与外部环境之间或其各环节之间存在着一定数学的或逻辑的关系。我们可以运用定性分析和定量分析的方法,通过一定的数学逻辑模型去描述这些数学的或逻辑的关系,反映系统的本质。

如果管理系统的这些数学逻辑关系较为简单,那么所建立的相应的数学模型可以采用数学解析方法求解。可是,在许多情况下,一个管理系统的这种数学模型十分复杂,以致很难运用数学解析法去寻找答案。这时,我们需要借助于模拟来解决问题,辅助管理系统的决策。

模拟就是在建立数学逻辑模型的基础上,通过计算机实验,对一个系统按照一定的作业规则由一个状态变换为另一个状态的动态行为进行描述和分析。

随着现代数学方法、计算机技术以及模拟理论与方法的迅速发展,模拟在经济管理系统中获得日益广泛的应用,它是电子计算机在管理中应用的一个十分重要的方面。

2. 系统模型与模拟

(1) 系统模型。

系统模型是对一个现实存在的系统或计划建立的系统的某种形式的表述。建立和运用系统模型的目的在于指明系统的主要组成部分以及它们之间的主要关系,以便于人们对系统进行深入的分析和研究。

系统模型有着多种多样的形式,其中主要包括:

① 描述性模型:运用文字形式简明阐述系统的构成、边界和主要功能,系统分析与设计的目的和任务,等等。

② 物理模型:如一个待开发或研制的产品的模型或样机,一个供作分析研究用的工厂、车间、仓库、生产线或其他管理系统的平面布置或空间布局的模型,等等。

③ 数学逻辑模型:它们是系统的各种变量的数学逻辑关系的抽象表述,主要为各种形式的数学关系式。

④ 流程图和图解式模型:运用表格或图解的形式比较直观、明确地说明系统的组成部分以及它们相互之间的基本逻辑关系。

⑤ 计算机程序:在上述模型的基础上,运用 FORTRAN、BASIC、C 等通用的计算机程序语言或者已开发的多种类型的专门的模拟程序语言编写的计算机程序,作为计算机模拟运行的主要工具。

在管理系统模拟中,我们首先要建立与分析模拟模型,它通常包含上述的第③—⑤项。模拟模型已经在描述、设计和分析系统中充分显示它的作用,具体的说有以下几个方面:

① 作为解释手段去说明一个系统或问题;

② 作为分析工具去确定系统的关键的组成部分或项目;

③ 作为设计准绳去综合分析和评价所建议的决策措施;

④ 作为预测方法去预报和辅助计划系统的未来发展。

(2) 模拟的实质。

① 模拟是种数值技术,它是在采用解析方法无法或很难求解时,用来对既定的模型求解。

② 模拟是一种“人造”的试验手段,通过这种模拟试验我们能够对所研究的系统进行类似于物理、化学实验那样的实验。它和现实系统的试验的主要差别在于模拟试验依据的不是现实系统本身及其所存在的实际环境,而是作为现实系统的映像的系统模型以及相应的“人工”环境。显然,模拟结果的正确程度完全取决于输入数据和模拟模型是否客观地、正确地反映现实系统。

③ 由于电子计算机可以加速模拟过程和减少模拟误差,所以电子计算机模拟在整个

系统模拟技术中占据着日益重要的地位。

④ 尽管在系统模拟中,我们要研究某些特殊的时间点的系统状态,但是一般来说,模拟是对系统状态在时间系列中的动态写照。

⑤ 大多数的管理系统模拟属于随机性系统模拟。但是,为简化起见,我们采用确定性系统模拟来处理问题。

(3) 模拟的作用。

总的说来,管理系统模拟扮演着管理试验手段的角色。具体地说,它起着以下几方面的作用。

① 对于现有的实际运行的系统,如果为了深入了解它以及改进它,而在实际的系统中进行实验,则往往花费大量的人力、物力、财力和时间,有时甚至不可能,而通过计算机模拟,可以使现有系统不受干扰,经过分析模拟结果,对现有系统做出正确评价,并可预测其未来的发展趋势,提出改进方案。

② 对于所设计的新系统,在未能确定其优劣的情况下,先不必花费大量的投资去建立它,而是采用计算机模拟,对新系统的可行性和经济效果做出正确的评价。

③ 在管理决策中,针对具有不同的决策变量或参数组合的不同决策方案,进行计算机模拟的多次运行,按照既定的目标函数,对不同的决策方案进行分析比较,从中选择最优方案,从而辅助管理决策。

3. 模拟与解析方法的比较

在系统模型不太复杂的情况下,往往可能运用数学方法,如线性代数、微积分、数学规划等求解问题。但是,大多数的实际系统是如此复杂以致它的模型不可能采用上述解析方法求得解决,这时,模拟就能发挥它应有的作用。在这种情况下,系统设计与分析人员运用计算机模拟,求解系统模型,并收集相应的资料以估计所研究的系统的各项特征。

与数学解析方法相比,模拟有着以下优点。

(1) 大多数具有随机因素的复杂系统无法用准确的数学模型表述从而采用解析方法评价,于是模拟通常就成为解决这类问题的好方法。

(2) 模拟可以使人们能对现有系统在重新设计的工作条件下的工作成果做出分析判断。

(3) 它能帮助人们选择最优的系统设计方案。

(4) 借助模拟我们可以在一个比较长的时间里研究一个系统的变化规律。

与此同时,模拟也存在着如下的缺点。

(1) 计算机模拟往往耗费大量的时间和费用。这是由模拟系统开发的复杂性及模拟所需的计算机存贮量大和计算机时间长所造成的。

(2) 每次模拟运行仅能提供与一定的系统的具体条件相对应的特殊解,而不是通用解。这样一来,为了获得最优解,我们要大量地进行在不同条件下的模拟运行,从中获得一组由离散点组成的解集合,通过比较这些离散解,我们仅能获得接近于最优解的较优解。而正确的数学解析模型却可以运用数学最优化方法求得最优解。

（3）模型的参数难于初始化，也即难于确定合适的系统模拟初始条件。为此，它往往需要在收集与分析资料方面花费大量的时间和精力。

（4）模拟的精度受到许多方面因素的影响，较难控制和测定。但进行模型对参数改变的敏感度的分析，可以帮助我们克服这个困难。

4. 系统模拟的过程

为了对一个管理系统进行计算机模拟，需要做大量的工作，它们可以划分为一定的阶段。图6.5是整个系统模拟过程的流程图。

现对各阶段简要说明如下。

（1）拟定问题和研究计划。明确规定系统模拟的目的任务，系统的边界和组成部分，以及衡量模拟结果的目标函数。

（2）建立模型。根据系统的结构和作业决策规则，分析系统及其各组成部分的状态变量和参数之间的数学逻辑关系，在此基础上建立所研究的系统的数学逻辑模型。

（3）收集和整理数据。在系统模拟中需要输入大量的数据，并且它们的正确性大大影响模拟输出结果的正确性，于是正确地收集和整理数据资料便成为系统模拟的重要组成部分。通过这项工作，确定各项随机变量的分布函数形式及其相应参数，同时提供数学模型计算所需的参数数值以及基础资料（如有关的消耗定额、费用定额等等）。

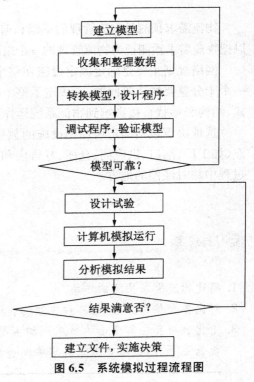

图6.5　系统模拟过程流程图

（4）转换模型。运用一定的通用的计算机程序语言或专用的模拟程序语言，将系统的数学逻辑模型转变为主要由计算机程序组成的模拟模型，以便在计算机上进行模拟运行。

（5）验证模型。进行调试性模拟以验证数学逻辑模型是否正确反映现实系统的本质以及模拟模型是否正确实现数学逻辑模型，从而修改模型和调整计算机程序。

（6）设计试验。主要是建立系统模拟运行的试验条件。这里包括阐明模拟输出结果与控制变量的关系，确定不同的控制变量组合以及模拟运行次数，设定系统的初始条件，等等。

（7）模拟运行。对所研究的系统进行大量的模拟运行，以获得丰富的模拟输出资料。

（8）分析模拟结果，辅助管理决策。对模拟所获得的输出结果进行两方面分析：其一为通过计算置信区间等以判断模拟结果的统计特性；其二为依据既定的目标函数，选择较优方案做出模拟结论，向管理决策人提出建议以辅助管理决策。

（9）建立文件，实施决策。把经过验证和运行考核的模拟模型以及相应的输入、输出资料,写成书面文件,建档存查。将经过计算机模拟试验而做出的管理决策付诸实施。

本章小结

物流需求预测是物流管理的基础和前提。如果把物流管理看作一个决策的过程,则可以把物流需求预测视为物流管理的一个组成部分,因为决策的过程往往是从预测开始的。

网络规划主要是确定固定设施在整个物流网络中的位置,也就是网点的选址。它是一个十分重要的决策问题,它决定了整个物流系统的模式、结构和形状。而物流系统的模式、结构和形状直接影响到物流系统运作中可选用的方法及其相关成本。

选址决策包括确定所使用设施的数量、位置和规模。这些设施包括网络中的各种节点(如工厂、港口、供应商、仓库、零售店和服务中心),是物流网络内货物运往最终消费者过程中临时经停的地方。

复习与思考

1. 简述物流需求预测的作用。
2. 对比各种预测方法,每一种方法的长处是什么?
3. 中化公司要在其金山的精炼厂和主要批发点(A, B, C, D)之间设立中间仓库,有关数据见下表,试用重心法确定中间仓库的位置。

地　点	X 坐标	Y 坐标	供应/需求量
金山	300	70	1 500
A	20	500	450
B	300	400	350
C	350	350	450
D	380	150	250

4. 论述网点选址在物流系统设计中的作用。
5. 试建立仓库选址的模拟模型。

案例分析

□ 网点选址模拟模型

当前用于仓库选址的经典模拟模型是为亨氏公司(H.J.Heinz Company)开发的,后来用于雀巢公司(Nestle Company)的分拨问题。该模拟模型为基本的仓库选址问题(仓库数量、地点、仓库的需求分配等)提供了答案,且可以涉及多达 4 000 个客户、40 个仓库、10—15 个工厂。与许多算术模型相比,本模型适用的范围很广。亨氏公司模拟模型中的主要分拨成本要素包括:

(1) 客户。

影响分拨成本的因素有:

① 客户的位置。

② 年需求量。

③ 购买的产品类型。不同的产品属于不同的货物等级,从而会有不同的运价要求。当产品组合存在地区差异时,就不能对所有产品按平均运价进行计算。

④ 订单大小的分布。运输批量规模不同,也会导致适用不同的费率。

(2) 仓库。

影响成本的因素有:

① 公司对自有仓库的固定投资。有些公司喜欢选择公共仓库,这样固定投资就相对较小。

② 年固定运营和管理成本。

③ 存储、搬运、库存周转和数据处理方面的可变成本。

(3) 工厂。

工厂的选址和各工厂的产品供应能力是影响分拨成本的最大因素。工厂内的某些仓储和搬运费用对分拨成本也可能有一定影响,但这些成本大部分与仓库位置分布无关,可以不做分析。

(4) 运输成本。

产品从工厂运到仓库产生的运费成本被称为运输成本,它取决于涉及的工厂、仓库的位置、运输批量的大小、产品的货物等级。

(5) 配送成本。

产品从仓库运到客户手中的成本被称为配送成本,它取决于运输批量的大小、仓库和客户的位置、产品的货物等级。

亨氏公司在应用模拟模型时,输入数据的处理过程分为两部分。首先,预处理程序把通过仓库就能履行的客户订单与那些货量足够大,由工厂履行更经济的订单区分开来。其次,测试程序(或主要程序)计算出经纬度坐标系里从客户到仓库和工厂到仓库的距离。选择向客户供货的指定仓库时要先检验最近的五家仓库,然后选择从仓库到客户的配送成本、仓库的搬运和储存成本、工厂到仓库的运输成本最低的仓库。再次,在仓库系统产品流向已知,测试程序读入地理信息的条件下,用计算机运行必要的计算来评估特定的仓库布局方案。还要利用线性规划法求解工厂生产能力的限制。

需要评估多少个仓库布局方案,就需要重复进行多少次测试。图 6.6 是模型运行的流程图。

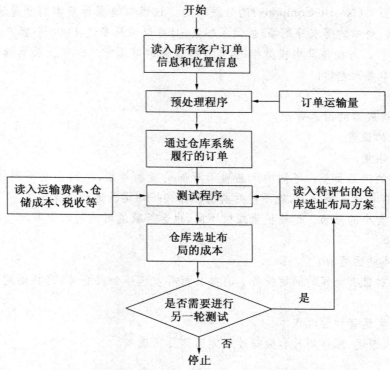

图 6.6 亨氏公司开发的仓库选址模拟程序流程图

资料来源：赵刚（2004），第 188—190 页。

思考题
1. 该模拟模型中的主要成本要素有哪些？
2. 试设计并实现一个选址问题模拟模型的原形（简化的系统）。
3. 请结合本案例说明模拟模型在物流管理中的作用。

第7章　库存控制

本章关键词

库存控制 inventory control
EOQ 模型 economic order quantity model
不确定需求 uncertain demand

服务水平 service level
ABC 分类 ABC product classification
公平份额分配 fair share allocation

库存——企业利润"看不见"的杀手

库存以原材料、在制品、半成品、成品的形式存在于物流的各个环节。人们需要库存主要是供应与需求不同步、不同量，因此会发生供过于求或供不应求的现象。这两种现象都会造成损失，而且随着社会的发展，这种损失也越发惊人。由于库存费用占库存物品价值的 20%—40%，物流中的库存控制是十分重要的。

日本人把库存比作湖水，把企业运作中存在的问题比喻成水中的石头，库存太高，掩盖了企业的问题存在，当要降低库存的时候，企业的问题就暴露出来。

库存掩盖了企业运作中的问题，库存能够给企业带来很大的危害，但是很多人对库存的危害仍然认识不足。我们发现，物流管理中存在一个矛盾的现象：就是大多数物流管理不好的企业都存在库存高与市场断货并存的现象，这似乎是一对矛盾。但是仔细分析这一对矛盾，似乎又有一定的必然联系。从这个问题出发，进一步的分析我们发现，长期的高库存甚至会导致企业慢性死亡。因此，国外有人说：库存是一种罪恶，并不遗余力地追求零库存。

7.1 库存控制的基本概念

7.1.1 库存问题的提出

库存是指各种资源的储备。国家有库存,企业有库存,家庭、个人也有库存。当然,我们主要研究企业的库存问题。在以前(物资短缺时期),人们潜意识中总认为物资储存的越多越好。当然,这种认识随着经济的发展,科技的进步,已经产生了很大的变化。"多多益善"的观点被"合理库存"甚至"零库存"(JIT)的思想所替代。然而,"库存"在相当多的场合还是一个客观存在,"零库存"还不能看成是现代社会的基本现象。

制造厂商为了避免发生停工待料现象,就要储存一定数量的原料;商店为了避免缺货现象而失去销售机会,也会储存一定数量的商品。事实上,所有的公司(包括 JIT 方式下的公司)都要保持一定的库存。

保持一定的库存是正常的,但我们都应意识到库存需要付出代价,而且高库存一般是没有必要的。关于存货的代价我们将在后面分析库存成本时详细讨论,这里,我们特别要指出的是,由于存货中投入了资金以及存货有可能成为陈旧物,所以持有存货是有风险的。首先,已投入存货的投资无法用于改善企业已完成的其他物品或资产。作为选择,必须通过借贷支持存货的投资基金,由此增加厂商的利息费用。第二种形式的风险是产品有可能被偷窃或变为陈旧物。这些因素以及与存货有关的资金数量对大多数企业构成了很大的风险。必须了解的是,这种风险的性质和程度完全取决于企业在供应链中的地位。

一方面需要存货,另一方面,持有存货既有成本又有风险,于是产生了库存问题:"到底应该保有多少存货才算是合理的?"专门研究这类有关存储问题的理论构成了运筹学的一个分支——库存论(inventory theory)。在库存论中,上述问题以另外两个问题的形式出现:(1)什么时间进行订货?(2)每次订货量为多少?

7.1.2 与存货有关的定义

1. 输出(也称为需求)

对存贮来说,由于需求,从存贮中取出一定的数量,使存贮量减少,这就是存贮的输出。有的需求是间断式的,有的需求是连续均匀的。如图 7.1、7.2 所示。

图 7.1、图 7.2 分别表示 t 时间内的输出量皆为 $S-W$,但两者的输出方式不同。图 7.1 表示输出是间断的,图 7.2 表示输出是连续的。

有的需求是确定性的,如钢厂每月按合同卖给电机厂矽钢片 10 吨。有的需求是随机性的,如书店每日卖出去的书可能是 1 000 本,也可能是 800 本。但是经过大量的统计以后,可能会发现每日售书数量的统计规律,称之为有一定的随机分布的需求。

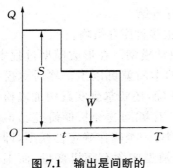

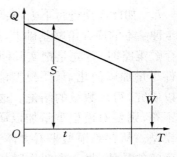

图 7.1 输出是间断的   图 7.2 输出是连续的

2. 输入（也称为补充）

存贮由于需求而不断减少,必须加以补充,否则最终将无法满足需求。补充就是存贮的输入。补充的办法可能是向其他工厂购买,也可能是从批发商处进货。库存控制事实上就是对输入的控制。

3. 完成周期（也称为提前时间或提前期）

从订货到货物进入"存贮"往往需要一段时间,我们把这段时间称为完成周期。从另一个角度看,为了在某一时刻能补充存贮,必需提前订货,那么这段时间也可称之为提前时间或提前期。

完成周期可能很长,也可能很短。可能是随机性的,也可能是确定性的。

4. 存货策略

决定多少时间补充一次以及每次补充数量的策略称为存贮策略。最基本的策略有 4 种:(1)连续性检查的固定订货量、固定订货点策略,即 (Q,s) 策略;(2)连续性检查的固定订货点,最大库存策略,即 (s,S) 策略;(3)周期性检查策略,即 (t,S) 策略;(4)综合库存策略,即 (t,s,S) 策略。

(1) (Q,s) 策略。该策略的基本思想是:对库存进行连续性检查,当库存降低到订货点水平 s 时,即发出一个订货,每次的订货量保持不变,都为固定值 Q。该策略适用于需求量大、缺货费用较高、需求波动性很大的情形。

(2) (s,S) 策略。该策略和 (Q,s) 策略一样,都是连续性检查类型的策略,也就是要随时检查库存状态,当发现库存降低到订货点水平 s,开始订货,订货后使最大库存保持不变,即为常量 S,若发出订单时库存量为 I,则其订货量 $Q=S-I$。该策略和 (Q,s) 策略的不同之处在于其订货量是按实际库存而定,因而订货量是可变的。

(3) (t,S) 策略。该策略是每隔一定时期检查一次库存,并发出一次订货,把现有库存补充到最大库存水平 S,如果检查时库存量为 I,则订货量为 $Q=S-I$。 如此周期性检查库存,不断补给。该策略不设订货点,只设固定检查周期和最大库存量。该策略适用于一些不很重要的、或使用量不大的物资。

(4) (t,s,S) 策略。该策略是策略 (t,S) 和策略 (s,S) 的综合。这种补给策略有一个固定的检查周期 t、最大库存量 S、固定订货点水平 s。当经过一定的检查周期 t 后,若库存低于订货点 s,则发出订货,否则,不订货。如果检查时库存量为 I,且 $I<s$ 则订货量

为 $Q = S - I$。 如此周期进行下去,实现周期性库存补给。

在这 4 种基本的库存策略基础上,还可延伸出很多种库存策略。

确定存贮策略时,首先是把实际问题抽象为数学模型。在形成模型过程中,对一些复杂的条件尽量加以简化,只要模型能反映问题的本质就可以了。然后对模型用数学的方法加以研究,得出数量的结论。这结论是否正确,还要拿到实践中加以检验。如结论与实际不符,则要对模型重新加以研究和修改。存贮问题经长期研究已得出一些行之有效的模型。从存贮模型来看大体上可分为两类:一类叫作确定性模型,即模型中的数据皆为确定的数值;另一类叫作随机性模型,即模型中含有随机变量,而不是确定的数值。

5. 服务水平(service level)

和库存控制有关的服务水平通常用缺货率和平均每次缺货延续时间来表示。缺货的含义是容易理解的,即当客户需订购某货品时恰逢该货品断档(无库存)或不够完成一次订购任务。缺货率是指发生缺货的概率,在统计上可用发生缺货的次数和总的订货次数的比率来计算。为了计算缺货率,我们不仅要做好已完成订货的记录,也要保留那些已发生订货事件,但由于缺货而没有完成订货的记录。和国外企业相比,这是我们的薄弱环节,应引起重视。对具体的一次缺货,其延续时间是指自本次缺货的订货时间起,到库存补给到达止的时间段。平均每次缺货延续时间则是各次缺货延续时间的平均数。

缺货率和平均每次缺货延续时间用于估算缺货的机会损失。

虽然在传统上要实现较高层次的服务,就需要增加存货,但是,也可以使用其他一些方法,其中包括更快的运输方式、更好的信息管理来减少不确定性,或者可选择的供给来源。

6. 平均存货(average inventory)

在连续两次到货之间,库存水平将从高到低,处于不断变化之中。平均存货是指库存水平的平均数。从存货政策的观点来看,每一个物流设施(仓库、堆场、运载工具等)都必须确定其适当的存货水平。平均存货由周期存货、安全储备存货以及中转存货等组成。

(1)周期存货(cycle inventory)。周期存货又称基本储备(base stock),是补给过程中产生的平均存货的组成部分。在补给之初,存货储备处于最高水平,日常的顾客需求不断地"抽取"存货,直至该储备水平降低为零。在存货储备还没有降低为零之前,一项补给订货就会启动,于是,在还没有发生缺货之前订货将会到达。一次补给订货量称作订货批量(order quantity)。在订货过程中必须持有的平均存货被称作基本储备。如果仅考虑订货批量,那么,平均周期存货或基本储备就等于订货批量的一半。

(2)安全储备存货(safety stock inventory)。平均存货的第二个组成部分是专门用以防止不确定因素的影响而增加的存货储备。这部分的存货被称作安全储备(safety stock)。常见的不确定因素有需求的不确定和完成周期的不确定。安全储备存货仅被用于在补给周期末,当不确定因素已导致更高的预期需求或导致到货延期的时候。在给定安全储备的条件下,平均存货等于订货批量的一半与安全储备之和。

　　(3) 中转存货(transit inventory)。中转存货代表着正在转移或等待转移的、储备在运输工具中的存货。这部分的存货总计被称作中转存货或供应线存货(pipeline inventory)。中转存货是实现补给订货所必需的。从物流管理的角度来看,中转存货给供应链增添了两种复杂性:第一,中转存货代表了真正的资产,必须予以偿还,即使它并不能存取或使用;第二,存在着与中转存货相关联的高度不确定因素,因为托运人无法确定运输工具位于何处,或者它有可能何时到达。虽然卫星通信技术已经多少降低了这种不确定性,但是托运人依然会受到货物存取这类信息的限制。目前,中转存货已经越来越重视更小的订货批量、更频繁的订货周期,以及准时化战略等,它们逐渐在存货总资产中占有更大的百分比。结果,存货战略把更大的注意力集中到如何减少中转存货的数量以及与此相关的不确定因素上。

　　一家具体的厂商是否合法地拥有中转存货的所有权,这主要取决于购买条件。如果该存货的所有权是在运输的目的地转移的话,那么,收货人不拥有运输中的存货物权。与此相反,当商品的所有权在原产地就已经转移,则收货人将拥有运输中存货物权。在原产地转移物权的条件下,中转存货应被看作是收货人平均存货的一个组成部分。

7.1.3　存货的成本

　　存货的成本包括存货的存储成本,存货的订购成本以及短缺成本。

　　1. 存储成本

　　该成本包括存储设施的成本、搬运费、保险费、盗窃损失、过时损失、折旧费、税金以及资金的机会成本。很明显,存储成本高则应保持低库存量并经常补充库存。由于存储成本无法在财务报表上直接统计得出,通常估算一个年度存货储囤成本占存货价值的百分比用于计算存储成本。

　　2. 生产准备(生产变化)成本

　　生产一种新产品包括以下工作:取得所需原材料,安排特定设备的调试工作,填写单子,确定装卸时间和材料以及转移库中原来的材料。

　　如果从生产一种产品转到另一种产品不产生成本或没有时间损失,则可以生产很小的批量,这将降低库存水平,并最终达到节约成本的目的。目前一个具有挑战性的目标是在较小的生产批量下尽量降低生产准备成本(这就是 JIT 系统的目标)。

　　3. 订购成本

　　这些成本是指准备购买订单或生产订单所引起的管理和办公费用。例如盘点库存和计算订货量所产生的成本就属于订购成本。该成本也包括有关跟踪订单系统的成本。

　　如果运输由买方负责,则运输费用也应包括在订购成本之中。

　　4. 短缺成本

　　当某一物资的储备耗尽时,对该物资的需求或者被取消或者必须等到再次补充库存后才能得到满足。这就涉及权衡补充库存满足需求的成本与短缺成本之间的大小。这种平衡经常是难以得到的,因为难以估计损失的利润、失去顾客的影响以及延误损失。虽然通常可以为短缺成本定义一个范围,但这种假设的短缺成本往往还只限于猜测的程度。

确定向供应商订货的数量或者要求生产部门生产的批量时,应该尽量使由上述四种单项成本综合引起的总成本达到最小。当然,订购时机也是影响库存成本的关键因素。

7.2 库存控制基本模型

7.2.1 经济订货批量模型(economic order quantity,EOQ)

在研究、建立模型时,需要做一些假设,目的是使模型简单、易于理解、便于计算。为此做如下假设:

(1) 已知全年的需求量;

(2) 已知连续不变的需求速率(每天的需求量为常数);

(3) 已知不变的补给完成周期时间;

(4) 购买单价或运输价格与订货数量无关(不存在折扣);

(5) 多种存货项目之间不存在交互作用;

(6) 不考虑在途存货;

(7) 不限制可得资本;

(8) 不允许缺货;

(9) 每次订货量不变,订购费不变;

(10) 单位存贮费不变。

这些假设条件只是近似的正确,在这些假设条件下如何确定存贮策略呢?我们用年总成本来衡量存贮策略的优劣。为了找出最低成本的策略,首先想到在需求确定的情况下,每次订货量多,则订货次数可以减少,从而减少了订购费。但是每次订货量多,会增加存贮费用。为研究成本的变化情况需要导出成本函数。

$$年总成本 = 年订货成本 + 年运输成本 + 年采购成本 + 年存储成本$$

$$C(Q) = \frac{C_0 D}{Q} + KD + UD + \frac{1}{2} C_i UQ \tag{7.1}$$

在上述假设条件下,年运输成本和年采购成本与每次订货量无关,暂时忽略这两项成本不会影响存贮策略的确定,故将式(7.1)简化为:

$$C(Q) = \frac{C_0 D}{Q} + \frac{1}{2} C_i UQ \tag{7.2}$$

Q 取何值时 $C(Q)$ 最小? 利用微积分求最小值的方法,令 $C(Q)$ 对 Q 的导数等于零可求出:

$$\frac{\mathrm{d}C(Q)}{\mathrm{d}Q} = -\frac{C_0 D}{Q^2} + \frac{1}{2}C_i U = 0 \tag{7.3}$$

解得：

$$EOQ = \sqrt{\frac{2C_0 D}{C_i U}} \tag{7.4}$$

上面公式中各参数的含义如下：

EOQ——经济订货批量；

$\quad C$——年度总成本；

$\quad C_0$——每次订货发生的费用；

$\quad C_i$——年度存货储囤成本占存货价值的百分比；

$\quad D$——年度销售量；

$\quad Q$——每次订货量；

$\quad K$——每单位运输成本；

$\quad U$——每单位采购成本。

将 EOQ 代入式(7.2)，可得最低总成本的计算公式：

$$\min C(Q) = \sqrt{2C_0 D C_i U} \tag{7.5}$$

另外，由式(7.3)可得：

$$\frac{C_0 D}{Q} = \frac{1}{2}C_i U Q \tag{7.6}$$

上式告诉我们，若采用经济订货批量，则年订货成本等于年存储成本。

从 EOQ 的计算公式中，我们还可以看出，货物价值越高，经济订货批量将越小，订货频率也会提高。

图 7.3 是经济订货批量模型的示意图。

例 7.1　某商店有甲商品出售。每单位甲商品成本为 300 元，其存贮费用每年为成本的 20%。甲商品每次订购需订购费 20 元。顾客对甲商品的年需求量为 3 650 单位。其需求率为常数(顾客每天需求甲商品数 10 单位)。求经济订货批量 EOQ。

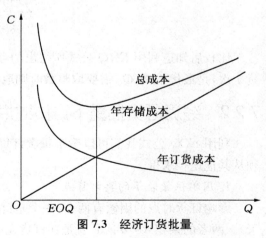

图 7.3　经济订货批量

解：为加深理解 EOQ 公式的意义，先随意选两个策略，计算其费用，然后再利用公式得出最优策略并计算其费用，通过三者互相比较看 EOQ 的作用。

a. 存贮策略为每隔 2 天订货 1 次，每次订购甲商品 20 个单位。此时存贮量在 0—20

之间变化,平均存贮为每日 10 个单位。

每年存贮费用:$300 \times 20\% \times 10 = 600$(元);

每年订货次数:$3\,650 \div 20 = 182.5$(次);

每年订购费用:$20 \times 182.5 = 3\,650$(元);

两者合计:$600 + 3\,650 = 4\,250$(元)。

b. 存贮策略为每隔 10 天订货 1 次,每次订购甲商品 100 单位。平均存贮量为 50 单位。

每年存贮费用:$300 \times 20\% \times 50 = 3\,000$(元);

每年订货次数:$3\,650 \div 100 = 36.5$(次);

每年订购费用:$20 \times 36.5 = 730$(元);

两者合计:$3\,000 + 730 = 3\,730$(元)。

a、b 两个存贮策略相比较,a 策略存贮费低但订购费高。b 策略存贮费高但订购费低。从总费用来说,b 策略优于 a 策略。b 策略是否最优,仍需做进一步研究。

c. 利用 *EOQ* 公式计算。

$$EOQ = \sqrt{\frac{2C_0D}{C_iU}}$$
$$= \sqrt{\frac{2 \times 20 \times 3\,650}{0.20 \times 300}}$$
$$= 49.3(取整为 50 单位)$$

$$\min C(Q) = \sqrt{2C_0DC_iU}$$
$$= \sqrt{2 \times 20 \times 3\,650 \times 0.20 \times 300}$$
$$= 2\,960(元)$$

比较后知道利用 *EOQ* 公式所得出的存贮策略每次订购甲商品 50 单位,每隔 5 天订货 1 次,是最优策略(Q_0 需要取整数时则取近似的整数值)。

7.2.2 经济订货批量下订货时点的确定

利用 *EOQ* 公式我们可以确定每次订货的量,但它没有直接提供何时订货的信息,必须从其他途径求得。

1. 用单位数表示的再订货点

影响订货时点的因素有两个:一个是订货完成周期 T(天),另一个是需求速度 d(个/天)。两者的乘积 $R = d \times T$ 就是在订货完成周期内的输出量,为了保证不缺货,当库存量下降到 R 时,就必须订货了,所以,R 就是在经济订货批量模型中用单位数表示的再订货点。

再订货点的基本公式如下:

$$R = d \times T \qquad\qquad (7.7)$$

式中：

R——用单位数表示的再订货点；

d——平均日需求量；

T——平均完成周期。

例 7.2　假定需求量为 10 个单位数/天,且完成周期为 20 天,则：

$$R = d \times T = 10 \text{ 个单位数/天} \times 20 \text{ 天} = 200 \text{ 个单位数}$$

即当库存量下降到 200 个单位数时,就必须订货了。

必须指出的是,上述的库存量应包括已发出订单,但还在运输途中的货物数量。特别当完成周期较长时,实际的库存量往往小于再订货点 R。例 7.1 和例 7.2 结合起来就可清楚地说明这一情况。例 7.1 的求解结果告诉我们,实际库存量的最大值为 50 个单位,在完成周期为 20 天的情况下,再订货点为 200 个单位数,这 200 个单位数自然要包括前 4 次的订货量。如图 7.4 所示。

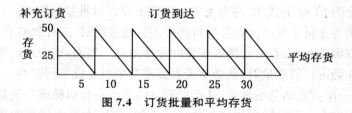

图 7.4　订货批量和平均存货

上述所讨论的再订货点公式的应用,意味着再补给装运将恰好在最后一个单位被装运去顾客处时完成。只要需求量和完成周期是确定的,这种方法还是可以令人满意的。当需求量或完成周期存在不确定性因素时,就必须使用安全储备来补偿不确定性因素。当在不确定性的条件下必须使用这种安全储备时,再订货点公式如下：

$$R = d \times T + SS \tag{7.8}$$

式中：

R——用单位数表示的再订货点；

d——平均日需求量；

T——平均完成周期；

SS——用单位数表示的安全储备或缓冲储备。

2. 用时间表示的再订货点——定期订货模型

用时间表示再订货点,就是要求给出订货的周期 t_0,即每隔多少天订一次货。在例 7.1 中实际上我们已经算出每隔 5 天订 1 次货。这 5 天的计算过程是这样的:首先,根据 EOQ 公式计算每次订货量;其次,用全年需求量除以每次订货量算出全年订货次数 $n_0(3\,650 \div 50 = 73)$;最后,用全年天数除以全年订货次数得到订货周期 $t_0(365 \div 73 = 5)$。用公式表示如下：

$$n_0 = \frac{D}{EOQ} = \sqrt{\frac{C_i UD}{2C_0}} \tag{7.9}$$

$$t_0 = 365 \times \sqrt{\frac{2C_0}{C_i UD}} \tag{7.10}$$

有关存货完成周期、存货成本和经济订货批量公式等的各种关系,对于指导存货计划的制订十分有用。

7.2.3 EOQ 的延伸

虽然 EOQ 公式比较简单明了,但是在实际应用时,还必须考虑其他一些因素。最常见的就是那些与各种费用调整有关的问题,这是为了利用特殊的购买优惠和批量运输而必须做出的调整。与 EOQ 延伸有关的三种调整分别是:大批量装运的运费费率折扣,数量折扣,以及其他调整。

1. 大批量装运运费率折扣

在先前讨论的 EOQ 公式中,没有考虑运输成本对订货批量的影响。在根据交付数量购买产品并且卖方支付了从产地到存货目的地的运输费用时,这种忽略有可能是正确的,因为这是由卖方负责装运,直至它抵达顾客的业务地点。然而,当产品的所有权在产地就已转移,那么,在确定订货批量时,就必须考虑运输费率对总成本的影响。

一般说来,一次订货的分量越重,从产地到目的地的单位运输成本就越低。大批量装运的运费费率折扣在卡车运输和铁路运输中很普遍,可以在绝大多数的运输费率结构中找到。于是,在其他各点都相同的条件下,一个企业自然希望以最经济的运输批量来进行购买,该数量也许大于用 EOQ 方法确定的购买数量。例如,与已计算出来的 EOQ 订货批量 50 个单位数相比较,假设当订货批量为 80 个单位数时可以获得更低的运输费率,则 50 个单位的订货批量就不一定比 80 个单位的订货批量好。

两者相比,较大的订货批量的第一个影响就是将平均基本存货从 25 个单位增加到 40 个单位。于是,以较大数量进行订货就会增加存储成本。

第二个影响是减少了所需订货的次数。订货次数的减少可降低订货成本,同时增加装运规模,产生运输规模效益。

要完成这种分析,就必须明确地在总成本中表示有运输成本。

$$C(Q) = \frac{C_0 D}{Q} + K(Q)D + \frac{1}{2}C_i UQ \tag{7.11}$$

式中 $K(Q)$ 表示运费率 K 和订货批量 Q 有关。由于 $K(Q)$ 通常为间断函数,只能分段求极值。简单的做法是先不考虑运费率变化,按经济订货批量模型求出最佳订货量 Q_0,当运费率转折点在 Q_0 之前,则 Q_0 还是最优解;当运费率转折点在 Q_0 之后,可比较 Q_0 点和转折点处的成本,成本低点为最优点。图示说明如下(图 7.5)。

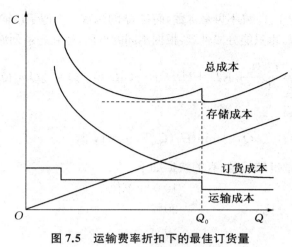

图 7.5　运输费率折扣下的最佳订货量

例 7.3　已知有关数据如表 7.1 所示,求最佳订货量 Q_0。

表 7.1　考虑运输经济时所需的 *EOQ* 数据

年度需求量	3 650 单位	每次订货成本	20 元
每单位成本	300 元	小批量(<80)装运的费率	每单位 1 元
年度存储成本百分比	20%	大批量(≥80)装运的费率	每单位 0.75 元

解:表 7.2 提供了对总成本进行的分析,结论是应采用较大批量购买方案。

表 7.2　用运量费率修正的 *EOQ*

	方案 1 $Q_0 = 50$	方案 2 $Q_0 = 80$
订货成本	1 460	912.5
存储成本	1 500	2 400
运输成本	3 650	2 737.5
总成本	6 610	6 050

本例说明,运量费率对购买总成本的影响是不能被忽视的。因此,运输费用如果是由买方负责支付的话,任何 *EOQ* 方法都必须在批量的分类范围内测试运输成本对总成本的影响程度。

2. 数量折扣(quantity discounts)

数量折扣对商店来说,是指其单位存货的资本成本随着进货数量的增加而减少,对制造厂商来说,则可由规模经济效益解释。总而言之,数量折扣是客观存在的。数量折扣对存货策略会带来什么影响呢?

从总成本的计算公式(7.1)中可以看出,数量折扣影响到产品的单价 *U*,从而影响到存储成本,在数量折扣情况下,U 将不再是常数,而是 Q 的函数。类似于运输费率折扣,这种函数往往是不连续的,所以,也只能分段处理,根据不同的价值,建立一系列成本函数:

$$C_j(Q) = \frac{C_0 D}{Q} + KD + U_j D + \frac{1}{2} C_i U_j Q \quad Q \in [Q_j,\ Q_{j+1})_{U_j} \quad (7.12)$$

经济订货批量 Q_0 为:

$$Q_0 = \min\{C_j(Q_0^j),\ j = 1,\ 2,\ \cdots\} \quad (7.13)$$

例 7.4 有一数量折扣问题,有关数据如下:

年度需求量	10 000 单位
年度存储成本百分比	20%
每次订货成本	20 元

$$\text{每单位成本}\begin{cases} 0\text{—}499 \text{ 单位} & 5 \text{ 元} \\ 500\text{—}999 \text{ 单位} & 4.5 \text{ 元} \\ 1\ 000 \text{ 单位以上} & 3.9 \text{ 元} \end{cases}$$

问最优订货量为多少?

解:利用 EOQ 模型求解,结果如下:

每单位成本 3.9 元时,$Q = 716$ 单位,不可行;

每单位成本 4.5 元时,$Q = 666$ 单位,可行,总成本 $= 45\ 599.7$ 元;

每单位成本 5 元时,$Q = 633$ 单位,不可行;

$Q = 1\ 000$ 时,总成本 $= 39\ 590$ 元,所以它是最优解。

图 7.6 表示订购量的多少与总成本的关系,值得注意的是曲线的大部分位于可行范围之外,这是显而易见的。举例来说,在单价为 5 元的价格水平下求得的经济订购批量为 633 件,然而订购 633 件的单价是 4.5 元,不是 5 元。在单价为 3.90 元的价格水平下求得订购批量 716 件的情况与之类似,因为单价为 3.9 元的订购批量必须不低于 1 000 件。

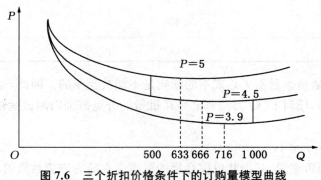

图 7.6 三个折扣价格条件下的订购量模型曲线

表 7.3 分别求出了不同折扣价格条件下的经济订购批量及其总成本,由此可知最优订购批量是 1 000 件。

表 7.3　三个批量折扣价格条件下的相关成本

	$Q=633$ $P=5$	$Q=666$ $P=4.5$	$Q=716$ $P=3.9$	$P=3.9$ 的起购点 1 000
存储成本		$666\div 2\times 0.2\times 4.50=$ 299.7		$1\,000\div 2\times 0.2\times 3.9=390$
订购成本	不可行	$10\,000\times 20\div 666=300$	不可行	$10\,000\times 20\div 1\,000=200$
存储成本与订购成本		$299.7+300=599.7$		$390+200=590$
采购成本		$10\,000\times 4.50=45\,000$		$10\,000\times 3.90=39\,000$
总成本		45 599.70		39 590

往往随着订购批量的增大,价格折扣越多,因此表面看来,订购批量大于最优订购批量 Q_0 时似乎更为有利,然而,订购批量的增大,意味着平均库存的增大,因此我们在应用这一模型时,应该特别注意对产品过时风险以及仓储成本做一合理估计。

3. 其他 EOQ 调整

还有一些特殊的情况需要对基本的 EOQ 进行调整。其中可以列举的例子有:(1)批量生产;(2)多产品购买;(3)有限的资本;(4)要求整车运输等。批量生产是指从制造角度来看最经济的一批生产数量。当最经济的批量生产量大于 EOQ,就要对 EOQ 进行调整。多产品购买所描述的情况是指当同时购买一种以上产品时,必须考虑数量折扣和运输折扣对产品的组合所产生的影响。有限的资本是指存货总投资中的预算受到种种限制而无法按 EOQ 进行订货。要求整车运输的原因是运输成本往往按发车次数计算而和实际装运量无关。一旦决定补给产品,就意味着它是一种固定成本,企业就应该装满卡车而不管 EOQ 批量是多少。

在确定订货批量时需要考虑的另一个因素是集装化特征。许多产品是按标准集装单位进行储备和运输的,诸如货柜和托盘之类。既然这些标准化集装单位被设计用来专门适应运输工具和搬运工具的,那么,当 EOQ 批量不是一种集装单位的整数倍时,就有可能产生明显的不经济。例如,假定一个托盘能够装载 200 个单位的某种特定产品。如果使用 EOQ 批量为 300 个单位,这就意味着要装运 1.5 个托盘。从搬运或运输利用的角度来看,交替地或持续地订购一个或两个托盘的货,有可能效果更佳。在确定 EOQ 批量时,应该考虑使用标准的集装单位的整数倍。

虽然用标准集装单位进行 EOQ 批量整合是重要的,但随着有越来越多的托运人有能力并且愿意提供组合集装单位或组合托盘,它们的重要性就下降了。组合集装单位或组合托盘包含了产品的组合,并且可以用来提供分类产品,同时保持运输费用和搬运费用的节约。

7.2.4　单周期存储模型

一些存储问题的决策仅涉及一个需求周期,或者订购的物资只是流行一时,这样的存储问题称为单周期存储问题,或者称为报童问题(例如,一个报童每天应该订购多少报纸)。这类问题可用经典的边际分析方法来求解。用边际分析方法来进行最优存储决策时,最优点是指这样的一点:当订购量再增加一件时,订购该件物资产生的收益会小于带来的损失。当然,对收益和成本的权衡要根据具体问题。例如,我们可以将存储成本与短缺损失对比,或者比较边际收益与边际损失。

订购的物资直接用于销售的情况下,用边际分析来进行最优决策时,存储数量应该是这样的数量:销售最后一件所得的收益大于或等于最后一件未被售出时所带来的损失,这一条件用数学表达式表示为:

$$MP \geqslant ML \tag{7.14}$$

式中:

MP——售出第 N 件产品所带来的收益;

ML——第 N 件产品未售出时所带来的损失。

处理概率事件时,边际分析依然有效。此时我们考虑的是期望收益与期望损失。引入概率之后,边际收益与边际损失的关系式变为:

$$P(MP) \geqslant (1-P)ML \tag{7.15}$$

式中 P 指该件产品售出的概率,$1-P$ 则是该件产品未售出的概率,二者必居其一(该件产品要么售出,要么未售出)。

求解 P,可得:

$$P \geqslant \frac{ML}{MP+ML} \tag{7.16}$$

公式表明,我们应该不断增加存储量,直至所增加的最后的一件的售出概率等于或大于比值 $ML/(MP+ML)$。

未售出产品的处理收益作为残值,可用于抵扣边际损失。

例 7.5 某超市销售某品牌的月饼。零售价每盒 100 元,进价为常数,每盒 70 元,过了农历八月十五,未售出月饼每盒以 20 元的价格退还厂商。最后两天的需求量预计在 35 到 40 盒之间,35 盒肯定能售出,40 盒以上一定卖不出去,需求概率以及相关的累积概率分布(P)如表 7.4 所示。试问应该订购多少盒?

解:每盒月饼的边际收益等于售价减去成本,即

$$MP = 100 - 70 = 30(元)$$

月饼未售出时的边际损失等于单位成本减去残值,即

$$ML = 70 - 20 = 50(元)$$

由(7.16)式,最后一盒月饼的售出概率 P 应该满足以下关系:

$$P \geqslant ML/(MP+ML) = 50/(30+50) = 0.625$$

由累积概率表可知(见表 7.4 的最后一栏),月饼售出概率大于或等于 0.625 时应该存储 37 盒。第 37 盒月饼的售出概率是 0.75。存储第 37 盒月饼的净收益等于期望边际收益减去相应的期望边际损失。

为明了起见,表 7.5 列出了所有决策方案的情况。从该表的最后一栏可知,最优的订购决策是订 37 盒。

表 7.4　需求概率与累积概率

需求件数	需求的概率分布	第几盒	售出的概率
35	0.10	1 到 35	1.00
36	0.15	36	0.90
37	0.25	37	0.75
38	0.25	38	0.50
39	0.15	39	0.25
40	0.10	40	0.10
41	0	41 或更多	0

表 7.5　含残值的边际存储分析

(N) 需求件数	需求的概率分布	(P)第N盒售出的概率	第 N 盒月饼的期望边际收益 $P \times MP$	第 N 盒月饼的期望边际损失 $(1-P)ML$	第 N 盒月饼的净收益 $MP - ML$
35	0.10	1.00	30	0	30
36	0.15	0.90	27	5	22
37	0.25	0.75	22.5	12.5	10
38	0.25	0.50	15	25	−10
39	0.15	0.25	7.5	37.5	−30
40	0.10	0.10	3	45	−42
41	0	0			

7.3　不确定因素的调整

尽管在确定性条件下考察各种库存关系是有很大帮助的,但是要制定库存策略,还必须现实地考虑各种不确定因素。

正如本章早些时候就已提出的那样,有两种类型的不确定因素会直接影响到库存策略:一是需求不确定因素,它关系到存货完成周期内销售比率的波动;二是完成周期不确定因素,它与存货补给周期的种种变化有关。

不确定因素的存在,使得周期库存有时会不够用,库存控制的一个主要功能就是要防止缺货,为了防止缺货而造成损失,必须建立安全库存。确定安全储备量的方法要用到概率论的一些概念。

7.3.1　概率论的相关概念

1.随机变量及其分布

取值具有随机性的变量称为随机变量。在需求不确定的情况下,每天的需求量就是一个随机变量。如果对随机变量进行长期观察,可以发现有些随机变量其取值还是有一定的规律性的:首先,取值有一定的范围;其次,在取值范围内,取具体值的可能性(概率)基本上是不变的。数学上用分布函数或叫概率分布来反映这种规律性。

最常见的概率分布是正态分布。正态分布函数的图像是一条对称的钟形曲线,如图7.7所示。

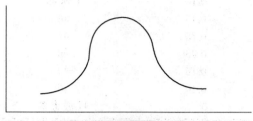

图 7.7 正态分布函数图

2. 随机变量的数字特征

随机变量的两个最重要的数字特征是均值和标准差。

(1) 均值。也称为期望值,是平均值概念的推广。在统计样本数有限时,就用平均值代替均值。比如,已知过去 n 天的日需求量分别为 d_i ($i=1, 2, \cdots, n$),则日需求量的均值为:

$$\bar{d} = \frac{\sum\limits_{i=1}^{n} d_i}{n}$$

(2) 标准差。也称为标准离差(standard deviation),是反映概率分布的离散程度的一个指标。计算标准离差的公式如下:

$$\sigma = \sqrt{\frac{\sum F_i D_i^2}{n}}$$

式中:

σ——标准离差;

F_i——事件 i 的频率;

D_i——事件 i 与平均值的事件离差;

n——可利用的观察值(样本)总计。

一系列独立事件的标准差等于各方差(标准差的平方)之和的平方根。

$$\sigma = \sqrt{\sigma_1^2 + \sigma_2^2 + \cdots + \sigma_n^2}$$

比如,已知每天的需求量的标准差为 S_s,提前期为 T,则在 T 天内的总需求量的标准差为:

$$\sigma_T = \sqrt{S_s^2 + S_s^2 + \cdots + S_s^2} = \sqrt{TS_s^2} = S_s\sqrt{T}$$

3. 正态分布的离散程度与标准差的关系

标准离差常被用于衡量事件在正态曲线下的特定区域内的离中趋势。在库存控制的例子中,事件可以是每天的销售量,而离中趋势就是日销售量水平中的变量;在均值±1个标准离差之内,所有事件中有 68.27% 的可能性会发生。这意味着有 68.27% 的日销售量在平均日销售量的 ±1 个标准离差之内。在均值 ±2 标准离差之内,将有 95.45% 的事件会发生。在均值 ±3 个标准离差的范围之内,将包括 99.73% 的事件。

7.3.2 需求不确定因素的调整

在需求确定的条件下,我们将补给设计在最后一单位存货正好被装运送往顾客处去的时候到达。当存在需求不确定因素时,我们必须采取预防措施以免实际需求超过预期的需求时出现缺货,预防措施就是制订安全储备计划。制订安全储备计划的任务由三个步骤组成:第一,必须测定缺货的可能性;第二,必须估算缺货期间的潜在需求;第三,需要将有关防止缺货程度的政策决定引入到系统中去。

例 7.6 假设存货完成周期为 10 天,历史经验表明,日销售量范围在 0—10 个单位之间,平均日销售量为 5 个单位;经济订货批量假定为 50 个单位,再订货点为 50 个单位,已计划的平均存货为 25 个单位,并且在完成周期内的销售量期望值为 50 个单位。

表 7.6 提供了 3 个连贯的存货完成周期内实际销售量的历史资料。在第 1 个周期中,日需求量尽管经历了变动,但仍维持在平均每天 5 个单位的水平上。周期 1 的总需求量为 50 个单位。在第 2 个周期内,前 8 天的需求量总计为 50 个单位,导致发生缺货。于是,第 9 天和第 10 天就可能没有销售量。在第 3 个周期内,需求量总计达到 39 个单位。第 3 个完成周期以保留 11 个单位的储备告终。在整个 30 天的期间,总销售量为 139 个单位,平均日销售量为 4.6 个单位。但是,如果存货是可得的话,很少有可能在第 9 天和第 10 天就不产生需求了。根据平均需求量为每天 4—5 个单位,合理的估计为失去 8—10 个单位的销售量。

表 7.6 3 个补给周期内典型的需求经历

周期 1			周期 2			周期 3		
天	需求	累计	天	需求	累计	天	需求	累计
1	9	9	11	0	0	21	5	5
2	2	11	12	6	6	22	5	10
3	1	12	13	5	11	23	4	14
4	3	15	14	7	18	24	3	17
5	7	22	15	10	28	25	4	21
6	5	27	16	7	35	26	1	22
7	4	31	17	6	41	27	2	24
8	8	39	18	9	50	28	8	32
9	6	45	19	缺货	50	29	3	35
10	5	50	20	缺货	50	30	4	39

根据表 7.6 中的历史记录,管理部门可以观察到,总计 30 天中有 2 天发生缺货。既然每天的销售量从没有超过 10 个单位,那么,在完成周期的前 5 天就不可能出现缺货。很明显,真正的缺货风险仅有可能发生在完成周期的最后几天内,并且只有当销售量以实质性的差额超过平均存货量时才会发生。

由销售量变动产生的缺货风险仅限于短时间内,并且仅占总销售量较小的比例。然而,管理部门应该采取某些预防性措施,以实现可得销售量,并降低与顾客关系恶化的风险。尽管表 7.7 中提供的销售量分析能够有助于我们了解这个问题,但是对于所需采取适当的行动步骤仍不太清楚。在这里,统计概率可以被用来帮助管理部门在这些不确定因素的条件下确定安全储备的需求量。

为了提供了解这种分析,下面的讨论将要把统计技术应用到需求不确定因素的问题中去。

整个 30 天时期的销售量历史资料已按照频率分布排列在表 7.7 中,频率分布的主要目的是要对围绕日平均需求量的变量做出评价。

表 7.7　需求频率

需求量/天	频率(天)	需求量/天	频率(天)
缺　货	2	5 单位	5
零单位	1	6 单位	3
1 单位	2	7 单位	3
2 单位	2	8 单位	2
3 单位	3	9 单位	2
4 单位	4	10 单位	1

假定预期的平均数为每天 5 个单位,那么,需求量超过平均数的有 11 天,低于平均数的有 12 天。

假定历史资料已提供了有关的需求频率,就有可能精确地确定必须要有多少安全储备才能提供一定程度的存货保护。以上述情况为例,事件的频率为 28 天。虽然在实际生活中可以期望所发生的事件超过 28 次以上,但为了举例说明如何应用概率论来确定安全储备,这里使用了有限的样本。

事件发生的概率是围绕中心趋势值进行测量的,它是所有事件发生的平均值。虽然在存货控制中使用了若干个频率分布,但最基本的是正态分布(normal distribution)。

确定安全储备的第一步是要计算标准离差。确定标准离差所必须的数据包含在表 7.8 中。

表 7.8　日需求量标准离差的计算

单位数	频率(F_i)	平均数离差(D_i)	离差平方(D_i^2)	($F_i D_i^2$)
0	1	−5	25	25
1	2	−4	16	32
2	2	−3	9	18

（续表）

单位数	频率(F_i)	平均数离差(D_i)	离差平方(D_i^2)	($F_iD_i^2$)
3	3	−2	4	12
4	4	−1	1	4
5	5	0	0	0
6	3	+1	1	3
7	3	+2	4	12
8	2	+3	9	18
9	2	+4	16	32
10	1	+5	25	25
$n=28$	$\bar{s}=5$			$\sum F_iD_i^2=181$

根据表 7.8 中的数值代入公式。

$$\sigma=\sqrt{\frac{181}{28}}=\sqrt{6.46}=2.54$$

由于只能用整数单位增加储备,该数据在表 7.8 中的标准离差为近似值 3 个单位。在确定安全储备时,2 个标准离差的保护,或者说 6 个单位的保护,就能够防止频率分布中 95.45％的事件发生。值得指出的是,当实际需求低于需求的平均值时,供给是不存在任何问题的,唯一要关注的情况是超过平均值的情况,也就是说,50％的天数是不需要安全储备的,所以,处于 95.45％水平的安全储备保护实际上达到了 97.72％的可靠性。在存货管理中出现的这一现象就是所谓的"单尾"(one-tail)统计应用。

根据以上分析,可以确定安全库存的具体数值:若要达到 97.72％的可靠性,则安全库存 $SS=6$ 个单位;3 个单位的安全库存只能达到 84.13％的可靠性。

上述例子说明,统计概率可以帮助存货管理部门将需求不确定因素定量化。

7.3.3 完成周期的不确定因素

完成周期的不确定因素意味着实际的完成周期可能超过预计的时间。

从计划制订的角度来看,安全储备政策可以根据存货完成周期的最低可能天数或平均期望天数或最大可能天数来确立。当然,基于不同的完成周期天数确定的安全储备会有很大的区别。

我们知道,安全储备之所以要存在,是为了防止补给期间的需求不确定因素。因此,基于最低完成周期数值确立起来的存货政策将提供不太充分的保护,而基于最大完成周期数值建立起来的存货政策则将导致过剩的安全储备。

如果完成周期的不确定因素所带来的影响无法在统计上用数值加以表示,那么,绝大多数常见的做法是根据已计划的补给天数,或平均经历的补给天数,来制定安全储备政策。然而,在完成周期中如果存在着相当大的变化,那么,正式的评估就必不可少了。

例 7.7 已知日销售量为 5 个单位；经济订货批量为 50 个单位，再订货点为 50 个单位，已计划的平均存货为 25 个单位，在完成周期内的销售量为 50 个单位。试根据表 7.9 提供的有关完成周期的频率分布样本，确定保证缺货概率低于 3% 的安全储备量。

表 7.9　补给周期期间标准离差的计算

完成周期（天数）	频率（F_i）	平均数离差（D_j）	离差平方（D_i^2）	$F_iD_i^2$
6	2	−4	16	32
7	4	−3	9	36
8	6	−2	4	24
9	8	−1	1	8
10	10	0	0	0
11	8	+1	1	8
12	6	+2	4	24
13	4	+3	9	36
14	2	+4	16	32

$$\sum F_iD_i^2 = 200$$

$$N = 50 \qquad t = 10$$

$$\sigma_T = \sqrt{\frac{F_iD_i^2}{N}} = \sqrt{\frac{200}{50}} = \sqrt{4} = 2（天）$$

解：尽管 10 天是最频繁发生的经历，但是补给的时间范围从 6—14 天。如果完成周期被假定为遵循钟形的正态分布，那么，单一的完成周期中预计有 68.27% 的时间里将落在 8—12 天区间里。

根据正态分布的性质，可将完成周期的标准差转化成销售量的标准差 σ，

$$\sigma = d\sigma_T$$

当标准差的倍数 k 等于 2，就可达到 97.72% 的可靠性，这时，安全库存为：

$$SS = k\sigma = kd\sigma_T = 2 \times 5 \times 2 = 20（单位）$$

7.3.4　需求和存货完成周期中都存在着不确定因素

需求不确定因素和完成周期不确定因素的处理，是由两个独立变量的结合所构成。周期的持续时间，至少在短期内，独立于日需求量。然而，在确定安全储备时，需求变化概率和完成周期变化概率的结合影响都必须予以确定。

例 7.8 表 7.10 提供了有关销售和补给周期完成的概况。试确定安全储备量。

表 7.10 频率分布:需求和补给不确定因素

需求不确定因素		补给不确定因素	
日销售量	频率	天数	频率
0	1	6	2
1	2	7	4
2	2	8	6
3	3	9	8
4	4	10	10
5	5	11	8
6	3	12	6
7	3	13	4
8	2	14	2
9	2		
10	1		
	$n = 28$		$n = 50$
	$d = 5$		$T = 10$
	$S_s = 2.54$		$S_t = 2$

通过卷积公式可以把需求量标准离差和完成周期频率分布结合起来,求联合标准离差近似值:

$$\sigma_c = \sqrt{TS_s^2 + d^2 S_t^2}$$

式中:

σ_c——联合概率的标准离差;

T——完成周期的平均时间;

S_t——完成周期的标准离差;

d——平均日销售量;

S_s——日销售量的标准离差。

根据表 7.10 的数据代入公式,

$$\sigma_c = \sqrt{10.00(2.54)^2 + (5.00)^2(2)^2}$$
$$= \sqrt{64.52 + 100} = \sqrt{164.52}$$
$$= 12.83 \approx 13$$

当单一的标准离差分别为 S_t 和 S_s 时,该公式提供了 T 天的卷积标准离差或联合标准离差,且每天的平均需求量为 d。联合分布的平均值就是 T 和 d 的乘积,或 50.00(10.00 × 5.00)。

于是,给定日销售量的频率分布为每天 0—10 个单位,且补给周期的持续时间范围为 6—14 天,那么,就需要安全储备 13 个单位来保护整个完成周期的 84.135%。如果保护要达到97.72%的水平,那么,安全储备的计划就必须达到26个单位。

必须要注意的是,在补给订货周期内要防止发生的具体事件是缺货。84.135%水平和97.72%水平并非是可得水平的产物。这些百分数反映了在给定的订货周期内可能发生缺货的概率。例如,安全储备为13个单位数的水平时,预计在完成周期内发生缺货的可能性为15.865%(100%-84.135%)。

表7.11概括了存货计划者在假设方面及其对平均存货相应影响方面所面临的选择。

表7.11　概括有关不确定因素和影响平均存货的各种假设

	订货批量	安全储备	平均存货
假设销售量为常数 S 和完成周期为常数 T	50	0	25
假设需求保护为 $+2\sigma$ 和完成周期为常数 T	50	6	31
假设需求量为常数 S 和完成周期保护为 $+2\sigma$	50	20	46
假设需求量和完成周期的结合保护为 $+2\sigma$	50	26	51

这种百分数尽管提供了缺货的概率,但并不表示有关的缺货数量。有关的缺货数量是指有关缺货的单位数占总需求数量的百分比。该百分数除了受到缺货概率的影响之外,还受到补给订货规模的影响。接下来将详细地讨论这一概念。

7.3.5　按服务水平(订货完成率)确定安全储备

订货完成率是指可以用现有库存来满足需求的数量占总的需求的百分数,反映的是一种服务水平(service level),用 SL 表示。例如,对某商品的需求量为1 000单位,如果950单位可以从库存中得到满足,而短缺50单位,则 $SL=95\%$。显然,$(1-SL)$ 就是短缺率。如果全年需求量为 D,则全年的短缺数为 $(1-SL)D$。

下面我们来分析每次订购周期内的短缺量为多少?由于需求的随机性,短缺量也是随机的。Robert Brown对标准差为1的情况总结了在订购周期内短缺量的期望值。见表7.12。

表7.12　标准化正态分布的损耗积分表

k	$f(k)$	k	$f(k)$	k	$f(k)$	k	$f(k)$
-3.00	3.000	-2.20	2.205	-1.40	1.437	-0.60	0.769
-2.90	2.901	-2.10	2.106	-1.30	1.346	-0.50	0.698
-2.80	2.801	-2.00	2.008	-1.20	1.256	-0.40	0.630
-2.70	2.701	-1.90	1.911	-1.10	1.169	-0.30	0.567
-2.60	2.601	-1.80	1.814	-1.00	1.083	-0.20	0.507
-2.50	2.502	-1.70	1.718	-0.90	1.000	-0.10	0.451
-2.40	2.403	-1.60	1.623	-0.80	0.920	0.00	0.399
-2.30	2.303	-1.50	1.529	-0.70	0.843		

k	$f(k)$	k	$f(k)$	k	$f(k)$	k	$f(k)$
0.0	0.398 9	0.8	0.120 2	1.6	0.023 2	2.4	0.002 7
0.1	0.350 9	0.9	0.100 4	1.7	0.014 2	2.5	0.002 0
0.2	0.306 8	1.0	0.083 3	1.8	0.011 0	2.6	0.001 4
0.3	0.266 7	1.1	0.068 6	1.9	0.008 4	2.7	0.001 0
0.4	0.230 4	1.2	0.056 1	2.0	0.007 4	2.8	0.000 7
0.5	0.197 7	1.3	0.045 5	2.1	0.006 4	2.9	0.000 5
0.6	0.168 6	1.4	0.036 6	2.2	0.004 8	3.0	0.000 3
0.7	0.142 8	1.5	0.029 3	2.3	0.003 6		

注：$f(k)$——在 $\sigma = 1$ 时在订购周期内短缺量的期望值；

k——既定服务水平的标准差个数。

在实际问题中，当需求标准差为 σ_c，则在订购周期内短缺量的期望值为 $f(k)\sigma_c$。假定我们已经确定每次订购量为 Q，则全年将订购 D/Q 次，全年的短缺量为 $(D/Q)f(k)\sigma_c$。从而可得：

$$(1-SL) \times D = \sigma_c \times f(k) \times (D/Q)$$

即
$$f(k) = (1-SL) \times (Q/\sigma_c)$$

例 7.9 假定一家厂商需要 99% 的产品可得性。假设 Q 经计算求得为 300 个单位，$\sigma_c = 13$。求 SS。

解：$f(k) = (1-SL) \times (Q/\sigma_c)$

$\qquad = (1-0.99) \times (300/13)$

$\qquad = 0.01 \times 23.08 = 0.230 8$

然后，将已计算出来的 $f(k)$ 的值与表 7.12 中的数值进行对照，找出与该计算值最接近的一个值。例如，最接近满足这一条件的 K 值是 0.4。所需的安全储存水平为：

$$SS = K \times \sigma_c$$
$$= 0.4 \times 13$$
$$= 5.2$$

式中：

SS——用单位表示的安全储备；

$\quad k$——与 $f(k)$ 值相应的 k 因数；

$\quad \sigma_c$——联合标准离差。

当订货批量为 300 个单位时，如果需要提供 99% 的产品订货完成率的话，那么安全储备水平近似于 5 个单位。表 7.13 显示了已计算的安全储备水平是如何随其他一些数量的变化而变化的，反之亦然。这种优选问题的存在，意味着补给订货批量的最优化结合有可能在最低限度的成本条件下产生所期望的顾客服务水平。

表 7.13   其他数量对安全储备的影响

订货批量（Q）	k	安全储备
300	0.4	5.2
200	0.65	8.4
100	1.05	13.6

7.3.6   间断订货批量

在现实中，并不是所有的再补给情况都适合于统一使用前面介绍的 EOQ 计算方法。在许多制造作业的场合下，具体零部件需求的产生在间隔时间上趋向于没有规律性，且需求量也变化莫测。这种没有规律性的使用要求是一种因果需求，取决于生产计划。这就是说，当制造作业发生时，所需组装的零部件必须是可得的。在每次需求间隔期间，无须保持零部件存货处于储备状态，只要它在需要时可得到就行了。**相互需求**（dependent demand）的存货服务需要一种经调整过的方法来确定订货批量，这种批量称作"间断订货批量"（discrete lot sizing）。之所以把这种技术识别为"间断的"，意指采购收取的目的是在某个特定的时点上所要获得的零部件等于净需求。由于零部件需求此起彼伏，使用间断订货批量采购的数量将会在订货之间发生变化。有各种间断订货批量技术可供使用。接下来我们选择其中的（1）批量对批量、（2）定期订货批量，以及（3）时间序列批量等进行讨论。

1. 批量对批量（lot-for-lot sizing）

间断性订货的最基本形式是要计划采购，在一个特定的时期内弥补新的需求。在批量对批量的条件下，无需对订货成本加以考虑。在某种程度上，批量对批量技术是纯粹以相互需求为导向的，因为它不需要考虑订货经济。当采购的产品项目不太昂贵、需要量相对较小且无规律时，往往使用这种基本技术。批量对批量技术常使用电子订单传送和溢价运输，以期最大限度地缩短处理和递送时间。

2. 定期订货批量（period order quantity）

定期订货批量（POQ）技术是在 EOQ 推理方法的基础上建立起来的。这里，要履行三个步骤才能完成零部件的采购收取。第一步，计算标准的 EOQ；第二步，将 EOQ 批量除以已预测的年度使用量，以确定订货频率；第三步，订货的次数除以相应的时间期（例如52 个星期或 12 个月），以表示在时间期内的订货批量。

为了说明起见，我们以 EOQ 批量为 300 个单位数和预测为 2 400 个单位数为例进行计算。要调整到 1 年 12 个时期，就需要使用 POQ 技术如下：

$$EOQ = 300$$

$$预测值 = 2\ 400$$

$$每年订货次数 = \frac{2\ 400}{300} = 8.00$$

$$订货间隔期 = \frac{12}{8.00} = 1.5\ 个月$$

在使用 POQ 技术的条件下,计划每隔大约 6 个星期订货 1 次。除非实际使用情况偏离了已计划的数量,一般的订货数量为 300 个单位,并需要进行"弥补"或"略作"再补给订货。

POQ 方法的主要优点是,它考虑存货储囤成本,并由此最大限度减少存货结转量。其缺点类似于 EOQ,POQ 也需要稳定的需求量,以实现其充分的潜力。

3. 时间序列批量(time-series lot sizing)

时间序列的最基本目的是要把几个时期的需求量结合起来,形成一种采购需求的逻辑推理。时间序列方法是动态的,因为订货批量需要进行调整,以满足当前的需求估计。这一特征与基本的 EOQ 形成鲜明的对照,EOQ 是静态的,在某种程度上,一旦订货批量计算出来以后,它在需求的计划时间内将保持不变。

动态订货批量的关键是,需求量的表示是随时间变化的,不像典型的 EOQ 基本方法,是随每天或每周的使用比率变化的。给定有较大的使用波动,则订货批量可由批量系统替代,它能够在给定的变化和间歇使用条件下计算经济订货批量。在这里,我们要引入三种这样的技术,它们是:最低单位成本方法、最低总成本方法和部分期间平衡。

(1) 最低单位成本方法(least-unit-cost approach)。最低单位成本方法是要对每库存单位(SKU)所产生的成本最低的若干个时间周期的结合需求进行识别。初期识别一开始为净需求,然后对每一个未来时期的每单位需求进行评估,并对给定的若干期的结合需求进行确定,且它们的单位成本是最低的。本质上,最低单位成本方法是要以递增的供给星期数对未来的采购需求进行评估。第一个星期考虑一周的供给,接着要考虑第二个星期的供给增加数,每次选择都要对单位成本进行评估,其中包括数量折扣、订货成本、存货储囤成本以及运输成本等。虽然折扣、订货和运输等成本将会随着时间周期的增加导致平均单位成本下降,但由于增加了存货,则存货储囤成本将会随着时间周期的增加而增加。于是,订货批量和订货频率将会在最低单位成本技术下发生可观的变化。虽然这种方法确实能够克服 EOQ 和 POQ 的静态特征,但是,这种技术会引起单位成本在时间周期之间发生很大的变化。

(2) 最低总成本方法(least-total-cost approach)

最低总成本方法是寻求在连续几个时间周期内使总成本降低到最低限度的订货批量。在这个意义上,最低总成本,也即订货与储囤的平衡,其目的类似于 EOQ。根据订货成本对储囤成本的比率(C_0/C_i)进行的计算,称作经济部分期间(economic part-period)。经济部分期间规定了具体零部件的订货批量,如果以存货方式储囤一个期间,将会导致储囤成本等于订货成本。最低总成本技术用于选择与经济部分期间的计算结果最接近的订货批量和间隔期。于是,订货批量可以保持相当统一,然而,随着补给订货之间的时间流逝必然会发生相当大的差异。显然,最低总成本技术克服了最低单位成本没有考虑到的整个计划期间的优选问题。

(3) 部分期间平衡(part-period balancing)。部分期间平衡是最低总成本技术的一种修正形式,结合进了一种特殊的调整程序,称作向前看/向后看(look-ahead/look-back)。这种形式的主要好处是把制订计划的时间范围扩展到超过一个以上的订货点,以便在计算订货批量时对所使用的高峰和低谷进行调整。在使用向前看或向后看的方法考察一个以上的订货需求时对订货时间或订货批量做出调整,有利于调整经济部分期间。一般的程序是,先测试向前看的特征,确定是否有更多的时间产生接近于经济部分期间的批量。如果向前看的结果保持订货批量不变,一般就需要利用向后看的方法。在这个意义上,向后看意味着是一种未来订货,以便在经济部分期间的原则下对最后时期内的递送做出计划,提前确定如果早一点交付是否会降低总成本。从纯效果的角度来看,结合进这种向前看/向后看的方法,就会把经济部分期间的概念应用到同时考察多个时期中去。

间断订货批量的各种方法都是寻求克服在统一使用 *EOQ* 基本计算方法时所需做出的种种假设。虽然使用 *EOQ* 方法可以产生按固定的或可变的时间间隔进行统一的批量订购,但间断订货批量技术则可提供更大的灵活性,以适应不规则使用存货的情况。这里所考察的几个方法已在不同程度上取得了成功。

7.4　库存管理计划方法

7.4.1　ABC 库存计划

通过不断地盘点、发放订单、接收订货等工作来维持库存要耗费大量的时间和资金。当这些资源有限时,企业很自然地就会试图采用最好的方式利用有限的资源来对库存进行控制。换句话说,此时企业的库存控制重点应该集中于重要物资。

19 世纪,帕累托在研究米兰的财富分布时发现,20% 的人口控制了 80% 的财富。这一现象被概括为重要的少数、次要的多数,这就是应用广泛的帕累托原理。帕累托原理也适用于我们的日常生活(日常生活中我们的大部分决策不怎么重要,而少数决策却影响了我们的未来),在库存系统中帕累托原理同样适用(少量物资占用了大量投资)。

任何一个库存系统必须指明何时发出订单,订购数量为多少。然而大多数库存系统要订购的物资种类非常多,因此对每种物资采用模型来进行控制有些不切实际。为了有效地解决这一问题,可用 ABC 分类法把物资分成三类:(A)金额大的物资;(B)中等金额的物资;(C)金额较小的物资。金额的大小是物资重要程度的尺度,也就是说,一种价格虽低但用量极大的物资可能比价格虽高但用量极少的物资重要。

当我们根据物资的年耗用金额来进行排序的时候,就会发现少数物资占用了很大的资金,而大多数物资占用的资金却很少。这个关系可以从表 7.14 中明显地看到。

表 7.14　各物资的年耗用金额

物资编号	年耗用金额(元)	占全部金额的比重(%)
22	95 000	40.8
68	75 000	32.1
27	25 000	10.7

物资编号	年耗用金额(元)	占全部金额的比重(%)
03	15 000	6.4
82	13 000	5.6
54	7 500	3.2
36	1 500	0.6
19	800	0.3
23	425	0.2
41	225	0.1
合　计	233 450	100.0

ABC 分类法把物资按年耗用金额分成三类：A 类物资的品种约为 15%，B 类约为 35%，C 类约为 50%。

例 7.10 试用 ABC 分类法对表 7.14 中的物资进行分类。

解：观察表 7.14 就会发现，表中的 A 类物资占 20%（10 种物资里有 2 种物资属于 A 类物资），B 类物资占 30%，C 类物资 50%。以上分析的过程和结果在表 7.15 中清楚地表示了出来。

表 7.15　物资的 ABC 分类

类别	物资编号	年耗用金额(元)	占全部金额的比重(%)
A	22，68	170 000	72.9
B	27，03，82	53 000	22.7
C	54，36，19，23，41	10 450	4.4
		233 450	100.0

ABC 分类的结果并不唯一，分类的目标是把重要的物资与不重要的物资分离开来。具体的划分取决于具体的库存问题以及企业相关人员有多少时间可以用来对库存进行管理（时间多的话，企业可以适当增多 A、B 两类物资的数量）。将物资进行 ABC 分类，其目的在于根据分类结果对每类物资采取适宜的控制措施。例如，从订货周期来考虑的话，A 类物资可以控制得紧些，每周订购一次，B 类物资可以两周订购一次，C 类物资则可以每月或每两月订购一次。值得注意的是，ABC 分类与物资单价无关。A 类物资的耗用金额很高可能是单价不高但耗用量极大的组合，也可能是单价很高但用量不大的组合。与此相类似，C 类物资可能价格很低，也可能是用量很少。对于一个汽车服务站而言，汽油属于 A 类物资，应该每日或每周补充一次；轮胎、蓄电池、润滑油以及液压传动油可能属于 B 类物资，可以每两到四周订购一次；C 类物资可能包括阀门杆、挡风屏用雨刷、水箱盖、软管盖、风扇皮带、汽油添加剂、打光蜡等，它们可以每两个月或每三个月订购一次，甚至等用光后再订购也不迟，因为它造成的缺货损失不严重。

有时某种物资的短缺会给系统造成重大的损失。在这种情况下，不管该物资属于哪一类,均应保持较大的存储量以防短缺。为了保持对该种物资进行比较严格的控制,可以强迫将其归为 A 类或 B 类,而不管它是否有资格归属为这两类。

7.4.2 公平份额分配

公平份额分配(fair share allocation)是一种简化的存货管理计划方法,用于向每一个配送设施提供公平的或"公平份额"(fair share)的可得存货,这些可得存货来自诸如工厂仓库之类的共同货源。这里,公平的标准是以各配送中心获得同样的供给天数所需的储备为原则来制定的。利用公平份额分配规则,确定共同供给天数的计算公式如下:

$$DS = \frac{A + \sum_{j=1}^{n} I_j}{\sum_{j=1}^{n} D_j} \tag{7.17}$$

分配给每一个配送中心的数量由下式确定:

$$A_j = (DS - I_j / D_j) \times D_j \tag{7.18}$$

式中:

DS——每一个配送中心存货应达到的共同供给天数;

A——从工厂仓库分配的存货单位数;

I_j——用单位数表示的配送中心 j 的现有存货;

D_j——配送中心 j 的日需求量;

A_j——分配给配送中心 j 的数量。

例 7.11　图 7.8 说明了由 1 个共同工厂仓库向 3 个配送中心提供服务的网络结构、当前存货水平和日常需求量。假定在工厂仓库保留 100 个单位的存货是合乎需要的,因此,500 个单位是可得的分配数。试用公平份额分配方法,确定各配送中心共同供给天数及分配给各配送中心的数量。

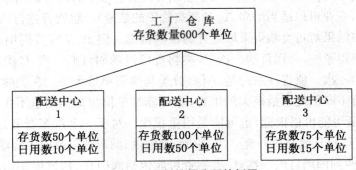

图 7.8　公平份额分配的例子

解:由图 7.8 及题意知:

$$A = 600 - 100 = 500; \quad I_1 = 50; \quad I_2 = 100; \quad I_3 = 75;$$

$$D_1 = 10；D_2 = 50；D_3 = 15$$

由式(7.17)：

$$DS = \frac{500 + (50 + 100 + 75)}{10 + 50 + 15}$$

$$= \frac{500 + 225}{75} = 9.67（天）$$

所以，每一个配送中心应达到 9.67 天的储备。

由式(7.18)，分配给配送中心 1 的数量为：

$$A_1 = (9.67 - 50/10) \times 10$$

$$= (9.67 - 5) \times 10$$

$$= 4.67 \times 10 = 46.7（约等于 47 个单位）$$

依此类推，分配给配送中心 2 和配送中心 3 的数量可以分别确定为 383 个单位和 70 个单位。

虽然公平份额分配可以在多个地点协调存货，但它并没有考虑各地点的特殊因素，诸如完成周期、经济订货批量或安全储备需要等方面的差异。因此，公平份额分配方法在管理多阶段存货的能力方面受到了限制。

本章小结

库存是指各种资源的储备。保持一定的库存是正常的，但我们都应意识到库存需要付出代价，而且高库存一般是没有必要的。由于存货中投入了资金以及存货有可能成为陈旧物，所以持有存货是有风险的。一方面需要存货，另一方面，持有存货既有成本又有风险，于是产生了库存问题。

经济批量模型(EOQ)是在一定假设条件下解决库存问题的工具。随着条件的放宽，模型及方法也在不断修正。本章的模型及方法还是属于最基本的，参考文献里还有更为复杂的模型。

ABC 产品分类管理和公平份额分配是简单实用的库存管理计划方法。

复习与思考

1. 为什么库存对于一个公司的有效管理来说，是如此重要？
2. 需求和提前期的不确定是如何影响库存水平的？
3. 经济订货批量(EOQ)模型在数学上如何选择最佳的经济订货批量？
4. 解释固定订货点、固定订货批量模型和固定订货间隔周期模型之间的基本区别。哪一种模型可能导致最大的库存水平？

5. 给定以下信息,计算经济订货批量和为了实现 98% 的客户服务水平所必需的安全库存和平均库存:

a. 以 25 天为 1 个周期的每天的平均需求量为:

天	需求单位数	天	需求单位数	天	需求单位数
1	8	11	7	21	7
2	5	12	8	22	8
3	4	13	12	23	8
4	6	14	9	24	10
5	9	15	10	25	11
6	8	16	5		
7	9	17	8		
8	10	18	11		
9	7	19	9		
10	6	20	7		

b. 订货周期不存在变动。

c. 订货成本为每份订单 20 美元。

d. 年需求量为 2 000 单位。

e. 每单位产品的成本为 11 美元。

f. 库存持有成本为 35%。

g. 产品以离岸价格采购。

6. 给定以下补货周期的样本,重新计算问题 5:

补货周期	提前期天数	补货周期	提前期天数
1	10	10	9
2	12	11	8
3	11	12	10
4	10	13	11
5	10	14	9
6	9	15	9
7	8	16	10
8	12	17	11
9	11	18	10

7. 给定问题 5 和问题 6 的计算结果,如果管理者愿意持有等于 1 周销售量的产品作为安全库存,那么实际的满足率将是多少?

案例分析

□ 降低库存对公司利润绩效的影响分析

为了说明库存降低对公司利润绩效的影响作用,考虑 XYZ 公司的例子,该公司的财务数据如图 7.9 所示。公司的销售额为 1 亿元,减去 0.97 亿元的商品成本及营业税,产生 300 万元的税前利润。当减去 100 万元的所得税(假设所得税等于税前利润的 33%),净利润为 200 万元,净利润率为销售收入的 2%。

在公司的资产负债表里,我们了解到,流动资产为 0.22 亿元,包括 0.14 亿元的库存,0.06 亿元的应收账款,以及其他流动资产 0.02 亿元。流动资产加上 0.18 亿元的固定资产,实现总资产为 0.4 亿元,资产的周转率为 2.5 次。2% 的净利润乘上 2.5 次的资产周转率,得到资产收益率为 5%。公司负债为 0.2 亿元,财务比例为 2:1,使净资产收益率增加到 10%。

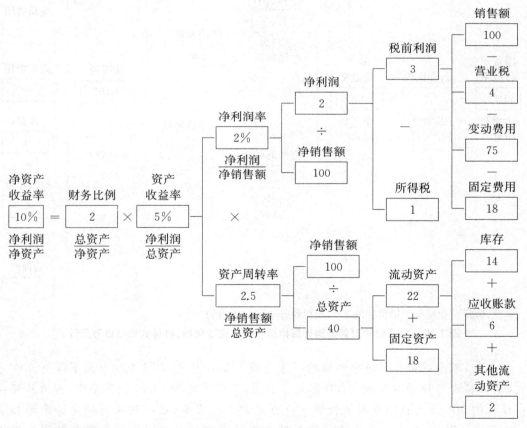

注:假设营业税等于销售额的 4%,所得税等于税前利润的 33%。

图 7.9 XYZ 公司财务数据计算模型——系统变化前(财务数据以百万元计)

现在假定,如果将公司的物流信息系统改进,使其能够接受来自大型零售商的销售点数据和来自关键的原始设备制造商的物料需求数据,管理者能够利用信息来进行生产计划和补充库存,这将导致在整个公司范围降低500万元的库存。从库存降低中所获得的500万元的节约将可用来投资于新的工厂设备,而这在以前由于缺乏资金而被否决。投资项目将产生30%的税前收益率或20%的税后收益率。投资将以10年期的直线折旧基础进行折扣(如果投资为500万元,每年折旧额为50万元)。

此外,据预测,提议的信息系统改进所需的年费用将是75万元。提议中的系统对净资产的税后收益率的财务作用见图7.10。

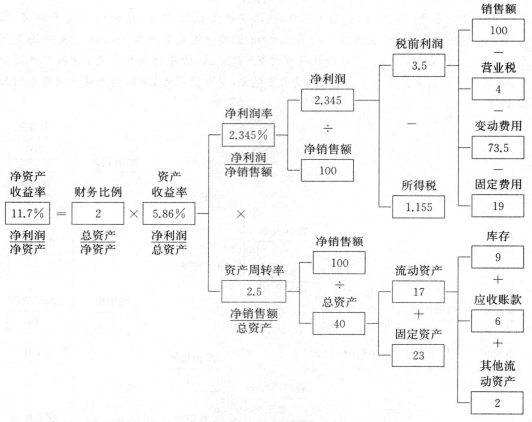

注:假设营业税等于销售额的4%,所得税等于税前利润的33%。

图7.10　XYZ公司财务数据计算模型——系统变化后(财务数据以百万元计)

首先,考虑对资产周转率的影响。库存减少500万元,从1 400万元下降到900万元,从而将流动资产减少到1 700万元。然而,总资产保持4 000万元不变,因为从库存中降低的500万元被用来购买价值500万元的工厂设备;这一购买使固定资产增加了500万元。因此,资产只是从流动资产转变成了固定资产。因为销售额和总资产都不变,资产周转率保持为2.5次。费用从9 700万元下降到9 550万元,使税前利润增加到450万元。

提议的系统将影响损益报表的许多账目。新的工厂设备将降低生产成本,产生了

20%的税后收益率,或税前30%的收益率,或150万元。我们把它看成相当于降低产品变动成本150万元,使变动成本降低到7 350万元。那些随库存量或随非资金成本变动的费用,与500万元的库存节约相关的预算外开支,使固定费用减少了25万元(库存持有成本的非资金成本部分,如保险、税收、变动储存成本、废弃成本、贬值成本和损坏成本,大约是平均库存价值的5%)。然而,增加的每年75万元的信息系统费用,加上每年50万元的新工厂设备的折旧费,使固定费用增加了125万元,因此,固定费用增加了100万元,或增加到1 900万元。税前利润从300万元上升到350万元,导致115.5万元的所得税。税后净利润为234.5万元,净利润率为2.345%。因此,资产收益率从5%上升到5.86%。因为公司筹集资金没有受影响,因此,财务比例仍然为2:1,净资产收益率从10%上升到11.7%。

资料来源:[美]詹姆士·R.斯托克等(2003),第32—35页。

思考题
假设库存减少的500万元资金可用来将银行贷款减少500万美元,试计算净资产收益率。假设贷款的利息率为10%。当然,这是一项税前费用。

第8章 物流运输决策

本章关键词

运输 transportation

运输方式选择 transportation mode selection

运输服务商 transport service provider

最短路方法 shortest route method

运输问题 transportation problem

运输——物流工作一个十分重要的环节

运输工作是整体物流工作一个十分重要的环节,搞好运输工作对企业物流的意义可以体现在以下各主要方面。

1. 便利和可靠的运输服务是有效组织输入和输出物流的关键。企业的工厂、仓库与其供货厂商和客户之间的地理分布直接影响着物流的运输费用。因此,运输条件是企业选择工厂、仓库、配送中心等物流设施配置地点需要考虑的主要因素之一。

2. 运输影响着物流的其他构成因素。例如选择的运输方式决定着装运货物的包装要求;使用不同类型的运输工具决定其配套使用的装卸搬运设备以及接收和发运站台的设计;企业库存储备量的大小直接受运输状况的影响,发达的运输系统能比较适量、快速和可靠地补充库存,以降低必要的储备水平。

3. 运输费用在物流费用中占有很大的比重。运输成本要占到物流总成本的35%—50%左右,对许多商品来说,运输成本要占商品价格的4%—10%,也就是说,运输成本占物流总成本的比重比其他物流活动大。组织合理运输,以最小的费用,较快的时间,及时、准确、安全地将货物从其产地运到销地,是降低物流费用和提高经济效益的重要途径之一。

8.1 运输方式选择

一个现代化的综合运输体系是由五种运输方式以及各种相应的配套设施组成的,这五种运输方式是:铁路运输、公路运输、水路运输、航空运输、管道运输。其中,管道运输是由 20 世纪 50 年代石油大量开采并成为世界主要能源后发展起来的一种运输方式,主要用于运输石油、天然气。

在商品生产的市场经济体制下,在运输市场上各种运输方式之间不可避免地进行着激烈的竞争。但是,一方面由于各种运输方式均拥有自己固有的技术经济特征及相应的竞争优势;另一方面由于各种方式在运输市场需求方面本身拥有的多样性,主要表现在运输量、距离、空间位置、运输速度等方面。这两个方面实际上就为各种运输方式在社会经济发展过程中营造了各自的生存及发展空间。

8.1.1 各种运输方式的技术经济特征

各种运输方式的技术经济特征主要包括运输速度、运输工具的容量及线路的运输能力、运输成本、经济里程、环境保护。

1. 运输速度

物流运输的产品是货物的空间位移,以什么样的速度实现它们的位移是物流运输的一个重要技术经济指标。决定各种运输方式运输速度的一个主要因素是各种运输方式载体能达到的最高技术速度。运输载体的最高技术速度一般受到载体运动的阻力、载体的推动技术、载体材料对速度的承受能力以及与环境有关的可操纵性等因素的制约。作为陆上运输工具,它的最高技术速度决定于通常的地面道路交通环境下允许的安全操作速度。各种运输方式由于经济原因而采用的技术速度一般要低于最高技术速度,尤其是经济性对速度特别敏感的水路运输方面,船舶一般都采用比较经济的航速营运的。

目前,我国各种运输方式的技术速度分别是:铁路 80—160 千米/小时,海运 10—25 节(1 节＝1 海里/小时),河运 8—20 千米/小时,公路 80—120 千米/小时,航空 900—1 000 千米/小时。科学技术的发展一直在不断提高各种运输方式的技术速度。

在运输实践中,旅客和货物所能得到的服务速度是低于运输载体的技术速度的。首先,运载工具不可能在运输的全过程中以技术速度运行,即运载工具的营运速度总是低于技术速度的。例如:飞机升降作业时的减速,铁路运输在中途停站及编组,船舶在航途中速度会受到风浪的影响,汽车在行驶途中要进行交通避让。

就运输速度而言,航空速度最快,铁路次之,水路最慢。但在短距离的运输中,公路运输具有灵活、快捷、方便的绝对优势。

2. 运输工具的容量及线路的运输能力

由于技术及经济的原因,各种运输方式的运载工具都有其适当的容量范围,从而决定了运输线路的运输能力。公路运输由于道路的制约,其运载工具的容量最小,通常载重量是 5—10 吨。我国一般铁路的载重量是 3 000 吨。水路运输的载重能力最大,从几千吨到几十万吨的船舶都有。

3. 运输成本

物流运输成本主要由四项内容构成：基础设施成本、转运设备成本、营运成本和作业成本。以上四项成本在各种运输方式之间存在较大的差异。铁路方面基础设施及运转设备方面的成本比重较大。

评价各种运输方式的成本水平要考查多种因素。

4. 经济里程

经济性是衡量交通运输方式的重要标准。经济性是指单位运输距离所支付票款的多少（对交通需求者来说）。交通运输经济性状况除了受投资额、运转额等因素影响外，主要与运输速度及运输距离有关。一般来说，运输速度与运输成本有很大的关系，表现为正相关关系，即速度越快，成本越高。

运输的经济性与运输距离有紧密的关系。不同的运输方式的运输距离与成本之间的关系有一定的差异。如铁路的运输距离增加的幅度要大于成本上升的幅度，而公路则相反。从国际惯例来看，300千米以内被称为短距离运输，该距离内的客货量应该尽量分流给公路运输。一般认为，运输在300千米内主要选择公路运输，300—500千米内主要选择铁路运输，500千米以上则选择水路运输。

5. 环境保护

运输业是污染环境的主要产业部门，运输业产生环境污染的直接原因有以下几个方面。

（1）空间位置的移动。在空间位置移动的过程中，移动所必需的能源消耗以及交通运输移动体的固定部分与空气发生接触，从而产生噪音振动、大气污染等。空间位置移动本身不仅造成环境破坏，更重要的是随交通污染源的空间位置移动，会不断地污染环境，并破坏扩散到其他地区，造成环境的大面积污染破坏。

（2）交通设施的建设。交通设施的建设往往破坏植被，改变自然环境条件，破坏生态环境的平衡。

（3）载运的客体。旅客运输中造成大量塑料饭盒等废弃物扔在交通沿线上，造成大量的"白色垃圾"。运输业动力装置排出来的废气是空气的主要污染源，在人口密集的地区尤其严重。汽车运输排放的废气严重地影响空气的质量，油船溢油事故严重污染海洋，公路建设大量占用土地，大量土地的占用对生态平衡发生影响，并使人类生存环境恶化。

表8.1是各种运输方式的技术经济特征。

表 8.1　各种运输方式的技术经济特性

运输方式	技术经济特点	运输对象
铁　路	初始投资大，运输容量大，成本低廉，占用的土地多，连续性强，可靠性好。	适合于大宗货物、杂货等的中长途运输。
公　路	机动灵活，适应性强，短途运输速度快，能源消耗大，成本高，空气污染严重，占用的土地多。	适合于短途、零担运输，门到门的运输。

(续表)

运输方式	技术经济特点	运输对象
水 路	运输能力大,成本低廉,速度慢,连续性差,能源消耗及土地占用都较少。	适合于中长途大宗货物运输,海运,国际货物运输。
航 空	速度快,成本高,空气和噪声污染重。	中长途及贵重货物运输,保鲜货物运输。
管 道	运输能力大,占用土地少,成本低廉,连续输送。	适合于长期稳定的流体、气体及浆化固体物运输。

8.1.2 影响运输方式选择的因素分析

在各种运输方式中,如何选择适当的运输方式是物流合理化的重要问题。一般来讲,应根据物流系统要求的服务水平和可以接受的物流成本来决定,可以使用一种运输方式,也可以使用联运的方式。

决定运输方式,可以在考虑具体条件的基础上,认真研究考虑下面5项具体项目。

1. 货物品种

关于货物品种及性质、形状,应在包装项目中加以说明,选择适合这些货物特性和形状的运输方式。

2. 运输期限

运输期限必须与交货日期相联系,保证及时运输。必须调查各种运输工具需要的运输时间,根据运输时间来选择运输工具。运输时间的快慢顺序一般情况下依次为航空运输、汽车运输、铁路运输、船舶运输。各种运输工具可以按照它的速度编组来安排日期,加上它的两端及中转的作业时间,就可以计算所需要的运输时间。

3. 运输成本

运输成本因货物的种类、重量、体积、运距不同而不同。而且,运输工具不同,运输成本也会发生变化。在考虑运输成本时,必须考虑运输费用与其他物流子系统之间存在着互为利弊的关系,不能单从运输费用出发来决定运输方式,而要从全部的总成本出发来考虑。

4. 运输距离

从运输距离看,一般情况下可以依照以下原则:300千米以内,用汽车运输;300—500千米的范围内用铁路运输;500千米以上用船舶运输。

5. 运输批量

运输批量方面,因为大批量运输成本低,应尽可能使商品集中到最终消费者附近,选择合适的运输工具进行运输是降低成本的好方法。

因为各种运输方式和运输工具都有各自的特点,而不同特性的物资对运输的要求也不一样,所以要制定一个选择运输方式的统一标准是很困难的,也没有必要这样做。但是,根据物流运输的总目标,确定一个带有普遍性的原则是可以的。

在选择运输方式时,保证运输的安全性是选择的首要条件,它包括人身、设备和被运货物的安全等。为了保证被运输货物的安全,首先应了解被运物资的特性,如重量、体积、贵重程度、内部结构及其他物理化学特性（易燃、易碎、危险性），然后选择安全可靠的运输方式。

物资运输的在途时间和到货的准时性是衡量运输效果的一个重要指标。运输时间的长短和到货的准确性不仅决定着物资周转的快慢，而且对社会再生产的顺利进行影响较大，由于运输不及时，有时会给国民经济造成巨大的损失。

运输费用是衡量运输效果的综合标准，也是影响物流系统经济效益的主要因素，一般说来，运输费用和运输时间是一对矛盾体，速度快的运输方式一般费用较高，与此相反，运输费用低的运输方式速度较慢。

综上所述，选择运输方式时，通常是在保证运输安全的前提下，衡量运输时间和运输费用，当到货时间得到满足时再考虑费用低的运输方式。当然，计算运输费用不能单凭运输单价的高低，而应对运输过程中发生的各种费用以及对其他环节费用的影响进行综合分析。

在选择运输方式时，不能仅仅从费用考虑，还应该考虑到发送方式。不同的发送方式不仅运输费用相差较大，而且运输的安全程度和在途的时间差别也很大。如铁路运输有整列、成组、整车、零担、包裹等发送方式，成组、整车运输由于配车编组，在途停滞时间长，而零担、包裹运输费用则较高。

如欲对运输方式的选择作进一步定量的分析，则应考虑不同运输工具类型所提供的服务特征，这些服务特征中最重要的是成本、速度和可靠性。因此，服务成本、平均运达时间（速度）和运达时间的变动性（可靠性）应作为运输方式选择的依据。

8.1.3 运输方式的综合性能评价

对运输工具的选择，并不仅仅从费用的角度出发，更多地考虑将集中在经济性 F_1、迅速性 F_2、安全性 F_3 和便利性 F_4 四个方面。

首先，我们在进行比较之前，必须把各评价尺度标值统一化；然而实践中，货物单元、价格、交货日期、运输批量和收货单位的不同，使得这些运输工具的评价指标也必然不同。假设各尺度标值分别为：W_1，W_2，W_3，W_4，则运输工具的综合评价值 F 可以表示为：

$$F = W_1F_1 + W_2F_2 + W_3F_3 + W_4F_4 \tag{8.1}$$

其中：$W_1 + W_2 + W_3 + W_4 = 1$。

现在可供选择的运输工具有火车 T、汽车 M、轮船 V、飞机 A，那么它们的综合评价值分别用 $F(T)$，$F(M)$，$F(V)$，$F(A)$ 来表示，则：

$$\begin{aligned} F(T) &= W_1F_1(T) + W_2F_2(T) + W_3F_3(T) + W_4F_4(T) \\ F(M) &= W_1F_1(M) + W_2F_2(M) + W_3F_3(M) + W_4F_4(M) \\ F(V) &= W_1F_1(V) + W_2F_2(V) + W_3F_3(V) + W_4F_4(V) \\ F(A) &= W_1F_1(A) + W_2F_2(A) + W_3F_3(A) + W_4F_4(A) \end{aligned} \tag{8.2}$$

目前还没有绝对行之有效的方法来量化 F_1，F_2，F_3，F_4。这里采用相关因素进行量化。

1. 经济性

运输工具的经济性是由运费、包装费、装卸费和设施费等有关运输费用合计来表示的。很显然费用越高，经济性越差；设各运输工具所需成本为 $C(T)$，$C(M)$，$C(V)$，$C(A)$。其平均值为：

$$C = \frac{C(T) + C(M) + C(V) + C(A)}{4} \tag{8.3}$$

为了更清楚地突出各运输工具之间的差异性，我们用相对值来考察；运输经济性相对值为：

$$F_1(T) = \frac{C(T)}{C}, \ F_1(M) = \frac{C(M)}{C}, \ F_1(V) = \frac{C(V)}{C}, \ F_1(A) = \frac{C(A)}{C}$$

2. 迅速性

运输工具的迅速性是用从发货地到收货地所需的天数（或时间）来表示的。所需的时间越长则迅速性越低，设各运输工具所需时间数为 $H(T)$，$H(M)$，$H(V)$，$H(A)$。其平均值为：

$$H = \frac{H(T) + H(M) + H(V) + H(A)}{4} \tag{8.4}$$

运输工具的迅速性相对值为：

$$F_2(T) = \frac{H(T)}{H}, \ F_2(M) = \frac{H(M)}{H}$$

$$F_2(V) = \frac{H(V)}{H}, \ F_2(A) = \frac{H(A)}{H}$$

3. 安全性

运输的安全性要根据过去一段时间内的货损、货差率（有时通过实验数据得到）来确定，一般实行计量化较为适合。破损率越高安全性越差，设各运输工具的货损、货差率为 $D(T)$、$D(M)$、$D(V)$、$D(A)$。其平均值为：

$$D = \frac{D(T) + D(M) + D(V) + D(A)}{4} \tag{8.5}$$

运输工具的安全性的相对值为：

$$F_3(T) = \frac{D(T)}{D}, \ F_3(M) = \frac{D(M)}{D}$$

$$F_3(V) = \frac{D(V)}{D}, \ F_3(A) = \frac{D(A)}{D}$$

4. 便利性

单以便利性计量化作为评价尺度是比较困难的，因为究竟达到何种程度才能算是便利，而不是相反是很难确定的，因此比较妥帖的办法是根据具体情况具体分析。以代办货物运输为例，在考虑货物运到代办运输点所需时间和距离等问题时，通常用代办点的经办时间与货物运到代办点所需时间差来衡量,可以看出时间差越大,便利性越高。所以时间差大,则是有利因素。

设运输工具的时间差是:$V(T)$,$V(M)$,$V(V)$,$V(A)$,则平均值为:

$$V = \frac{V(T) + V(M) + V(V) + V(A)}{4} \qquad (8.6)$$

运输工具的便利性相对值为:

$$F_4(T) = \frac{V(T)}{V}, \quad F_4(M) = \frac{V(M)}{V}$$

$$F_4(V) = \frac{V(V)}{V}, \quad F_4(A) = \frac{V(A)}{V}$$

值得注意的是在以上的讨论中,在四项指标中有三项与我们的目标追求是相反的:费用越高经济性越差;迅速性中,所需时间越长迅速性越低;破损率越高安全性越差;只有第四项时间差越大便利性越好是正向的。为了使各项指标在量上与我们追求的目标一致,我们不妨将反向变化的三项指标取负值,这样我们就可以统一评价标尺。根据以上的讨论,我们得出运输工具的综合评价值:

$$F(T) = -W_1\frac{C(T)}{C} - W_2\frac{H(T)}{H} - W_3\frac{D(T)}{D} + W_4\frac{V(T)}{V}$$

$$F(M) = -W_1\frac{C(M)}{C} - W_2\frac{C(H)}{H} - W_3\frac{D(T)}{D} + W_4\frac{V(T)}{V}$$

$$F(V) = -W_1\frac{C(V)}{C} - W_2\frac{H(V)}{H} - W_3\frac{D(V)}{D} + W_4\frac{V(V)}{V}$$

$$F(A) = -W_1\frac{C(A)}{A} - W_2\frac{H(A)}{A} - W_3\frac{D(A)}{A} + W_4\frac{V(A)}{A}$$

(8.7)

8.1.4 运输方式选择的成本比较法

如果不将运输服务作为竞争手段,那么能使该运输服务的成本与该运输服务水平导致的相关间接库存成本之间达到平衡的运输服务就是最佳服务方案。也即,运输的速度和可靠性会影响托运人和买方的库存水平(订货库存和安全库存)以及他们之间的在途库存水平。如果选择速度慢、可靠性差的运输服务,物流渠道中就需要有更多的库存。这样,就需要考虑库存持有成本可能升高,而抵消运输服务成本降低的情况。因此方案中最合理的应该是,既能满足顾客需求,又使总成本最低的服务。

例 8.1 某公司欲将产品从坐落位置 A 的工厂运往坐落位置 B 的公司自有的仓库,年运量 D 为 700 000 件,每件产品的价格 C 为 30 元,每年的存货成本 I 为产品价格的 30%。公司希望选择使总成本最小的运输方式。据估计,运输时间每减少 1 天,平均库存水平可以减少 1%。各种运输服务的有关参数如表 8.2。

表 8.2 有关参数

运输方式	运输费率(元/件)R	运达时间(天)T	每年运输批次	平均存货量(件)$Q/2+SS$
铁　路	0.10	21	10	100 000
驮背运输	0.15	14	20	50 000 × 0.93
卡　车	0.20	5	20	50 000 × 0.84
航　空	1.40	2	40	25 000 × 0.81

注:安全库存约为订货量的 1/2。

在途运输的年存货成本为 $ICDT/365$,两端储存点的存货成本各为 $IC(Q/2+SS)$,但其中的 C 值有差别,工厂储存点的 C 为产品的价格,购买者储存点的 C 为产品价格与运费率之和。

运输服务方案比选见表 8.3。

表 8.3 运输服务方案比选表

成本类型	计算方法	运输服务方案	
		铁　路	驮背运输
运　输	$R \times D$	$(0.10 \times 700\,000) = 70\,000$	$(0.15 \times 700\,000) = 105\,000$
在途存货	$ICDT/365$	$(0.30 \times 30 \times 700\,000 \times 21)/365$ $= 363\,465$	$(0.30 \times 30 \times 700\,000 \times 14)/365$ $= 241\,644$
工厂存货	$IC(Q/2+SS)$	$(0.30 \times 30 \times 100\,000) = 900\,000$	$(0.30 \times 30 \times 50\,000 \times 0.93) = 418\,500$
仓库存货	$IC(Q/2+SS)$	$(0.30 \times 30.1 \times 100\,000)$ $= 903\,000$	$(0.30 \times 30.15 \times 50\,000 \times 0.93)$ $= 420\,593$
总成本		2 235 465	1 185 737

成本类型	计算方法	运输服务方案	
		卡　车	航　空
运　输	$R \times D$	$(0.20 \times 700\,000) = 140\,000$	$(1.4 \times 700\,000) = 980\,000$
在途存货	$ICDT/365$	$(0.30 \times 30 \times 700\,000 \times 5)/365$ $= 86\,301$	$(0.30 \times 30 \times 700\,000 \times 2/365)$ $= 34\,521$
工厂存货	$ICQ/2$	$(0.30 \times 30 \times 50\,000 \times 0.84)$ $= 378\,000$	$(0.30 \times 30 \times 25\,000 \times 0.81)$ $= 182\,250$
仓库存货	$ICQ/2$	$(0.30 \times 30.2 \times 50\,000 \times 0.84)$ $= 380\,520$	$(0.30 \times 31.4 \times 25\,000 \times 0.81)$ $= 190\,755$
总成本		984 821	1 387 526

由上例表 8.3 的计算可知,在 4 种运输服务方案中,卡车运输的总成本最低,因此应选择卡车运输。

8.1.5　考虑竞争因素的方法

运输方式的选择如直接涉及竞争优势,则应采用考虑竞争因素的方法。当买方通过供应渠道从若干个供应商处购买商品时,物流服务和价格就会影响买方对供应商的选择。反之,供应商也可以通过供应渠道运输方式的选择控制物流服务的这些要素,影响买方的惠顾。

对买方来说,良好的运输服务(较短的运达时间和较少的运达时间变动)意味着可保持较低的存货水平和较确定的运作时间表。为了能获得所期望的运输服务,从而降低成本,买方对供应商提供唯一地能提供的鼓励——对该供应商更多的惠顾。买方的行为是将更大的购买份额转向能提供较好运输服务的供应商,供应商可以用从交易额扩大而得到的更多利润去支付由于最优的运输服务而增加的成本,从而鼓励供应商去寻求更适合于买方需要的运输服务方式,而不是单纯追求低成本。这样,运输服务方式的选择成了供应商和买方共同的决策。当然,当一个供应商为了争取买方而选择最优的运输方式时,参与竞争的其他供应商也可能做出竞争反应,而他们会做出怎么样的竞争反应就很难估计了。因此,下述的例子说明的是在不考虑供应商的竞争对手反应的情况下,买方向能提供最优运输服务的供应商转移更多交易份额的程度。

例 8.2 某制造商分别从两个供应商购买了共 3 000 个配件,每个配件单价 100 元。目前这 3 000 个配件是由两个供应商平均提供的,如供应商缩短运达时间,则可以多得到交易份额,每缩短一天,可从总交易量中多得 5% 的份额,即 150 个配件。供应商从每个配件可赚得占配件价格(不包括运输费用)20% 的利润。

于是供应商 A 考虑,如将运输方式从铁路转到卡车运输或航空运输是否有利可图。各种运输方式的运费率和运达时间如下:

表 8.4　各种运输方式的运费率和运达时间

运输方式	运费率(元/件)	运达时间(天)
铁　　路	2.50	7
卡　　车	6.00	4
航　　空	10.35	2

显然,供应商 A 只是根据他可能获得的潜在利润来对运输方式进行选择决策。表8.5所示是供应商 A 使用不同的运输方式可能获得的预期利润。

8.5　供应商 A 使用不同运输方式的利润比较表

运输方式	配件销售量(元)	毛利(元)	运输成本核算(元)	净利润(元)
铁　　路	1 500	30 000.00	−3 750.00	26 250.00
卡　　车	1 950	39 000.00	−11 700.00	27 300.00
航　　空	2 250	45 000.00	−23 287.50	21 712.50

如果制造商对能提供更好运输服务的供应商给予更多份额的交易的承诺实现,则供应商 A 应当选择卡车运输。当然,与此同时供应商 A 要密切注意供应商 B 可能做出的竞争反应行为,如果出现这种情况,则可能削弱供应商 A 可能获得的利益,甚至可能

使合作化为泡影。

通过上述关于运输服务选择问题的讨论,我们已经认识到,在考虑运输服务的直接成本的同时,有必要考虑运输方式对库存成本和运输绩效对物流渠道成员购买选择的影响。然而,除此之外,还有其他一些因素需要考虑,其中有些是决策者不能控制的。

第一,如果供应商和买方对彼此的成本有一定了解,将会促进双方的有效合作。但供应商和买方如果是相互独立的法律实体,两者之间若没有某种形式的信息交流,双方就很难获得完全的成本信息。在任何情况下,合作都应该朝着更密切关注对方对运输服务选择的反应或对方购买量的变化的方向发展。

第二,如果分拨渠道中有相互竞争的供应商,买方和供应商都应该采取合理的行动来平衡运输成本和运输服务,以获得最佳收益。当然,无法保证各方都会理智行事。

第三,还没有考虑对价格的影响。假如供应商提供的运输服务优于竞争对手,他很可能会提高产品的价格来补偿(至少是部分补偿)增加的成本。因此,买方在决定是否购买时应同时考虑产品价格和运输绩效。

第四,运输费率、产品种类、库存成本的变化和竞争对手可能采取的反击措施都增加了问题的动态因素,在此并没有直接涉及。

第五,这里没有考虑运输方式的选择对供应商存货的间接作用。供应商也会和买方一样由于运输方式变化改变运输批量,进而导致库存水平的变化。供应商可以调整价格来反映这一变化,反过来又影响运输服务的选择。

8.2　运输服务商选择

只要运输业没有垄断存在,对于同一种运输方式,托运人或货主就有机会面临不同的运输服务商,而托运人或货主甚至是供应商在确定运输方式后,就需要对选择哪个具体的运输服务商做出决策。当然,不同的客户会有不同的决策标准和偏好,但总体而言,可以从以下几个角度来考虑。

8.2.1　服务质量比较法

客户在付出同等的运费的情况下,总是希望得到好的服务,因此,服务质量往往成为客户选择不同运输服务商的首要标准。

1. 运输质量

运输所体现的价值是把货物从一个地方运送到另一个地方,完成地理上的位移,而无需对货物本身进行任何加工。但如果运输保管不当,就会对货物的质量产生影响。因此,客户在选择运输服务商时会将其运输质量作为一个重要的因素来考虑。以海运为例,客户通常从这几个方面来考虑:

(1) 该航运公司提供运输的工具,如船舶的船龄、船舶状态、集装箱新旧程度等;

(2) 该公司所雇用的装卸公司的服务质量,货物在装卸过程中是比较容易造成货损货差的,因此装卸工人的服务质量会直接影响货物的运输质量;

（3）该公司的所雇用的船员的经验及工作责任心，船员丰富的经验及高超的船艺是保证货物安全运输的首要条件，而这可由该公司的安全航行率来反映，船员除了完成航行任务外，还承担着照料货物的责任，因此从船员在货物到船舱后的绑扎，航行途中根据货物的性质和运输要求进行通风或温度控制，到卸货时的照料都影响着货物的运输质量；

（4）该公司的货物运输控制流程，良好的运输控制流程将保证货物及时准确的发运、转运和卸载，减少货物的灭失、错卸、短卸和溢卸以及错误交付等，从而保证运输质量。

2. 服务理念

随着各服务商运输质量的提高，客户对服务的要求也越来越高，于是客户在选择不同的运输服务商时还会考虑其他的服务理念，如：

（1）运输的准班率，较高的准班率可以方便客户对货物的库存和发运进行控制，当然也为安排其接运等提供了便利；

（2）航班的时间间隔、船舶的发船密度、铁路运输的发车间隔等，合理的间隔同样也将方便客户选择托运的时间及发货的密度等；

（3）单证的准确率；

（4）信息查询的方便程度，不同的服务商除了提供运输以外还在附加服务上进行投入，如价格查询、航班查询以及货物跟踪等服务；

（5）货运纠纷的处理，无论服务商如何提高运输质量，改进服务水平，但货运纠纷难免会发生，发生后如何及时圆满地处理是客户所关心的。

由于运输技术及运输工具的发展，目前各运输服务商之间的运输质量差异正在缩小，而为了吸引客户，服务商不断更新服务理念，以求与其他服务商有服务差异，为客户提供高附加值的服务，从而稳定自己的市场份额，增强竞争力。这也就为客户选择不同的服务商提供了更多空间，客户可以根据自己的需求确定选择目标。

8.2.2　运输价格比较法

正如前文所述，各运输服务商为了稳定自己的市场份额，都会努力提高服务质量，而随着竞争的日趋激烈，对于某些货物来说不同的运输服务商所提供的服务质量已近乎相同，因此运价很容易成为各服务商的最后竞争手段。于是客户在选择时，如面对几乎相同的服务质量，或有些客户对服务质量要求不高时，运输价格成为另一个重要的决策准则。

8.2.3　综合选择

当然会有更多的客户在选择运输服务商时会同时考虑多个因素，如同时考虑服务质量和运输价格，以及服务商的品牌、服务商的经济实力、服务商的服务网点数量等。如果以公式来表示：

$$S = \frac{k_1 Q}{k_2 P} + k_3 B + k_4 C + k_5 N + \cdots + k_n O \tag{8.8}$$

其中：

S——综合因素；

k_n——不同因素的权数，$n = 1, 2, 3, \cdots$；

Q——服务质量；

P——运输价格；

B——运输服务商的品牌；

C——运输服务商的总资产状况；

N——运输服务商的网点数；

O——其他因素。

客户可以根据自己的需要，调整不同因素的权数，然后做出决策。

8.2.4　用层次分析法选择运输服务供应商

层次分析法（analytic hierarchy process，AHP）是 20 世纪 70 年代由著名运筹学家赛惕（T.L.Saaty）提出的，韦伯（Weber）等提出利用层次分析法分别用于供应商（合作伙伴）的选择。它的基本原理是根据具有递阶结构的目标、子目标（准则）、约束条件、部门等来评价方案，采用两两比较的方法确定判断矩阵，然后把判断矩阵的最大特征根对应的特征向量的分量作为相应的系数，最后综合给出各方案的权重（优先程度）。由于该方法让评价者对照相对重要性函数表，给出因素两两比较的重要性等级，因而可靠性高、误差小，不足之处是遇到因素众多、规模较大的问题时，该方法容易出现问题，如判断矩阵难以满足一致性要求，往往难于进一步对其分组。它作为一种定性和定量相结合的工具，目前已在许多领域得到了广泛的应用。

例 8.3　假设有 4 个指标（速度、价格、服务与质量）用来评价供应商，并有 4 个供应商（S_1、S_2、S_3 和 S_4）可以考虑，应用层次分析法求解这个问题的评价尺度与层次建立如图 8.1 所示。

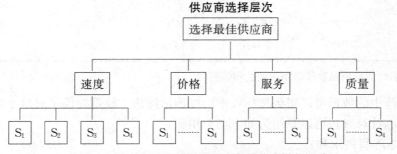

图 8.1　层次分析法的评价尺度与供应商选择层次

表 8.6　评价尺度

评价描述	极端重要	很重要	明显重要	稍微重要	重要性相同
评　　分	9	7	5	3	1

中间值 2、4、6、8 介于各评分值之间。如果项目 i 相对于项目 j 有一个评分值,则项目 j 相对项目 i 的评分值为其倒数。

买方必须进行一系列两两比较来确定指标的相对重要性。如果买方认为速度与价格差不多,但速度比价格稍微重要,则数值 2 可以表达这个判断。如果价格比服务稍微重要,则数值 3 适宜表达这个判断。假设判断具有传递性,则速度相对于服务的重要性可用 6 来描述。

如前所述,判断不一定总能保持完全的一致性。例如,速度与服务相比介于稍微重要与明显重要之间,即可用 4 来描述这一判断。随着这一判断过程的继续,决策者已经认定速度与质量的相对重要性是 3。在这一阶段需要完成 6 个两两比较。这些信息可以用如表 8.7 所示的两两判断矩阵来表示。矩阵中的对角线上的数据都是 1,其余数据为相应判断值的倒数。

表 8.7　两两比较矩阵及计算:评价指标

A. 初始矩阵

	速度	价格	服务	质量
速度	1	2	4	3
价格	1/2	1	3	3
服务	1/4	1/3	1	2
质量	1/3	1/3	1/2	1
和	25/12	11/3	17/2	9

B. 调整后的矩阵

	速度	价格	服务	质量	权重(行均值)
速度	12/25	6/11	8/17	3/9	0.457
价格	6/25	3/11	6/17	3/9	0.300
服务	3/25	1/11	2/17	2/9	0.138
质量	4/25	1/11	1/17	1/9	0.105
和	1.000	1.000	1.000	1.000	1.000

注:调整后数值是由原数除以相应列之和得到的。

利用矩阵中的数据可以得到指标权重的准确估计值。权重提供了对每个指标相对重要性的测度。计算过程可以总结为如下三个步骤:

(1)对矩阵每列求和;

(2)矩阵中每个值除以相应列之和;

(3)计算每行平均值。

计算结果如表 8.7B 所示。在本例中,速度、价格、服务和质量权重分别为 0.457,0.300,0.138 和 0.105。因此,速度的权重约为价格权重的 1.5 倍(0.457/0.300),约为服务权重的 3.3 倍(0.457/0.138),约为质量权重的 4.3 倍(0.457/0.105)。

这里虽然没有讨论一致性比率的计算,但是利用 Microsoft Excel 等软件可以很容易得到计算结果。表 8.8 中两两比较矩阵中数据的一致性是可以接受的。

下一步就是对四个供应商就每个指标进行两两比较,这个过程与建立指标的两两比较矩阵的步骤一样。唯一的区别是对每一个指标都有相应的比较矩阵。决策者首先就速度指标对供应商进行两两比较,然后对其他三个指标重复上述过程。假设买方已经给出了如表 8.8 所示的四个两两比较矩阵,那么,供应商在每个指标下的权重就可以通过上文提到的三个步骤进行确定,每个矩阵各供应商的权重见表 8.8。

表 8.8 供应商层次单排序

	S_1	S_2	S_3	S_4		S_1	S_2	S_3	S_4
(a) 速度指标排序					(c) 服务指标排序				
S_1	1	5	6	1/3	S_1	1	5	4	8
S_2	1/5	1	2	1/6	S_2	1/5	1	1/2	4
S_3	1/6	1/2	1	1/8	S_3	1/4	2	1	5
S_4	3	6	8	1	S_4	1/8	1/4	1/5	1
权重	0.297	0.087	0.053	0.563	权重	0.597	0.140	0.214	0.050
(b) 价格指标排序					(d) 质量指标排序				
S_1	1	1/3	5	8	S_1	1	3	1/5	1
S_2	3	1	7	9	S_2	1/3	1	1/8	1/3
S_3	1/5	1/7	1	2	S_3	5	8	1	5
S_4	1/8	1/9	1/2	1	S_4	1	3	1/5	1
权重	0.303	0.573	0.078	0.046	权重	0.151	0.060	0.638	0.151

层次分析法的最后一步可以总结为表 8.9。这张表展示了总排序结果是如何得到的。这个过程被称之为简单加权平均。对每一个供应商而言,在四个评价指标下的权重已经求出(见表 8.8)。这四个权重乘以相应指标的权重累加后就得到供应商的排序总分。每个供应商的总分代表了选择该供应商所能获得的总的利益。在本例中,供应商 1 (S_1)总分 0.325,被判断为最好;S_4 总分 0.294,次之;S_2 总分 0.237,更次;S_3 总分 0.144,最差。因此,本例应该选择供应商 1。

表 8.9 供应商层次总排序

	速 度	价 格	服 务	质 量	权重
S_1	$0.457 \times 0.297+$	$0.300 \times 0.303+$	$0.138 \times 0.597+$	$0.105 \times 0.151=$	0.325
S_2	$0.457 \times 0.087+$	$0.300 \times 0.573+$	$0.138 \times 0.140+$	$0.105 \times 0.060=$	0.237
S_3	$0.457 \times 0.053+$	$0.300 \times 0.078+$	$0.138 \times 0.214+$	$0.105 \times 0.638=$	0.144
S_4	$0.457 \times 0.563+$	$0.300 \times 0.046+$	$0.138 \times 0.050+$	$0.105 \times 0.151=$	0.294
SUM					1.000

运用层次分析法有很多优点,其中最重要的一点就是简单明了。层次分析法不仅适用于存在不确定性和主观信息的情况,还允许以合乎逻辑的方式运用经验、洞察力和直觉。也许层次分析法最大的优点是提出了层次本身,它使得买方能够认真地考虑和衡量指标的相对重要性。

关于判断矩阵的一致性检验,理论上可以证明,如果判断矩阵是一个正互反阵,且各元素存在着

$$a_{ij} = a_{ik}/a_{jk}(i, j, k = 1, 2, \cdots, n, i \neq j) \tag{8.9}$$

的关系,或矩阵的阶数 $n=1$ 或 2 的话,则称该判断矩阵为完全一致性矩阵,此时判断矩阵 A 的最大特征根值 $\lambda_{max}=n$。 然而,由于客观事物的复杂性,人们认识上的多样性和可能产生的片面性,使得在建立判断矩阵时,不可能做到使每一个判断矩阵都具有完全的一致性。但是,我们要求所建立的判断矩阵应具有大体满意的一致性,否则,当所建立的判断矩阵偏离一致性过大时,排序向量(即权系数)的计算结果将是不可靠的,从而会导致做出错误的决策。

为了检验判断矩阵的一致性,简单的办法就是计算随机一致性比率 CR。此值越小,判断矩阵的一致性越好,其极限为 0;若 $n>2$ 且 $CR \leqslant 0.1$,就可以认为判断矩阵基本符合一致性条件,或称为具有满意的一致性,否则,就要调整判断矩阵中的元素赋值,直至使其具有满意的一致性时为止。而 CR 又等于判断矩阵的一致性指标 CI 与相应阶数的平均随机一致性指标 RI 之比,即

$$CR = CI/RI \tag{8.10}$$

式中的 CI 可按公式(8.11)计算求得,

$$CI = (\lambda_{max} - n)/(n - 1) \tag{8.11}$$

关于 RI 值,Saaty 曾用随机方法构造了 3 500 个样本矩阵,对于不同的矩阵阶数 n 得到一批 RI 数值,我国天津大学的学者又对它作了些修正,它可根据矩阵的阶数 n 从表8.10中查得。

表 8.10 RI 数值

n	1	2	3	4	5	6	7	8	9	10	11	12	13	14	15
RI	0.00	0.00	0.52	0.89	1.12	1.26	1.36	1.41	1.46	1.49	1.52	1.54	1.56	1.58	1.59

如果 $CR > 0.1$,就要重新分析判断矩阵中各元素的赋值,进行修正。修正赋值的方法是:

(1) 把判断矩阵中的第 n 列系数归一,即:

$$\begin{bmatrix} a_{11} & a_{12} & \cdots & a_{1n} \\ a_{21} & a_{22} & \cdots & a_{2n} \\ \vdots & \vdots & \vdots & \vdots \\ a_{n1} & a_{n1} & \cdots & a_{nn} \end{bmatrix} \Rightarrow \begin{bmatrix} a_{11}/a_{1n} & a_{12}/a_{1n} & \cdots & 1 \\ a_{21}/a_{2n} & a_{22}/a_{2n} & \cdots & 1 \\ \vdots & \vdots & \vdots & \vdots \\ a_{n1}/a_{nn} & a_{n2}/a_{nn} & \cdots & 1 \end{bmatrix} \tag{8.12}$$

（2）检查各列中的数值是否相近，对某些列中互不相近的数值，作适当的修正，使之相近。

（3）如果各列都在同一行上出现偏大或偏小的情况，则应修正该行最后一列元素的赋值。

关于判断矩阵 A 的最大特征根值 λ_{max} 可按下式计算：

$$\lambda_{max} = \sum_{i=1}^{n} \frac{(Aa)_i}{na_i} = \frac{1}{n} \sum_{i=1}^{n} \frac{(A \times a)_i}{a_i} \tag{8.13}$$

式中 a 为权系数。

8.3 运输路线选择

运输路线的选择影响到运输设备和人员的利用，正确的确定合理的运输路线可以降低运输成本，因此运输路线的确定是运输决策的一个重要领域。尽管路线选择问题种类繁多，但我们可以将其归为几个基本类型。

8.3.1 最短路问题

对分离的、单个始发点和终点的网络运输路线选择问题，最简单和直观的方法是最短路线法。网络由节点和线组成，点与点之间由线连接，线代表点与点之间运行的成本（距离、时间或时间和距离加权的组合）。初始，除始发点外，所有节点都被认为是未解的，即均未确定是否在选定的运输路线上。始发点作为已解的点，计算从原点开始。

计算方法是：

（1）第 n 次迭代的目标。寻求第 n 次最近始发点的节点，重复 $n = 1, 2, \cdots$，直到最近的节点是终点为止。

（2）第 n 次迭代的输入值。$(n-1)$ 个最近始发点的节点是由以前的迭代根据离始发点最短路线和距离计算而得的。这些节点以及始发点称为已解的节点，其余的节点是尚未解的点。

（3）第 n 个最近节点的候选点。每个已解的节点由线路分支通向一个或多个尚未解的节点，这些未解的节点中有一个以最短路线分支连接的是候选点。

（4）第 n 个最近的节点的计算。将每个已解节点及其候选点之间的距离和从始发点到该已解节点之间的距离加起来，总距离最短的候选点即是第 n 个最近的节点。也就是始发点到达该点最短距离的路径。

尽管以上过程看起来有些复杂，但举个例子就可以具体说明是怎样计算的。

例 8.4 图 8.2 所示的是一张高速公路网示意图，其中 A 是始发点，J 是终点，B、C、D、E、G、H、I 是网络中的节点，节点与节点之间以线路连接，线路上标明了两个节点之间的距离，以运行时间（分）表示。要求确定一条从原点 A 到终点 J 的最短的运输路线。

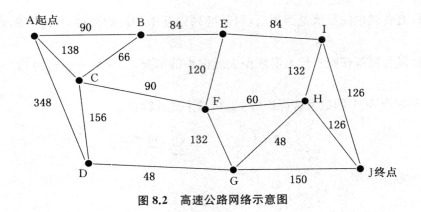

图 8.2　高速公路网络示意图

我们首先列出一张如表 8.11 所示的表格。第一个已解的节点就是起点或点 A。与 A 点直接连接的未解的节点有 B、C 和 D 点。第一步，我们可以看到 B 点是距 A 点最近的节点，记为 AB。由于 B 点是唯一选择，所以它成为已解的节点。

表 8.11　最短路线方法计算表

步骤	直接连接到未解节点的已解节点	与其直接连接的未解节点	相关总成本	第 n 个最近解点	最小成本	最新连接
1	A	B	90	B	90	AB*
2	A	C	138	C	138	AC
	B	C	90+66=156			
3	A	D	348			
	B	E	90+84=174	E	174	BE*
4	A	D	348			
	C	F	138+90=228	F	228	CF
	E	I	174+84=258			
5	A	D	348			
	C	D	138+156=294			
	E	I	174+84=258	I	258	EI*
	F	H	228+60=288			
6	A	D	348			
	C	D	138+156=294			
	F	H	228+60=288	H	288	FH
	I	J	258+126=384			
7	A	D	348			
	C	D	138+156=294	D	294	CD

步骤	直接连接到未解 结点的已解节点	与其直接连接 的未解节点	相关总成本	第 n 个 最近解点	最小成本	最新连接
7	F	G	288＋132＝360			
	H	G	288＋48＝336			
	I	J	258＋126＝384			
8	H	J	288＋126＝414			
	I	J	258＋126＝384	J	384	IJ*

注：＊号表示最小成本线。

随后，找出距 A 点和 B 点最近的未解的节点。只要列出距各个已解的节点最近的连接点，我们有 A—C，B—C。记为第二步。注意从起点通过已解的节点到某一节点所需的时间应该等于到达这个已解节点的最短时间加上已解节点与未解节点之间的时间，也就是说，从 A 点经过 B 点到达 C 的距离为 AB＋BC＝90＋66＝156 分，而从 A 直达 C 的时间为 138 分。现在 C 也成了已解的节点。

第三次迭代要找到与各已解节点直接连接的最近的未解节点。如表 8.11 所示，有三个候选点，从起点到这三个候选点 D、E、F 所需的时间，相应为 348、174、228 分，其中连接 BE 的时间最短，为 174 分，因此 E 点就是第三次迭代的结果。

重复上述过程直到到达终点 J，即第八步。最小的路线时间是 384 分，连线在表 8.11 上以星（＊）符号标出者，最优路线为 A—B—E—I—J。

在节点很多时用手工计算比较繁杂，如果把网络的节点和连线的有关数据存入数据库中，最短路线方法就可用电子计算机求解。绝对的最短距离路径并不说明穿越网络的最短时间，因为该方法没有考虑各条路线的运行质量。因此，对运行时间和距离都设定权数就可以得出比较具有实际意义的路线。

8.3.2 起讫点重合的问题

物流管理人员经常遇到的一个路线选择问题是始发点就是终点的路线选择。这类问题通常在运输工具是私人所有的情况下发生，例如，配送车辆从仓库送货至零售点，然后返回仓库，再重新装货；当地的配送车辆从零售店送货至顾客，再返回；接送孩子上学的学校巴士的运行路线；送报车辆的运行路线；垃圾收集车辆的运行路线等。这类问题求解的目标是寻求访问各点的次序，以求运行时间或距离最小化。始发点和终点相合的路线选择问题通常被称为"旅行推销员"问题，对这类问题应用经验探试法比较有效。

经验告诉我们，当运行路线不发生交叉时，经过各停留点的次序是合理的，同时，如有可能应尽量使运行路线形成泪滴状。图 8.3 所示是通过各点的运行路线示意图，其中图 8.3（a）是不合理的运行路线，图 8.3（b）是合理的运行路线。根据上述两项原则物流人员可以很快画出一张路线图，而如用电子计算机计算反而需要花费好几个小时。当然如果点与点之间的空间关系并不真正代表其运行时间或距离（如有路障，单行道路，交通拥挤等),则使用电子计算机寻求路线上的停留点的合理次序更为方便。

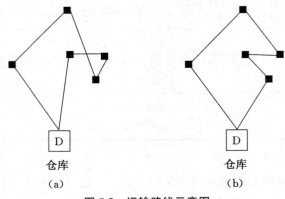

图 8.3　运输路线示意图

8.4　运输计划编制

　　运输计划编制即车辆运行路线和时间安排,是车辆运行路线选择问题的延伸,它受到的约束条件更多,诸如:(1)每个停留点规定的提货数量和送货数量;(2)所使用的多种类型的车辆的载重量和载货容积;(3)车辆在路线上休息前允许的最大的行驶时间;(4)停留点规定的在一天内可以进行的提货的时间;(5)可能只允许送货后再提货的时间;(6)司机可能只能在一天的特定时间进行短时间的休息或进餐。这些约束条件大大地使问题复杂化,甚至使人们难以去寻求最优化的解。这里的问题是车辆是从一个仓库出发,向多个停留点送货,然后在同一天内返回到该仓库,要安排一个满意的运行路线和时间。

8.4.1　满意的运行路线和时间安排原则

　　运行路线和时间安排的决策者,如车辆调度员,在长期的实际工作经验中为满意的运行路线和时间安排提炼出下列 8 条原则。

　　1. 将相互接近的停留点的货物装在一辆车上运送
　　车辆的运行路线应将相互接近的停留点串起来,以便停留点之间的运行距离最小化,这样也就使总的路线上的运行时间最小化。图 8.4 所示的是将有关停留点的货分配给车辆,从而将各点串起来的示意图。其中图 8.4(a)串得不合理,车辆的运行路线长,要尽量避免,图 8.4(b)是合理的串法。

　　2. 将集聚在一起的停留点安排同一天送货
　　当停留点的送货时间是定在一周的不同天数进行时,应当将积聚在一起的停留点安排在同一天送货,要避免不是同一天送货的停留点在运行路线上重叠,这样可有助于使所需的服务车辆数目最小化以及一周中的车辆运行时间和距离最小化。图 8.5 所示的是好的集聚和差的集聚的例子。

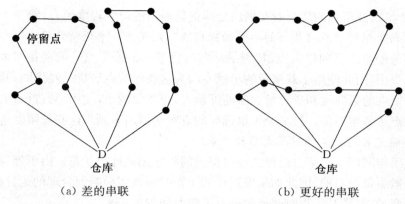

（a）差的串联 （b）更好的串联

图 8.4 车辆将停留点串起来的示意图

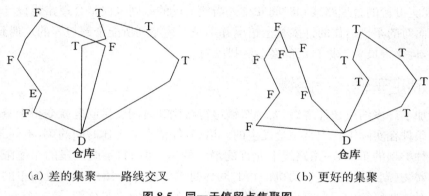

（a）差的集聚——路线交叉 （b）更好的集聚

图 8.5 同一天停留点集聚图

3. 运行路线从离仓库最远的停留点开始

合理的运行路线应从离仓库最远的停留点开始将该集聚区的停留点串起来,然后返回仓库。一旦确认了最远的停留点之后,送货车辆应满载贴邻这个关键停留点的一些停留点的货物。这辆运货车满载后,再选择另一个最远的停留点,用另一辆运货车转载贴邻第二个最远停留点的一些停留点的货物,按此程序进行下去,直至所有停留点的货物都分配给运货车辆。

4. 一辆运货车顺次途经各停留点的路线要成凸状

运货车辆顺序途径各停留点的路线不应交叉,并应成凸状(见图8.4)。不过,停留点工作时间的约束和在停留点送货后再提货的要求往往会导致路线交叉。

5. 最有效的运行路线通常是使用大载重量的送货车辆的结果

最好是使用一辆载重量大到能将路线上所有停留点所要求运送的货物都装载的送货车,这样一来可将服务各停留点的总的运行距离或时间最小化。因此在多种规格车型的车队中,应优先使用载重量最大的送货车。

6. 提货应混在送货过程中进行,而不要在运行路线结束后再进行

提货应尽可能在送货过程中进行,以减少交叉路程量,而在送货结束后再进行提货经常会发生交叉路程。提货混在送货过程中进行,究竟能做到什么程度,则取决于送货车辆

的形状、提货量以及所提的货物对车辆内后续送货通道的影响程度。

7. 对偏离集聚停留点路线远的单独的停留点可应用另一个送货方案

偏离集聚停留点远的停留点,特别是那些送货量小的停留点一般要花费大量的司机时间和车辆费用,因此使用小载重量的车辆专门为这些停留点送货是经济的,其经济效益取决于该停留点的偏离度和送货量。偏离度越大,送货量越小,使用小载重量的车辆专门为这些停留点送货越经济。另一个可供选择的方案是租用车辆为这些停留点送货。

8. 应当避免停留点工作时间太短的约束

停留点工作时间太短常会迫使途经停留点的顺序偏离理想状态。由于停留点的工作时间约束一般不是绝对的,因此如果停留点的工作时间确实影响到合理的送货路线,则可以与停留点商量,调整其工作时间或放宽其工作时间约束。

上述的原则可以很容易传授给运作人员,从而帮助他们制定出满意的(不一定必须是最优的)现实可行的合理路线和时间安排。当然上述的原则也仅是合理路线设计的指引,运作人员面对的车辆运作的许多复杂情况并不是上述原则所能全部包容的。遇到特殊的约束条件,运作人员要根据自己的经验随机处置。

8.4.2 制定车辆运行路线

当附加了许多约束条件之后,要解车辆运行路线和时间安排问题就变得十分复杂,而这些约束条件在实际工作中常常会发生的。诸如,停留点的工作时间约束,不同载重量和容积的多种类型的车辆,一条路线上允许的最大的运行时间,不同区段的车速限制,运行途中的障碍物(湖泊、山脉等),司机的短时间休息等。这里介绍两种比较简单的方法,它们可以面对这些复杂的问题求得一个满意的解,虽然不一定是最优解,第一个方法称为扫描法,第二个方法称为节约法。

1. 扫描法

用扫描法确定车辆运行路线的方法十分简单,甚至可用手工计算。一般来说,它求解所得方案的误差率在 10% 左右,这样水平的误差率通常是可以被接受的,因为调度员往往在接到最后一份订单后一小时内就要制定出车辆运行路线。

扫描法由两个阶段组成,第一个阶段是将停留点的货运量分配给送货车,第二个阶段是安排停留点在路线上的顺序。扫描法是分阶段操作的,因此有些时间方面的问题,如路线上的总的时间和停留点工作时间的约束等难以妥善地处理。

扫描法的进行步骤可简述如下。

(1)将仓库和所有的停留点位置画在地图上或坐标图上。

(2)通过仓库位置放置一直尺,直尺指向任何方向均可,然后顺时针或逆时针方向转动直尺,直到直尺交到一个停留点。询问:累积的装货量是否超过送货车的载重量或载货容积(首先要使用最大的送货车辆)。如是,将最后的停留点排除后将路线确定下来。再从这个被排除的停留点开始继续扫描,从而开始一条新的路线。这样扫描下去,直至全部的停留点都被分配到路线上。

(3)对每条运行路线安排停留点顺序,以求运行距离最小化。停留点的顺序可用前面阐述过的凸状法或"旅行推销员"法。

　　例 8.5　某公司从其所属的仓库用送货车辆到各客户点提货,然后将客户的货物运回仓库,以便集运成大的批量再进行远程运输、全天的提货量见图 8.6(a),提货量以件为单位。送货车每次可运载 10 000 件。完成 1 次运行路线一般需 1 天时间。该公司要求确定:需多少条路线(即多少辆送货车),每条路线上有哪几个客户点,送货车辆服务有关客户点的顺序。

　　如图 8.6(b)所示,通过仓库点放置一直尺,直尺指北向,然后逆时针方向转动直尺进行扫描,在直尺交到的客户点提货,直到装满送货车辆的载重量 10 000 件(不能超载),一旦客户点被分配给某辆送货车后,用凸状法确定一条路线上各客户点的服务顺序。最终的路线设计见图 8.6(b)。

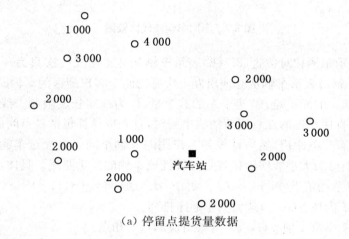

（a）停留点提货量数据

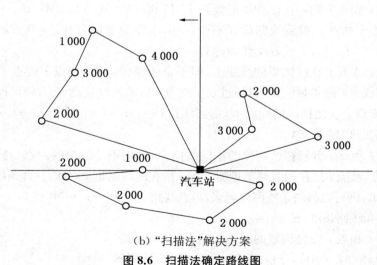

（b）"扫描法"解决方案

图 8.6　扫描法确定路线图

2. 节 约 法

节约算法又称 C-W 算法,是由 Clarke 和 Wright 于 1964 年首次提出的。

如图 8.7(a)，0 点为车辆的出发地，1，2 为车辆所要配送的客户，三者的距离为 d_{01}、d_{02}、d_{12}。节约算法的基本思想是先把各点单独与源点 0 相连，构成 1 条仅含 1 个点的线路。总费用为 $2d_{01}+2d_{02}$，路线如图 8.7(b)。

如果车辆从出发地出发访遍所有客户，再回到出发地如图 8.7(c)所示，则运行距离为 $d_{01}+d_{02}+d_{12}$，可节约旅行路程为 $s(1,2)=d_{01}+d_{02}-d_{12}$，根据三角不等式 $d_{01}+d_{02}-d_{12}>0$。

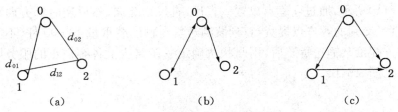

图 8.7　不同车辆路线比较图

图 8.7(a)表示车辆相对位置，8.7(b)表示车辆从驻地出发一次只为一个客户配送时的车辆路线图，8.7(c)表示车辆从驻地出发一次可为两个客户配送的车辆路线图。

设 $W(i)$ 为点 i 的配送量，W 为卡车的载重量，L 为线路长度限制。线路的内点指线路上不和源点 0 直接相连的点。用节约法求解时，首先应计算包括各点间的最短距离，包括车辆驻地到各客户的距离，然后计算各客户用同一辆车同一次配送车辆可节约的行驶距离，按照节约距离的大小顺序连接各点并设计成车辆的发送路线。具体步骤如下：

step1　计算节约值 $S(i,j)=d_{0i}+d_{0j}-d_{ij}$，记 $M=\{S(i,j)\mid S(i,j)>0\}$。

step2　在 M 内按 $S(i,j)$ 从大到小顺序排列。

step3　对 M 中第 1 项 $S(i,j)$，考察对应的点 i 和点 j：

(1) 若点 i 和点 j 均不在已构成的线路上，且 $W(i)+W(j)\leqslant W$，$d_{0i}+d_{ij}+d_{j0}\leqslant L$，则可连接点 i 和点 j，得到线路段 $0\to i\to j\to 0$，线路的重量为 $W_L=W(i)+W(j)$，线路的长度为 $L'=d_{0i}+d_{ij}+d_{j0}$，转 step4。

(2) 若点 i 或点 j 在已构成的线路上，但不是线路的内点，若点 i 或点 j 所在的线路重量加上点 j 或点 i 的重量 $\leqslant W$，且加进点 j 或点 i 后的线路长度 $\leqslant L$，则可以将点 j 或点 i 连接到点 i 或点 j 在已构成的线路上，得到线路 $0\cdots\to i\to j\to 0$ 或 $0\to i\to j\to\cdots 0$，修正线路重量和线路长度，转 step4。

(3) 若点 i 和点 j 分别在已构成的不同线路上，且均不是线路的内点，其中，一个在起点，一个在终点，若点 i 所在的线路重量加上点 j 所在的线路重量 $\leqslant W$，且两条线路连起来后的线路长度 $\leqslant L$，则可以将两条线路连起来，得到线路 $0\cdots\to i\to j\to\cdots 0$ 或 $0\cdots\to j\to i\to\cdots 0$，修正线路重量和线路长度，转 step4。

(4) 若点 i 和点 j 在已构成的同一线路上，转 step4。

step4　$M=M-S(i,j)$，若 $M=\varnothing$，终止，否则转 step3。

例 8.6　有一配送中心 P 具有图 8.8 形状的配送网络。A—J 表示配送点，括号内数字表示配送量(吨)，路线上数字表示距离(千米)。假设车辆载重量为 4 吨和 2 吨两种；线路长度限制为 30 千米。求最佳配送路线。

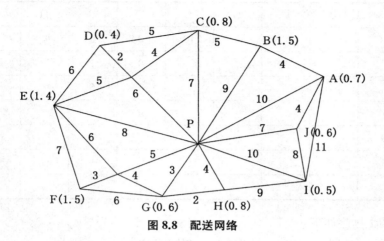

图 8.8 配送网络

解:由图 8.8 求得最短距离矩阵(表 8.12)。

表 8.12 最短距离矩阵

	P	A	B	C	D	E	F	G	H	I	J
P	—	10	9	7	8	8	8	3	4	10	7
A		—	4	9	14	18	18	13	14	11	4
B			—	5	10	14	17	12	13	15	8
C				—	5	9	15	10	11	17	13
D					—	6	13	11	12	18	15
E						—	7	10	12	18	15
F							—	6	8	17	15
G								—	2	11	10
H									—	9	11
I										—	8
J											—

第一步:计算节约值

表 8.13 节约里程

	A	B	C	D	E	F	G	H	I	J
A	—	15	8	4	0	0	0	0	9	13
B		—	11	7	3	0	0	0	4	8
C			—	10	6	0	0	0	0	1

	A	B	C	D	E	F	G	H	I	J
D				—	10	3	0	0	0	0
E					—	9	1	0	0	0
F						—	5	4	1	0
G							—	5	2	0
H								—	5	0
I									—	9
J										—

第二步，M 排序如下

表 8.14　节约量排序

顺序	连线	节约值	顺序	连线	节约值
1	A—B	15	12	C—E	6
2	A—J	13	13	F—G	5
3	B—C	11	14	G—H	5
4	C—D	10	15	H—I	5
5	D—E	10	16	A—D	4
6	A—I	9	17	B—I	4
7	E—F	9	18	F—H	4
8	I—J	9	19	B—E	3
9	A—C	8	20	D—F	3
10	B—J	8	21	G—I	2
11	B—D	7	22	C—J	1

(1) 检查 A—B：$W(A)+W(B)=0.7+1.5=2.2\leqslant4$ 且 $L=10+4+9\leqslant30$；连接 A—B，得 P→A→B→P，线路重量 2.2，划掉第 1 行。

(2) 检查 A—J：A 在线路上且不是内点，J 不在线路上，$2.2+W(J)=2.2+0.6=2.8\leqslant4$ 且 $L=7+4+4+9=24\leqslant30$；将 J 连到线路上，得 P→J→A→B→P，划掉第 2 行。

(3) 检查 B—C：B 在线路上且不是内点，C 不在线路上，$2.8+0.8=3.6\leqslant4$ 且 $L=7+4+4+5+7=27\leqslant30$；将 C 连到线路上，得 P→J→A→B→C→P，划掉第 3 行。

(4) 检查 C—D：C 在线路上且不是内点，D 不在线路上，$3.6+0.8>4$，$L=7+4+4+5+5+8=33>30$，划掉第 4 行。

（5）检查 D—E：D、E 均不在线路上，$W(D)+W(E)=0.4+1.4=1.8\leqslant4$ 且 $L=8+6+8\leqslant30$；连接 D—E，得 P→D→E→P，线路重量 1.8，划掉第 5 行。

（6）检查 A—I：A 在线路上是内点，划掉第 6 行。

（7）检查 E—F：E 在线路上且不是内点，F 不在线路上，$1.8+1.5=3.3\leqslant4$ 且 $L=8+6+7+8=29\leqslant30$；将 F 连接到线路上，得 P→D→E→F→P。

（8）检查 I—J：J 在线路上且不是内点，I 不在线路上，$3.6+0.5>4$，划掉第 8 行。

（9）检查 A—C：A 在线路上是内点，划掉第 9 行。

（10）检查 B—J：B 在线路上是内点，划掉第 10 行。

（11）检查 B—D：B 在线路上是内点，划掉第 11 行。

（12）检查 C—E：E 在线路上是内点，划掉第 12 行。

（13）检查 F—G：F 在线路上且不是内点，G 不在线路上，$3.3+0.6=3.9\leqslant4$，且 $L=8+6+7+6+3=30$；将 G 连接到线路上，得 P→D→E→F→G→P。

（14）检查 G—H：G 在线路上且不是内点，H 不在线路上，$3.9+0.8>4$，划掉第 14 行。

（15）检查 H—I：H、I 均不在线路上，$W(H)+W(I)=0.8+0.5=1.3\leqslant4$ 且 $L=4+9+10\leqslant30$；连接 H—I，得 P→H→I→P，线路重量 1.3；划掉第 15 行。

（16）检查 A—D：A 在线路上是内点，划掉第 16 行。

（17）检查 B—I：B 在线路上是内点，划掉第 17 行。

（18）检查 F—H：F 在线路上是内点，划掉第 18 行。

（19）检查 B—E：B 在线路上是内点，划掉第 19 行。

（20）检查 D—F：F 在线路上是内点，划掉第 20 行。

（21）检查 G—I：G 和 I 分别在两条线路上，但两条线路重量相加 >4，划掉第 21 行。

（22）检查 C—J：C、J 在同一线路上，划掉第 22 行。

（23）M 已空，结束。

得三条线路如下：

线路 1：P→J→A→B→C→P，4 吨车，总运距 27 千米，装载量 3.6 吨；

线路 2：P→D→E→F→G→P，4 吨车，总运距 30 千米，装载量 3.9 吨；

线路 3：P→H→I→P，2 吨车，总运距 23 千米，装载量 1.3 吨。

8.4.3　安排车辆运行时间

上述的车辆运行路线的设计是假定一辆送货车服务一条路线，如果路线短，就会发生送货车辆在剩余的时间里得不到充分利用的问题。实际上如果第二条路线能在第一条路线任务完成后开始，则完成第一条路线的送货车辆可用于第 2 条路线的送货。因此，送货车的需求量取决于路线之间的衔接，要使车辆的空闲时间最小。

例 8.7　假设有一个车辆运行路线和时间安排问题，该问题中涉及的车辆都是相同规格的。各条路线的出发时间和返达时间见表 8.15。

表 8.15   各条路线的出发时间和返达时间

路线号	出发时间	返达时间	路线号	出发时间	返达时间
1	8:00AM	10:25AM	6	3:03PM	5:13PM
2	9:30AM	11:45AM	7	12:24PM	2:22PM
3	2:00PM	4:53PM	8	1:33PM	4:43PM
4	11:31AM	3:21PM	9	8:00AM	10:34AM
5	8:12AM	9:52AM	10	10:56AM	2:25PM

按图 8.9 所示,将车辆的运作时间合理地安排在各条线路上,可以用最少的车辆数完成规定的任务。

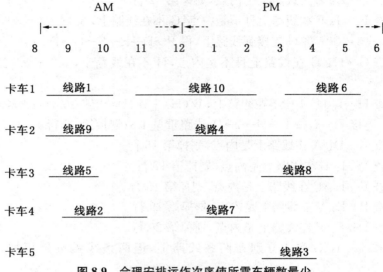

图 8.9   合理安排运作次序使所需车辆数最少

8.5   物流运输系统优化

在实际运输中,按其物流运输的发货地和目的地的相依关系,可以分为两种基本的运输形式:一是货物直接从供货方运送到需求方,称为直达供货;二是货物经过中转到达需求方,称为中转供货(对于用户来说,叫做中转进货)。任何运输方式都是这两种运输方式的组合,因此我们只研究这两种运输方式。

在直达供货调运问题中单一品种物资的调运问题和多品种物资调运问题的数学模型和求解过程是不一样的。

8.5.1   物流运输中的直达供货系统优化模型

1. 单一品种物资的调运问题

一般运输规划模型实际上只考虑了直达供货的情况。根据调运问题概念,将特殊调度、质量约束,以及订、发货起点约束等放到模型中去,就构成了直达供货调运模型。以运

输成本为最低目标,考虑具有 m 个供应点和 n 个需求点的系统,可以得到以下直达供货调运模型:

$$\min F = \sum_{i=1}^{m} \sum_{j=1}^{n} C_{ij} x_{ij} \qquad (8.14)$$

$$\sum_{j=1}^{n} x_{ij} = a_i \quad i=1, 2, \cdots, m$$

$$\sum_{i=1}^{m} x_{ij} = b_j \quad j=1, 2, \cdots, n \quad j \notin V \quad j \notin S$$

$$x_{ij} = b_j \quad i=L_j \quad j=V$$

$$\sum_{i \in R_j} x_{ij} \geqslant b'_j \quad j \in S$$

$$x_{ij} \geqslant E_i W_{ij} \quad i=1, 2, \cdots, m \quad j=1, 2, \cdots, n$$

$$W_{ij} = \begin{cases} 1 & \text{资源点 } i \text{ 与用户 } j \text{ 有供需关系} \\ 0 & \text{资源点 } i \text{ 与用户 } j \text{ 无供需关系} \end{cases}$$

$$x_{ij} \geqslant 0 \quad i=1, 2, \cdots, m; \quad j=1, 2, \cdots, n$$

其中 $\sum_{i=1}^{m} a_i = \sum_{j=1}^{n} b_j$,表示供应量和需求量相等。

E_i——第 i 个资源点的订发货点起点限制值;

V——需要进行特殊处理的用户集合;

L_j——向用户 j 供货的供货点;

S——有特殊质量要求的用户集合;

b'_j——用户 j 有特殊质量要求的需求量;

R_j——能够满足用户 j 需求的供货点集合;

其他参数、变量含义与第 6 章选址决策数学模型中的相同。

这是一个在一般运输问题基础上考虑了各种特殊要求而演变出来的 0-1 型混合整数规划模型,从约束条件可以看出,该模型并不总是可解,当下面方程式存在时,模型显然无解。

$$b_j \text{ 或 } b'_j < \min\{E_i\}$$

模型无解是由于考虑了订、发货起点的约束,某些用户的需求量太小。这种情况一般在组织大规模货物的调运活动时才容易发生。这是因为,如果是小范围的物资调运,地方企业的需求量一般是较小的,短途运输企业的装载量也较小,订、发货的起点较低。而大范围的物资调运,因为生产企业大,需求量也大,长途运输的装载量大,订、发货的起点就高。出现这种问题时解决这一问题的有效方法就是中转供货,由物流中心化零为整,集中各路资源,然后化整为零,改变发运方式或者采用短途运输方式向用户发送货物。

如果上述的模型有解,可以采用 0-1 型混合整数规划的分支界定法或者其他方法求解。但是,0-1 型混合整数规划模型的解法是比较麻烦的,特别是对规模比较大的实际问题,整数变量比较多,求解更是复杂。因此,一般不直接用 0-1 型整数规划的方法求解这类问题,而是对具体问题进行具体的分析,将模型简化成为一个运输规划模型,然后用运输规划方法(表上作业法)求解。

运输规划模型计算过程比较简单,如果能将混合整数规划模型中的整数变量 W_{ij} 去掉,简化成一个运输规划模型,那将是很有好处的。模型中 0-1 整数变量的出现,是由于考虑了订货起点的限制而产生,为使模型简化,可以先暂不考虑订、发货起点约束,用运输规划方法求解以后,再对优化方案作适当调整来满足这一约束。

为了采用运输规划方法求解,还需要对其中不等式约束进行化简。不等式约束是由于用户的需求中有一部分具有质量及性能的特殊要求而形成的。如果用户 j 的需求量是 b_j,其中有质量性能要求的部分是 b_j',假设该用户无质量要求的部分为 b_j'',则有如下等式:

$$b_j'' = b_j - b_j'$$

因此,为了消除不等式约束,只需要将 b_j 分成为两项:b_j' 和 b_j'',于是有如下等式存在:

$$\left. \begin{array}{l} \sum_{i \in R_j} x_{ij} = b_j' \\ \sum_{i=1}^{m} x_{ij} = b_j'' \end{array} \right\} \quad j \in S$$

当然,用以上方法求解 0-1 型混合整数规划模型的调运问题,是以降低运输物流的效率为代价的,但这样做还是比直接采用混合整数规划求解简单。

用这一方程组代替混合整数规划模型中的质量约束方程,即可消除原模型中的不等式。显然,当用户 j 的需求量全部都有质量上的要求,这时 $b_j'' = 0$, $b_j' = b_j$。

通过以上分析和简化,混合整数规划调运问题可以用如下数学模型表示:

$$\min F = \sum_{i=1}^{m} \sum_{j=1}^{n} C_{ij} x_{ij} \tag{8.15}$$

$$\sum_{j=1}^{n} x_{ij} = a_i \quad i = 1, 2, \cdots, m$$

$$\sum_{i=1}^{m} x_{ij} = b_j \quad j = 1, 2, \cdots, n \quad j \notin V, j \notin S$$

$$x_{ij} = b_j \quad i = L_j \quad j \in V$$

$$\left. \begin{array}{l} \sum_{i \in R_j} x_{ij} = b_j' \\ \sum_{i=1}^{m} x_{ij} = b_j'' \end{array} \right\} \quad j \in S$$

$$x_{ij} \geqslant 0 \quad i = 1, 2, \cdots, m; \quad j = 1, 2, \cdots, n$$

然后根据订、发货起点条件对所得方案进行修正,使之成为可行的合理调运方案。

2. 多品种物资的调运优化

上面讨论的是单一品种物资的调运问题。对于这类问题虽然可以把质量和性能上有差别的同类物资理解成不同品种,而把它看成是多品种物资的调运问题。但是,模型8.14

是在认为不同质量和性能的物资之间无代换性的前提下建立起来的,那么有可代换性的情况,模型显然就不适用了。这时应当按照有可代换性的同类多品种物资的调运问题建立模型,并制定求解计算方法。同类不同品种的物资之间在一定程度上是可以互相代换的,不过这种代换会使物资的使用效率变低或对生产产生一定的影响,也就是说,不同品种的物资之间的相互代换是以降低物资的使用价值为代价的。因此,为了提高物资的使用效率,在进行物资分配和组织调运的过程中,不是由于需求矛盾而迫不得已时,则应尽量做到物尽其用,按需分配。这就是组织同类多品种物资调运的基本原则。由此可见,同类多品种物资的调用问题既考虑了物流系统的效益提高,也要统筹使不同品种的物资得到充分的利用,使物资的社会效益达到最佳。

根据多品种物资调运问题的原则,不宜直接采用运输问题表上作业法求解,因为这样可能会得到不可行的方案,或者方案的社会效益太低。为此,应该另外设计一种解决多品种物资调运的方法。

在进行模型设计之前,对有关问题先做如下说明:

假设有一个物流运输网络,其中包含 m 个供应点和 n 个需求点。

(1) 相关点、无关点。

设 M 为相当大的正数,在物流运输网络中,当 $C_{ij} = M$(C_{ij} 表示运价系数)时,表示 A_i 与 B_j 无供需关系,称 C_{ij} 所在的点为无关点,反之,则为相关点。

(2) 虚源点、虚汇点。

多品种物资运输问题最终还是要借助运输单纯形法来求解,因此,为了使系统始终保持供需平衡和品种匹配的状态,以便用运输问题表上作业法求解,必须在系统设置特殊的虚源 A_{m+1}(虚设的供应点)和虚汇 B_{n+1}(虚设的需求点),A_{m+1} 可以向系统"提供"各品种的货物资源,虚汇 B_{n+1} 可"接收"系统中任何品种的多余物资。A_{m+1},B_{n+1} 的供需量分别用 a_{m+1} 和 b_{n+1} 表示,其数值可以设置得足够大,在求解结束时系统将自动给出余缺数量。

(3) 划分优先级别。

为了达到物尽其用的目的,须将各需求点按所需品种允许代换的程度划分优先等级,然后按优先次序逐级分配调运量,优先级别较高的用户则优先分配。划分优先级别的基本原则如下:

规定需求品种不允许变化的需求点为一级需求(优先权级别最高),只允许用另外一个品种代换的需求点定为二级需求,以此类推。

有了上述新概念,就可以建立多种物资的调运模型。前面提到,按优先级别逐级分配调运量,但这只是一个定性的概念,要真正付诸实现,还须给出定量的参数。这个定量的参数就是级运价系数。用级运价系数代替实际的运价系数,构成新的供需平衡表,这时才有可能利用运输问题表上作业法求解。

级运价系数是在原运价系数的基础上增加一个优先权数,使逐级分配的定性描述数量化。级运价系数的具体计算方法如下:

设 $\overline{C}_{ij}$ 为级运价系数,(1) 无关点的级运价系数不需要计算,仍取相当大的正数 M,即:

$$\overline{C}_{ij} = M$$

（2）除虚源 A_{m+1} 行外，对其他相关点的结合，按照产地的生产品种和需求点的优先级别将它们划分成若干个子集，称"某种某级"子集。子集中的元素叫"某种某级"相关点。

设 $\{\overline{S}_{K,L}\}$ 为 K 种 L 级相关点的级运价系数的集合，$\{S_{K,L}\}$ 为原运价系数的集合（K 为品种的编号，L 为优先级别），级运价系数的计算公式为：

$$\begin{cases} \{\overline{S}_{K,L}\} = \{S_{K,L}\} + \max\{\overline{S}_{K,L-1}\} \\ \overline{S}_{K,0} = 0 \end{cases}$$

（3）对虚源 A_{m+1} 行中的级运价系数按以下公式计算：

$$\overline{C}_{m+1,j} = C_{m+1,j} + \max_i\{\overline{C}_{ij}\}$$

$$\overline{C}_{m+1,n+1} = 0$$

然后列出级运价系数构成的供需平衡表，通过观察可以确定虚源、虚汇的值，然后再运用前面介绍过的方法求解。值得注意的是由于多品种物资的合理调运方案是按级运价系数计算出来的，级运价系数是在原运价系数的基础上增加优先权数后构成的，因此求系统中运输费用时不能使用级运价系数，应该用原运价系数与相应的调运量相乘，然后求和。

8.5.2　物流中转供货运输系统优化模型

在实际物流运输过程中，单纯的直达供货系统是比较少见的，更多的是直达运输与中间转运同时并存的中转供货系统（也称为混合供货系统）。

在直达供货系统中，首先要考虑订、发货起点的约束，对需求量较小的用户，供货厂商考虑到自身的利益，就不会采用直达运输进行供货，而采用中转供货系统进行运输。从本质上讲，这不仅考虑了订货起点的约束条件，而且对提高物流系统本身及社会的总体经济效益有益。因为，需求量小的用户单位，即使在没有订、发货起点约束的条件下，如果同样采用小批量、多次进货决策，就会增大交易次数，造成订、发货成本及运输成本的升高。如果在需求量小的情况下，减少进货次数，增大进货批量，就会造成库存增大，库存管理成本升高。同时，库存的增大使得社会总库存增大，库存管理成本升高，不利于整个社会物资的调剂，使得整个社会物资的周转缓慢，严重地影响整个社会的物流经济效益。

采用中转供货系统进行物流运输时，有物流部门大批量地进行进货，从而增大运输批量，减少交易次数，并且库存相对较为集中，这样既节约了运输费用，降低了交易成本及物资库存，又加速了物资的流通周转速度。这样做，对物流系统本身及整个社会经济都是有益的，对于那些需求量小的用户，效益就更为明显了。

中转供货系统进行物流运输也有它的缺点。它增加了中间环节，延长了流通时间，增加了中转以及库存的管理费用。因为它存在这些缺点，对于那些需求量大的用户和急需物资、专用物资有时是很不利的，故片面强调中转供货方式也是不正确的。

那么,对于一个具体的需求用户来说,他的需求物资究竟该采用哪种方式进货呢? 这就要求对中转供货系统进行系统优化决策来决定。

物流网点的规模常以仓库容量和吞吐能力来描述。在以下的中转供货模型中,以仓库的最大吞吐量表示网点规模,并假定任一仓库的吞、吐的能力相等,为吞吐能力的一半。这是因为,仓库容量是一个静态的量,它表示仓库瞬间的最大容量,吞吐能力则是动态概念,它是某计划期内仓库中转货物的能力,这与调运决策模型中的调运量是相吻合的,所以,讨论调运问题时,调运方案只与吞吐能力有关。

物流运输中转供货系统调运模型:

假设某地区有 m 个资源点 R_1, $\cdots$, R_m,各点资源量为 $a_i(i=1, 2, \cdots, m)$;有 n 个需求点 D_1, $\cdots$, D_n,各点的需求量分别为 $b_j(j=1, 2, \cdots, n)$;q 个物流网点 P_1, $\cdots$, P_q,各网点的吞吐能力为 $2Q_k(k=1, 2, \cdots, q)$。

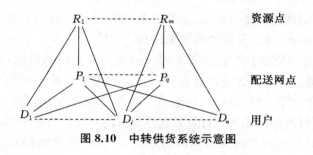

图 8.10　中转供货系统示意图

按照物资的平衡分配计划组织物资的调运活动时,有下式存在,表示供应、需求达到平衡。

$$\sum_{i=1}^{m} a_i = \sum_{j=1}^{n} b_i$$

由于系统中中转供货和直达供货两种方式均可采用,所以任何资源厂向外调出的物资既可能直接送到客户,也可能由物流网点中转;同样,用户所需的货物,既可以从资源厂直接购进,也可从物流网点中转购进。于是有约束方程式:

$$\sum_{k=1}^{a} x_{ik} + \sum_{j=1}^{n} z_{ij} = a_i \quad i=1, 2, \cdots, m$$

$$\sum_{k=1}^{q} y_{kj} + \sum_{i=1}^{m} z_{ij} = b_j \quad j=1, 2, \cdots, n$$

公式中:

x_{ik}——资源厂 i 向网点 k 的调运量;

y_{kj}——网点 k 向用户 j 的调运量;

z_{ij}——资源厂 i 向用户 j 的调运量。

物流网点的中转活动只是物资流通的一个中间环节,它既不产生物资,也不消耗物资。但是,网点从资源产地进货是相当于一个需求点,在向用户供货时又相当于一个资源点。因此,考虑中转供货时,应将物流网点同时看成资源点和需求点,其"资源量"等于"需求量",均为吞吐能力的一半。有约束方程式:

$$\begin{cases} \sum_{i=1}^{m} x_{ik} + x_{kk} = Q_k \\ \sum_{j=1}^{n} y_{kj} + y_{kk} = Q_k \end{cases} \quad k=1, 2, \cdots, q$$

式中,$x_{kk} = y_{kk}$ 分别表示网点吞吐能力中的闲置能力。

与直达运输问题一样,中转供货系统中调运问题也存在着特殊调度、质量要求和订发货起点限制等约束,不过这些约束主要发生的直达供货部分,同样可按直达调运问题中的方法进行处理。这是因为:

(1) 对于需要进行特殊调度和用户有特殊质量要求的物资,一般把它看成专用物资。这部分物资由于它的使用面比较狭窄,如果进库中转,不适于综合调度,必然使库存增大,降低了物流效益。因此,这部分货物通常采用直达运输。

(2) 订发货起点的限制和中转供货方式可以说有着共同的目标,都是为了降低运输成本,提高物流效益。直达部分的订货发货起点限制迫使用量小的用户采取中转方式进货。中转部分,由于化零为整,集中由物流网点进货,进货批量大,所以这部分在优化计算过程中发生决策变量的值不能满足订发货起点要求的可能性是很小的。

另外,为了降低系统的流通成本和将问题简化,假定各物流网点之间并不发生供货关系。

综上所述,仍用 F 表示系统的总费用,于是我们可以给出混合供货系统中的调运模型:

$$\min F = \sum_{i=1}^{m} \sum_{k=1}^{q} C_{ik}^{x} x_{ik} + \sum_{k=1}^{q} \sum_{j=1}^{n} C_{kj}^{y} y_{kj} + \sum_{i=1}^{m} \sum_{j=1}^{n} C_{ij}^{z} z_{ij} \qquad (8.16)$$

$$\sum_{k=1}^{q} x_{ik} + \sum_{j=1}^{n} z_{ij} = a_i \quad i=1, 2, \cdots, m$$

$$\sum_{k=1}^{q} y_{kj} + \sum_{i=1}^{m} z_{ij} = b_j \quad j=1, 2, \cdots, n$$

$$\begin{cases} \sum_{i=1}^{m} x_{ik} + y_{kk} = Q_k \\ \sum_{j=1}^{n} y_{kj} + y_{kk} = Q_k \end{cases} \quad k=1, 2, \cdots, q$$

$$x_{ij} = b_j \qquad i=L_j \qquad j \in V$$

$$\begin{cases} \sum_{i \in R_i} z_{ij} = b_j' \\ \sum_{k=1}^{q} y_{kj} + \sum_{i=1}^{m} z_{ij} = b_j'' \end{cases} \qquad j \in S$$

$$x_{ik}, \ y_{kj}, \ z_{ij}, \ x_{kk}, \ y_{kk} \geqslant 0$$

$$i=1, 2, \cdots, m; \quad j=1, 2, \cdots, n; \quad k=1, 2, \cdots, q$$

式中：

C_{ik}^{x}——资源厂 i 与网点 k 之间的运价系数，包括运杂费和入库费；

C_{kj}^{y}——网点 k 与用户 j 之间的运价系数，包括运杂费和出库费；

C_{ij}^{z}——资源厂 i 与用户 j 之间的运价系数。

上述物流中转供货模型是典型的运输规划模型。在实际的工作中该类模型是有广泛的应用背景的，此类问题的求解原则一般是把这种混合运输模型转换成为经典的运输问题进行求解。

8.5.3　运输系统审核

不存在一个运输系统可以在所有组织中通用，因为任何组织都有自己独特的产品、市场、客户和工厂，企业必须根据自己的成本和服务建立一套优化系统。企业可以对物流系统的任何部分进行审核，而且，这类审核应该定期进行。对运输系统的审核可以帮助企业了解其物流网络中不同的运输部分，并且，可以辨认并精确处理运输决策问题中的重要环节。

1. 运输系统审核的内容

在审核过程中，企业应检查运输系统的成本和服务。理论上讲，运输决策相当简单：应该怎样把产品从供应商处转移到客户企业，又从客户企业转送到消费者手中。但是，实际总是比理论复杂，客户订单的数量和到达时间不一样，他们订购不同的产品，而且，他们所处的位置也各不相同。其他复杂的因素如多个采购点、不同库存水平以及不同的运输方式/承运人方案及特性等。

企业计划、执行和控制自身的运输体系时必须考虑许多因素。产品的具体种类对运输方式或承运人的选择有影响。一些产品，由于其形状、重量、耐用性及价值等因素，某些运输方式不太适合，所以，为了提供最佳的成本和服务组合而选择合适的运输方式和承运人时，组织应特别重视有关产品与运输方式的配合问题。

类似地，识别所有潜在模式或承运人的特性也是重要的。通常，企业可以采用多种运输方案，为了实现优化决策，企业就一定要充分了解每一种方案。即使已建立了一个特殊网络，仍应长期监视和评价系统。运输系统的完全审核，所采取的步骤包括识别运行标准，衡量成本与服务，计划、实施与控制整个运输网络等，评价工作必须完全覆盖企业的物流系统。审核本身提供了无数机会来改进运输运作系统的效率和效果。

2. 运输系统审核的作用

审核运输系统可以帮助组织建立一个运输业务计划。这种计划勾画了一个与卖方、供应商和客户进行业务往来的方案。一个成功的业务计划通常包含如下内容：

(1) 从内、外部客户处了解有关他们对服务和成本要求的信息；

(2) 把客户对服务和成本的要求与承运人市场的信息进行比较；

(3) 为了及时完成业务计划，设定与文化、环境及道德、管理等一致的目标；

（4）评价承运人的短期能力；

（5）作为一个投资项目来评价承运人的长期能力；

（6）确认客观上可以提供最佳服务并且对企业的业务感兴趣的承运人；

（7）与承运人签署包括成本和服务目标的合约。

运输审核的一个重要部分是衡量客户对承运人及其所提供的服务的看法。需要注意的是，运输部分不能单独检查，在调查中有许多关于物流系统其他部分的问题，同时，还要考虑到市场因素（如产品、价格和促销），涉及这些问题的主要原因是任何根据调查结果所做的运输决策无疑会影响到物流的其他领域。

类似地，营销等领域也会受到影响。由于企业的资源是有限的，就必定会存在取舍问题。在一个领域多花费的资金，意味着在另一个领域降低开销。为了使正确的运输决策与组织的其他活动一致，运输管理层就必须获取多方面的信息。

当然，调查的多样性对其他运输方式、承运人和各种情况都是可行的。不管使用何种方式，定期收集有关的服务信息非常重要，而且，运输方式/承运人的运作也要符合企业及其客户的需求。

本章小结

运输决策包含的范围很广泛，其中主要的是运输方式的选择、运输服务商的选择、运输路线选择、运输计划编制及运输系统优化等问题。这些就是本章的内容。

在各种运输方式中，如何选择适当的运输方式是物流合理化的重要问题。一般来讲，应根据物流系统要求的服务水平和允许的物流成本来决定，可以使用一种运输方式，也可以使用联运方式。

只要运输业没有垄断存在，对于同一种运输方式，托运人或货主就有机会面临不同的运输服务商，而托运人或货主甚至是供应商在确定运输方式后，就需要对选择哪个具体的运输服务商做出决策。当然，不同的客户会有不同的决策标准和偏好，但总体而言，可以从以下几个角度来考虑：（1）服务质量比较法；（2）运输价格比较法；（3）综合选择。

运输路线的选择影响到运输设备和人员的利用，正确地确定合理的运输路线可以降低运输成本，因此运输路线的确定是运输决策的一个重要领域。对分离的、单个始发点和终点的网络运输路线选择问题，最简单和直观的方法是最短路线法。如果有多个货源地可以服务多个目的地，那么我们面临的问题是，要指定各目的地的供货地，同时要找到供货地、目的地之间的最佳路径。解决这类问题常常可以运用一类特殊的线性规划算法，即运输问题表上作业法求解。

运输计划编制即车辆运行路线和时间安排是车辆运行路线选择问题的延伸，它受到的约束条件更多。用扫描法确定车辆运行路线的方法十分简单，甚至可用手工计算。

按物流运输的发货地和目的地的相依关系，可以分为直达供货和中转供货两种，都可以用线性规划模型优化。

复习与思考

1. 介绍一下影响运输成本的各个经济因素。选择一种具体的产品,并简要描述各个因素在确定运输费率中的相对重要性。

2. 大多数运输管理者都相信在选择是否改变运输方式时,一般而言,服务相关的因素比成本相关的因素重要。请说明企业在环境中运行时,服务因素是如何比成本因素重要的。

3. 在评价运输模式时,服务稳定性远比在途时间重要,请区别这两个定义,并说明服务稳定性更为重要的可能理由。

4. 自营承运不仅是一种运输决策,同时也属于财务决策,如果企业要确定是投资建立自有运输车队,还是与一个运输承运人建立合作伙伴/战略联盟关系,那么它在决策时应该考虑哪些因素?

5. 随着承运人和托运人合作程度的加深,战略伙伴关系和联盟越来越重要了,请指出托运人和承运人建立这种关系时可以得到的一些好处。

6. 对托运人而言,运输审核的作用如何? 怎样把运输审核与物流和组织的其他职能联系起来? 运输审核的主要内容是什么?

7. 试求下图中 A 点到 B 点的最短路(路径、距离)。

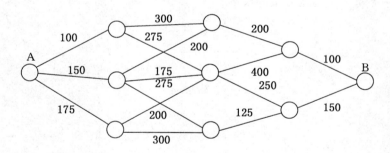

案例分析

□ **运输方案选择**

卡罗尔·威尔逊是 Applied Technologies 公司的运输经理,要从公司在加利福尼亚州圣菲斯普林的工厂直接装运 150 台计算机监视器。这批货价值 29 250 美元,指定送往密苏里州圣路易斯的一个配送中心。圣路易斯配送中心的收货经理约翰·米勒已为这一装运确定的标准中转时间为 2.5 天。威尔逊先生估计,如果超出标准时间,每台监视器每天的机会成本为 6 美元。威尔逊先生有三个运输方案。

(1) Cross Country Hauler 是一家长途卡车货运公司,可以按照合同费率,每英里

1.65美元来装运这批监视器。从圣菲斯普林到圣路易斯的距离为 1 940 英里。Cross Country 公司估计它能够在 3 天内把这票货送到目的地。一辆卡车能装载 192 台监视器。

（2）STSS(Sea-to-Shining Sea)铁路公司能够在工厂的站台提取这批货,然后将这批监视器直接递送到圣路易斯配送中心。STSS 公司可以按每一辆铁路车收取 1 500 美元来装运这批监视器。威尔逊近来经历过 STSS 公司在换铁路车时的延误,预计它的递送要花费 5 天。

（3）威尔逊先生还与第三方承运人,LQI(Lightning Quick Intermodal Inc.)公司洽谈过一份协议,利用汽车和铁路两种运输。LQI 公司可以用卡车在工厂提取这批监视器,然后将它递送到位于加利福尼亚州贝克司非尔得的一家多式联运铁路站,在那里将拖车装上铁路平板车上,然后经过驮背运输将该卡车递送到位于圣路易斯的另一个多式联运铁路站,在那里把拖车卸下来,用卡车送往配送中心。LQI 公司报价为 2 500 美元(从起运地到目的地)。装运时间预计为 2.5 天。根据以往的经验,米勒先生已发现 LQI 公司在其中增加的搬运服务中有可能导致 3％的产品灭失损坏。要弥补这些损失是困难的,通常立即得到补偿的仅为 33.3％。

资料来源:［美］唐纳德·J.鲍尔索克斯等(1999),第 298 页。

思考题
请评估一下每一个运输方案的成本。

第三篇

物流发展篇

第 9 章　国际物流

9.1　国际物流概述

9.1.1　国际物流化概述

本章关键词

国际物流 international logistics/global logistics

国际贸易 international trade

国际物流战略 international logistics strategy

国际物流——影响企业全球化战略成败的重要因素

现在,越来越多的企业市场是国际化的。许多公司在他们所属国以外的原料市场或产品市场都有大量并且不断增长的业务。成功的企业已经意识到要生存和发展,必须突破原有的战略、政策和规划,用全球化的眼光看待业务、客户和竞争。有远见的企业家都已经意识到:全球市场会比国内市场发展更快,国际市场会比国内市场带来更大的销售量。为了支持全球化战略,一个企业必须要拥有能够满足国际市场特殊需求的供应链网络和物流系统。

企业的全球化战略不仅要求企业在全球范围内寻求贸易机会,而且要想方设法将这种机会变成现实。国际物流在这一过程中扮演着重要的角色。物流的成本和质量将影响企业全球化战略的实施,很明显,许多公司的国际物流将变得更加重要。许多公司的国际物流运作正在发生重大变化,其结果是订货周期时间的缩短和物流成本的下降。

国际物流已经成为影响企业全球化战略成败的重要因素。

9.1 国际物流概述

9.1.1 国际物流的概念

1. 国际物流是国内物流的延伸和发展

国际物流又称"全球物流",是相对于国内物流而言的,是国内物流的延伸和发展。它是跨国界、流通范围扩大了的物的流通。现代国际物流是伴随着国际贸易的发展而发展起来的。

从狭义上来理解,国际物流是在生产和消费分别在两个或两个以上的国家里独立进行的情况下,为了克服生产和消费之间的空间隔离和时间隔离而对商品进行物理性移动的一项伴随着国际经济贸易活动而产生的物流活动。从广义上来理解,国际物流还应包括国际援助带来的物流,国际会展(如世博会)带来的物流,大型国际活动(如奥运会)带来的物流,还有国际间的快递业务、国际间的邮政业务等也可看作国际物流业务。本书所指的国际物流是狭义上的国际物流,也就是国际贸易物流(international trade logistics)。

在国际物流活动中,为实现物流合理化,必须按照国际交易活动的要求来开展国际物流活动。它不仅要求降低物流费用,而且要考虑到提高顾客服务水平,提高销售竞争能力,扩大销售效益以提高国际物流的整体效益。

2. 国际物流是现代物流系统中重要的物流领域

从企业角度看,近十几年跨国企业发展很快,不仅是已经国际化的跨国企业,即便是一般有实力的企业也在推行国际战略,企业在全世界寻找贸易机会,寻找最理想的市场,寻找最好的生产基地,这就将企业的经济活动领域必然地由地区、国家扩展到国际之间。这样一来,企业必须为支持这种国际贸易战略,更新自己的物流设施,按国际物流要求对原来的物流系统进行改造。

对跨国公司来讲,国际物流不仅是由商贸活动决定,而且也是本身活动的必然产物。企业的国际化战略的实施,使企业分别在一些国家中生产零件、配件,而在另一些国家组装或装配整机,企业的这种生产环节之间的衔接也需要依靠国际物流。

随着国际贸易壁垒的拆除,新的国际贸易组织的建立,区域一体化进程的加快,国际物流出现了新的情况,国际物流形式也随之不断变化。所以,近年来,各国学者非常关注并研究国际物流问题,世界第九届国际物流会议的主题就是"跨越界限的物流",物流的观念及方法随物流的国际化步伐不断扩展。

3. 国际物流活动的组成

一般来说,国际物流活动由四部分组成:(1)商品的全球采购,如商品进口和出口;(2)与国际物流相关的国内物流,如国内运输、仓储、货运保险、包装;(3)口岸物流,如海关仓库,集装箱场站作业,集装箱货物装卸、组配、加工等;(4)国际运输、货运保险、货物转运、过境货物的报关等。由于时间和空间距离的扩大,物资在国与国之间的流动和转移往往需要不同运输方式承运人参与,经过多次转运和/或转载,跨越两国或两国以上的国境才能完成,这无疑增加了对库存地点、一定规模的安全库存(safety stock)和经常库存(cycle stock)的要求。综合物流管理、系统化管理,以及总成本分析方法对国际物流业务的经营者而言具有特殊重要的意义。

9.1.2　国际物流的产生与发展

1. 宏观上的理解——国际物流是伴随着国际贸易的发展而发展的

国际物流是指一国与另一国进出口贸易相关的物流活动,如货物集运,分拨配送,货物包装,货物运输,申领许可文件,仓储、装卸、流通中的加工,报关,国际货运保险,单据制作等。当某国的一家企业出口其生产或制造的产品给在另一个国家的客户或消费者时,或者当该企业作为进口商从另一国进口生产所需要的某种原材料、零部件或消耗品时,为了消除生产者和消费者之间的时空距离,使货物从卖方处所物理性地移动至买方处所,并最终实现货物所有权的跨国转移,国际物流的一系列活动也就产生了。

显然,国际物流是伴随着国际贸易的发展而发展的,是国际贸易的具体实现途径和方式。在买卖双方达成国际货物买卖合同之后,如何在一定成本条件下,使合同规定的货物按质、按量,准时而又无差错地从卖方处所转移到买方处所或其指定地点,也就成为国际物流的核心业务内容。国际物流的有效运作不仅能够提升一产品在国际市场上的竞争能力,促进一国对外贸易的发展,而且能够起到有效满足本国经济、技术、教育发展的需要,从而满足国内消费者需要的作用。

在第二次世界大战之前,国际贸易在概念和运作方法上都是较为简单的,发达国家从发展中国家以低价采购大量原材料,而以高价向发展中国家销售制成品,双方之间的贸易极为不平等。第二次世界大战以后,随着跨国投资的兴起,发展中国家生产力水平的提高,发达国家与发展中国家之间的贸易、发达国家与发达国家之间的贸易,以及跨国生产企业内部的国际贸易发展迅速,国际贸易总量以及运作水平上有了新的变化。为适应这一变化,国际物流也逐渐在数量、规模以及技术能力上有了长足的发展,经历了以下几个发展阶段:

第一阶段:20 世纪 50 年代,国际物流发展的准备阶段;

第二阶段:20 世纪 60 年代,国际物流设备、工具大型化阶段;

第三阶段:20 世纪 70 年代,国际货物包装集装箱化、集装箱船、集装箱港口快速发展阶段;

第四阶段:20 世纪 80 年代,国际货物多式联运、自动化搬运、装卸技术发展阶段;

第五阶段:20 世纪 90 年代,国际物流信息化时代。

2. 微观上的理解——国际物流是企业国际化战略的产物

国际物流与企业的国际化战略有关。许多因素都会影响一个公司进入国际市场的决策,包括:

(1) 市场潜力;

(2) 地理条件的复杂程度;

(3) 经验曲线效应和规模经济引起的生产能力过剩和低成本地位的优势;

(4) 产品在国内市场已经到了产品生命周期的末端,但是在国际市场上将获得发展;

（5）新产品和新想法；

（6）国内市场上国外企业的竞争。

企业进入国际市场还有一个原因是原料、零部件或生产线的采购，例如一些原料，如石油、铁矿石、铝矿石、铀矿和特殊食品的可获得性都有地域的限制。企业会在海外建立设施或者进口以满足国内需求，由此涉及国际运作。

开始进入国际市场的公司有许多战略可供选择：出口、许可证经营、合资、独资、进口。选择以上一种或几种进入战略需要考虑一些因素的影响，包括公司参与国际市场的承诺、风险的类型和等级、对国际运作希望达到的控制程度和利润潜力等。

9.1.3　国际贸易与国际物流的关系

国际贸易是指世界各国（地区）之间的商品以及服务和技术交换活动，包括出口和进口两个方面。从一个国家的角度来看，这种交换活动成为该国的对外贸易。从国际范围看，世界各国对外贸易的总和，就构成了国际贸易，也称为世界贸易。

国际物流是不同国家间的物流，这种物流是国际间贸易的一个必然组成部分，各国之间的相互贸易最终通过国际物流来实现。

国际物流系统由商品的包装、仓储、运输、检验、外贸加工和其前后的整理、再包装以及国际配送等子系统构成，其中仓储和运输子系统是物流的两大支柱。国际物流通过商品的仓储和运输实现其自身的时间和空间效益，满足国际贸易的基本需要。

国际贸易与国际物流的关系是互为促进、相互制约的关系。

1. 国际贸易是国际物流产生和发展的基础和条件

如前所述，国际物流是在国际贸易产生和发展的基础上发展起来的，最初，国际物流只是国际贸易的一部分，生产的国际化趋势，国际分工的深化，加速了国与国之间、地区与地区之间国际贸易的快速发展，也促使国际物流从国际贸易中剥离出来。随着国际贸易在规模、数量和交易品种等方面的增加，面临巨大市场竞争压力的贸易商、大型制造商对国际物流的服务需求也日益增大。实际上，国际间商品的流动体现了商流和物流的统一。如果进口商和出口商未缔结某种商品的国际货物买卖合同，也就不存在该种商品在国与国之间的流动和转移问题，更不会涉及围绕该种商品流动所需的包装、跨国运输、交货、仓储、报关、装卸、保险、流通中的加工等一系列的国际物流活动。而另一方面，如果没有国际物流的相关活动和有效运作，国际货物买卖合同的实际履行，适时、适地、按质按量、以适当的成本和条件，将适当的产品以适当的价格交给国外客户也就成为一句空话。因此，国际贸易是国际物流发展的基础和条件，两国或地区间的国际贸易越活跃，对国际物流的运作能力和技术水平要求也就越高。

2. 国际物流的高效率运作是国际贸易发展的重要条件

世界范围的社会化大生产必然会引起不同的国际分工，任何国家都不能够包揽一切，因而需要国际间的合作。国际间的商品是由商流和物流组成的，前者由国际交易机构按照国际惯例进行，后者是由物流企业按照各个国家的生产和市场结构完成。为了克服他们之间的矛盾，必须要求开展与国际贸易相适应的国际物流。

国际市场竞争的加剧,对国际贸易商们提出了以客户和市场为导向、加速新产品的市场引入、快速及时地满足国外消费者定制化的要求,消费者对商品多品种、小批量化的需要,使国际贸易中的商品品种、数量成倍增长,技术含量复杂多样。如货物既可以分为原材料、半制成品、制成品,也可分为散装货物、包装货物、裸装货物,或者消费品、工业品等。商品的特点不同,其对包装材料、运输工具、存储条件、装卸设备和设施以及国际物流的运作要求也各不相同。新鲜食品、果蔬与机器设备、石油与煤炭、电脑芯片与古玩字画等商品的国际物流运作要求显然存在很大的区别,需要国际物流的经营者们了解和掌握各种商品的基本特征,采用合适的运输工具和物流技术,保证各种商品的按时交付。同时,由于国际贸易既可以在彼此相邻的两国间展开,也可以在空间距离很大的两国间进行,商品在途时间可长可短,政治经济环境、气候、地理等自然环境相对比较复杂,国际物流经营管理人员也必须具备选择合适的运输方式、运输线路等方面的知识,以减少货物的在途损耗和灭失风险。

简言之,国际贸易商品结构、市场结构的巨大变化,需要专业化、国际化的物流运作。如果国际物流业者无法实现在低成本或不增加客户费用的条件下,跨国货物交付的准确、准时、无差错或少差错以及安全,国际贸易合同的履约率就会受到限制,就会影响国际贸易企业的生存和发展。

3. 国际贸易对物流提出新的要求

随着世界经济的飞速发展和政治格局的剧烈变化,国际贸易表现出一些新的趋势和特点,从而对物流提出了更新、更高的要求。

(1) 质量要求。国际贸易的结构正在发生着巨大变化,传统的初级产品、原料等贸易品种逐步让位于高附加值、精密加工的产品。高附加值、高精密度商品流量的增加,对物流工作质量提出了更高的要求。同时,国际贸易需求的多样化,造成物流多品种、小批量化,要求国际物流向优质服务和多样化发展。

(2) 效率要求。国际贸易活动的集中表现就是合约的订立和履行。国际贸易合约的履行是由国际物流过程来完成的,国际间激烈的市场竞争要求有高效率的物流运营来满足客户的需要。从输入方面的国际物流看,提高物流效率最重要的是如何高效率地组织所需商品的进口、储备和供应。即从订货、交货,直至运入国内保管、组织供应的整个过程,都应加强物流管理。根据国际贸易商品的不同,采用与之相适应的巨型专用货船、专用泊位以及大型机械等的专业运输等,这对提高物流效率起着主导作用。

(3) 安全要求。由于国际分工和社会生产专业化的发展,大多数商品在世界范围内分配和生产。如美国福特公司某一牌号的汽车要同 20 个国家中的 30 个不同厂家联合生产,产品销往 100 个不同国家或地区。国际物流所涉及的国家较多,地域辽阔,在途时间长,受气候条件、地理条件等自然因素和政局、罢工、战争等社会政治经济因素影响。因此,在组织国际物流时,选择运输方式和运输路径,要密切注意所经地域的气候条件、地理条件,还应注意沿途所经过国家和地区的政治局势、经济状况等,以防止这些人为因素和不可抗力造成的货物流失。

(4) 经济要求。国际贸易的特点决定了国际物流的环节多,备用期长。在国际物流领域,控制物流费用,降低成本具有很大潜力。对于国际物流企业来说,选择最佳物流方案,提高物流经济性,降低物流成本,保证物流服务水平,是提高竞争力的有效途径。

总之,国际物流必须适应国际贸易结构和商品流通形式的变革,向国际物流合理化方向发展。

9.1.4 国际物流与国内物流的比较

相对于国内物流(原材料、在制品和制成品在一个国家内部的流动和转移过程)而言,国际物流不仅在运作的时间和空间距离上扩大,而且在运作的方式、复杂性及技术要求上与国内物流有着较大的差异。

1. 国际物流与国内物流的经营环境不同

由于各国文化历史、生产力发展水平、既定的物资基础设施、技术和地理条件不同,政府管理国际物流的政策法规多种多样,各国企业从事国际物流的能力和水平千差万别,使国际物流的经营环境极为复杂。例如:一国政府在管理其国内物流时,主要对危险品等一些特殊物资的运输、储存等制定各种标识、载重安全标准,设定各种运送条件。而在管理国际物流时,一方面需要更多的政府机构,如海关、商品检验、检疫、交通运输、对外贸易主管部门、港务局等参与管理,而且另一方面在管理的标准和要求上也必须考虑如何适应有关国际惯例、公约以及相关法规的规定。

2. 国际物流与国内物流的运作环境不同

国际物流的运作环境相对比较复杂,例如,在非洲、南美洲或亚洲的发展中国家里,供应链中经常拥有大量的中间供应环节(中间商)和数量更多的小型零售商。在这种经济形态下,运输和仓储设施一般来说供应不足,非熟练工队伍庞大,并且没有物流支持系统。在高度发达的国家里,例如日本、加拿大、美国和大部分的西欧国家,供应链和物流系统非常完备。进入这些国家的公司将面临一个拥有良好运输系统、高技术的仓储设施、训练有素的工人和各种各样物流支持系统的经济环境。

国际物流涉及的业务环节也比较多,作为物流经理既要懂得物流的基本运作和管理方法,又要懂得相关的国际贸易经营方式,与参与国际物流活动的所有各方进行有效的沟通,实现在低物流成本上的高水平客户服务。

3. 国际物流与国内物流中采用的主要运输方式不同

在国内物流中,物资从卖方向买方的运送主要通过公路运输和铁路运输方式完成,运输线路相对比较短,而次数较多。而在国际物流中,海洋运输方式、航空运输方式以及集装箱多式联运是主要的运送货物的方式,运送线路较长,气候条件复杂,在运输途中货物的保管、存放条件要求高,并且对转运、换装、转载等存在大量需求。

4. 国际物流与国内物流的信息沟通方式不同

在国际物流运作中,生产企业高度依赖货运代理企业、无船承运人、报关行。出口贸易管理公司、对外贸易公司、出口包装公司等物流服务提供商完成物资的跨国运送,加之政府主管部门的参与,使国际物流的信息沟通系统及渠道极为复杂,开展国际物流运作的企业不仅需要耗费时间和成本完成大量的单证工作,而且必须实现不同类别的单证在不同渠道内的准确而有效的传递。目前,国际物流的信息沟通方式正在与 EDI、INTERNET 等信息技术加速结合,但是各国、各行业间信息技术标准的不统一在一定程度上阻碍着国际物流信息系统的建立和发展。

5. 国际物流较之国内物流面临更大的风险

由于运输时间、距离的扩大,货物在运途中的转运、装卸频繁,各口岸处理货物的设备、基础设施条件千差万别,在国际物流中货物灭失和被损害的风险增大。另外,汇率的变化和企业资信问题使国际物流运作中面临着更多的信用及金融风险。而国与国之间的政治、经济关系的变化,又可能会给跨国开展的国际物流带来国家风险问题,需要企业具有较强的风险意识,找出防范风险的办法,以减少可能造成的损失。

6. 国际物流的标准化要求高于国内物流

如前所述,由于国际物流的运作既涉及各国政府宏观管理手段和方式问题,又涉及各种物流基础设施和设备,还涉及信息传递和沟通的方式,如果贸易关系密切的各国之间在这些问题上无法形成相对统一的标准,国际物流的运作中就会存在大量的资源浪费和重复或多余的劳动,而造成不必要的物流成本,国际物流的运作水平也就难以提高,终端客户的物流服务要求也就无法得到满足。目前,美国和欧洲已基本实现了物流工具、设施等的统一标准,从而极大地促进了国际物流的有效开展。

表 9.1　国内和国际物流的比较

	国 内 物 流	国 际 物 流
成　　本	大约占现在美国 GNP 的 10%	估计大约占当今世界 GNP 总量的 16%
运输方式	主要是公路和铁路	主要的是空运和海运,以及大量的联运
库　　存	水平比较低,反映在快速、较短的提前期要求和强大的运输能力	水平比较高,反映在较长的提前期、较大的需求和运输不确定性
代理商	使用程度一般,多数在铁路运输	对货代、集运代理商和报关行的依赖程度很大
财务风险	最小	很高,归因于货币的不同,通货膨胀水平,不履约的追索权很小
货物风险	最小	很高,归因于时间较长、难度较大的运输、频繁的货物搬运和基础设施开发的不同水平
政府代理机构	主要用于危险品运输和有重量、安全法规、一些关税要求的货物运输	涉及许多代理机构(例如海关、商业部门、农业部门、运输部门)
管　　理	所需的单据最少(例如采购计单、提单、发票)	大量的纸面工作;美国商业部估计每票货物的平均纸面工作成本为 250 美元
交　　流	语音和书面信息传递很多,电子数据交换的使用正在增长	语音和书面信息传递的成本高,效率低下;正在向电子数据交换发展,但是标准的不同阻碍了大范围的使用
文化差异	相对同种的文化对产品要求很少的改动	文化的差异要求很强的对市场和产品的适应能力

资料来源:[美]詹姆士·R.斯托克等(2003),第 502 页。

9.2 影响国际物流的因素

以任何形式进入国际市场都必须考虑可能对公司的物流系统产生影响的因素。影响企业国际物流经营效果的主要有以下两大类因素。

第一,不可控因素。所谓不可控因素是指企业在开展国际物流战略时无法控制或者难以控制的因素,如国际物流的市场准入,国外市场所属的政治、法律制度,经济发展水平,市场竞争激烈程度,可利用的物流设施和其他物流资源,地理特征,社会和文化价值观等。这些不可控制的因素,增加了国际物流发展的不确定性和企业开展物流时的成本。例如,一般地,一国政府总是倾向于对制成品征收较高的关税,而对原材料和半制成品则征收较低的关税,但是相对而言,原材料、半制成品的运输成本则要高于制成品。

第二,可控因素。所谓可控因素是指企业在进行国际物流业务时,可以预见和有效控制的一些因素,这些因素包括客户服务水平、仓储、库存、运输和包装等。

9.2.1 不可控因素

任何影响跨国企业物流战略但又不在物流管理人员直接控制之下的因素都可视为不可控因素。企业经营环境中主要的不可控因素是外国市场的政治法律体系、经济条件、竞争程度、技术可获得性、外国市场的地理分布和不同目标市场的社会和文化标准。这些不可控因素会对物流管理人员的行为产生影响,必须在企业的全球供应链网络的规划、实施和控制中进行考虑。

不可控环境的特征是不确定性和在很多情况下的不稳定性。物流管理人员必须在这样的环境中决策,包括成本/服务水平权衡、制订并实施客户服务计划并衡量物流过程的成本要素。

1. 经济因素

在外部环境中,经济环境可能是最重要的因素。在全球经济环境中,经济活动1周7天、1天24小时都在进行。信息通过卫星、计算机技术传递,不受到国界的阻碍。经济环境对物流的一些影响如下:

(1) 公司在提高价格时可能会遇到困难,因此必须关注内部运作效率,包括物流费用的效率;

(2) 一些市场的低成长速度更加需要物流管理人员在规划中更加小心谨慎,保证每一美元的物流花费都产生最大的生产率;

(3) 在通货膨胀的时期里,为了满足资金流的需求而支付的高额短期借款利息也导致了对物流效率更高程度的关注;

(4) 一些国家或地区的恶劣的投资环境需要很高的投资回报率,积累留存收益以便于再投资,并吸引可利用的投资资金;

(5) 贸易集团的发展会对物流产生全方位的影响;

(6) 汇率波动增加了决策制定的复杂程度和不确定性;

（7）欠发达国家经济条件的改善（特别是生活水平）将对国际贸易产生影响；

（8）公司或国家都可能改变它们对使用实物贸易和对等贸易的看法；

（9）由通货膨胀和经济衰退引起的对获利能力的长期压力导致公司更加强调利润和降低成本。

通货膨胀通常对公司，尤其是物流管理特别重要。通货膨胀对物流的特殊影响将取决于以下五个因素。

（1）业务类型。业务类型决定了各种资产占收入的比例，包括现金、应收账款、存货和固定资产。一些资金密集型产业，如基础设施、钢铁、化学、造纸，需要大量的固定资产投入。

（2）库存价值评估方法。后进先出（LIFO）或先进先出（FIFO）库存价值评估方法的选择对于一些公司非常重要。在通货膨胀的经济环境下，由于价值评估方法对公司的利润影响很大，使用合适的价值评估方法显得尤为重要。这时销货成本与当前重置成本比较接近，因此是 LIFO 最合适的方法。另一方面，FIFO 方法由于使用旧的成本与当前的收入相匹配，比 LIFO 方法会给企业带来更大的利润。

（3）经营期限和财产使用年限。经营期限对企业非常重要，它取决于资产的使用年限和再投资需求。由于工厂和设备相对比较新，通货膨胀通常只对新业务的收入和早期的业务增长造成中等程度的影响。

通货膨胀能够以多种方式影响早期业务的收入。这取决于固定资产是否将要被重置。一些企业（例如钢铁企业）的早期业务有大量的再投资需求。许多这类公司拥有大量的旧固定资产存量，由通货膨胀引起的收入扭曲现象严重。一些企业（例如煤矿）在他们的资源耗尽后将退出这个市场，使得价格水平调整或当前成本下降变得没有意义。

（4）支出构成。很明显，通货膨胀不会以相同的方式影响所有类型的支出。一些企业的能源、环境和人力成本的上升远远超过了消费物价指数的增长。然而由于计算机和信息系统技术的发展，信息的单位成本下降了。因此，收入扭曲的程度取决于公司各种成本的多少以及通货膨胀率。

（5）公司的资本结构。资本结构对于公司来说是非常重要的，因为如果公司的货币资产超过了债务的话，公司将因此遭受损失。如果公司的货币债务超过资产，理论上公司将因通货膨胀而收益。

通常经济资源对公司是一个约束。经济资源在通货膨胀和萧条时期的可获得性和价格决定了公司能够和不能够做什么。例如，物流服务成本的上升将导致公司减少客户服务活动或在预算上无法满足成本上升的地方减少开支。较高的利率增加了库存持有成本，因此对于公司来说，在库存量和可销售数量方面，增加了提供相同水平客户服务的成本。

应当记住经济环境影响着其他经济因素，同时也受其他经济因素的影响。相互关系如下：

（1）技术的改变（如合成燃料的推出）将改变主要原材料的成本，或者可能带来所需原料类型的变化；

（2）法律法规环境的变化（例如新政府首脑的选举，或货币政策、税法的变化）将改变通货膨胀率或货币实际成本；

（3）人口结构的变化（如退休年龄人口数量的增加）将影响政府支出的变化方向；

（4）社会变化（如对环境重要性的态度的变化）将改变环境法规影响产品分销、特别是逆向物流活动的方式。

2. 竞争

企业面临来自许多方面的持续上升的竞争压力。

（1）从物流的角度应对竞争。从物流的角度来看，应对措施包括：

① 增加跨国合作、联盟、兼并和/或收购的数量；

② 将许多过去基于国内市场的公司向国际市场拓展；

③ 24 小时运营的全球通信网络的开发；

④ 在主要国际市场上建立中央和地区仓库；

⑤ 寻找和发展与在全球范围内提供运输、存储、物料搬运和其他服务的物流服务供应商的合作关系。

（2）非传统竞争。非传统形式的竞争也越来越多地出现。例如在珠宝零售市场，消费者越来越多地通过如因特网、目录陈列室、折扣商店、百货公司和日用品商店购买珠宝，而越来越少地通过传统的渠道，例如珠宝商店。使用了这些非传统的分销形式后，物流活动也有必要做出变化。例如因特网销售中服务水平变得更加重要，因为客户在购买前无法看到和触摸产品。进行这种电子商务的公司通常使用快速交付系统。

3. 技术

技术发展已经对商务各个领域产生了巨大的影响，包括物流。

这方面的例子包括：在仓库布置和设计、运输路线规划和排序中使用图形技术，通过互联网和电子数据交换（EDI）进行全球数据交换，物流系统的计算机仿真，客户服务研究中的数据收集和分析，以及卫星通信。

然而技术的发展也不是没有问题。新技术加快了产品的更新，使得缺乏效率的物流系统更加成为瓶颈。由于对产品的需求时间变短了，产品不能够再在运输工具或仓库中被滞留，因为销售机会的损失是无法弥补的。

随着技术发展速度的加快，更多的产品将被技术淘汰，因此公司密切注视技术环境的变化是非常重要的。这被称为"技术预测"，应当成为企业环境分析活动的一个不可或缺的部分。

4. 地理环境

一个产品的运输可能穿越多个国家。各个国家人口聚居中心的分布形式有着显著的不同。同时，一个国家中或国家之间的地形也千差万别，例如西欧和南非。不同地区的地形影响了产品在地区间的运输方式。在一些情况下，两点之间的最短距离不是直线距离，特别是当可能的运输路线必须穿越山地的情况下。

国际运输基本上采用空运和海运的形式，除非国家之间是接壤的。在这些情况下，可以使用汽车、铁路和内河航运的形式。跨越国境，距离将从几英里到几千英里不等。

最后，由于在一个国家中市场被分割在几个地理区域，在其他国家中又高度集中，物流网络通常也不相同。运输方式/运输工具的选择、仓库的选址和库存量将不可避免地受到公司目标市场的分散程度的影响。

5. 社会和文化

一个公司运作的社会和文化环境是极为重要的,因为它影响了个人、团体和社会的生存原因和行为方式。这个环境包括:人们如何表达自己的想法、如何思考、行为方式、如何表达和解决问题、员工与所服务公司的关系、运输系统的组织方式、经济和政府系统如何结合并发挥作用。

由于许多原因,尽管对于物流管理人员来说,市场全球化和这些市场的文化差异是重要的,认识和了解社会文化环境却变得越来越难。

(1) 社会文化环境的组成方面。

全球化企业的社会文化环境包含这样几个方面:语言、教育、宗教、价值观、技术、社会组织、政治、基础设施的发展、法律法规体系。单独一个方面,或几个方面综合,将从多方面对物流管理产生影响。

例如语言的不同将对编写培训手册、书面的政策与程序、开发在不同国家和地区内部或之间进行产品移动的策略造成困难。世界各个地区产品零售形式的不同使得采取的措施也不同(例如大型综合商店和小型家庭店铺)。人们对家庭、宗教、道德、价值和教育的观念将会影响他们作为消费者对特定产品和服务的看法,影响特定零售方式的选择,影响所采取的经营策略。

(2) 社会和文化趋势。不同的社会文化环境需要不同的战略。对于物流管理人员来说,影响战略和日常决策的社会和文化趋势是他们特别感兴趣的。这些趋势包括:

① 对于客户来说,最有价值的产品将是时间而不是金钱。对于人们和企业所从事的活动来说,创造财富比"创造时间"要简单得多。

② 从工业经济到服务经济的不断转变将改变人们对世界的看法。在许多国家,如法国、德国、瑞典、英国和美国,大多数人受雇于服务和/或信息部门。这反映了更高层次服务和信息消费的趋势。

③ 近乎瞬时获取信息的能力已经影响了许多不同的领域,如国内国际产品市场的结构,劳动力外包,用于生产制造的原料和部件,对世界市场、政府和产品的个人观点。

公司必须持续审视社会文化环境的变化。同时,除了发现趋势以外,认识它们对企业问题的影响,如赢利能力、供应链管理战略、产品开发战略、分销渠道选择、市场细分策略和促销工作,也是非常重要的。

6. 政治和法律

当一个公司的运作仅限于一个国家时,物流管理人员只需要考虑一套法律法规,尽管它们可能会非常复杂。全球化公司必须在由各种法律法规构成的许多不同的法律体系下运作。有时候,当外国政府拥有或扶持当地竞争对手的时候,政治和竞争环境将发生交叉。

在短期,公司受到诸如法律法规、外国市场的政治气候、消费活动水平、反垄断法的司法解释、贸易壁垒和运输法规这些因素的影响。在长期,公司意识到环境的变化和趋势。

例如,在美国,20 世纪 70 年代到 80 年代早期的运输商,特别是公路、航空和铁路运输商,不得不密切注视法规的放松。

特殊利益集团、行业协会、公司、政府和政府代理机构、司法部门将对政治法律环境产生影响。环境法规已经对商业的各个方面产生了巨大的影响,包括物流。

(1) 三个重要问题。对于物流管理来说,政治法律环境对企业战略和运作的影响是非常重要的。通常物流管理人员必须回答三个问题:

① 政治法律环境影响了哪些供应链、企业和/或物流战略?

② 现有的和预期的政治法律环境的变化和趋势将对财务产生什么影响(例如成本)?

③ 政治法律环境的变化和趋势会为企业带来什么机遇?

(2) 政治法律对物流的影响。政治法律环境对企业活动的影响包括:营销组合、国际化运作、收购和兼并战略、竞争反应和人员管理决策。具体的影响包括以下一个或几个方面:第一,特定的营销和物流活动可能会被禁止;第二,一些活动可能会被要求或强制进行;第三,一些活动可能会以某种方式限制进行。

例如,美国大部分与商业有关的立法都趋向于维护竞争、保护消费者权利和保护环境。一些商业活动可能会被强制进行:在包装上列出产品成分;为支持产品和服务承诺保存文本证据;在国外市场上分销产品时使用政府规定的运输方式以及遵守东道国在出口、合资和独资运作方面的法规。此外,与供应链伙伴的交流和联合决策可能会受到反托拉斯司法的影响。

政治法律事件和趋势对公司来说并不一定意味着麻烦和成本上升。如果管理人员能够认识并做出反应,它们将会带来机遇。由于环境立法的加强,许多公司已经成为逆向物流服务的主要供应商。从历史上来说,国际货运代理商和其他涉足全球商务的机构都从复杂的国际单证、关税和其他贸易限制以及通关要求中获益。

9.2.2 可控因素

当一个公司涉及全球运作时,物流执行官的责任范围经常扩展到包括国际配送活动。几乎 80% 的物流执行官对与他们公司的全球配送运作负有直接的责任。

一个涉足全球营销的公司的管理者必须管理物流的各个环节,将成本降低到最低限度,为客户提供可接受的服务水平。然而,一个公司的成本/服务组合在国际市场上将千差万别。例如,物流成本占销售额的比例,在日本和美国要比在欧洲、澳大利亚以及英国高。涉及国际物流的管理者——特别是那些在国外拥有子公司的企业——应当清楚地认识到国内和国外物流活动管理的不同。国际物流成本通常较高。运输距离的增加、单证成本、更高的库存水平、更长的订货周期以及其他因素共同增加了国际物流的成本。

1. 客户服务

在大多数情况下,公司无法在国际运作中提供与在国内一样稳定的服务。例如,由于国际运输时间更长,通常要跨过多个国家的边界,需要几种不同的运输工具,涉及多次运输和产品搬运,一票货物与另一票货物的运输时间通常相差很大。结果,公司需要更多的库存来满足安全和库存周转的需要。

在一些情况下,在国际市场上的客户服务水平要更高。例如在日本,那里的平均订货周期要比美国短。由于这两个国家地理条件、批发商和零售商的物流设施以及财务状况上的差异,大部分的消费品订货能够在 24 小时或更短的时间里送达。由于这个原因,许多跨国公司在国外市场上都直接投资建立自己的设施,使得在保证客户服务的基础上能够有效地完成订单。

各个国家之间客户服务的成本有很大不同。公司必须分析各个国外市场的客户服务需求,开发能够为每一个区域提供最佳服务的物流规划。有时,由于竞争、独特的客户需求、政府法规和关税壁垒的缘故,公司不得不负担较高的物流费用。这导致了这些国际目标市场的赢利能力比较低。

惠普(HP)公司是一个通过提升客户服务水平获得国际竞争优势的例子。HP 实施了紧密联系研发和制造的计划,并成功地降低了"从概念到交付"的时间。在这项成功的计划中,物流组织扮演了一个关键的角色。改进订单实现流程一直是公司主动采取的一个关键战略。公司设定了大大降低接收和处理客户订单时间和向这些客户运输产品的时间的目标。

Subaru of America(SOA)是通过提升客户服务水平获得国际竞争优势的又一个例子。SOA 通过重构物流网络改善了它的客户服务。公司因此减少了大量的运输费用,同时仓库的运作效率提高了 50%。Subaru 通过提供一流的部件和汽车支持服务在业界占据了一席之地。

2. 库存

国际物流的库存控制要求清楚国际和国内库存管理系统在以下方面的不同:国际系统通常在供应商和客户之间拥有更多的库存点和更多的层次。因此与国内系统相比,国际系统的多级库存系统更复杂,也更普遍。

在相同销售量的情况下,国际物流系统的在途库存要比国内运作高许多。这是由更多的库存点、更多的层次和更长的运输时间引起的。

由于货物运输距离更长以及在货物的国际运输中正常出现的延误,公司在国际市场中不得不维持高于正常水平的库存。一般来说,国内公司的库存占资产总额的 10%—20%,而在国际市场中运作的公司的库存可占其总资产的 50% 或更多。对于一些高价值产品,库存持有成本和应收账款会非常高。

在零售市场上,人们的购物方式对全球化公司决定库存战略是非常重要的。国内公司能够对库存施加更强的控制力,因为它们可以通过使用折扣影响客户的订货量。而在国际市场上,这种做法可能不可行。

由于国外市场的情况可能会有所不同,为每一个市场区域制定合适的库存策略和控制流程对于公司来说就显得尤为重要。

3. 运输

在国际环境下,运输方式的选择和运输管理比在国内环境中复杂得多。在国家之间或地区之间进行运输的最基本的方式是空运或水运。运输方式和运输工具的选择过程以及运输管理必须在国家或者区域的层面上考虑。

世界各国运输基础设施有很大的差异。例如,在欧盟,很少有公司拥有自己的运输部门。在欧洲,运输更多的是以外包的形式运作。还有许多国家,运输资源由政府持有、运营。有时,国内的货主拥有较低的运输费率、设备的可得性以及其他优越条件。

欧洲的铁路服务通常要好于美国,因为政府或铁路系统的子公司拥有所有权,设备、铁轨、设施维护得比较好。日本和欧洲国家水运的使用程度大大高于美国和加拿大。由于海岸线和内陆水道长,而且适合运输,水运成为许多货主的一个选择。许多跨边境运输或在边境线内运输的公司需要彻底评估运输方式、成本和服务。

许多公司会使用国际货运代理服务。选择国内运输方式和承运商所考虑的很多重要因素也能够应用于全球运输。例如,当公司选择国际货运代理时,专业性、服务可靠性、提供相关信息的能力、公司信誉、个人的关注、合理的价格以及代理商的财务状况都是最重要的因素。最基本的差别在于各种国际货运选择方案的能力。

在进行运输决策时,物流决策制定者需要考虑国内与国际运输之间的许多差异。可获得的运输方式、承运商的费率和运输组合的其他方面在不同的市场可能是不同的。

4. 仓储

全世界仓储的基本活动尽管是相似的,但仍然存在很多差异。国内和国际仓库管理的主要区别在于:所服务的市场大小、存储的产品的种类以及手工运作和自动化系统运作的不同。

下面是针对在全球销售的情况下使用仓库设施必须要回答的几个问题:

(1) 使用当地仓库为市场提供公司的产品是否恰当?

(2) 是否有足够的仓库运作人员?

(3) 客户希望以多快的速度完成产品交付?

(4) 是否可以使用第三方?

(5) 使用公共仓库和自有仓库的相关成本是多少?

就物流网络所涉及的市场区域大小来说,欧洲和亚洲的市场比较小,而且相隔紧密。主要是因为在这些地区人口密度比较高。在非洲、南美和澳大利亚,所服务的市场地理范围比较大,因为人口聚居中心相隔比较远。

在仓库和配送中心中存储的产品的数量和种类在不同的地区是不同的。在欧洲,与美国相比有更多的产品专用存储设施。在美国,仓储中通常存储有数量更大、种类更多的产品。例如,法国的超市配送商拥有生鲜食品、饮料和海鲜的专用仓库。

在工业化的国家和地区,自动仓库设施使用比较多。因为那里的劳动力成本相对于产品的其他成本来说比较高。在亚洲和非洲国家里,因为劳动力成本比较低,自动化设施还没有得到广泛应用。同时世界上自动化系统的成本差异以及支持计算机和信息系统的可获得性的差异也影响了自动化系统的使用。

5. 其他活动

(1) 包装。全球货运比国内货运要求对产品进行更多的保护。长距离运输以及多次搬运增加了造成货损、迟滞、被盗发生的可能性。通常来说,国际运输中的货物损失和/或损坏比国内运输要多。因此,全球化的货主必须更加注重包装的安全性。

影响国际运输包装设计的主要因素有：运输方式/运输工具、搬运方式、气候、被盗的可能性、货运费率、关税和最重要的客户需求。

所有国际货运包装决策中最基本的一条是货物应当无损坏地到达目的地。物流执行官可以遵循一些基本的原则，为保证货物安全到达国外目的地提供帮助：

① 了解产品；

② 了解运输环境，根据运输途中最艰难的部分进行包装；

③ 了解供应商；

④ 为每一种运输方式确定发运国以及收货港可以使用的包装条款；

⑤ 在收货港安排适当的收货。

（2）集装箱化。为了方便产品的搬运和在运输存储过程中保护产品，许多公司转向使用集装箱。集装箱广泛使用于国际物流系统，特别是在水运是运输网络一部分的时候。使用集装箱的优点在于：

① 由于集装箱的自然保护作用，货损减少了；

② 由于越来越多地使用自动物料搬运设备，货物搬运的劳动力成本降低了；

③ 集装箱比其他的运输容器更加容易存放和运输，使得仓储和运输成本下降了；

④ 集装箱有各种尺寸，大多数都适合标准化的国际联运；

⑤ 集装箱可以在港口和仓储空间有限的地方作为暂存设施。

集装箱化也不是没有缺点。使用集装箱的主要问题在于世界的一些地方没有集装箱港口或终端。即便是有这些设施，它们也可能因为大量的进出货而超负荷运转。长时间的迟滞是很普遍的。加之建立一个基于集装箱的运输网络需要大量的资金投入。在公司能够进行集装箱化运作前必须在港口和终端设备、物料搬运设备、专用运输设备以及集装箱等身上花费大量的资金。

（3）贴标签。与包装相关的是贴标签。从成本角度来看，贴标签占国际物流成本的比重相对较小。然而，准确的标签对于及时高效的跨国货物运输是非常重要的。与贴标签相关的重要问题包括标签的内容、语言、颜色以及在包装上的位置。

（4）采购。传统上，企业从国内获得原材料、零部件、供应品和组件。然而，国际原料采购逐渐成为一种趋势。例如，美国的 Trek 自行车公司每星期都从中国台湾、新加坡、日本、中国、菲律宾的供应商那里进口 20 个集装箱的成品自行车和零部件。佳能使用当地的一些供应商为在日本以外的产品制造提供服务。在加利福尼亚的工厂，公司 30％的采购来自当地，这个比例在弗吉尼亚低于 20％，在德国为 40％。

集成物流管理和成本收益分析的概念对国际物流也是非常重要的。然而，与进行一项活动发生的成本一样，每一个物流环节的相对重要性在不同的市场是不同的。这导致了每一个国际市场不同的成本/服务权衡。

（5）物流信息管理。对于一个第一次涉足国际物流的企业的物流执行官来说，从尽可能多的数据源中获得每一个市场关于业务条件和运作流程尽量多的信息是一个最好的建议。互联网是一个获得关于全球商务和物流几乎所有方面信息的非常有用的资源。网络的发展速度很快。事实上，网络流量每 100 天就翻一倍，电子商务是一个前途无量的全球产业。

世界上的银行使用自动信息票据交换与其合作银行完成资金和支票的转账。与之相同,物流信息交换所为全世界的货主每天 24 小时提供货运信息。

公司为了诸如订单处理、实时传送物流信息、内部网络通话、互联网接入以及电视会议的目的,大量使用卫星通信系统。沃尔玛(Wal-Mart)是率先使用卫星通信的企业之一。卫星通信帮助企业实现了全球管理。

企业还在跨国制造和商务中使用国际物流(International Trade Logistics,ITL)软件。国际物流软件被用来"自动处理、跟踪和汇报大量的活动","这些活动通常(但并不总是)与供应链管理、仓库管理、库存管理以及运输管理信息系统相连"。例如,位于美国的 Xylan 公司,一家 60% 的收入来自国外的全球网络交换设备制造商,使用国际物流软件,通过它的主页监控所有的库存点。这家公司还确认产品的运输、准备客户文件和加快货物通关。

9.3　国际物流的主要参与方

许多公司都专门从事出口运作。这些公司中最多的是:出口分销商、报关行、国际货运代理商、承运人代理、承运人、外贸公司、无船承运商(NVOCC)。其他使用较少的公司包括出口代理商、出口商和国外采购代理。

9.3.1　出口分销商

一些全球销售的公司通常使用出口分销商提供的服务,有时这些出口分销商被称为出口管理公司。

1. 出口分销商的特点

出口分销商的特点是:(1)位于国外市场;(2)以自己的账户购买产品;(3)负责产品的销售;(4)与国内企业保持持续的合同关系。分销商通常获得特定区域的独家代理权,并被禁止代理竞争对手公司的产品。

2. 出口分销商的功能

出口分销商拥有以下一种或几种功能:(1)获取并维持协议规定的渠道运作和销售水平;(2)获取进口业务,并负责处理通关;(3)为向供应商支付获取必要的外汇;(4)维持必要的政府关系;(5)维持库存;(6)提供仓储设施;(7)操作或监督内陆货运和交付功能;(8)进行改包装操作;(9)进行信用管理;(10)获取市场信息;(11)提供各种售后服务。

9.3.2　报关行

正如我们前面在讨论进口时所简要提到的,报关行有两个主要功能:(1)帮助货物通过海关;(2)处理随同国际货物的必要单据。

对于许多公司来说,处理随同国际货物的大量单据和表格是很头疼的。加上不同国家各种各样的通关流程、限制和要求,帮助出口货物通过边境的工作需要专业机构——报关行来完成。通常来说,如果一个公司向具有不同进口要求的多个国家出口,或者公司有很多品种的产品(如汽车零部件、电子设备、食品),报关行应当成为公司国际供应链网络的一部分。

在选择报关行时,公司应当考虑很多因素。通常包含以下一些必须提出的最重要的问题:

(1) 报关行在处理特定产品和/或运输方式方面是否专业?

(2) 报关行在业内经营了多长时间?

(3) 报关行拥有哪些资源来保证快速通关和产品交付?

(4) 报关行在发生搬运或通关延误的情况下如何通知客户?

(5) 在记录保存方面报关行能够提供什么帮助?

(6) 报关行是否有计算机化的系统或电子数据交换系统来加快单据准备和传输,并/或进行通关操作? 它能够提供什么信息?

9.3.3　国际货运代理商

货运代理是随着国际贸易的发展及货运业务的日益复杂以及传统承运人(船公司或航空公司)的业务专门化而发展出来的行业。货运代理是介于货主和实际承运人之间的中间商,它一方面代为货主进行租船订舱,他们有大量运输方式选择方面的知识,能够承担单据处理的任务。另一方面又代为实际承运人揽货,从中收取整箱(车)货和零担货之间的差价或收取佣金。对于承运人,货运代理被相对地看作是货主(发货人或收货人);对于货主,货运代理则被相对地看作是承运人,他们能够将产品从制造地运送到客户所在的地方。

货运代理角色的出现,使得整个货运行业日趋专业化。货运代理的主要功能包括:

(1) 货运代理的存在,能减轻承运人由于直接面对货主而带来的繁重工作,从而使得承运人能集中力量从事其核心业务——航运。同样地,货运代理的存在,由于其专业的知识,使得货主不必再分别与每家承运人打交道,也减轻了货主的工作量。

(2) 货运代理的主要业务,如为货主(发货人或收货人)订舱、取送货、追踪查询货物情况、代报关、代商检、仓储、包装、缮制单证、分拨(break bulk)等,利用其专业人员、设施、设备和业务网络,大大减轻了货主的物流业务难度。

(3) 具有大量、稳定货源且有一定资质的货运代理,能够取得承运人的代理权(成为 shipping agent)。具有承运人代理权的货运代理,一方面可以在其营业场所使用承运人的运单,另一方面能取得承运人较为优惠的运费。

企业由于以下原因使用货运代理商:降低运输和分销成本,解放或减少工作人员。使用货运代理商处理物流运作可以使得它们能够关注核心业务、获得外部知识、改善客户服务和满意度。

几乎每一个全球化的企业都需要国际货运代理商提供的服务,即使它们拥有自己的出口操作团队或部门。在这种情况下,货运代理商在装运港或最终目的地帮助协调货物的运输。

20 世纪 90 年代以后,随着国际贸易和货运体系的不断完善,特别是银行信用证、海关和商业保险体系对货运代理运单的认可,使得货代的地位逐渐提高。在许多公司中,国际货运代理商在出口战略中扮演着重要的角色。当前的许多货运代理正不断地演变成第三方物流公司。

9.3.4 承运人

承运人(carrier)是实施运输的主体,在国际贸易运输中主要指船公司或航空公司。虽然有的承运人也直接面对货主,但多数情况下货主已经不直接与其打交道了。

9.3.5 承运人代理

承运人代理(shipping agent)主要是替承运人(如船公司、航空公司)在港口安排接泊、装卸、补给等业务。有时代理承运人签发运单。承运人代理在海运中较为常见,而在空运中较为少见。有的承运人代理也从事货运代理的业务。

9.3.6 外贸公司

大多数的外贸公司基本上都有出口的业务,尽管一些公司也从事进口业务。外贸公司不仅实现货物或服务的买方和卖方的匹配,还管理着出口安排、文书工作、运输和外国政府需求。

美国的出口外贸公司法案(The Export Trading Company Act)允许金融机构(例如银行和银行持股公司)拥有或参股出口外贸公司。这种从属关系使得现金流、支付条件、信用和其他与出口有关的金融问题出现的可能性降到了最低。此外,法律允许外贸公司进行大范围的产品和服务的出口,以支持全球贸易。

传统上,我国的进出口业务完全由外贸公司来操作。改革开放以来,不少企业具有了进出口自主权,但外贸公司仍将成为公司的一个选择。

9.3.7 无船承运商

无船承运商(non-vessel operating common carrier,NVOCC),有时被称为 NVO(non-vessel operator),简单的理解就是"将不同货主的小件货物整合为满载集装箱货物,并承担所有国际货物从出口港口开始的所有责任,包括文书工作和运输,但自己不拥有船舶"的企业。

2002 年 1 月 1 日开始实施的《中华人民共和国国际海运条例》对无船承运业务有了明确的规定,即指"无船承运业务经营者以承运人身份接受托运人的货载,签发自己的提单或者其他运输单证,向托运人收取运费,通过国际船舶运输经营者完成国际海上货物运输,承担承运人责任的国际海上运输经营活动"。中国无船承运业务经营者是指依照《海运条例》和《海运条例实施细则》规定取得无船承运业务经营资格的中国企业法人;外国无船承运业务经营者是指依照外国法律设立并依照《海运条例》和《海运条例实施细则》的相关规定取得经营进出中国港口货物无船承运业务资格的外国企业。

9.4 企业国际物流管理

管理全球供应链比管理纯粹的国内网络复杂得多。管理人员必须正确分析国际环境，规划国外物流系统，并开发合适的控制流程，监控它的成功或失败。

9.4.1 国际物流管理流程

国际物流管理流程如图 9.1 所示。五个步骤包含了一些国际物流管理人员必须提出并解答的关于组织国际物流活动的问题。

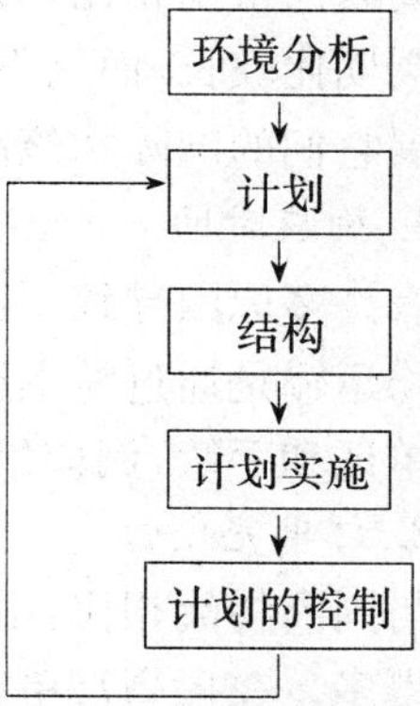

1. 环境分析

（1）一个国家市场的特点是什么？

（2）每一个市场与其他国家市场的共同点是什么？

2. 计划

（1）由谁做出物流决策？

（2）关于物流市场的主要假设是什么？它们是否有效？

（3）目标市场的客户服务需求是什么？

（4）对于公司来说，能够为每一个目标市场提供的物流系统的特征是什么？

（5）相对于每一个目标市场现有的和潜在的竞争，公司主要的优势和劣势在哪里？

（6）已经有了各种物流方案和对机会、风险和公司能力评价的情况下，我们的目标是什么？

（7）目标市场的损益状况和资金状况如何？对公司的实物分销系统会有什么影响？

3. 结构

为了以最优的途径达到我们的目标，在我们已经有了必要的技能和资源的情况下，我们应当如何构建物流组织？

4. 计划实施

在我们已经有了目标、结构和我们对市场环境评估的情况下，我们如何制订有效的物流运作计划？特别是针对每一个目标市场，我们应当采取什么样的运输、库存、包装、仓库运作和客户服务战略？

5. 物流计划的控制

我们如何衡量和监控计划的绩效？应当采取什么样的措施将实际的和预期的效果结合在一起？

图 9.1 所描绘的过程的总体目标在于为每一个国际目标市场开发出最优的物流系统。它涉及分析每一个市场的不同特征，开发一套能够实现组织目标的方案或战略。在有了一套目标或战略的情况下，管理者确定恰当的组织结构和供应链结构。当这些建立

环境分析
↓
计划
↓
结构
↓
计划实施
↓
计划的控制

图 9.1 国际物流管理流程

起来后,管理者将推行最优的物流网络或系统。最后一个步骤是衡量和评价系统的绩效,为调整和修改系统向战略计划过程提供反馈。

9.4.2 成本和服务因素

与国内物流管理一样,成本/服务权衡分析是国际物流管理不可或缺的一个部分。能够正确识别、评估和应用最优成本/服务组合对组织和客户来说,无论运作局限于国内还是国际性的,都是非常重要的。两者之间主要的差别仅仅在于每一种成本和服务因素的重要性不同。

一些非常重要的成本和服务因素与响应时间、订单完整性、运输准确性和运输条件有关。同国内市场相比,国际市场的销售量和成本对较长的反应时间不敏感,因为客户知道订单周期比较长,而且不如在国内市场可靠。然而,新技术使得企业和第三方有能力开发和拓展它们的国际物流能力。

1. 响应时间

有许多原因导致了国际物流的响应时间更长,更不稳定:(1)距离更长;(2)大量的国际货物运输是通过海上进行的,速度比较慢,不如路运(或空运)一致性好;(3)通常需要更多的单证和手续,例如信用证和领事签证,这可能会花费大量的时间。

2. 订单完整性

与国内物流相比,由于高得多的缺货成本和加急运输费用,订单完整性在国际物流中重要得多。在提高订单完整性时,必须权衡订单处理和运输费用。每次都发运完整的订单会比较贵,但是这样的一个较高水准的服务水平可以通过非完整订单或部分订单的成本判断其合理性。

3. 运输准确性

在处理运输准确性的问题时,也可以使用类似的逻辑。因为在国际物流中,运输错误的成本相对较高,最大程度地提高运输路线和货品项目的准确性是很重要的。

4. 运输条件

一旦安排了运输计划,运输条件就成为一个重要问题。为了减少在运输和搬运中出现破损的概率,包装必须得到很好的保护。替换损坏货物的时间和成本是巨大的。

9.4.3 制定国际物流战略

在制定国际物流战略时,可以使用一些通用的以及物流领域专用的指导原则。

1. 通用的管理原则

对于通用的管理原则来说,以下几点是相关的。

(1)认识问题。物流问题与维持对全球供应链的控制、获取和处理供应商信息以及处理与各种政府管理机构的关系有关。

(2)分析新情况、新机会带来的选择。与物流相关的选择包括:过期库存、运输方式或承运商的改变、托运和产品货物的重新组合和重新确定运输路线。

(3)准备好快速实施计划、规划和战略。例如那些与新的跨边界限制或机会有关的计划,电子信息流,不同市场之间语言、规章制度和货币的不同。

2. 专用于物流领域的指导原则

下面所列出的是专用于物流领域的指导原则,它们会对参与到国际物流中的企业有用。

(1) 物流规划的制定必须结合到公司的战略规划过程中。例如,杜邦,价值 400 亿美元的化学品"巨人",最近在 100 个国家运营的 30 个主要业务中推行了"全面供应链管理"。这项工作的目的是让公司更多地着眼于市场和消费者,包括化学产品以及产品制造中所需物料的及时供货。为了达到这样的目标,物流人员已经被分派到各个业务单位,帮助组织从设施选址到向消费者交付货物的一系列活动。

(2) 物流部门必须有一个清晰的远景目标作为指引,必须定期衡量运作产出。巴克斯特保健公司(Baxter Healthcare Corporation),一个价值 80 亿美元的全球企业,通过与一家房地产企业签订一个独特的协议,实现了这个目标。在 20 世纪 80 年代末,巴克斯特开始改进它的物流运作。公司的目标是将原料和产品的处理空间从 650 万平方英尺提高到 900 万平方英尺。不仅如此,巴克斯特还希望将拥有运作设施的城市总数从 50 个降低到 40 个,将运作设施从 91 处减少到 49 处。巴克斯特以减少成本 1 500 万美元为目标,签订了一个为期 7 年的合同。所有相关的物流成本和服务参数都被测算清楚。这个系统跟踪了劳动时间的降低、土地使用成本的降低、租赁费用的降低、收入以及税收鼓励。一个由两家公司的员工组成的正式指导委员会每季度开一次会,监控运作绩效和预期的改进。

(3) 进口/出口管理必须有物流供应链各个环节——从开始到结束——集成管理的保证。在全球主要供应链结构和法规变化的情况下,这一点尤为重要。运输法规的松动使得在美国,以及欧洲、墨西哥、日本和其他一些地区,可以使用具有创造性的"门到门"服务和承运商一揽子价格方案。这让货主可以设计和管理它们的供应渠道,在可以接受的成本范围内按照客户的特别需求交付货物。

(4) 必须抓住整合国内和国际物流运作的机会,使得公司可以通过运量获得全球承运商的服务。通常这需要改变公司的思维方式,但是只有那些朝这个方向努力的公司才能够抓住这样的大机会。一个好的起点是开列一个清单,比较一下国内和国际物流活动。

使用以上原则,拥有良好的判断力和必胜信念的国际物流运作管理人员,比那些不具备这些特点的管理人员做得好得多。全球市场在快速变化,它肯定易于管理,为公司提供寻找全球市场的令人兴奋的机会和挑战。

3. 影响国际物流战略的因素

影响国际物流战略和组织结构的因素很多:

(1) 快速的产品导入——在较短时间里,将产品带入许多地区的市场中;

(2) 以市场需求为中心——用定制化的设计、包装、服务满足消费者的需求;

(3) 快速反应交付——配送足够量的产品,满足消费者的需求;

(4) 扩展服务领域——在交付产品的同时,提供创新、增值的服务(如产品配套服务或 24 小时消费者热线);

(5) 创新的渠道——使用层次最少的直接配送系统,以较低的成本快速送达客户。

当把这些战略作为一个整体来看时,为了适应这些变化的条件,物流组织的柔性和相应能力就显得非常明显和紧急。

4. 企业国际物流运作方式的战略性选择

跨国公司的经营战略一般包括四个方面的内容:技术、制造、营销、物流。在把物流作为战略性工具来使用的过程中,公司可以采用四种方式。

第一种是自有系统。由于没有第三方参与,物流总成本较低,并且公司可以通过对分销系统设施的投资参与到东道国的经济中去,也有利于对物流进行有效的控制。不利之处在于巨额投资、国有化风险、管理的复杂性,以及与使用中介相比较低的规模经济效应。

第二种是使用中介服务(第三方物流①)。这样可以减少投资,并能够随时根据客户需求的变化调整服务外包内容及规模,在使用物流新技术方面也更具灵活性。然而第三方往往只提供特定服务,这会导致单位变动成本的上升,并且公司对第三方物流公司的业务控制较差。

第三种是选择进出口贸易公司。进出口贸易公司一般获取物权,安排融资,编制书面文件,储运,通过他们自己的分销商或营业点销售或采购产品。

最后一种是选择一般贸易公司。一般贸易公司可以提供以下几方面的服务:(1)在营销和贸易融资上提供帮助;(2)处理产品的海外物流要求,如包装、仓储、运输及客户服务。典型的一般贸易公司包括经纪商、托运人以及财务中介。他们的主要优势在于利用现有的物流体系协助产品进入全球市场。他们主要的不足是规模庞大,一般不符合小公司的要求。

公司选用哪种方案取决于一系列因素,如果国外市场大且保护性强,物流费用高,并且公司采用全球性战略,那么最好选用第一种方案,反之可选用第三种或第四种。对于刚开始从事全球分销且对分销不甚了解的公司来说,第三方可能是最佳的选择。此外,对于不愿选用贸易公司的公司来说,也可以采用第三方物流服务。

9.4.4 国际物流组织

对于国际物流与国内物流来说,物流功能的正确组织管理同样重要。当一个公司进行全球化运作时,最好的组织形式通常只有一种,那就是计划和控制功能集中,运作功能分散。就结构来说,通常由一个中层或高层的管理执行官负责管理国际物流。成功的关键要素在于所有重要的国际物流环节是否都集中在一个执行官的管理之下。

在企业以通常的出口或许可证方式进入国际市场时,国内的运作将在公司中起到保持力量平衡的作用。显然,只有在发展的初期这种情况才是合理的。随着国际运作在销售量、利润上以及随后而来的重要性的增长,企业的全球组成部分将在企业决策制定中获得更大的关注。

许多在全球市场上运作的公司将大量的物流活动集中起来,而其他则分散。例如,客户服务的控制和管理放在国外市场本地化运作时,表现得最好。另一方面,进入公司的物

---

① 关于第三方物流的概念在本书第 10 章介绍。

资流通常是集中的,主要因为技术能够克服距离的困难。此外,大多数的信息系统都是集中型的,使得公司能够跨越国界,进行集成物流决策。

本章小结

国际物流是国内物流的延伸和发展。它是跨国界、流通范围扩大了的物的流通。现代国际物流是伴随着国际贸易的发展而发展起来的。

影响企业国际物流经营效果的主要有以下两大类因素。第一,不可控因素。所谓不可控因素是指企业在开展国际物流战略时无法控制或者难以控制的因素。第二,可控因素。所谓可控因素是指企业在进行国际物流业务时,可以预见和有效控制的一些因素。

有许多公司参与国际物流业务,这些公司中最多的是:出口分销商、报关行、国际货运代理商、承运人代理、承运人、外贸公司、无船承运商(NVOCC)。国际物流管理流程包括环境分析、计划、结构、计划实施、计划的控制五个步骤。随着世界经济的飞速发展和政治格局的风云变幻,国际贸易表现出一些新的趋势和特点,从而对物流提出了更新、更高的要求。国际物流的发展趋势归纳为信息化、自动化、网络化、智能化、柔性化、标准化、社会化。

复习与思考

1. 请解释为什么一个公司在世界市场上提供相同水平的客户服务要比在国内市场上困难。在什么情况下,公司才有可能在国际市场上提供比国内市场高的客户服务?
2. 说出导致物流过程的包装环节在国际物流系统中比在国内物流系统中更加重要的原因。
3. 讨论全球和国内物流中库存的相对重要性。在你的回答中,请考虑库存决策对企业战略地位的财务影响。
4. 讨论"信用证"在国际贸易中是如何使用的,并说明为什么它很重要。
5. 描述国际贸易的基本业务流程。
6. 描述集装箱进口业务流程、集装箱出口业务流程。

案例分析

☐ 杜邦的全球多元业务物流管理

杜邦公司的全球物流团队的难题在于满足公司18个业务部门各自的供应链需求,同时还须充分利用杜邦的强大组合购买力。

杜邦总裁和首席执行官 John A. Kroll 这样形容杜邦这个化工巨头的企业战略:从冰川式模式转变为雪崩式模式。

公司庞大——体现在业务遍布全球和雄厚财力——是上述模式的特征之一。雪崩的概念更能强调在现今市场中一个庞大公司应有的表现:速度和灵活性。许多大公司在竞争上更像冰川——巨大缓慢且不宜调整方向,但一旦启动,他们将沿途一路扫荡。

Kroll 认为大公司应该学会雪崩式思考,快捷、迅猛、流动,易于跨越障碍,易于改变形状并迅速到达各个地方。不论现在和未来,速度和灵活性都将是创造价值的核心所在。

Kroll 这番话的意思是要清楚表明杜邦在管理其物流业务上的能力:杜邦的任务是将任何货物按时安全送到任何地方并因此领先一步。理解杜邦公司的庞大和复杂性就可以理解这个任务有多艰巨。杜邦公司已有 200 年历史,总部位于特拉华州的威明顿(Wilmington),旗下拥有 80 多个业务各异的子公司,这些公司归类为 18 个战略业务部门(SBU)。杜邦子公司还包括石油公司 Conoco。杜邦业务跨度极大,从开发生产拳头产品,如 Coriancoutertop 和 StainMaster 地毯,到生产各类化工产品、纤维、聚合体、树脂以及其他工农业产品。某些产品属于或含有极危险物质。这些公司和业务部门管理全球 70 多个国家的 175 个制造和加工工厂,75 个研究开发实验室。如今杜邦公司是业务遍布全球,拥有 79 000 名雇员,年营业额为 240 亿美元的超级跨国公司。

杜邦全球物流总监 Charles N.Beinkampen 的看法是,杜邦是一个多元化公司,服务不同的市场并管理多条供应链。杜邦全球物流作为企业采购部门的一部分所面临的挑战是如何支持各个业务公司和部门的物流需求,并能充分利用这些公司整体的雄厚购买力。Beinkampen 相信物流任务来自业务需求,必须完全考虑所服务市场、客户及所面临的竞争。

核心价值至上

Beinkampen 强调,针对杜邦所有的业务,首要考虑的是公司的核心价值所在。杜邦是价值驱动型公司,不论个别业务是何种业务,杜邦始终把眼光放在真正重要的事情上。杜邦运输的货物中,40%包含危险产品,近20%剧毒物质用于制造。显然,安全性和环境保护问题摆在头号位置。杜邦称这类物品为"游戏规则改变者",做得差的话,后果将不堪设想,做得好的话,杜邦将能占据优势,甚至可能给竞争对手设置不易跨越的行业障碍。

尽管杜邦还没有做到零事故,但已经做到没有涉及危险材料的重大事故。物流部门对货运商的安全性要求极为严格,并定期对货运人的安全操作履行程度进行检验。杜邦将安全表现和其他核心价值同管理人员的薪资直接挂钩,称之为"感受管理"。

杜邦公司物流管理始于安全管理,作为杜邦价值链的核心过程一部分,物流管理还帮助业务部门提高服务质量并降低成本。在以货量降低成本方面,杜邦极为成功并领先于其他公司。杜邦每年的货运支出接近15亿美元,这个庞大数目自然意味着杜邦有更多物流业务谈判的主动权。但杜邦真正出色的在于其物流操作执行。杜邦认为许多公司物流部门能够谈判得到非常优惠的合同,但不能有效执行具体物流业务。杜邦所做的是在所有业务部门密切控制物流执行,要求在谈判中给杜邦提供优惠条件的承运人就是能实际运输货物的公司。由此,杜邦所做到的与谈判桌上的承诺保持一致,让市场和承运人都能建立信誉。杜邦的这种做法使得公司的成品运输支出在业务增长和国际运输增多的情况下仍能逐年下降。

集中管理战略业务物流

在 1995 和 1996 年两年中,杜邦的物流支持为公司节省了约 1.6 亿美元。其中 3 000 美元纯粹出自费率下降,其他则来自一次性节约和供应链效率提高,如减少关税、使用免税区和供应链流程改进。杜邦的供应链操作能力实际上间接影响到其利用运输量进行物流业务谈判的能力。杜邦在物流领域的优势来自对全球 18 个战略业务部门的整合。

杜邦为此建立了一套相应整合机制,由杜邦成立的独立的物流领导委员会负责。这个物流领导委员会由来自各战略业务部门的负责物流操作和成本控制的物流经理组成,在杜邦处理主要的外包项目时这个委员会作为采购委员会介入,负责决定外包业务并监控执行结果和听取汇报。由于各业务部门都有代表参与物流领导委员会合作,杜邦可以做到所有业务部门在决策执行上的高度一致。这种整合多元化业务物流加以集中管理,有利于统一行动并聚合优势。当然要在这种模式下顺利运行也需要大量协作。杜邦已将多数日常运营外包,内部保留安全管理、经营生产计划、优势管理和同所有承运人谈判等核心功能。

杜邦在美国国内的货物运输原先由各工厂独立负责,后集中于北卡罗来纳州的夏洛特(Charlotte),归由美国总统班轮的分支 APDLS 管理。所有杜邦业务部门通过这个中心订舱运货。杜邦公司同各货运公司谈判得出一个附有费率和服务项目的可选择承运人清单。每个业务部门据此预先选择好一系列承运人。运输管理中心的分析员主要业务是对约 39 000 对起点终点间的货物运输进行优化,并遵循战略业务部门(SBU)的选择指派货物并向承运人订舱。在夏洛特中心的这套操作流程 80% 实现了自动化,最终目标是要实现一个系统,能让一个来自业务部门的订单无需纸张和电话联系就能自动激发发货通知和订舱操作。

在管理供应商进货方面,杜邦也采取整合策略,外包给一家大的运输公司全面负责所有杜邦在美国工厂的零担货物运输。

杜邦的全球物流运作也集中后外包给少数几个物流整合商:将全球进出口业务包给美国的 BDP 国际公司和欧洲的 Kuehne & Nagel(K&N)公司。之前这项业务分散给许多货物代理商和报关行处理。在两年的时间里,杜邦同一些物流公司试验了 9 个项目,根据服务商的业务全球化程度和信息技术能力将服务商范围逐渐缩小,最终选择了 BDP 和 K&N。BDP 同时还负责杜邦在世界各地的设施建设项目物流支持。BDP 的服务包括依照同杜邦的合同为所有货物订舱并实现货运量目标,维护杜邦的费率数据库,提供审计后费率报告,准备和填写各类发货单据,跟踪货物等等,所有工作都实现电子化。K&N 主要在欧洲地区为杜邦提供服务,包括为杜邦的一些战略业务部门进行专业化仓储设施建设和运营管理。K&N 保证 99% 的供应率以满足杜邦的高标准物流要求如准时服务和设备可及度。

杜邦采取集中管理策略的原因之一是由于杜邦的物料运输特点已经发生变化。杜邦每年有大约 25 万批次跨国界运输,进出口价值达 140 亿美元。这些进出口多数发生在美国到欧洲和亚洲之间。杜邦预计未来公司的业务增长主要来自海外业务,因而在美国境外投资不断增长,区域间的货物运输如亚洲各地区间运输也不断增加。在这种形势下,原先的采购运输模式显得分割不连贯和低效。在边界清关时常有由于信息不完整造成的延误,并且不同业务部门对海关的条例规则的理解都不尽相同。另外,杜邦的业务重点在缩减供货周期和提高整个供应链的库存清晰度。分散式管理要同大量人员和供应商打交道,很难取得好的效果和及时数据。再者,杜邦的庞大业务需要更全面清晰和及时的信息来支持决策、谈判并提高其竞争优势,特别是全球竞争。旧的复杂的供应商和运输管理网络已不能适应杜邦全球业务发展的需要。

重视供应链关系管理

杜邦在缩减供应商和服务商数目的同时非常重视培养与他们之间的高度信赖和开放交流的合作伙伴关系。

BDP和K&N公司同杜邦合作已久,他们也极为重视维护这种高效的合作关系。杜邦同BDP和K&N之间定期举行物流经理和供应商项目管理小组的讨论会以坦率交流看法,提出问题和改进建议。在讨论中各方一直对运输、配送模式和流程仔细检查,以发现任何可以节省成本的改进措施。

在由BDP操作的一个从美国到澳大利亚的运输试验项目里,BDP将全部流程电子化:从货物起运,所有商业和运输数据即整合在一起直接发送至澳大利亚的进口报关行,然后迅速利用电子单据清关。这个过程中单据全部无纸化,清关手续在货物到达前即完成,无任何延误。好处是运输可靠性和货物清晰度极大提高,位于澳大利亚的工厂可以利用途中货物信息来控制库存。销售部门也可以非常从容地根据此信息进行提前销售。

BDP在国际运输中使用先进信息技术上一直处于领先。它是第一个同美国海关使用远程自动清关系统的公司,并一直在化工领域表现出众。包括杜邦在内的许多国际化工公司在逐步安装使用SAP的ERP系统时,BDP已获得SAP认证并具备同SAPR/3系统有接口能力的国际海运系统。在杜邦各战略业务部门实施SAP的销售和配送模块时,BDP得以领先其他服务商一步,为杜邦提供相应接口服务。

在另一个从美国到欧洲的设计提前销售的运输试验项目中,运送的货物是需求很旺的用于从涂料到牙膏等产品的白色氧化钛。原先这种货物由欧洲的一家配送中心运送,货物先运至比利时的安特卫普(Antwerp),从那里的配送中心再进行二次运输。杜邦现在可以利用供应链中的准确信息在货物还在途中时就可以处理订单和进行销售,货物可以不经配送中心,在港口集装箱卸货后即可直接转运给客户。原先的一部分内陆运输可以省掉,专注于海运谈判后海运费率下降,在客户看来订货周期也大大缩短。

虽然杜邦物流团队在选择外包伙伴时不以项目盈利多少为标准,但这仍然是一个期望指标。同BDP和K&N的合作让杜邦也能更有效地管理资产,长期稳定的合作关系也给杜邦带来优惠的合同价格。通过合作伙伴提供的持续的流程改进、完善的教育培训和技术支持服务,杜邦的运输费用节省从开始的8%上升到14%。

缩减服务商数目带来竞争优势

杜邦缩减服务商数目能使杜邦集中精力同几个实力雄厚的物流公司合作,这种长期稳定的合作关系提高了杜邦的物流运作效率,并增强了杜邦在一些极为艰难的环境下的竞争优势,最终使杜邦在全球竞争中处于领先。当然,缩减服务商数目的危险是对其依赖性过高导致的风险增加。杜邦的物流部门自然意识到了这一点,在更多外包物流运营的技术业务时,杜邦同时也对备用系统进行投资以备急需。例如,如果 BDP 或 K&N 中止同杜邦的长期合作,杜邦无需重新设计其现有系统就可以同其他服务商连接进行业务。

杜邦物流部门从美国田纳西州的孟菲斯往乌兹别克斯坦偏远地区运送高危险品氰化钠就是一例,虽然不是一件易事,这项业务对杜邦来说已经是家常便饭。在处理这个项目时,物流部门做了仔细分析。这些氰化钠用于乌兹别克斯坦采矿业,同水接触时有剧毒性,属于高度管制的危险品,运输过程中须经不同部门批准。同经过的国家相关部门的合作是个问题,这些国家的相应基础设施比较薄弱,最后货物到达的地点是一个偏僻山区,通信手段匮乏并且可靠度极低,另外这些货物运到付款,所以运输费用也是一个因素,虽然并非决定因素。

杜邦物流部门拿出的第一个方案似乎太过理想:高度依赖杜邦同 SeaLand 服务公司的合作关系。SeaLand 公司在俄罗斯经营已有一些年,他们设计了一条利用从俄罗斯到乌兹别克斯坦的陆运路线。这个方案也的确有些理想化,同 SeaLand 公司的合同中途出了差错,货物被搁置在鹿特丹等待运输路线指示。最后货物经由香港地区被运往中国内地,在那里装上铁路车做长途运输。途经哈萨克斯坦时,一个磅秤变化要求所有货物转载,但最终货物安全运到了目的地。之后,杜邦开辟了另一条相对容易一些的从汉堡用卡车到黑海再到巴尔干地区的路线,并有三条候选路线以备急需。这个项目验证了杜邦物流的自动调节应变能力和效率,以及同供应商 SeaLand、OOCL 和 Fritz 的合作关系处理能力。现在杜邦已经实现固定对乌兹别克斯坦运送氰化钠。

思考题

1. 总结概述杜邦物流的成功经验。
2. 大型跨国公司国际物流管理的难点在哪里?如何解决?

第 10 章　物流外包及第三方物流

第三方物流 third part logistics(TPL)　　　投标 bid
业务外包 outsourcing　　　　　　　　　物流项目 logistics project
招标 invite public bidding

第三方物流——业务外包趋势下的新兴领域

尽管业务外包这种经营形式至今仍没有一个统一明确的定义,但其本质是把自己做不了、做不好或别人做得更好、更经济的事交由别人去做,准确一点讲,业务外包是一种管理策略,它是某一公司(称为发包方)通过与外部其他企业(称为承包方)签订契约,将一些传统上由公司内部人员负责的业务或机能外包给专业、高效的服务提供商的经营形式。业务外包被认为是一种企业引进和利用外部技术与人才,帮助企业管理最终用户环境的有效手段。

业务外包推崇的理念是,如果在供应链上的某一环节不是世界上最好的,如果这又不是企业自身的核心竞争优势,如果这种活动不至于与客户分开,那么可以把它外包给世界上最好的专业公司去做。也就是说,首先确定企业的核心竞争力,并把企业内部的智能和资源集中在那些有核心竞争优势的活动上,然后将剩余的其他企业活动外包给最好的专业公司。供应链环境下的资源配置决策是一个增值的决策过程,它强调企业能充分利用上下游的优势,将自己的核心业务和非核心业务结合起来,在核心企业和外包企业组成的供应链中实现 1＋1＞2 的协同效应。对核心企业而言,业务流程外包可以给企业带来下列实惠:实现了企业经营风险的分担;引入自身缺乏的资源及迅速扩展市场;管理与业务的灵活性、多样性。

第三方物流就是业务外包趋势下的新兴领域。

10.1　业务外包及第三方物流的概念

供应链活动中的公司为了建立相互之间更有意义的关系,越来越重视与其他公司,包括与顾客、原材料供应商及各种类型的物流服务供应商的紧密合作。其结果是使许多公司成为供应链成员,第三方物流的概念在这一过程中逐步形成。

10.1.1　业务外包的概念

在 21 世纪的竞争环境下,产品的寿命周期越来越短,更新换代速度加快,制造企业面临着极大的挑战。一般而言,一种产品要想具有较强的竞争实力,必须具有快速的开发研制能力、一流的生产能力、高效的管理能力、成本的控制能力、品质的保障能力、营销网络的完善能力以及强大的品牌创新能力等诸多因素来保障。这些诸多的保证因素背后都需要强大的资金、技术来支撑,而任何一个企业的资源相对于其面对的市场而言却又是极其有限的。因而对任何一个产品来说,在企业内部总有一些功能由于内部资源的限制而显得较为薄弱;而且如果从产品的设计、制造到分销都由企业一手包办的话,在时间上已经不能满足日新月异的消费者需求。因此,越来越多的大型制造企业将部分或全部的制造功能分离出去,交由在相应领域的杰出企业完成,而自己只保留最核心的业务(如市场、关键系统设计和系统集成,以及销售)。换句话说,这些企业已不具备制造功能。对这些企业来说,使它们真正区别于竞争对手的是对客户需求的准确把握以及有效地组织供应链,从而将需求快速转化为产品并推向市场的能力。

供应链管理强调的是把主要精力放在企业的关键业务上,充分发挥其优势,根据企业的自身特点,专门从事某一领域、某一专门业务,在某一点形成自己的核心竞争力,同时与全球范围内合适的企业建立战略合作关系,企业中非核心业务外包给其他企业或由合作企业完成,这就是所谓的"业务外包"(outsourcing)。

实施供应链管理的企业通过"业务外包",可以获得比单纯利用内部资源(insourcing)更多的竞争优势。在业务外包的基础上产生一种新的企业组织结构形式——虚拟企业,其具体表现为一种先进的制造模式——虚拟制造。虚拟制造是将生产制造功能外包出去,这种制造模式发展到后来,形成了一种功能虚拟的概念。虚拟的形式是多样化的,它可以是虚拟生产、虚拟营销、虚拟储运等,实质上就是"业务外包",而虚拟制造只是其中的一种。

企业实施业务外包,是将自身的优势功能集中化,而将劣势功能虚化,即将劣势功能转移出去,借企业外部资源的优势来弥补和改善自己的弱势。这种虚拟模式下,企业可以针对自身的条件,对其任何一个部门的业务实施虚拟,如技术开发部门、生产部门、营销部门等。这种使企业界线模糊化的做法最大限度地发挥了企业有限资源的作用,而且加速了企业对外部环境的反应能力,强化了组织的柔性和敏捷性,对增强企业的竞争优势和提高企业的竞争力水平有着显著的促进作用。

从战略上来看,外包能够给企业提供较大的灵活性,尤其是在购买高速发展的新技术、新式样的产品,或复杂系统的无数组成部件方面更是如此。当多个一流的供应商同时生产一个系统的个别的组成部件时,就会降低企业的设计周期的时间。而且每个供应商既具有更多的人才,又具有专业领域方面的复杂的技术知识,能够更高质量地支持更为专业的设备。同样的道理,战略性的外包把企业对零部件和技术的发展所承担的风险扩展到大量的供应商的身上,企业无须承担全部的零部件的研究与开发计划的彻底失败的风险,或者无须为每一个零部件系统投资或不断升级它们的生产能力。而且,买主不仅可以此改善本身的革新能力,还可开发新产品,改进运作流程,并拓展质量潜能,这在以前尚未外包之前是很难有突破性进展的。

在"外包"(outsourcing)中,最典型的例子是物流功能的"外包",直接导致了"第三方物流"(third party logistics,TPL)的出现。

10.1.2　第三方物流的定义

根据《中华人民共和国标准·物流术语(修订版)》(GB/T18354—2006)的定义,第三方物流是"独立于供需双方为客户提供专项或全面的物流系统设计或系统运营的物流服务模式"。

这个定义中没有明确供方与需方之间供需的对象是什么,结果产生了对第三方物流两种不同的理解:第一种将供需的对象理解为物流中的"物",也就是把供方理解为产品的卖方,需方理解为产品的买方,并想当然地认为如果由产品的卖方负责把货送到买方的是第一方物流,由产品的买方负责上门取货的就是第二方物流,而由产品的买卖双方以外的企业负责物流的就是第三方物流;第二种将供需的对象理解为物流功能服务,如运输服务、仓储服务等,需要这些物流功能服务的企业是第一方,提供这些物流功能服务的企业是第二方,第三方物流公司是将社会上提供单一物流服务功能的活动整合在一起,为第一方设计出一个完整的物流方案并负责实施的物流企业。按第二种理解,第三方物流公司并不一定要自己负责具体的物流服务功能性活动(如运输、仓储、装卸搬运等),但它要为需求方负责这些活动的具体安排。所以,第三方物流公司并不一定要拥有自己的资产。为了区别于传统的运输企业、仓储企业,我们对第三方物流公司的理解更倾向于第二种。

按我国目前的统计口径,传统的运输企业、仓储企业都被归入物流企业。而且"物流公司"和"第三方物流公司"之间也没有明确的区分,几乎所有的物流公司,只要不是某制造企业或商业企业的子公司,都可以称为第三方物流公司。这主要是对第三方物流公司按上述第一种理解造成的结果。

事实上,长期以来,许多公司都在利用外部企业提供特定服务,如卡车运输、海上运输、仓储等,它们之间的关系有两个典型特征:它们都是以交易为基础;另外,受聘用的公司往往只具备特定的单一职能。现代的第三方物流协定则包含着长期合作承诺,并且通常是多功能的或过程管理的形态。如赖德专业物流公司就拥有一个长期合同,负责设计、管理和运作惠而浦公司所有的物流业务。

第三方物流是一个新兴的领域,已得到越来越多的关注。像许多流行的术语一样,第三方物流这一术语常因人和因地的不同,含义有很大的区别。此外,还有一些别的术语,如合同物流（contract logistics）、物流外协（logistics outsourcing）、全方位物流服务公司（full-service distribution company 或 FS-DC）、物流联盟（logistics alliance）等，也基本能表达与第三方物流相同的概念。

目前被普遍采用的美国物流管理协会对物流的定义并没有确定由谁来从事物流操作。在第三方物流供应者这一术语中，"供应者"被定义为所述组织向客户提供该服务。这样，这类服务就可由别的组织来承担。但据一般的理解，第三方物流供应者并不是经纪人。一个公司要承担起第三方物流供应者的角色，就必须能管理、控制和提供物流作业。

第三方物流是运输、仓储等基础服务行业的一个重要的发展。从经营角度看，第三方物流包括提供给物流服务使用者所有物流活动。欧美研究者一般是这样定义第三方物流的：第三方物流是指传统的组织内履行的物流职能现在由外部公司履行。第三方物流公司所履行的物流职能，包含了整个物流过程或整个过程中的部分活动。

此外，从战略重要性角度看，第三方物流的活动范围和相互之间的责任范围较一般的物流活动都有所扩大，以下定义就强调了第三方物流的战略意义：工商企业与物流服务提供者双方建立长期关系，合作解决托运人的具体问题。通常，建立关系的目的是为了发展战略联盟以使双方都获利。

这一定义强调了第三方物流的几个特征：长期性的关系、合伙的关系、协作解决具体的不同问题、公平分享利益以及共担风险。与一些基本服务如仓储、运输等相比，第三方物流提供的服务更为复杂，包括了更广泛的物流功能，需要双方最高管理层的协调。

第三方物流服务中，物流服务提供者须为托运人的整个物流链提供服务，供求双方在协作中建立交易关系或长期合同关系。这两种关系间还可以有多种不同的选择，诸如短期合同、部分整合或合资经营。物流服务供求双方的关系既可以只限于一种特定产品（如将汽车零部件配送给汽车经销商），也可以包括一组特定的物流活动，甚至还可以有更大的合作范围（如进出库运输、仓储、最终组装、包装、标价及管理）。在计算机行业中，物流服务提供者还可提供超出一般范围的物流服务，比如在顾客的办公室安装、组装或测试计算机。

10.1.3　第三方物流服务的提供者

大多数第三方物流公司都以传统的"类物流业"为起点，如仓储业、运输业、快递业、空运、海运、货运代理、公司物流部等。

1. 以运输为基础的物流公司

这些公司都是大型运输公司的分公司或子公司，有些服务项目是利用其他公司的资产完成的。其主要的优势在于公司能利用母公司的运输资产扩展其运输功能，提供更为综合性的一套物流服务。

2. 以仓库和配送业务为基础的物流公司

传统的公共或合同仓库与配送物流供应商，已经扩展到了更大范围的物流服务。以传统的业务为基础，这些公司已介入存货管理、仓储与配送等物流活动。经验表明，基于设施的公司转为综合物流服务要比基于运输的公司更容易一些。

3. 以货运代理为基础的物流公司

这些公司一般无资产，非常独立，并与许多物流服务供应商有来往。它们具有组合不同物流服务项目以满足客户需求的能力，它们正从货运中间商角色转为更广范围的第三方物流服务公司。

4. 以托运人和管理为基础的物流公司

这一类型的公司是从大公司的物流组织演变而来的。它们将物流专业的知识和一定的资源，如信息技术，用于第三方作业。这些供应商具有管理母公司物流的经验，因此，它对外部客户证明了它的能力。

5. 以财务或信息管理为基础的物流公司

这类公司能提供如运费支付、审计、成本监控、采购跟踪和存货管理等管理工具（物流信息系统），是由信息公司演变而来的。

10.1.4　物流外协第三方的做法与趋势

1. 物流外部化的方法

在欧美发达国家，很多公司采用多种方式外协其物流。其中，最为彻底的方式是关闭自己的物流系统，并将所有的物流职责转移给外部物流合同供应商。对许多自理物流的公司来说，由于这样的选择变动太大，它们不愿意处理掉现有的物流资产，裁减人员，去冒在过渡阶段作业中断的风险。为此，有些公司宁愿采取逐渐外协的过程，按地理区域把责任移交分步实施，或按业务与产品分步实施。欧美公司一般也采用以下方式来使移交平稳化。

（1）系统接管。

大型物流服务供应商全盘买进客户公司物流系统的例子不胜枚举。他们接管并拥有客户车辆、场站、设备和接受原公司员工。接管后，系统仍可单独为原企业服务或与其他公司共享，以改进利用率并分享管理成本。

（2）合资。

有些客户更愿意保留配送设施的部分产权，并在物流作业中保持参与。对他们来说，与物流合同商的合资提供了注入资本和专业知识的途径。例如，在英国，IBM 与 Tibbett &Britten 组成 Hi-tech Logistics。

（3）系统剥离。

也有不少例子是自理物流作业的公司把物流部门剥离成一个独立的利润中心，允许它们承接第三方物流业务。最初，由母公司为它们提供基本业务，以后则使它们越来越多地依靠第三方业务。

（4）管理型合同。

对希望自己拥有物流设施（资产）的公司，仍可以把管理外协。这是大型零售商常采用的战略。在欧盟国家，合同外包被看成改进物流作业管理的一种方法。因为这种形式的外协不是以资产为基础的，它在业务谈判中给使用服务的一方很大的灵活性，如果需要，它们可以终止合同。

2. 物流服务采购的趋势

企业外部物流服务多样性的增加,已改变了企业采购物流服务的方式和与外部合同商的关系,在以下几方面这种改变表现得特别明显。

(1) 以合同形式采购物流服务的比例增加。

运输与仓储服务传统上是以交易为基础进行的。这些服务相当标准化,并能以最低价格购买。虽然公路运输行业的分散与竞争使行业中拥有众多小型承运人提供低价服务,但是以此种方式购买运输服务有很大的缺点,那就是需要这种运输的人在日常工作中接触大量的独立承运人,这无疑会使交易成本上升,并使高质量送达服务遇到困难。不过,即使在这种市场上,企业也必须固定地使用相对稳定的几家运输承运人以减少麻烦,甚至在无正规合同的情况下,制造商也表现出对特定承运人的"忠诚"。当公司有一些特殊要求,需要一些定制的服务并部分参与承运人的投资时,它们更必须准备进入长期合同,而且当运输专一服务于特定货主时,还要求合同最好能覆盖至少是车辆生命期的整个期间。

凡此种种都说明,物流服务采购中以合同形式采购的比例会越来越大。

(2) 合同方的数量减少。

欧美发达国家,不论在交易型市场(短期、不固定)或合同物流服务市场,单个企业以合同形式成交的平均数均已减少。这是因为以合同形式采购物流服务,使供需双方都能降低交易成本和提高服务标准。其具体表现可分述如下。

① 降低交易成本。

在欧洲的一些国家,许多国内公路运输是通过作为货运市场中间人的代理公司进行的。这样就大大减少了托运人与运输公司的直接交易。在美国,1980 年实现运输自由化,货运中间人的数量激增;在英国,仅在国际物流中使用中间商,国内运输作业仍按传统的做法,由客户直接与众多的运输公司进行交易。这样做固然可以使托运人得到较低的运价,但交易成本却相对较高。可是许多托运人却只考虑了较低的运价和平稳的采购运输服务的可能性,而没有从购买运输服务的总成本方面考虑。

在"货运管理"方式的安排下,某些大的合同供应商,如 Excel Logistics 将代理客户的公路运输作业分包给较小的承运人。在美国,与此相类似的"一站式运输"服务,也由许多第三方物流公司提供。

近年来,在美国涌现了公路运输服务的电子中间商。它们主要是提供一个对公路运输服务的电子交易中心,通过中心,公司可以在特定路线上,以特定时间交易运输能力。近年来,一家美国的电子中间商(GEP)在欧洲建立了类似业务。这对欧洲现在的装载配对服务是一种补充,它用于帮助承运人寻找国际运输的回程货物。这些服务中的某些公司提供在线信用系统服务,以提供物流公司对潜在客户的最新财务状况。这类电子中间商的发展,可以导致"虚拟市场"的形式,通过它,许多物流资产可以在不同时段进行交易。经营这类业务的机构可以很快成为物流服务业的主要角色。

② 标准服务。

单个公司采用的运输与物流公司越多,花费在熟悉与监控方面的时间也就越多。运输业务集中于少数几个可靠的运输公司,就可使这些任务简化,也可能使这少数几家运输公司更负责任,保持与改进服务质量。以合同为基础的公司采购物流服务时,只需雇用少数物流服务供应商。英国大约 39％的公司只雇用一个供应商,而另外 47％公司则雇用1—5 个供应商。要雇用一个以上供应商的主要原因是:保证竞争、全国范围的能力覆盖、不同业务需求、灵活性、不同优势、成本与服务。其中,成本与服务是起决定作用的。在欧洲,大多数外协物流是以国家划分给多个物流供应商的。对 68 个欧洲 500 强制造商的调查表明,59％的公司采用了这种策略。

③ 更严格的合同方的选择。

有多项研究表明,过去许多公司选择运输方式或承运人时并不全面考虑所有的选择可能。这种选择程序的缺陷可部分解释为运输支出在许多公司的总支出中并不显著,并且不同运输公司之间服务质量的差别也不大。现在,既然公司已把许多与物流相关的服务外部化,这些服务的外部支出在公司预算中就开始凸显。这一现象加上对服务质量的重视、减少承运人及采用合同关系,使对承运人的选择变成一件重要的决策,需要对市场进行更全面的评价和采用更正规的选择程序。

④ 合同方在设计物流系统中更紧密地参与。

许多制造商正使用开放式的“表现”规范采购零部件,以取代传统的根据“设计规范”采购。设计规范详细地规定了各项要求,而开放式的“表现”规范仅仅给出总的框架要求,这样就给供应商以较大的创新空间,有利于经济而又有效地开发符合客户要求的部件。

在物流服务的采购上,也具有同样的趋势。公司物流外部化中,将物流系统的设计包括在合同中已经非常普遍。外部化的决策经常与物流系统的重构决策同时做出。另外,使用合同物流的原因之一是获得专业技能,公司应该在确定物流战略时寻求物流公司的建议。这是因为外部合同方比内部的物流经理能更加客观地看待公司的物流系统。

⑤ 对长期伙伴关系发展的更大重视。

正如对产品供应商发展紧密互益关系的重要性,与物流供应商发展这种长期伙伴关系也同样重要。这类关系中有相当部分已被建立起来,并已经发展为物流合同的正式条款。这类关系在专一服务于一家客户的情况下更易建立。当物流能力分享于几家客户时,有时客户之间会有冲突。专一关系虽然能保证服务质量标准,但弱化了供应商通过集合多个客户业务而降低单位成本的传统的作用。虽然许多工商企业愿意付出较高的成本以取得专一性的服务以保持较高控制程度与服务水平,然而,在英国,越来越多的公司放松了对专一合同的要求而给服务供应商以更大的自由去争取回程货与捎带货。与此同时,对分享用户的物流服务的需求也大大增加了。

⑥ 采取零库存原则。

采用零库存系统的先决条件之一是快速和可靠的运送。在没有缓冲存货的情况下,生产和配送作业对送货时间的不准确更为敏感。英国有 53％的大型公司在实施零库存时遇到承运人提供的服务标准问题,这迫使它们改变采购运输服务的方式。另外,为减少承运人的数量,它们增加以合同为基础的业务比例,与运输公司建立起紧密的长期关系。

⑦ 开发电子数据交换。

许多供应商与客户的关系,尤其是合同供应商提供的综合物流服务,已通过建立 EDI 联系而得以加强。对美国公路承运人与货主关系的分析表明,具有 EDI 连接的比例已从 1994 年的 29.3％上升为 1996 年的 37.4％;电子交易比例从 18.2％上升到了 31.5％。EDI 使客户对合同作业增加了信心。合同商与客户计算机的整合,也加强了他们之间的作业联系,并使双方在短期内难以立即中断关系。然而,在双方对 EDI 成本分摊问题上,尤其是在多用户分享服务的情况下,是有争论的。

⑧ 物流设备越来越专业化。

在运输与物料搬运领域中,技术的发展使个别公司对物流特制设备需求成为可能。这类客户特制设备大大增加了在供应商与客户之间的"关系性合同",这已是物流行业的老经验了。

⑨ 相互依赖程度的改变。

在客户与供应商相互依赖时,紧密与合作性关系更有发展的可能。传统上发货人认为他们对承运人的依赖性不大,这反映了发货人对公路运输市场的观点,即公路运输是买方市场,运输业务可以在短期内以很低的成本在不同承运人间转移。

物流服务外部化,并集中于很少数量的合同商的情况,增加了客户的依赖性,使它更难以断绝,至少在短期内更难以断绝与合同商之间的关系。

10.1.5　物流提供商与使用者关系的演变

尽管物流服务市场发生了很大的变化,许多长期的合同与客户关系仍然具有不确定性。许多公司相信,现在的合同物流供应商提供的服务是充足的,但合同供应商仍应在其他方面做出进一步的改进。这些应该改进的部分主要包括以下几个方面。

1. 合同条款更加详细

许多早期物流服务合同的条款并不详细,导致了许多误解与不满意。后来,合同商与客户都从经验中学到了东西,现在已不太容易犯早期的错误,对物流合同中应该注意的事项也已有了相当详细的清单。近期的报告指出,有些公司将合同订得过于详细以致过于法律化,而且过分依赖标准范本与条款。

2. 合同方与客户所有层次间沟通的改进

缺乏沟通是和使用者之间建立紧密关系的主要障碍。物流供应商常常抱怨得不到有关中短期的客户业务模式改变或长期战略发展的信息,而客户经常抱怨在系统出问题时不能及时得到相关信息。

以密集的信息为基础,可以在托运人与承运人之间建立健康的长期的关系。为了保证对关系认识的一致性,应使信息在两个组织间的各个管理层之间流动,并必须使之与每个公司的垂直沟通相结合。

3. 联合创新

对物流服务使用者的调查显示,他们对服务标准与作业效率基本满意,但是对创新与主动建议等方面则认为尚有不足之处。而物流合同商则认为作为物流供给方,必须具有创新的自由,许多公司都抱怨得不到创新的自由,因为合同已严格规定了有关条款。而健康的长期关系需要双方的新思想与新观点及双方共同的创新意愿。

应该认识到,战略层次的对话与共享预测可以帮助合同商更为主动。如果合同商既具备物流业发展趋势的知识,又了解客户的物流运作,就处于一个可提供对当前业务专业性建议的最佳位置。

4. 评估体系的改进

采用如运送时间、缺货水平、计划执行情况等标准表现指标对短期合同物流的审计,并不足以提供对长期合同项目的评估。对长期合同项目的评估,应该使短期操作性评估与长期战略相结合。同时,既要考虑可以统计测量的"硬"参数,也要考虑统计上较难测量的"满意"参数。定量与定性方法的结合提供了评估托运人和承运人合作关系的框架。

5. 采用公开式会计

虽然费用收取水平并不是第三方物流服务中的主要争议来源,但是,定价系统的选择会较大地影响合同双方关系的质量与稳定性,尤其是对专一型的服务。物流服务的单一性外协的缺点是无法与其他供应商的价格进行比较,因此,它们需要经常确认所付出的价格是否得到了应有的服务。越来越多的合同物流供应商通过提供详细的成本,把管理费用单独列出与客户协商,并采用公开式会计及成本加管理费定价方式,以打消客户的疑问。因为公开式会计可以把服务于单个客户的成本区别开来,所以仅在专一的物流服务项目中适用,不过,即使在专一服务的情况下,合同双方的冲突也难以避免。

10.1.6　购买第三方物流服务的决策过程

第三方物流服务以其专业化、个性化的管理技术以及"以客户为中心"的服务理念,使客户对选择购买第三方物流服务的愿望日渐增强,然而,当第三方物流服务的功能及其能为客户改善经营管理、促进物流成本下降、增强核心竞争力、提高服务质量水平等带来的经济效益和社会效益被客户接受和理解时,客户往往结合物流需求进行策划,制定目标,选择物流服务供应商,评价物流服务解决方案,直至签订物流服务合同,以实现购买第三方物流服务的决策。但在客户购买第三方物流服务的决策过程中,由于购买决策对自己企业目标的实现非常重要,因此,在物流需求策划及制定目标阶段,决策过程较复杂,花费时间较长,而进入选择物流供应商及其评价物流服务解决方案、签订物流服务合同阶段,决策过程相对容易,花费时间较短。为了进一步研究和探讨客户购买第三方物流服务的决策过程,我们将有关决策过程的操作步骤用举例的方法来说明。

案例背景:上海一家专门从事生产电视机主要部件的企业的产品主要提供给国内各大电视机生产企业,部分销往国外。按习惯的生产经营和销售运作模式,该企业的产品销售成本居高不下,随着同类产品市场竞争日益激烈,该企业强烈意识到除了提高产品质量,开发新品和增加科技含量以确保已有的市场占有率外,降低产品的销售成本是保持企业产品生产具有市场竞争力的主要途径。为此,该企业在进行大量的调查研究后得出结论:影响产品销售成本居高不下的原因主要是在流通领域投入的费用过多,包括与生产和供应配套的庞大的自营物流体系,如整套的运输管理运作机构、一定规模的企业车队、自建和租用的大量仓库,加上库存产品资金占用等,这在销售成本中占了相当比例,其次是在产品委托外发运输中,运输费用控制缺乏市场化比价,运输方式尚未优化,这在某种程度上也构成了对销售成本的影响。于是,该企业决定改革,改革的措施是购买第三方物流服务。

1. 对购买第三方物流服务的需求范围进行策划

该企业在对各类影响销售成本因素进行综合分析的基础上,要求与产品生产密切相关的原材料采购、原材料供应、运输仓储、销售等部门就降低物流成本及提高物流效率的途径与方式提出建议,然后做出权衡,认为最适宜通过外包方式(即购买第三方物流服务)来满足需求的范围有二:一是属于非核心业务的企业内部物流;二是产品销售物流。做出这样的权衡,原因在于现在比较成熟的第三方物流企业由于具有专业化的特点,其管理、运作能力已发展成熟,相比之下,其管理及运作优势大于本企业运作;同时,通过第三方物流企业提供物流服务,企业可把主要精力集中在产品开发和提高对客户的服务质量上,且可大大压缩管理成本,降低运输成本,促进企业管理状况的改进和生产效率的提高。

2. 为购买第三方物流服务制定具体目标

当该企业决定通过购买第三方物流服务来实现内部物流及产品销售物流时,就有许多技术问题需要解决。首先是确定选择第三方物流服务供应商的标准问题,如何使这个选择标准纳入企业可管理的范围;其次是企业内部的经营管理结构将发生大的变化,各个职能管理部门如何进行调整与协调,主管部门的作用怎样确定;再次是原有的车辆、机械、仓库、人员等资源如何处置;最后,也是更重要的是,购买第三方物流服务以后所要建立的具体目标。该企业在研究和解决上述一系列技术问题的过程中,毫无疑问地将第三方物流服务供应商的选择标准确定在曾和本企业有着良好合作关系、经营业绩和资信情况良好、服务能力与服务质量堪称一流的物流企业范围内。优化时,则将重点放在精简、高效上,相关职能集中归口资财管理部,实施专项管理;对财产设备等相关资源则采取资产评估转让给物流企业的方式解决;对购买第三方物流服务以后的目标制定,该企业主要制定了客户服务监控目标、物流成本监控目标、质量控制目标、生产效率目标以及信息管理技术目标等。

3. 选择第三方物流服务供应商

该企业选择第三方物流服务供应商的方法与其他企业采取公开招标或邀请投标的方式不同,该企业把选择的范围界定在自己熟悉、了解的物流企业内,因此选择的难度相对不大。但由于这些被界定的物流企业有多家,在规模、功能及服务上存在一定的差异,有的从事公路跨省物流,有的从事外贸进出口物流,有的从事与铁路货运相关的物流,因此在具体选择的过程中,该企业采取了一次策划、分步实施的选择战略,先有意邀请颇有实力和影响的公路跨省物流企业及外贸进出口物流企业共同探讨三方合资组建专业物流共同体的意向,明确共同体的目标定位是建立面向国内外、具有全方位物流服务功能的新型第三方物流企业。而在具体实施上,该企业将内部物流这一块功能先转移给组建的物流企业操作,对国内公路跨省运输和国外进出口运输仍维持原有渠道。但有区别的是,新组建的物流企业以及承担原运输方式的物流企业都被要求提供与该企业物流需求目标相符合的物流项目解决方案建议书,这给该企业实现最终的第三方物流购买计划提供了足够的评价空间和选择余地。

4. 第三方物流服务关系的实施

企业做出选购第三方物流服务的决策是要承担风险的,因此增进与物流企业的沟通,增强与物流企业的相互理解和合作,被认为是一个非常重要的过程。一般而言,物流企业比较关心的是巨大的物流量,因为该企业物流量大,所以物流企业很乐意提供服务,并期望从中获取稳定的效益。然而作为企业,购买物流服务的目的是将获取的利益更好地让利给客户。因此,在实施与物流企业的服务关系时,该企业充分考虑和兼顾了这种服务关系实施的复杂程度,将当前较为直接及操作易被接受的内部物流交给新组建的物流企业运作,既融洽了与物流企业间的关系,又解决了非核心业务的转移这一问题。同时,为了稳定和延伸服务关系,在更大范围内推动服务关系向物流网络化发展,该企业加强了与物流企业的合作,鼓励物流企业研究和提出物流网络化项目解决方案建议书,并对实施的可行性进行判断,这样既增强了与物流企业的合作,也增加了物流企业为该企业服务的动力与信心。

5. 第三方物流服务购买决策过程的改进

被选择的物流企业积极参与该企业的物流服务购买过程,在一定意义上使物流企业为满足该企业的物流服务需求而改变传统的经营思维方式,以创造性的改进适应与企业的长期合作,这种互动的效果为该企业所赞赏,也是企业在实施购买决策过程中所期望的。当然,对于物流企业,这样做有风险,但只有冒险才能推动物流过程显著改进。

10.2 第三方物流服务项目的洽谈

在第三方物流服务的供应和需求之间,建立起友好的、稳定的或长期的互利合作伙伴关系,一般是供需双方所追求的目标。要实现这个目标,在实践中,通过洽谈方式增进彼此的信任与了解,进而在具体的合作框架、操作细节、期望实现的目标等方面达成共识,被认为是第三方物流服务项目在供需双方建立合作关系前首先要经过的步骤,也是验证能否进行合作的基础和重要前提。对于如何把握第三方物流服务项目洽谈这个关键环节,本节着重介绍有关项目的洽谈方法,便于读者实践参考和共同探讨。

10.2.1 第三方物流服务项目的洽谈准备

第三方物流服务项目的洽谈,通常由于供需双方的需求角度不同,因而事先很难预测洽谈会形成什么样的结果。但是,根据市场资源的配置规律,当第三方物流服务的社会供应大于社会需求时,需求的一方处在主动和有利的地位,有更多的市场机会选择比较供应方。相反,当第三方物流服务的社会需求大于社会供应时,供应的一方处在主动和有利的地位,同样有较多的市场机会选择对比较合适的需求方。然而,从物流市场的普遍发展规律来看,真正能承担起强大的、全面的第三方物流社会服务功能的企业和集团不可能很多,而承担相对有限的或在某个专项领域具有特色的第三方物流服务的企业肯定相对较多。因此,在围绕第三方物流服务项目的洽谈实践中,作为第三方物流服务的需求方出于需要,一般会同时选择一个或多个第三方物流服务供应方进行洽谈,在比较中决定最终合作方;而作为第三方物流服务的供应方一般为了争取与需求方的合作机会,亦会同时考虑需求方对物流服务供应的要求,从满足需求方要求的角度选择一个或多个方案进行洽谈。由此,在第三方物流服务项目进行洽谈前,相比供需双方在洽谈中所处的角度和地位,供应方应做好周密、系统的洽谈准备。

(1) 有的放矢地了解、掌握物流服务需求一方的基本情况。

第三方物流服务供应方要了解、掌握物流服务需求方的基本情况,主要包括:产品生产规模;产品生产供应对象、销售范围;经营理念和文化背景;采购供应、生产制造、成品销售的模式与特点;选择第三方物流服务的动因及服务要求。

了解、掌握以上五方面的基本情况,有助于第三方物流服务供应方在进行物流项目洽谈前,做出有重点的准备与策划,制定切实可行的洽谈方案。

(2) 明确洽谈人员,制定洽谈策略。

参加第三方物流服务项目洽谈,通常以第三方物流服务供应方所属的市场或业务部门的人员为主体。这些部门或人员一般业务素质较高,管理协调能力较强,但是根据物流服务项目洽谈的实际需要,要区别情况,明确主谈人和协谈人。主谈人可以是部门主管,也可以是物流总监或经理;协谈人可以是其他人员。

制定洽谈策略是参加项目洽谈人员要着重研究解决的问题。根据经验,制定洽谈策略可从以下几方面进行:

权衡和对比竞争对手状况,重点突出自己的强项和优势;

研究差异化的服务战略,贴近需求方的个性化特点;

运用成功和有代表性的服务典型实例进行推荐;

坚持诚信原则,不故意夸大能力,不随意贬低他人;

善于从满足需求重点切入,引起需求方的重视和兴趣;

略述管理与经营理念。

10.2.2　第三方物流服务项目洽谈机会的把握

1. 及时性

物流服务供应方一旦了解到客户对物流服务有某种需求的信息,应以最快的速度或最有效的方式同客户取得联系,并针对客户的需求提供相关信息,使客户对物流服务供应方的主动、热情、认真、负责的服务精神感到满意,并留下良好的第一印象,从而为下一步深入洽谈创造有利条件。

2. 全面性

客户一般都希望物流服务供应方提供的信息是系统的、完整的、可选择的。因此,向客户提供的信息要全面,便于客户通过提供的信息可以非常直观地发生兴趣。当然,能够引起客户兴趣的,除了物流服务供应方已做过企业自我包装,在社会中拥有一定知名度外,参与同客户洽谈的对象的气质、仪容仪表、谈吐方式,对客户的理解和了解以及介绍物流服务提供的计划、办法等都是决定能否引起客户兴趣的关键因素。

3. 真实性

向客户提供的相关信息必须是真实的、可靠的,虚假的、夸大功能的、损害他人形象和声誉的信息,在具体的物流项目洽谈中,往往会误导客户,使客户产生怀疑,甚至造成客户不满意及毁坏物流企业形象的后果。

4. 为客户评价选择方案提供咨询

与客户进行物流项目洽谈,物流服务供应方应了解和承认这样一个事实,即客户在选择物流服务购买时,大多在具有相同服务功能的不同服务方式之间、相同服务方式的不同物流服务供应方之间进行对比分析,除非这种物流服务在当前处于垄断地位,客户没有选择权。显然,在市场经济条件下,竞争打破了垄断,客户选择的机会很多,因而,当物流服务供应方与客户洽谈时,为了提高自己被客户选中的机会,应从关注客户利益的角度,尽可能地向客户提供有关评价选择方案的咨询。提供的咨询包括宣传材料和直接讲解,物流服务供应方必须将自己的服务优点和缺点、价格和性能之类如实告诉客户。只图自己赚钱,只讲自己优点,而不讲缺点,只讲自己的价格低,而不讲其质量水平,或只讲自己的质量水平,而不讲客户将付出的成本的行为,都可能引起客户的不满意。现代物流中,物流的大部分功能、作用和操作方法等,客户往往并不完全了解,这也需要物流服务供应方为客户提供咨询服务。

5. 为客户的购买行为提供帮助

客户经过与物流服务供应方的一番洽谈和比较后,决定购买何种物流服务是物流服务供应方非常关心的。客户决定购买物流服务可以是全部,也可以是部分,但所购服务都是供应链中不可缺少的组成部分。由于购买的物流服务在供应链中起到至关重要的作用,所以客户做出购买行为的决定都很慎重,而一旦决定购买了,又希望购买过程简单顺利。因此,物流服务供应方在与客户洽谈的过程中,还有一个重要内容不可忽视,这就是当客户实施了对你的服务购买决定后,你的服务承诺即开始实施,为能足够满足客户的购买要约,让客户满意,必须注意利用好洽谈机会,尽量使客户放心,减少客户的忧虑,使客户认为只有选择了你,才是最简便和最顺利的。

6. 为客户提供售后服务

客户选择满意的物流服务供应方提供服务,其基本目的是为了增强自己的核心竞争力,通过选择第三方物流服务承担非核心经营业务来降低物流成本,提高产品质量,增加效益,为下游客户提供满意的产品和服务。对于物流服务供应方,为承接物流项目进行事先策划、方案设计,然后与客户进行洽谈,直至订立合同,进入运作,构成了为客户量身定做物流服务方案的过程。但在实际物流项目洽谈中,对各种可能产生但不易被客户事先估计的因素,即影响客户需求目标实现的不利因素,如果物流服务供应方能够充分地提示客户,并提出恰当和理想的解决措施,使客户意识到这些措施是有效和有保证的,而且强于和优于其他的物流服务供应方,体现出售后服务的质量、能力及水平,就会增加物流服务供应方在物流项目洽谈会中的成功概率,不仅能影响客户一次的购买决策,而且可以影响下一次购买决策以及与该客户有关的其他客户的购买决策。

10.3　第三方物流服务项目的方案设计及投标书的编制

第三方物流服务项目方案设计在操作实践中没有现成的和可参照的蓝本,其主要原因在于第三方物流服务的需求对象、需求范围、需求目的在项目设计的内容中是不一致的。但是按照第三方物流服务的特点和原理,方案设计要充分体现第三方物流的管理和服务功能,充分体现物流服务运作的经济性、顺畅性、效率性,充分体现区别于单一的运输、仓储等物流活动的管理技术,这是第三方物流服务项目方案设计所应具备的基本特征。因此,研究和探索第三方物流服务项目方案设计,是一项有待实践的课题,这里仅根据操作实践的积累,介绍有关设计思路和方法。

10.3.1　第三方物流服务项目方案设计覆盖的范围

1. 客户的服务需求

主要是确定第三方物流服务项目是解决何种类型和要求的物流服务的。物流服务的类型有生产物流、供应物流、销售物流、回收物流、废弃物流、功能物流、综合物流等。物流服务的要求对应于物流服务的类型及物流服务要解决的问题。

2. 当前物流存在的问题及解决途径

主要是从服务于客户的立场,帮助客户分析在当前物流现状中存在问题的原因以及提供解决的思路和办法。

3. 关于物流服务的措施方案

物流服务措施方案可以针对客户的服务需求确定,重点是从第三方物流服务可提供的能力范围,包括物流服务管理能力、物流仓储设施能力、物流配送能力、物流网络能力、物流信息处理能力、物流费用成本控制能力、物流运作质量监控处理能力、物流运行动态应变能力出发来制定方案。物流服务措施方案要具有清晰的目标、可操作的流程、严密的系统管理、标准的物流服务规范。

4. 物流成本和费用测算

物流成本和费用测算要考虑合理性、经济性、可比性,要细化物流成本构成,核算单位物流成本,要从建立战略同盟的合作伙伴关系出发,维护客户的物流成本利益,满足双赢的要求。

5. 物流服务承诺

物流服务承诺包括信用承诺、保密承诺、安全承诺、风险承诺、质量承诺和管理承诺等。物流服务承诺是第三方物流服务项目方案设计中体现诚信的内容,表明物流服务供应方的责任与义务。

10.3.2　第三方物流服务项目方案设计的一般要求

对于第三方物流服务的供应方而言,是否能获取物流服务需求方对自身服务提供能力的注意并取得成功,至关紧要的是设计出一个能被物流服务需求方充分接受并满意的方案。但是第三方物流服务的供应方往往既面对许多具有不同需求的对象,又面对行业中不同的竞争对手,因此,作为第三方物流服务的供应方,应掌握好物流项目设计的一般要求,以取得主动。

1. 分析、研究客户

一个物流企业成功的战略首先是从了解客户的需求开始的,客户的需求会经常发生变化,物流企业应迅速适应这种变化,并预测他们今后数年的发展趋势,策划下一阶段新的服务项目。物流的服务赢家将是最关注客户需求的企业,对物流企业而言,有了长期稳定的客户,才具备了发展基础。

对客户进行深入分析和研究的目的在于与其建立起利益共同体,只有当物流企业能为客户设计出高效率、高效益的物流系统时,才能称为比较完整的物流企业。这是一个物流企业在行业中占有优势的标志,客户要寻找的正是这样的合作伙伴。

2. 分析竞争对手

研究竞争对手,了解行业内的竞争状态,以制定相应的战略来争取客户选择和购买所提供的物流服务,这是物流项目设计成功要考虑的重要因素。

分析竞争对手可以从以下四个方面入手:

(1) 现在和潜在的竞争对手在做什么? 能做什么? 有何优势?

(2) 竞争对手近年可能出台什么服务?

(3) 竞争对手内部和外部的动力是什么?

(4) 竞争对手的弱点在哪里?

在市场竞争中,各个企业都有自己的商业秘密,每个企业只能在法制允许的范围内掌握竞争对手的情况。今天是竞争对手,明天也许会成为合作伙伴,相互竞争的最终结果是推动整个行业的发展,当然,不可避免地会有一部分企业在竞争中被淘汰。

要想超过竞争对手,就要采用和竞争对手不同的服务方式来从事相同的经营活动,而这种服务方式必须是自己和服务对象都能获利的方式,而且是竞争对手不可能轻易模仿的方式。

3. 注重物流结点的功能

物流结点又称物流接点,是物流网络中连接物流线路的结节之处,所以又称物流结节点。

物流都是在线路和结点进行的。其中,在线路上进行的活动主要是运输,包括集货运输、干线运输、配送运输等。物流功能要素中的其他所有功能要素,如包装、装卸、保管、分货、配货、流通加工等,都是在结点上完成的。所以,从这个意义上讲,物流结点是物流系统中非常重要的部分。实际上,物流线路上的活动也是靠结点组织和联系的,如果离开了结点,物流线路上的运动必然陷入瘫痪。

第三方物流网络中的物流结点对优化整个物流网络起着重要的作用,它不仅执行一般的物流职能,而且越来越多地执行指挥调度、信息等神经中枢的职能,是整个物流网络的灵魂所在。物流系统化的观念越是增强,就越是强调整体的协调顺畅,强调总体的最优,而结点正是处在能连接系统的位置上,总体的水平往往通过结点体现,所以,第三方物流服务项目设计要对物流结点进行分类及功能组合。

综观物流结点在物流系统中的作用,物流结点是通过以下功能在物流系统中发挥作用的。

（1）衔接功能。物流结点将各个物流线路联结成一个系统,使各个线路通过结点变得更为贯通而不是互不相干,这种作用称为衔接作用。

（2）信息功能。物流结点是整个物流系统或与结点相接物流的信息传递、收集、处理、发送的集中地,这种信息作用在现代物流系统中起着非常重要的作用,也是复杂物流诸单元能联结成有机整体的重要保证。

（3）管理功能。物流系统的管理设施和指挥机构往往集中设置于物流结点之中,实际上,物流结点大都是集管理、指挥、调度、信息、衔接及货物处理为一体的物流综合设施。整个物流系统运转的有序化和正常化及整个物流系统的效率和水平都取决于物流结点的管理职能的实现情况。

4. "一对一"营销模式

"一对一"营销模式以"顾客份额"为中心,通过与每个客户的互动对话,注重客户的保有与开发,与客户逐一建立持久、长远的"双赢"关系,把客户关系建立在"客户—服务"层,为客户提供个性化、定制化的产品和服务。

第三方物流是以合同为约束,为客户提供系列化、个性化、专业化的物流服务。第三方物流在"一对一"营销理论指导下的模式是:以客户为核心,以"一对一"团队为灵魂,以物流资源链为服务手段,以双向决策模型为依据,注重客户的保有与开发,实现客户的系列化、个性化物流服务。

（1）物流资源链。物流资源链是指第三方物流供应商直接或间接控制、调用的物流资源及其组织形式。物流资源链可以影响第三方物流服务的效率、水平、柔性、风险等,对第三方物流企业的成功与否起到重要的作用。物流资源链的组织过程就是第三方物流企业根据客户的综合特征,与第三方物流企业的供应商开展的"一对一"营销过程。

企业应在综合分析现有客户和潜在客户的基础上确定物流资源链的组织形式,同时确定自有物流资源与使用外部物流资源的比例。

（2）"一对一"团队。"一对一"团队是第三方物流运作的灵魂,是整合系统的核心要素。它的主要职责是与客户互动协作,在双向决策、物流解决方案的设计、物流资源的配置中起着重要的作用。"一对一"团队的设置可以使物流企业的组织结构发生根本性的变化,具有明显的服务取向和层次结构特点。"一对一"团队之间的协调是以客户为中心的协调,实现物流资源与客户的最优配比。

5. 第三方物流服务项目的设计过程

第三方物流服务项目设计是以特定的客户所要求满足的物流服务需求为基础的,一般来讲没有统一的设计模式,但对于不同需求的客户而言,物流企业进行物流项目设计的过程都有规律可循。下面通过一个实例来说明物流服务项目的一般设计过程。

例 10.1　重庆市某一户汽车制造商（C）,计划开发生产两种新的汽车品种投放市场,经过招投标,有关汽车零部件的供应由江苏、浙江以及上海等地的多家零部件制造企业中标,为了解决零部件生产商至重庆市生产总装线之间的零部件运输供应,C公司选择上海某物流配载服务中心(L)进行具体的物流项目设计并提供服务,但对物流项目的设计,要求满足以下几个条件:

(1) 零部件生产商的供货计划,L公司根据C公司订单交付计划负责与生产商衔接;

(2) L公司确保零部件生产商至C公司生产总装线之间的全部零部件运输,自订单指定交付运输之日起,运输时间不得超过8天;

(3) 提供物流成本测算数据,要求合理并有竞争力;

(4) 建立信息管理系统,即时反映物流动态;

(5) 由于L公司责任而造成C公司损失的,L公司要承担赔偿。

根据C公司的要求,L公司开始进行有关物流项目的设计工作,并按下列步骤操作。

第一步:

L公司对C公司的物流服务需求做了分析,并研究可能出现其他竞争对手的状况,在此基础上决定采用项目经理负责制的组织构成形式,由项目经理具体进行项目个性化设计策划及与C公司的沟通洽谈。

第二步:

L公司项目经理详细了解C公司有关物流项目设计要达到的目的或目标,达成双方认为一致的项目设计计划。

第三步:

L公司项目经理调查、采集物流项目设计的基础信息。

(1) C公司零部件订单计划、生产厂家、供货时间、品种规格、数量、重量、包装等。

(2) C公司验收零部件的技术质量标准。

(3) C公司下达零部件生产、供货及运输指令的作业程序。

(4) 各零部件制造商分别供货的品种、规格、数量、重量、包装以及供货时间、生产制造能力、效率等。

(5) C公司对供货或运输供应中因不确定或意外原因而影响零部件交付的有关应急措施要求。

(6) L公司自身对操作环节、运输组织、承运时间控制以及成本费用进行平衡和预算。

第四步:

L公司项目经理通过与C公司及C公司指定的供货方进行上述基础信息确认,包括确认各相关方之间的零部件交接方式、交接责任划分。

第五步:

L公司项目经理根据已确认的基础信息,结合项目需要的物流可供资源,进行物流项目设计,提出几套比较方案供C公司评审。例如:

(1) 各零部件供货点用整车直送。优点是时间、质量有保证;缺点是供货数量不足时也要以整车装运,运能浪费,运输成本偏高。

(2) 按各零部件供货点货源情况,相近点配装整车。优点是车辆利用率高;缺点是各点装车时间衔接不平衡会影响和增加车辆待时时间,出现特殊情况时可能导致车辆放空。

（3）在上海腾用 L 公司仓库为零并整转运地,组织零部件供货所在地的物流协作网络车辆提货运至 L 公司仓库。优点是不受各地供货多少的影响,可以集零为整,保证运输效率,减少空放装运成本;缺点是仓库成本增加,转运环节增多,影响质量的概率随之提高。

（4）C 公司生产总装线实施零部件供应"零仓库"操作,由于生产商的供货按订单计划执行,可能出现生产总装线的零部件需求与实际到货不一致,导致供需矛盾,影响生产或车辆卸货延时,为与其相适应,L 公司在重庆设立配送仓库,适度增加备品,保证供应。优点是 C 公司无需增加仓库管理投资,可缓解供需不平衡,车辆卸货及时;缺点是 L 公司增加了物流成本。

（5）在确保 8 天运输交付的期限内,明确供货方,预先告知 L 公司供货时间,实际供货不得迟于 1 天,同时安排途中运输时间正常为 5 天。优点是缓解了供货方的生产交付压力;缺点是运输途中可控的时效减少。

第六步:

L 公司同 C 公司对多种设计方案进行比较,整合可行的,修改不完善的,形成初步的物流项目设计框架。

第七步:

L 公司依据确认的物流项目设计框架编制解决方案。包括:

（1）物流供应服务的整体运作流程;

（2）按订单供货进行物流操作的运输计划;

（3）投放车辆的配置计划,包括车种、车型、规格、车辆数;

（4）驾驶员配备及行程时间、行程路径安排;

（5）配装车辆的技术安全措施和质量控制措施;

（6）货物交接与验收的程序与规划;

（7）仓库选址及货物保管、收发管理计划;

（8）车辆运行故障或事故的应急处置办法;

（9）货运保险及出险理赔的操作;

（10）物流成本计算分析及总费用测定;

（11）信息管理系统使用范围及方法。

第八步:

编制的解决方案由 C 公司和 L 公司共同评估,取得认可。

第九步:

L 公司完成物流项目设计,项目经理具体实施计划。

10.3.3　物流项目投标书的编制

物流服务需求方决定将自己非核心经营的物流业务通过第三方物流企业进行管理和

运作,除了在决定购买第三方物流服务的项目范围前有一个决策过程外,在实际实施购买行为的过程中,往往在选择适合的物流服务供应商时,采用物流项目形式进行招投标,最终完成购买行为。当这种物流服务的购买方式越来越多地被物流服务需求方采纳以后,对第三方物流企业而言,能否直面应对,争取在物流项目的招投标中取得主动就显得非常重要。

第三方物流企业要在招标、投标的活动中赢得主动或成功,关键是在充分理解客户对物流服务要求的基础上,通过对客户物流现状的调查及分析,编制符合客户招标要求且优于竞争对手的物流项目投标书。投标书的核心内容是为客户"度身定制"一个物流项目解决方案,以特别引起客户的关注和重视。因此,第三方物流企业在编制物流项目投标书时,掌握规范的编制方法显得比较重要,如果编写的格式、层次、内容不清晰、不系统、不规范,甚至缺乏整体性和物流服务表现能力,就将影响客户对企业基本状况、物流经营理念及物流运作建议方案的评判和选择。编制物流项目投标书应注意以下几个部分。

1. 封面设计

(1) 封面突出位置应注明投标方案名称、客户名称及客户 IC 标识;

(2) 注明编制本投标书的物流公司名称及其部门和制作时间;

(3) 注明该投标书的版本等级、保密等级;

(4) 右上角用方框注明"仅供某(客户名称)公司使用";

(5) 加盖物流公司"投标专用章";

(6) 封面应尽可能以彩色印刷。

2. 扉页

(1) 扉页应使用带有物流公司抬头的信笺纸;

(2) 以物流公司市场总监的名义,给客户相关负责人简短致函;

(3) 致函内容:表明物流公司的合作意向,正式向客户提交物流项目投标书;

(4) 落款应为物流公司总经理或市场总监的亲笔签名。

3. 物流公司简介

(1) 以简短篇幅介绍物流公司对现代物流的基本认识和理解;

(2) 物流公司的基本情况介绍,包括实力、团队、理念、经营策略等;

(3) 介绍物流公司的资质,包括企业资质、拥有的各种运输(仓储)许可证、是否通过 ISO 9001 认证,是否物流协会会员等;

(4) 物流公司的主要业绩,如业已建立的主要物流客户关系,客户的反应、评价等;

(5) 物流公司的核心物流表现能力。

4. 客户物流方案设计

这部分的主题是为客户量身定做物流方案,主要内容包括:

(1) 客户物流现状及存在的主要问题分析;

(2) 物流公司拟建议的物流方案;

（3）物流公司具备的运作保证体系,如有效的资源整合方式、高科技的物流管理信息系统、服务内容和质量、成本控制、投诉处理反馈、客户回访制度等;

（4）运作效果分析,重点论述物流公司物流建议方案的可行性和优越性,如有可能,应提供相关效益测算数据。

5. 物流项目投标报价

（1）先明确报价的形式和内容,如按客户销售额一定比例报价、按分项的物流业务报价或按总体承包形式报价等,一般对应客户在招标书列明的报价范围;

（2）详细注明报价的计算基础和测算依据及相关的后备数据(应注意的是,数据计算要避免过于专业,要让客户能够阅读和分析);

（3）以表格的形式详细列明报价细目;

（4）附加报价应以另行格式表注明,如保险金额、自然损失价格等;

（5）对报价进行必要的解释或说明。

6. 工作进度安排

（1）主要明确物流公司对执行该物流建议方案的时间安排建议;

（2）时间安排应体现严谨的特点,应落实每一步骤及相关的责任人、时间进度建议以矩形表格绘制。

7. 明确联络方式

（1）明确而详细地告诉客户物流公司负责此项目的负责部门、负责人、联系人;

（2）以表格的形式罗列上述负责部门、负责人、联系人的全部联系方式,包括 E-mail 地址等。

8. 附件——物流合同范本

（1）提交物流公司草拟的物流服务合同范本。该合同可以是综合物流服务合同,也可以是分项的运输或仓储合同范本。

（2）要注意的是,物流公司提交的物流服务合同范本应是公司认同,并经过公司法律顾问审查的。

9. 方案包装及统一形象

物流方案的编制应该实事求是,不可有隐瞒或带有欺骗性。物流公司若不具备或运作能力不能承受的事项,应坦率地告知客户有可能出现的运作失误或运作风险,也应让客户事先心里明了。这样即使后续工作出现偏差,客户也能予以理解并配合处理。除上述几点外,还要做到:

（1）注意物流方案与公司其他文件包装及形象的一致性;

（2）参照国际流行编排形式,注重整个方案印刷、装订的美观,不忽略细节;

（3）在方案的不同环节和地方注意突出反映客户的形象或标识,表现对客户的认可;

（4）上述方案的不同部分均应独立成页;

（5）整个方案的页眉、页码、字体等的设计要统一、规范。

10.4 第三方物流合同

第三方物流是物流现代化发展的主要趋势,而第三方物流服务的法律表现形式就是第三方物流合同,第三方物流合同在物流实践中大量存在。本节介绍第三方物流合同的法律特征、合同当事人之间的法律关系等内容。

10.4.1 第三方物流合同的概念及其特征

第三方物流的一个重要特点就是物流服务关系的合同化。第三方物流通过合同的形式来规范物流经营者和物流消费者之间的关系。物流经营者根据合同的要求,提供多功能直至全方位一体化的物流服务并依照合同来管理其提供的所有物流服务活动及过程。因此第三方物流又叫合同制物流或契约物流,开展第三方物流活动就需要订立第三方物流合同。所谓第三方物流合同,就是第三方物流服务活动的当事人之间设立、变更、终止权利义务关系的协议。第三方物流合同所涉及的运输、储存、包装、装卸、搬运、配送等物流服务合同,本质上属于民商事合同,但与一般的民商事合同相比,第三方物流合同又具有以下几个特征。

1. 第三方物流合同的主体相对较为复杂

第三方物流合同中的主体包括以下几类。

(1)物流服务提供者。是物流合同中主要的一方,一般是第三方物流的专业经营者。

(2)物流服务需求者。是物流合同中的另一方,主要包括各种工业企业、批发零售企业及贸易商等。

(3)物流活动的实际履行者。物流服务需求者和提供者是第三方物流合同的基本主体,但物流服务提供者有时会把海运、陆运、通关、仓储、装卸等环节的一部分或全部分包给他人,委托他们完成相关业务,使其参与物流合同的实际履行,如运输企业、港口作业企业、仓储企业、加工企业等,物流合同的实际履行方成为第三方物流法律关系不可或缺的主体。

2. 第三方物流合同的内容具有广泛性和复杂性

在物流现代化发展过程中,提供第三方物流服务的企业从简单的存储、运输等单项活动转为提供全面的物流服务,其中包括物流活动的组织、协调和管理,设计最优物流方案,物流全程信息的搜集、管理等。提供第三方物流服务的企业大体上又可以分为资产型物流公司和非资产型物流公司。资产型物流公司包括以提供运输服务为主和提供仓储服务为主等不同类型;非资产型物流公司包括以提供货物代理为主、提供信息和系统服务为主、提供增值服务为主等不同类型。业务的专业化和多样化使得第三方物流合同的内容涉及运输、储存、装卸、搬运、包装、流通加工、配送、信息处理等诸多环节,合同当事人的权利义务关系也因此呈现出多样性、广泛性和复杂性等特点。

3. 第三方物流合同通常是具有混合合同特征的无名合同

第三方物流合同涉及环节众多,合同的内容具有广泛性和复杂性。那么,从合同内容约定和实践来看,双方的权利义务到底属于何种合同法律关系?物流合同是不是一个独立的合同?单一的物流服务合同在性质上容易确定,如纯粹的运输合同法律关系或仓储合同法律关系,其合同名称就是运输合同或者是仓储合同,属于《合同法》上的有名合同。然而,第三方物流合同往往是综合的物流服务合同,是集运输合同、委托合同、仓储合同、加工合同等各种合同于一身的混合合同。因而,物流经营者的法律地位也是集存货人、托运人、委托人、代理人等各种身份于一身的混合地位。然而,我国《合同法》并没有物流合同的概念和相关规定,在《合同法》分则中,分别对 15 类有名合同做了规定,包括涉及物流服务关系的运输合同、保管合同、仓储合同、委托合同、承揽合同等。而且在物流活动实践中,也很少把合同称为物流合同,因为物流活动大多还是体现为运输合同,物流企业与客户签订的合同大多数是运输合同。但物流合同往往又超出运输合同的范围,如合同中要求物流企业对委托托运的货物进行包装修补、集装箱拼箱、装箱或者拆箱,这时物流企业与客户的合同就有了加工承揽的性质与特点,远不是一个运输合同所能涵盖的。因此,把这种综合的物流服务合同称为运输合同就是不准确的。综上所述,通常来说,第三方物流合同,特别是综合的物流服务合同,其法律性质应该是具有混合合同特征的无名合同。

10.4.2 第三方物流合同的法律关系分析

如前所述,物流合同的内容具有广泛性和复杂性,物流合同涉及运输、储存、装卸、搬运、包装、流通加工、配送、信息处理等诸多环节,同时由于第三方物流经营者拥有的资源不同,经营特色和经营方式也多样化,第三方物流合同当事人之间的法律关系也变得复杂起来。

从第三方物流合同主体来看,一方面是物流服务提供者(物流经营者)与物流服务需求者(物流客户)的关系。双方基于物流服务合同的约定或法律的规定享有权利并承担义务,同时也必须独立承担民事责任。另一方面是物流经营者与物流活动实际履行者的关系。当物流经营者利用自身的物流经营资源独立完成物流服务的全部过程时,物流经营者与物流活动的实际履行者是相同的,法律关系相对较为简单,但第三方物流合同的主体往往是综合的物流服务合同,每个物流经营者拥有的资源不同。因此,实践中物流经营者在接受物流客户的委托后,往往与一个或多个实际履约方分别签订合同,委托他们从事具体的运输、仓储、加工、包装、装卸等服务。

从第三方物流合同的内容和性质来看,不管是物流服务提供者(物流经营者)与物流服务需求者(物流客户)的关系,还是物流经营者与物流活动实际履行者的关系,根据不同的合同约定和物流实践,比较常见的几种法律关系如下所示。

1. 运输(仓储、加工)等一般物流服务法律关系

物流最主要目的是通过运输链的顺利衔接,实现物质资料从供给者到需求者的物理移动最优化,所以运输、仓储、装卸、搬运等活动仍然是整个物流活动的核心要素。当第三方物流企业接受客户的委托,自己进行运输、仓储、装卸、搬运等物流作业活动,自己完成物流合同所约定的内容时,这种经营模式与传统运输业、仓储业等区别不大,当事人双方

形成相应的法律关系,如运输法律关系、仓储法律关系等。在物流实践中,物流仓库及相关设施可以通过自建或租赁取得,如果通过租赁取得,其实质是一种租赁行为。如果物流经营者在经营物流服务时接受货主的委托,根据运输、销售或消费使用的需要进行包装、分割、计量、分拣、刷标志、组装等简单作业,或者对委托托运的货物进行包装、集装箱拼箱、装箱或者拆箱,这种行为具有加工承揽的性质,物流经营人此时具有承揽人的法律地位,则形成相应的加工承揽法律关系。

2. 委托代理法律关系

大部分情况下,物流企业不可能拥有履行物流合同的所有资源,因此不可避免地在第三方物流合同中约定物流经营者在一定权限内可以物流需求者的名义委托第三方完成物流业务,这时物流合同的当事人之间就形成了委托代理关系,即第三方物流经营者以物流需求者的名义同第三人签订分合同,履行物流合同的部分内容,对该分合同的权利、义务物流需求者也应享有和承担。另外,物流经营者也常常接受货主的委托,以货主的名义办理货物的报关、报验、保险、结汇等业务。此时物流经营者除了和物流需求者之外,还以货主的名义与海关、商检、动植物检疫、保险公司、银行或其他有关第三方发生法律关系。

3. 居间或者行纪法律关系

在实际业务操作中,物流经营者可能提供与运输有关的信息、机会等服务,促成物流需求方与物流提供方(如货主与承运人、港口经营者等)之间的交易,从中收取一定的费用和报酬,并协调有关当事方的利益,而自己并没有同任何一方签订委托代理合同或向任何一方提供实体物流服务。此时,物流经营者处于居间人的法律地位。

实践中,也有物流经营者在为货主提供运输代办服务时,由于没有运输工具,就以自己的名义与第三方签订运输合同或者租用第三方的运输工具,由于没有仓库,就以自己的名义与第三方签订仓储合同或者租用第三方的仓库,此时,物流经营者处于行纪人的法律地位。需要指出的是,实践中许多物流活动的当事人并不能清楚区分委托代理、居间、行纪的不同,这几种法律关系具有一定的相似之处,都是一方为他方办理事务、提供服务或劳务性质的合同,但他们在《合同法》中各自属于独立的有名合同,各有特点。三者主要区别是在代理关系中代理人只能在代理权限内以被代理人的名义与第三人进行交易活动,后果由被代理人承担;居间人则仅仅为他人提供交易机会和信息媒介服务,并不参与他人的合同交易行为;行纪则是行纪人以自己的名义为委托人进行交易活动。

10.4.3 第三方物流合同法律适用中的问题

分析第三方物流合同特征和法律关系的目的,在于分清物流活动中的各种法律关系,准确适用物流相关法律、法规来妥善处理各种物流活动争议和纠纷,从而推动现代物流业的顺利发展,保障物流当事人的合法权益。下面主要分析以下几个问题。

1. 调整第三方物流合同的主要法律依据

目前,从我国相关法律法规的现状来看,还没有一部专门、统一的物流法。现行有关物流服务活动的法律法规,从法律效力角度来看,主要可分为三类。一是法律,如《合同法》《商法》等。这类规范性文件的法律效力最高，往往是物流某一领域的基本法。二是行政法规，如《海港管理暂行条例》《航道管理条例》等。这类规范性文件的法律效力仅次于法律，数量众多，在我国的物流立法中占有重要地位。三是由中央各部委颁布的规章，如《关于商品包装的暂行规定》《铁路货物运输规程》等。这类规范性文件的法律效力次于法律、行政法规，带有强烈的部门色彩。除此之外，还有部分国际条约、国际惯例、地方性法规以及物流技术规范等形式。

从法律的内容上看，调整物流环节中物流经营活动的法律规范也比较复杂。首先，广泛适用于物流活动各环节的法律主要有《民法通则》《合同法》等。其中，由于物流合同实质上是民商事合同，所以《合同法》是调整整个物流活动最重要、最基本的法律。其次是适用于物流某一环节的法律规范，包括运输环节的法律规范、搬运配送环节的法律规范、包装环节的法律规范、仓储环节的法律规范、流通加工环节的法律规范等，如《海商法》《铁路货物运输管理规则》《国内水路货物运输规则》《港口货物作业规则》等。如果是涉外物流活动，还有国际公约和国际惯例来调整，如《国际铁路货物联运协定》《统一国际航空运输的某些规则的公约》(华沙公约)等。除此之外，还有调整物流作业的技术规范。

2. 第三方物流合同的法律适用具有特殊性

由于第三方物流活动涉及运输、仓储、包装、配送、搬运、流通加工和信息管理等各个方面，同时，第三方物流活动的参与者涉及不同行业与部门，如仓储经营者、包装服务商、各种运输方式下的承运人、装卸业者、承揽加工业者、配送商、信息服务供应商等，因此物流服务提供者经常处于多重法律关系中，这导致物流活动中法律的适用呈现出复杂性。所以，就物流活动整体而言，其法律适用具有内容的综合性、层次的多样性等特点。如以运输这一主要物流功能为例，它包含水路、公路、铁路、航空和管道等运输方式，而水路运输又分为国际海运、沿海运输和内河运输，相应地，这些不同领域的法律关系又有各自相应的法律调整。

3.《合同法》在第三方物流合同中的具体适用

如前所述，第三方物流合同实质上是民商事合同，所以《合同法》是调整整个物流活动最重要、最基本的法律，广泛适用于物流活动的各个环节和整个过程。在具体适用《合同法》的过程中，应注意以下问题。

首先，在不同的物流合同法律关系下，《合同法》总则和分则的适用问题。我国《合同法》第一百二十四条规定："本法分则或者其他法律没有明文规定的合同，适用本法总则的规定，并可以参照本法分则或者其他法律最相类似的规定。"也就是说，如果《合同法》分则对某类有名合同作了具体的法律规定，则可以直接适用该规定；如果《合同法》分则对某些合同(即无名合同)没有作具体的法律规定，则适用总则的规定，并可以参照分则或者其他法律最相类似的规定。根据前文对第三方物流合同特征和法律关系的分析，第三方物流合同在适用《合同法》时的基本原则和方法是。

一是第三方物流经营者自己完成物流合同所约定的内容，如运输、仓储、对托运的货物进行流通加工等,当事人双方形成相应的法律关系,如运输法律关系、仓储法律关系、加工法律关系等。这时,物流合同当事人之间的权利、义务关系就可以直接适用《合同法》分则的具体规定来调整,如《合同法》第十五章"承揽合同"、第十七章"运输合同"、第二十章"仓储合同"等。

二是第三方物流经营者提供的是综合物流服务,在这种合同中,第三方物流企业提供的是一揽子服务,既可能为物流需求者设计并管理物流系统,也可能提供具体的物流作业服务。在这种情况下,很难为这种物流合同在《合同法》分则中找到对应的有名合同,在签订合同、解决纠纷时如单纯依据《合同法》规定的有名合同来解决,可能会感到茫然而无所适从。这种综合的物流服务合同,其法律性质应该是具有混合合同特征的无名合同,可以在适用《合同法》总则规定的基础上,物流系统的设计部分适用技术合同和技术开发合同的规定,而提供的具体物流作业服务部分则根据服务的具体内容分别适用货物运输合同、加工承揽合同、仓储合同、保管合同的规定。同时,该合同还具有委托合同的性质,因此,相关规范没有规定的部分,也可以参照有关委托合同的规定。

三是如果第三方物流经营者通过某种方式将物流作业分包给他人或者仅仅提供媒介信息服务,则如前文所述,第三方物流经营者可能处于代理人、居间人或行纪人的法律地位,其法律的调整则适用《合同法》第二十三章"居间合同"、第二十二章"行纪合同"以及《民法通则》关于代理与《合同法》关于委托合同的规定。

其次,《合同法》与其他法律的适用关系问题。在物流服务合同法律关系下,《合同法》与其他法律是一般法与特别法的关系。按照特别法优于一般法的原则,当特别法与一般法规定相冲突时,适用特别法;当特别法没有规定时,适用一般法。《合同法》第一百二十三条规定:"其他法律对合同另有规定的,依照其规定。"所以当其他法律对第三方物流合同有特别规定的,适用该特别规定。比如我国《航空法》中对国际航空货物运输的部分事项作了特别的规定,《海商法》则专门调整海上货物运输合同,物流企业在办理相关运输业务时要遵守这些特殊规定。

10.4.4 附录:第三方物流服务合同范例

合同编号:　　　　　　　　　　　签约地点:

甲方:××××进出口有限公司

地址:

联系人:　　　　电话:　　　　　传真:

乙方:××××物流有限公司

地址:

联系人:　　　　电话:　　　　　传真:

甲乙双方本着精诚合作、互惠互利的原则,就甲方委托乙方代理[乙方为甲方及其客户提供报关、报检、运输、仓储等一切服务业务,即从接收到进口单据,到货物最终通关入库(含两个月的免费仓储期)的物流业务]第三方物流服务签订如下合同:

一、权利义务：

（一）甲方权利义务：

甲方应根据需要提前以书面形式或乙方认可的形式通知乙方发货情况（包括但不限于货物的名称，具体的提货时间，发货日期及时间、重量、件数、体积，收货人的姓名、电话、详细地址、邮政编码、传真或电子信箱等信息）；如甲方临时加单，应提前 2 小时以书面形式或乙方认可的形式通知乙方。

甲方应提供必要的货物信息与乙方。因甲方申报不实或者遗漏重要情况，造成乙方损失或费用支出的，甲方应当承担赔偿责任。

货物运输需要办理审批、检验等手续，甲方可委托乙方代为办理，但必须提供所需的相关资料并承担全部费用。

甲方应当按照国家或行业标准的要求包装货物。

甲方应按合同规定方式及时付款。

甲方若对乙方物流服务费用有疑问，有权要求乙方解释。

货物发运后，甲方有权过问货物运输情况。

在合同执行中，若乙方运输服务屡次不能满足甲方的要求，甲方有权终止合同。

（二）乙方权利义务：

乙方为甲方提供报关、报检、运输、仓储等一切服务，即从接收到进口单据，到货物最终通关入库（含两个月的免费仓储期）的物流业务，包括以下三种情形：

货物通关后全部放置黄岛；

货物通关后部分放置黄岛，部分放置东营；

货物通关后全部放置东营。

乙方为甲方提供黄岛地区仓库。

乙方承诺对承担的甲方国内/国际货物的物流服务予以权利保障，保证足够运力，保证优质服务。

乙方应该按照本合同的约定按时、如数运抵甲方指定的收获单位或收货人。

乙方接到甲方通知应及时安排收货运输事宜。

乙方应协助甲方做好装货查验工作，查验无误应填写装货验收单或其他单据，如发现货物短缺损坏，应及时通知甲方有关人员。

乙方对运输过程中货物的毁损灭失承担损害赔偿责任。

但乙方对下列原因造成的货物毁损、灭失，不承担损害赔偿责任：

1. 不可抗力，经甲方调查确认；

2. 货物本身的缺陷或自然损耗以及包装不善；

3. 甲方违反国家有关法令，致使货物被有关部门查扣、弃置或作其他处理以及甲方、收货人的过错造成的；

4. 货物运抵甲方指定的收货单位或收货人，并经收货人签字确认没有货损的。

乙方对甲方货物必须保持外包装完好，不得开箱，否则，如发现短缺损坏，则由乙方承担相应的赔偿，赔偿额为发生货物短缺或部分损坏的甲方与客户所签订的合同金额，但最高赔偿额以保险金额为限。

如运输途中遇到困难,乙方须及时通知甲方,以便甲方确定到货时间及采取相应的措施。

如货物在物流服务中出险,乙方须及时通知甲方,由乙方办理保险索赔事宜。

若非国家政策调整的原因导致乙方物流成本大幅度增加,在合同有效期内乙方不得以其他任何借口向甲方提出增加运费单价的要求,甲方对乙方提出的涨价要求可不予处理。

注:投标报价依据当前的运输市场状况、燃油价格与公路收费标准进行确定,遇到经营环境发生重大变化,影响到物流合同的执行,双方可以根据情况协商或重新招标进行价格调整。

二、合同期限:

本合同期限自_____年_____月_____日起至_____年_____月_____日止,有效期为_____年。

三、物流服务费用及付款方式:

(一)进口货物的通关及其仓储运输业务。

包干费3个月结算1次,业务按票对账,费用双方确认后在3个月后的5日内付清。

(二)内陆运输业务。货物从东营、黄岛的仓库,到指定目的地的内陆运输。以整车计(每车30—35吨),按每吨报价。每月25日乙方将当期发生的费用明细传真至甲方,甲方确认后,乙方开具相应的运输发票,甲方收到发票核对无误后,与次月中旬付款。

(三)投标报价依据当前的运输市场状况、燃油价格与公路收费标准进行确定,遇到经营环境发生重大变化,影响到物流合同的执行,双方可以根据情况协商或重新招标进行价格调整。

四、保险条款:

甲方委托乙方代为办理保险事宜,保险费率按投保金额的0.14%计算,保险费用由甲方承担(单独支付,与运费及物流服务费一同结算)。

五、保密条款:

(一)双方理解本合同(包括任何附件)所涵盖的商业关系的性质及具体事项构成保密和专有的信息。对任何该等信息的披露将可能对双方造成竞争性损害。因此,任何关于甲方和/或乙方的成本、程序、货物的数量、种类、运送目的地、客户等其他详情或乙方获得的有关另一方的商业活动的信息任何时候都应该作为保密信息,未经过另一方(视情况而定)事先明确表示书面同意,一方不得向任何其他第三人透露,否则构成违约,违约方应就所有由于其未能履行其在本条款下的义务而给另一方造成的损害、成本和费用向另一方做出补偿,受害另一方有权决定是否终止履行本合同。

(二)本保密条款的保密期限为本合同后3年,并不因本合同的无效或撤销而终止。

六、违约责任:

甲方应依据本合同约定履行时付款义务。

甲方应承担由于其提供的货物和收货人的信息不正确及因甲方收货人的原因而造成

的乙方错运或递运不着的责任和相应的重新派送或退运以及乙方车辆和人员闲置所产生的费用。

甲方承担货物外包装完好而内装货物短缺、损坏情况下客户或收货人拒收的责任,并承担退运及处置费用。

由于甲方匿报危险品或禁运品致使乙方车辆损坏、设备损坏、人身伤亡及其他直接间接的损失和费用,或者给第三方造成的损失和费用,应由甲方负责赔偿。

乙方应依据本合同约定为甲方提供优质高效的物流服务。

(1)若由于乙方过错造成延迟送货,给甲方或甲方客户造成实际损失的,甲方有权按每延迟 1 天(24 小时)扣减当次运费的 15%,依此类推,直至扣完当次运费,并按甲方客户要求的赔偿额予以赔偿(最高赔偿额不超过当次运费)。运输时从装货离厂之时开始计算。

(2)运输过程中出现货损货差的处理原则为:属于保险公司承保范围内的货损货差,由乙方负责向保险公司索赔(甲方应协助提供相关资料),保险公司的赔款归甲方所有(玻璃破损的处理方法详见附件二)。

若不属于保险公司承保范围之内,除《汽车货物运输规则》第六十八条规定的乙方可负责的情况外,均由乙方按照甲方实际购销合同价计算赔偿。

但实际购销合同价与事先约定的单价(见附件三)之间的差额不得超过实际购销合同价的 10%。若该差额超过实际购销合同价的 10%,则甲方须另行申报单价,乙方应相应调整保险费。甲方应按照调整后的保险费支付款项。

(3)为了便于计算保额和结算保费,本部分货物按事先约定的单价(见附件三)。

确定保险金额,而货物发生保险责任范围内的损失时,保险人应根据实际损失按实际购销合同价计算赔偿。

(4)甲方应提供的资料包括但不限于:出现的照片、注明货损情况的签收单、货损报告等。

七、合同的解除:

本合同期满前,双方不得无故单方面解除合同。双方如遇特殊原因需提前解约,应提前 30 日以书面形式通知对方。

八、法律适用及争议的解决:

本合同的签署、生效、解释、执行、修改、终止应遵守中华人民共和国的法律。

在合同履行过程中发生的争议,双方应协商解决,如协商不成,则提交合同签订地点的人民法院裁决。

九、修改与补充:

本合同未尽事宜,双方可另行签订补充协议或附件,补充协议或附件作为合同的组成部分,具有同等法律效力。

本合同的任何修改或补充均应得到双方的书面确认,并自双方授权代表签字盖章之日起生效。

在修改未获得双方书面确认前,本合同的条款仍然有效。

十、其他：

本合同自甲乙双方签字盖章之日起生效。

本合同有效期为一年。双方在合同到期时均无终止意向的，则本合同自动顺延一年。

本合同终止后，双方应继续履行合同终止前合同约定的双方尚未履行完毕的一切责任和义务。

本合同附件为合同不可分割的组成部分，与本合同具有同等法律效力。

本合同一式两份，甲乙双方各执一份，具有同等法律效力。

本章小结

由于供应链的全球化，物流活动变得越来越复杂，物流成本越来越高，资金密集程度也越来越高。利用外协物流活动，公司可以节省物流成本，提高顾客服务水平。这种趋势首先在制造业出现，公司将资源集中用于最主要的业务，而将其他活动交给第三方物流公司。

本章首先介绍了第三方物流的概念：第三方物流是"独立于供需双方为客户提供专项或全面的物流系统设计或系统运营的物流服务模式"。第三方物流公司可广义地定义为提供部分或全部企业物流功能服务的一个外部提供者。大多数第三方物流公司以传统的"类物流业"为起点，如仓储业、运输业、快递业、空运、海运、货代、公司物流部等。

推动第三方物流发展的趋势来自供需双方。对需求方来说，在具体采用第三方物流时，大部分公司采取逐渐外协的过程，按地理区域把责任移交分步实施，或按业务与产品分步实施。对第三方物流服务供应商来说，必须以有吸引力的服务来满足顾客，而且服务必须符合客户对于第三方物流的期望。这些期望就是要使客户在作业利益、经济利益、管理利益和战略利益等方面都能获益。

在第三方物流服务的供应和需求之间，建立起友好的、稳定的或长期的互利合作伙伴关系，一般是供需双方所要追求的目标。要实现这个目标，在实践中，通过洽谈方式增进彼此的信任了解，进而在具体的合作框架、操作细节、期望实现的目标等方面达成共识，被认为是第三方物流服务项目在供需双方建立合作关系前首先要经过的步骤，也是验证能否进行合作的基础和重要前提。本章介绍了有关项目的洽谈方法。

对于第三方物流服务的供应方而言，是否能获取物流服务需求方对自身服务提供能力的注意并取得成功，至关紧要的是设计出一个能被物流服务需求方充分接受并满意的方案。本章介绍了物流项目设计的一般要求。对需求方，购买第三方物流服务的决策要遵循合理的步骤。物流服务需求方决定将自己非核心经营的物流业务通过第三方物流企业进行管理和运作，除了在决定购买第三方物流服务的项目范围前有一个决策过程外，在实际实施购买行为的过程中，在选择适合的物流服务供应商时，采用物流项目形式进行招投标，最终完成购买行为。第三方物流企业要在招标、投标的活动中赢得主动或成功，关键是在充分理解客户对物流服务要求的基础上，通过对客户物流现状的调查及分析，编制符合客户招标要求且优于竞争对手的物流项目投标书。

复习与思考

1. 第三方物流企业应具备哪些要素?
2. 传统运输、仓储企业和第三方物流企业的本质区别是什么?
3. 传统运输、仓储企业如何开展第三方物流服务业务?
4. 工商企业在将物流活动外包给第三方物流企业时要注意什么?
5. 阐述第三方物流企业发展的社会环境要求。

案例分析

☐ 一个物流外包的案例:赖德/施乐

25年前赖德(Ryder)开始处理施乐(Xerox)产品的配送业务,自此,开始了赖德/施乐的关系。刚开始时,赖德管理了10个施乐的配送中心,为其客户准备机器,给客户发送机器并且搬走旧机器。这种业务关系为赖德创造了1200万—1500万美元的年收益。

随着公司实施更为复杂的供应链管理策略,赖德和施乐的关系在20世纪90年代大规模发展起来。1993年,施乐在纽约的制造厂Webster有一个复杂但效率低下的进货物流系统,Webster使用40多个卡车零担货物(LTL)和整车运输承运人,成本居高不下,但客户的要求没有得到满足。经常有卡车在Webster企业前排长队,等候卸货。

经过内部评估后,施乐认为其供应链物流不具备核心能力,决定把Webster的进货物流外包。施乐给许多第三方物流公司发出了估价表(RFQ),其中包括赖德,以实现Webster的进货物流。经过竞争投标,赖德获得了合同,并随后为Webster设计了一个物流系统,来支持准时进货物料管理。赖德在1994年实施这个网络,满足施乐在时间、成本和持续增长等方面的要求,超出一定值的所节约的成本,则由赖德和施乐分享。

司机的地理位置从战略角度予以安排,车辆沿着闭合线路行驶,沿途装载施乐众多供应商所提供的零部件,为这些供应商提供服务。拖车则由赖德的牵引车拖拉到Webster的赖德物流中心——一种既迅速又有效的"接力"。远方供应商处的组件由赖德负责安排LTL公共承运人运达。类似地,赖德安排整车公共承运人,及时地直接将货物运送到施乐企业内相应的接收地点。

来自太平洋周边国家的组件通过海运集装箱运到温哥华港口,然后通过铁路运输横跨加拿大。施乐通过Fritz公司处理进出口业务。在多伦多的铁路终点,集装箱转到赖德的卡车上再运至物流中心。施乐在加拿大的制造厂也通过赖德管理的卡车把组件运送到物流中心。同样地,来自欧洲的海运集装箱到达新泽西州的纽约港后,也通过赖德卡车或赖德安排的运输公司运到物流中心。

进货物流系统的"核心"是距离Webster仅仅1英里远的物流中心。在这里,赖德的专家管理这个系统,监控系统状态,并做出相应的调整和改进。该中心也作为一个"分转站"，将进入站的货物重新配载，准备运出，将其及时运输到施乐企业合适的接收地点。

随着赖德物流系统的实施，施乐做出了一系列改进。现在，Webster 收到货物的批次少了，消除了拖车堵塞的现象，施乐接收部门的工作量得到了平衡，大大提高了运输的可预测性，减少了内部波动，并且提高了客户发送的及时性。总之，赖德系统减少了库存水平，缩短了订单周期，提高了质量，更好地整合了货物入站和制造之间供应链上的物流流动。所有这些都导致了施乐降低成本、改进服务。自第一次有效实施该系统以来，通过连续的系统再造，几年来，赖德已经证实可以帮助施乐连续提高生产率。

赖德和施乐的关系继续发展。1996 年，赖德从施乐获得了另外一笔业务，为客户交付中心提供管理成品、备件和消费品的配送服务。1998 年的夏天，赖德开始负责施乐遍布美国的 20 个高周转率的零件中心的运行。目前，赖德管理施乐 38 个不同项目，为赖德带来了 6 000 万美元的业务。赖德也参与了施乐的产品开发过程，帮助确定潜在产品的总启动成本，包括决定物流成本的大小。赖德和施乐一起继续工作，寻找新的供应链改进机会，按预期没想，赖德将继续获得施乐 10 亿美元左右的年物流预算。

思考题

1. 描述赖德为 Webster 设计的物流系统。
2. 试说明赖德和施乐的关系是双赢的关系。
3. 案例对我国第三方物流企业有什么启示？

第 11 章　逆向物流

逆向物流 reverse logistics　　　　　　废弃物流 waste material logistics
回收物流 returned logistics

> **逆向物流——企业在降低成本中的最后一块处女地**
>
> 逆向物流可以简单地概括为:从客户手中回收用过的、过时的或者损坏的产品和包装开始,直至最终处理环节的过程。但是现在越来越被普遍接受的观点是,逆向物流是在整个产品生命周期中对产品和物资的完整的、有效的和高效的利用过程的协调。
>
> 从微观上看,逆向物流具有提高顾客价值、增强竞争优势、降低物料成本、增加企业效益、改善环境行为、塑造企业形象等显性和隐性作用;从宏观上看,逆向物流有利于社会资源的合理流动、节约资源、改善环境和经济的可持续发展等。因此,加强对"逆向物流"的管理顺应了时代发展的要求。

11.1　逆向物流概述

11.1.1　逆向物流的定义

1. 逆向物流产生的背景

20 世纪 80 年代,逆向物流一词首先在国外的杂志上出现。20 世纪 90 年代初期,随着逆向物流的经济价值逐步显现,环保意识的增强,环保法规约束力度的加大,逆向物流开始逐步引起国外一些发达国家的重视。随着新的环境法规的产生和追求最大利用率及高效率的动因迫使企业去认真对待逆向物流问题。目前,国外许多知名企业把逆向物流战略作为强化其竞争优势、增加顾客价值、提高其供应链整体绩效的重要手段。虽然我国对物流的关注呈现了白热化的状态,但对逆向物流方面的研究还是很不够的。我国企业要与国际接轨,建立逆向物流网络也势在必行。

一般的企业物流系统设计以满足客户需求为目的,涉及原材料采购、运输、储存、产品制造和加工、在制品搬运、在制品库存、产成品库存、成品运输及配送,以产品的完整供应链为基础,使经营活动中的各种物料按次序、按步骤地向前流动(如图 11.1 所示)。

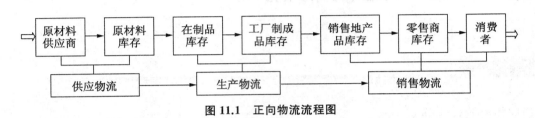

图 11.1 正向物流流程图

在竞争不断加剧的今天,企业生产能力随着经济全球化、网络经济和电子商务的迅速发展而不断增大,但在单位时间产品产出量增大的同时也会带来一系列的问题。

首先是退货问题。在顾客需求多样化的时代,退货问题已经相当普遍,包括产品过期造成的退货,客户无理由的退货,产品不合格导致的退货(目前,生产系统还不能保证100％的产品合格率,大规模的生产也会带来次品数量的增加),产品运输不合理形成的退货(运输系统的不完善,在运输过程中可能造成产品被盗、缺件、功能受损或包装受损导致客户不满意而形成退货),订单处理疏忽造成产品的重复运输、错误运输而形成的退货,产品有危害导致客户不满意的退货等等。

其次是产品的召回问题。产品的创新是许多企业追求的目标,但创新产品生产体系和生产工艺的不成熟增加了产品缺陷的风险。世界上许多大企业如 IBM、英特尔、福特等都有过产品召回的历史,我国近几年由于问题产品的不断涌现,产品召回也引起了相当的关注。随着产品召回制度的形成,产品召回的次数和数量呈增长趋势。

再次是报废产品的回收问题。在市场空间争夺日益困难,显性生产成本已经降到很难再下降的情况下,通过报废产品的回收来进一步寻找生产原料成本的下降,已经成为许多企业提高竞争力的下一步战略。国外许多发达国家,例如日本、美国已从 20 世纪末开始重视报废产品的回收。退货、产品的召回、报废产品的回收以及生产过程中的报废零部件、边角余料回收等过程是不能通过图 11.1 所示的物流系统来完成的,因此,对于逆向物流系统的需要就应运而生。

2. 逆向物流的定义

美国物流管理协会(the Council of Logistics Management,CLM)对逆向物流的定义是:"计划、实施和控制原料、半成品库存、制成品和相关信息,高效和成本经济地从消费点到起点的过程,从而达到回收价值和适当处置的目的。"

1998 年,Carter 和 Ellram 对逆向物流作出了定义:"逆向物流是为公司通过再循环

（recycling）、再使用（reusing）以及减少原材料的使用，使公司可以有效率地达成环境保护的过程。"Carter 和 Ellram 认为逆向物流狭义的定义是通过配销的网络系统将所销售的产品进行回收的过程。逆向物流广义的定义还包括减少正向物流中使用的物料数量，其目的是为了减少回收的物料数量和使产品能够再使用以及更方便地进行再循环处理。

我国国家标准 GB/T 18354—2006《物流术语（修订版）》中，将逆向物流定义为"从供应链下游向上游的运动所引发的物流活动"，又将废弃物物流（waste material logistics）定义为"将经济活动或人民生活中失去原有使用价值的物品，根据实际需要进行收集、分类、加工、包装、搬运、储存等，并分送到专门处理场所的物流活动"。

综合上述各种描述，逆向物流的内涵包括：

（1）从逆向物流流动的对象来看，逆向物流是产品、产品运输容器、包装器材及相关信息，从它们的最终目的地沿供应链渠道"反向的"（backward）流动过程。

（2）从逆向物流的目的看，是为了重新获得退货品、回收品或者废弃产品的使用价值，或者是为了对最终产品废弃物进行正确地处置。

（3）从逆向物流的活动构成看，为了实现逆向物流的目的，逆向物流包括对产品或者包装物的回收、重用、翻新、改制、再生循环、垃圾填埋等多种形式，另外还包括产品正向物流过程的资源缩减活动。

11.1.2 逆向物流分类

逆向物流可以根据形成原因、回流物品特征等因素进行分类。

1. 按逆向物流形成原因分类

（1）投诉退货。此类逆向物流形成是由于运输差错、质量问题等原因，它一般在产品出售短期内发生。通常情况下，客户服务部门会首先进行受理，确认退回原因，做出检查，最终处理的方法包括退换货、补货等。电子消费品如手机、家用电器等通常会由于这种原因进入回流渠道。

（2）终端退回。这主要是经完全使用后需处理的产品，通常发生在产品出售之后较长时间。终端退回可以是出自经济的考虑，最大限度地进行资产恢复，例如地毯、轮胎等这些可以再使用、再生产的产品，也可能是受制于法规条例的限制，对诸如超过产品生命期的一些白色和黑色家电等产品。

（3）商业退回。指未使用商品退回还款，例如零售商的积压库存，包括时装、化妆品等，这些商品通过再使用、再生产、再循环或者处理，尽可能进行价值的回收。

（4）维修退回。指有缺陷或损坏产品在销售出去后，根据售后服务承诺条款的要求，退回制造商，它通常发生在产品生命周期的中期。典型的例子包括有缺陷的家用电器、零部件和手机。一般是由制造商进行维修处理，再通过原来的销售渠道返还用户。

（5）生产报废和副品。生产过程的废品和副品，一般来说是出于经济和法规条例的原因，发生的周期较短，而且并不涉及其他组织。通过再循环、再生产，生产过程中的废品和副品可以重新进入制造环节，得到再利用。生产报废和副品在药品行业和钢铁业中普遍存在。

(6)包装。包装品的回收在实践中已经存在很久了,逆向物流的对象主要是托盘、包装袋、条板箱、器皿,它考虑经济的原因,将可以重复使用的包装材料和产品载体通过检验和清洗、修复等流程进行循环利用,降低制造商的制造费用。

2. 按回收物品特征分类

(1)低价值产品的物料,例如金属边角料或者副品,原材料回收等。这种逆向物流的显著特征是它的回收市场和再使用市场通常是分离的,也就是说,这种物料回收并不一定进入原来的生产环节,而是可以作为另外一种产品的原材料投入到另一个供应链环节中。从整个逆向物流过程来看,它是一个开环的结构。在此类逆向物流管理中,物料供应商通常扮演着重要的角色,他们将负责对物料进行回收、采用特殊设备再加工,而除了管理上的要求外,特殊设备要求的一次性投资也比较庞大。这些要求决定了物料回收环节一般是集中在一个组织中。高的固定资产投入一般都会强调规模经济的重要性,在这里也不例外,此类逆向物流对供应源数量的敏感性非常强,另外,所供应物料的质量(如纯度等)对成本的影响比较大,因此保证供应源的数量和质量将是物流管理的重心。

(2)高价值产品的零部件,例如电子电路板、手机等。出于降低成本和获取利润等经济因素的考虑,这些价值增加空间较大的物品回收通常由制造商发起。此类逆向物流与传统的正向物流结合得最为紧密,它可以利用原有的物流网络进行物品回收,并通过再加工过程,这些零部件还将进入原来的产品制造环节,在严格意义上,这才是真正的逆向物流,但是,如果回收市场的进入壁垒较低,第三方物流组织也可以介入其中。

(3)可以直接再利用的产品。最明显的例子便是包装材料的回收,包括玻璃瓶、塑料包装、托盘等,它们通过检测和清洗处理环节便可以被重新利用。由于包装材料的专用性,此类逆向物流属于闭环结构,供应时间是造成供应源质量不确定性的重要因素,因而管理的重点将会放在供应物品的时点控制上,例如制定合理的激励措施进行控制,通过标准化产品识别标志简化物品检测流程。不仅如此,由于在此类逆向物流的物品回收阶段对管理水平和设备的要求不高,因此可以形成多个回收商分散管理的格局,由原产品制造商对这些回收商统一管理,这种情况下,也可以应用供应链伙伴之间的合作机制理论进行研究。

11.2 逆向物流的发展及重要意义

11.2.1 逆向物流产生的动因

逆向物流还处在发展阶段,但一些因素迫使有些企业将逆向物流的管理提高到战略程度的高级管理日程上。带来这些变化的主要驱动因素有:

1. 政府立法

在工业界中,政府的环境立法明确了企业对他们所制造的产品的整个生命周期的责任。顾客对全球气候变暖温室效应和环境污染的关注也敦促企业重视环境保护。美国议会在过去的 5 年中引入了超过 2 000 个固体废品的处理法案。1997 年日本国会通过了强制回收某些物资的法案。在欧洲,政府出台的环境立法更为全面减少垃圾掩埋的废品处理方式,欧盟制定了包装和包装废品的指导性意见并在欧盟成员中规定了减少再利用和回收包装材料的方法,并根据供应链环节中不同成员的地位和相应的年营业额提出了企业每年进行垃圾回收和产品再生的数量要求,法规的目的是使供应链各方共同承担产品责任。在英国,对于年产包装材料 50 吨、每年营业额 500 万英镑的企业,政府强制要求他们登记并证实,在 1998 年以前完成了物资的再生和回收工作。需要进行再生的物资有铝、玻璃、纸张、木料、塑料和钢铁原材料。制造商负 6% 的责任,包装商为 11%,包装食品生产厂,例如罐头食品制造厂和备件生产厂,为 36%,销售给最终使用者的组织负 47% 的责任。1998 年再生物资比例为 38%,2001 年上升到 52%。为了让垃圾制造者为污染问题付费,英国政府开征了垃圾掩埋税,迫使企业改变处理废品的方法。

2. 日益缩短的产品生命周期

产品生命周期正在变得越来越短,这种现象在许多行业都变得非常明显,尤其是计算机行业。新产品和升级换代以前所未有的速度推向市场,推动消费者更加频繁地购买。当消费者从更多的选择和功能中受益时,这种趋势也不可避免地导致了消费者使用更多的不被需要的产品,同时也带来了更多的包装、更多的退货和更多的浪费问题。

缩短的产品生命周期增加了进入逆向物流的浪费物资以及管理成本。逆向物流的作用就是考虑到消费过的产品或废弃物具有再利用价值,将其进行加工、分拆、整修,使其成为有用的产品或转化为原料而重新投入生产和生活循环系统,而那些不具有可利用价值的产品或废弃物将被运到指定地点进行填埋或焚化。

3. 新的分销渠道

消费者可以更加便捷地通过新的分销渠道来购买商品。电视直销和互联网的出现使商品直销成为可能,但是直销产品也增加了退货的可能性,要么是因为产品在运输过程中被损坏,要么是由于实际物品与在电视或网上看到的商品不同。直销渠道给逆向物流带来了压力,一般零售商的退货率是 5%—10%,而通过产品目录和销售网络销售的产品的退货比例则高达 35%。由于直销渠道面对的顾客是全球范围内的而不仅仅局限于本地国内或者某一区域,退货物品管理的复杂性就会增加,管理成本也将上升。由于新的分销渠道使得产品退货的比例提高,对退货产品的管理要求也日益迫切,企业必须通过逆向物流管理来提高对退货产品的管理,从而尽可能地降低管理成本。

4. 日益宽松的退货政策

产品回收大部分来自消费者的退回。宽松的退货政策成为零售企业吸引顾客的有效策略,竞争的压力使得越来越多的零售商放宽退货政策。如家乐福采取的一周内无理由退货来刺激消费,与此同时,由于零售商在供应链中的地位上升,大多数返还给最上层供应商的商品(要么来源于消费者,要么是因为未售出)都被最初的供应商收回,由他们对这些产品进行再加工和处理。这些退货政策使得供应商不得不重视逆向物流管理来提高产品的利用率和降低退货成本。

11.2.2　逆向物流发展现状

1. 国外逆向物流发展

世界上许多发达国家如美国、日本、欧盟的许多国家,很早就在逆向物流的研究,并在实际中运用,尤其是以美国为代表的一些国家,在电子逆向物流方面取得了很大的成就。美国加州的立法机构 2004 年通过了一项提案,要求顾客在购买新的电脑或电视机时,交纳每件 10 美元的"电子垃圾回收费",旨在为环保提供额外资金。环保组织和地方政府希望,这笔费用能用来帮助安全处理居民家中的电子垃圾。日本 2000 年颁布的《家用电器再生利用法》规定制造商和进口商负责自己生产和进口产品的回收和处理。

欧盟各成员国经过多年的协调、商讨,在 1994 年颁布了《包装和包装废弃物指令》,强制制定了欧盟各国包装及其废弃物的回收指标。为了实现回收目标,大多数成员国相继建立起自己的回收体系。例如,德国实行拓展制造商责任体系,其专门从事包装物回收的 DSD 公司属于非营利性的行业回收组织,其回收模式为 DSD 公司对贴有"绿点"的包装物进行回收、分类、整理、清洗等,然后送回使用企业再次使用,对于没有贴"绿点"的包装由零售商负责回收。DSD 公司的经费来源主要为该公司对"绿点"包装的商品使用授权费,由包装物生产商和经销商等使用企业负担,消费者返回废弃物为无偿行为。此外,英国于 1993 年成立了"生产者责任工业集团"推广包装废弃物回收、再利用系统,奥地利也建立了 ARA "废弃物回收循环系统"等。同时,欧盟还做了"扩展的生产者责任"的尝试,起草制定了相关法律保证制造商对电脑的整个生命周期负责,并要求他们将回收电脑及配件的费用加到产品成本中。同时,制造商必须同意不添加任何有毒原料。从 2003 年 8 月 13 日起,每一件对欧盟出口的电子电气产品,都会被额外征收一笔 10—22 欧元的费用,用来处理报废的电子设备。欧盟对电子垃圾的处理已经做出有关规定,要求有毒垃圾必须与普通垃圾分放,并要求所有成员国自 2005 年开始,人均至少分拣出 4 千克电子垃圾。欧盟还表示,消费者有义务将废旧电器送往专门的电子垃圾收集处。当然,将来的电子垃圾将不再实行免费收集。另外,欧盟还制定了 ROHS 和 WEEE 指令,从最初的制造环节防止有害物质的产生。德国每年产生各种电子垃圾近 200 万吨,人均约 25 千克,德国采取多种方法进行回收、处理和利用,不仅大大降低了废旧电器对环境可能造成的污染,同时又充分利用了旧电器中的有用部件。目前,德国正在根据欧盟指令着手制定本国的废旧家电回收利用法。德国希望通过相关法律法规,进一步明确制造商对其设计、制造和销售的家用电器和电子产品有义务进行收集、再使用和处置等,促使制造商开发绿色家电,即从电器的原材料选择和产品设计开始,就为将来的使用和废弃考虑,形成"资源—产品—再生资源"的良性循环,从根本上解决环境与发展的矛盾。瑞典的法律规定处理费用由制造商和政府承担,而法国更强调全社会共同尽责,规定每人每年要回收 4 千克电子垃圾。

2. 我国逆向物流发展

我国逆向物流的发展过程大致经历了三个阶段:第一阶段是 20 世纪 50 年代,逆向物流结构表现为"居民出售废品—小商贩收购—集散市场出售—手工业小工厂在集散市场进货以生产新的商品";第二阶段是 20 世纪 60 年代至 90 年代,逐渐建立健全了逆向物流体系,此时正是我国逆向物流发展的所谓鼎盛时期,其结构表现为"居民废弃物—国有工厂回收(大概占 80％左右)—集中到收购站进行筛选、分类、加工、打包—运往工厂生产新的商品";第三阶段是 20 世纪 90 年代后期至今,逆向物流的发展由"有序变为无序,国有回收萎缩,私人企业、个体户占领了城乡市场,逆向物流由集中走向分散"。据统计,全国从事再生资源回收的企业超过 5 000 家,回收站点有 16 万多个,回收加工厂有 3 000 多个,行业从业人员超过 140 万人,再生资源年回收量在 5 000 万吨以上,年回收总值超过500 亿元。可见,我国逆向物流发展已初具规模并呈蓬勃发展态势,但总体上处于自发和无序状态,市场培育严重滞后。 逆向物流的发展主要体现在废旧汽车、家电、包装、食品、医药等领域。虽然政府制定了一系列相关的法律法规和机制,但与逆向物流规模较大、发展较快的欧美国家与日本相比,我的逆向物流仍然存在着很多问题。《中国环境状况公报》显示,2010 年,全国工业固体废物产生量为 24.09 亿吨,比上年增加 18.1％;排放量为0.05 亿吨,比上年减少 29.9％;综合利用量、贮存量、处置量分别为 16.17 亿吨、2.39 亿吨、5.73 亿吨,分别占产生量的 67.1％、9.9％、23.8％。2011 年,全国工业固体废物产生量为32.5 亿吨,综合利用量为 19.98 亿吨,综合利用率为 60.5％。2012 年国内的塑料制品累计总产量在 5 781.8 万吨,较 2011 年同期增长 9.0％,国内废弃塑料回收率平均约在 20％—25％,而发达国家的废弃塑料回收率达到 90％。有资料显示,目前我国没有被回收利用的可再生资源价值超过 300 亿元,每年大约有 500 万吨左右的废钢铁、20 多万吨的废有色金属,1 400 万吨的废纸及大量的废塑料、废玻璃等没有被回收再利用。还有,我国历年城市垃圾累计堆放量已超过 70 多亿吨,占用耕地面积超过了 5 亿平方米,对土壤、空气、地下水都造成了相当程度的现实和潜在的污染。因此,开展逆向物流、发展循环经济、加紧对废弃物的综合利用迫在眉睫。

11.2.3　逆向物流发展的重要意义

1. 逆向物流可以保护环境节约社会资源

由于各国都制定了许多环境保护法规,为企业的环境行为规定了一个约束性标准,企业的战略发展逐渐顾及环境保护。环境保护业绩已成为评价企业运营绩效的重要指标。逆向物流自身的环保特点,决定了许多企业纷纷采取逆向物流战略以减少产品对环境的污染及资源的消耗。

2. 通过企业逆向物流策略的实施更好地满足顾客需要增加竞争优势

在顾客决定企业发展的经济环境下,顾客价值是决定企业生存和发展的关键因素。众多企业通过逆向物流策略的实施来提高顾客对产品或服务的满意度,赢得顾客的信任从而增加其竞争优势。对于最终顾客来说逆向物流能够确保不合格产品及时退货,有利于消除顾客的后顾之忧,增加其对企业的信任度及回头率,扩大企业的市场份额。由于竞争的压力,许多零售商和制造商放开产品退回的政策,产品退回政策放开的趋势使得众多企业意识到满意的客户是企业最重要的资产。另一方面对于供应链上的企业来说,上游企业采取宽松的退货策略能够减少下游企业的经营风险,改善供需关系,促进企业间战略合作强化整个供应链的竞争优势,特别对于时效性强的产品退货策略所带来的竞争优势更加明显。

3. 使企业形象增值

企业通过实施逆向物流战略来改善企业的环境行为,提高公众心目中的形象。同时,企业也采用逆向物流战略来做有利于社区和公众的事情,比如耐克公司通过给予顾客一些回扣来回收旧鞋,将这些旧鞋碾碎用于篮球场和跑道场的建设。这些回收产品的成本是很高的,但这些活动提升了品牌的价值从而促进了产品的销售。

4. 降低企业的资源损失率和长期包装成本

企业在减少物料耗费时,往往只考虑企业内部的物料利用率,不重视企业外部废旧产品及其物料的有效利用,造成大量可再用性资源的闲置和浪费。由于废旧产品的回购价格低、来源充足,对这些产品回购加工可以大幅度降低企业的物料成本,特别是随着经济的发展,资源短缺日益加重,资源的供求矛盾更加突出,逆向物流将越来越显示其优越性。包装物的回收短期内可能回收成本高于包装物的成本,但从长期来看使用回收循环使用的包装物可以减少企业的包装成本,从而降低企业的产品成本,提高产品的竞争优势。

5. 有效的逆向物流可以成为企业新的利润源

逆向物流可以防止企业利润的流失,故已成为企业可以开发的新的利润源泉。企业有效地进行逆向物流管理,主要是对退货产品的管理,在降低退货率的同时,可以通过加工整修退货产品,从而再次投入使用,降低企业的资源损失率,相应地防止企业利润的流失。例如面对由于忽视逆向物流造成的巨额利润流失,雅诗兰黛公司痛下决心决定改善其逆向物流管理系统。它投资 130 万美元购买用于逆向物流的扫描系统——商业智能工具和数据库。在系统运转的第一年,就为雅诗兰黛带来了以前只有通过裁员和降低管理费用才能产生的成本价值。其后逆向物流系统通过对雅诗兰黛 24% 以上的退货进行评估发现,可以再次分销的产品居然是真正需要退回的 1.5 倍。于是每年又为雅诗兰黛节省了一笔人力成本。与此同时,系统对超过保质期的产品识别精度也大大提高。1999 年雅诗兰黛因为超过保质期销毁了 27% 的退货,而在 1998 年这个比例是 37%。雅诗兰黛逆向物流部门的主管经理预计,今后几年只要信息系统和营运系统能够基于更严格的退货时间识别出过保质期的产品,产品销毁率完全可能降到 15% 以下。雅诗兰黛的成功也并非个案,越来越多的企业如 IBM、通用汽车、3M、强生等公司进入逆向物流的管理进行系统控制和强化管理使得成本下降服务水平提高。

11.3　逆向物流系统管理

11.3.1　逆向物流与正向物流的区别

当今,越来越多的企业已经认识到逆向物流管理的重要性。逆向物流与正向物流密切相关。以下是企业物流系统示意图,如图 11.2 所示。

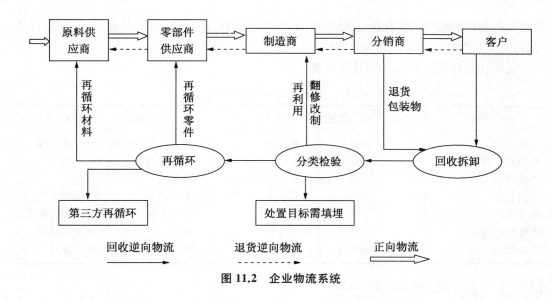

图 11.2　企业物流系统

通过图 11.2 可以看出逆向物流与正向物流是有很大差别的。

（1）正向物流系统中只需要为消费者市场服务，整个物流系统都围绕消费者的需求自行调整，呈发散状，即一个制造商通过正向系统，将产品配送给许多消费者，而逆向物流系统却同时高度发散和集聚。逆向系统要从消费者手中将旧产品和废弃物料收集起来，还要将这些物料再销售出去。

（2）在逆向物流系统中，回收的物品通过一定的工艺转化为新产品、部件、零件、材料等。转换过程常常与整个网络相结合，覆盖从网络起点（旧产品、废弃物收集者或供应者）到终点（重新回到正向物流系统）的整个过程，也就是说，在逆向物流系统中，产品的生产在整个网络中进行。而正向物流系统中产品生产完全是另一种情形，产品在生产单元中生产好之后在网络中流动。

（3）逆向物流和正向物流在包装方面也有区别，从而需要不同的运输方式。正向物流系统中产品是统一包装的，而进入逆向物流系统的产品的包装形态是各式各样的，包装的情形极大地影响着产品运输和处理的难易程度。

（4）正向物流和逆向物流另一个不同之处就是产品的品质。正向物流往往从总体最优化来使运输的规模经济最大化，但逆向物流即使采取了整合的程序也很少有这种优化的机会。在逆向物流中，除了更高的运输成本之外，非标准的包装意味着产品很难被安全地运回来。产品往往在逆向流动的过程中进一步遭到损坏。

（5）一旦回流产品到达分拨中心，必须做出处理决定。对正向物流而言，这是一个较简单的事情，产品就是要送到客户手中。而对于逆向物流来说，最终的处理却不确定，回流的产品也许回到货架上，或许回到上一层的供应者手中，或许被转售，或许被送去修复，或许送到专门进行回收再生的公司。

（6）产品的处理速度对于逆向物流管理至关重要，因为逆向物流中产品的生命周期缩短了，所以使产品尽快通过逆向物流渠道的紧迫性增加了。逆向物流中的产品，尤其是电子类产品,当生产厂商在决定如何处理产品时犹豫不决,那些产品很容易失去它的价值。

逆向物流和正向物流区别具体见表 11.1。

表 11.1　逆向物流和正向物流区别

比较内容	正向物流	逆向物流	比较内容	正向物流	逆向物流
预测	容易	困难	服务速度	重要性得到认同	经常被忽视
分销或分拨模式	一对多	多对一	成本	相对透明	较为隐蔽
产品质量	均一	不均一	产品生命周期	明确	复杂
产品包装	统一	多已损坏	供应链各方协调情况	较为直接	障碍较多
库存管理	统一	不统一	营销模式	较为稳定	影响因素较多
运输目的线路	明确	不明确	操作流程	透明	相对不透明
产品处理方式	明确	不明确	产生过程	可以预见	不可预见

11.3.2　逆向物流系统特征

1. 高度不确定性

逆向物流产生的地点、时间及回收品的质量和数量难以预测,这导致了逆向物流供给的高度不确定性,再加上已恢复或再使用产品市场的高度不确定性,使得对回收产品的需求更是难以预测,因而供需平衡难以掌握。相反,正向物流的供给根据系统的需要是可以控制的。原材料在适当的时间和地点按一定的数量和质量投入生产是其基本要求,所以正向物流对产品的需求几乎完全由需求方决定,供给和需求容易达到平衡。

2. 运作的复杂性

逆向物流的恢复过程和方式按产品的生命周期、产品特点、所需资源、设备等条件不同而复杂多样,因此比正向物流中的新产品生产过程存在更多的不确定性和复杂性。根据 Roger 在 2001 年对美国公司的一项调查,逆向物流的主要活动和功能包括:再制造、修整、再循环、填埋、再包装和再处理等内容。Carter 等指出,一个公司的逆向物流实施直接被至少四种环境因素影响,即消费者、供应商、竞争对手以及政府机构,所以公司很难做出有关恢复方式的战略决策来高效且经济地运作逆向物流系统。

3. 实施的困难性

逆向物流普遍存在于企业的各项经营活动中,从采购、配送、仓储、生产、营销到财务,需要大量的协调和管理。尽管在一些行业,逆向物流已经成为在激烈竞争中找到竞争优势从而独树一帜的关键因素,但是许多管理者仍然认为逆向物流在成本、资产价值和潜在收益方面没有正向物流那么重要,因此分配给逆向物流的各种资源往往不足。另外,相关领域专业技术和管理人员的匮乏,缺少相应逆向物流网络和强大的信息系统及运营管理系统的支持,都成为有效逆向物流实施的障碍。

11.3.3　逆向物流管理存在的问题

尽管逆向物流管理能给企业带来经济效益和社会效益,但在具体运作逆向物流业务

时,可能会遇到很多问题,这些问题典型地表现在以下几个方面:

1. 人们对逆向物流的重要性缺乏认识

美国逆向物流执行委员会的一份针对 300 多位负责供应链及物流的企业经理人所做的调查报告显示,有接近 40％的人认为,逆向物流不成功的首要因素是管理阶层对其存在认识上的误区。在我国,逆向物流管理活动被认知的程度就更低了。

2. 逆向物流管理面临很多不确定性

退货商品、回收利用产品具有很大的随机性,在发生地、发生时间、数量和物品种类等方面都具有很大的不确定性,给预测和管理工作带来巨大的困难。例如,退回产品数量具有不确定性,商业退货的数量,尤其是从消费者手中退回的产品数量是由产品的质量、寿命、使用时间和使用环境等多种因素决定的;退回产品质量情况具有不确定性,退回产品的质量问题、损坏程度有轻有重,而且方式也各不相同,只有在产品回收之后,通过检测,才能确定其质量问题所在;退回产品处理方法具有不确定性,根据退回产品质量、退货原因等不同,需要对其进行不同的处理,同时退回产品情况的不确定性造成了产品加工时间的不确定和原材料需求的不确定;产品再利用需求具有不确定性,在逆向物流中,退回产品再利用需求市场远没有普通市场成熟,存在更大的随机性和不可预测性。

3. 逆向物流成本管理的难度大

在正向物流过程中,决定成本的因素相对比较稳定;而在逆向物流中商品退货回收和再处理成本具有很大的不确定性,逆向物流系统中返回产品的运输成本、储存成本和再加工都会随退回产品情况的变化而改变。例如,实施翻新、再包装等的再制造过程要比一般生产过程复杂得多,它包括拆卸、维修处理、组装三个相关子工序。与传统制造过程不同,对每件回收或退货产品的处理方法在检查之前是未知的,因为产品回收状况不同,产品的加工工序、处理时间、需要的配件和原料数量等都是不确定的。这样就给作业管理和成本管理带来巨大的挑战。

4. 逆向物流流程与正向物流流程的冲突

回收品或退货品的逆向物流流程有时会同常规的产品正向物流业务流程重叠,尤其是在库存和运输等环节可能相互冲突。

上述这些问题给企业实施逆向物流管理带来巨大的困难。

11.3.4　逆向物流系统有效管理的措施

逆向物流的管理涉及很多环节和部门,有效地管理逆向物流才能为企业带来经济利益,为社会带来环境效益。有效地管理逆向物流可以从以下几点实现:

1. 加强逆向物流的起始点控制

就是指在逆向物流流程的起始入口对有缺陷或无依据的回流商品进行审查。要想使整个返回的物品流实现利润,良好的起始点控制是一个重要因素。很多公司为了提高顾客的满意度会采用回收策略。如零售商 L.L.Bean 因愿意回收破损衣物并给予消费者充分信任而闻名,但它同时承担了顾客在购买商品过程中所涉及的所有风险。一个企业如果承担了商品有缺陷破损或顾客只是不想要的风险,它往往能吸引客户,增加销售额但同时给零售商也带来一定的困难和问题。

2. 建立集中退货中心

集中退货中心管理是逆向物流高品质运作的基础和前提。集中退货中心已经出现好几年了,最近几年才开始普及,主要是由于越来越多的零售商和制造商决定在管理和加工回收产品上投入硬件和软件设施。目前一些跨国企业的配送中心都设有专门的退货集中地。逆向物流流程上所有的产品都会被先送到这里,经过分类处理后再送到其最终的归属地。设立集中退货系统,一是有利于给每个购买回收产品的客户提供最大的供给量,二是可以使得公司尽可能地回收退货产品,并由专业人士对其分类来确定每一产品的最好归属地。

3. 建立逆向物流信息系统

公司目前在实行逆向物流管理时面临的最为严重的一个问题是缺乏好的信息系统。很少有公司可以成功地自动获得回收过程中的信息,也很少有公司有好的逆向物流信息系统正在使用。逆向物流信息系统为企业恢复链的全面实现提供了最有力的保证,它使恢复链上所有相关业务部门环环相扣,对退货快速反应并为企业赢得信用,改善企业的现金流。此外基于电子资料交换系统设计的信息系统还能让制造商与销售商之间共用退货信息,为服务商提供包括品质评价、产品生命周期在内的各类营销信息,使退货在最短的时间内被处理完毕,为企业节省大量的库存成本和运输成本。逆向物流信息系统的建立除要求企业有足够资源外,还要求企业有足够的灵活弹性以应付逆向物流过程中出现的各种例外情况,并要与企业内跨部门系统相连接。对退货信息的归类和分别处理是逆向物流信息系统的核心内容,因为它们可以直接追踪退货成本和退货过程。有效的逆向物流信息系统一般都会对每次退货原因及最后处置情况编订代码,以便管理者即时追踪和评估。

4. 加强逆向物流中再制造环节

对产品进行再次制造越来越引起人们的注意。缺乏最新功能但是仍处于可用状态并且可以实现功能恢复的产品,可以重新制造并放到仓库中以备再次使用。产品功能再生的生产制造成本低于制造新品的制造成本。企业运用有效的整修过程可以在最大程度上降低整修成本,并且将整修后的成品返回仓库。

5. 加强逆向物流中的供应商管理

逆向物流中的产品设计注重的是绿色设计,即指以环境资源为核心概念的设计过程。在产品的整个生命周期内优先考虑产品的环境属性、可拆卸性、可回收性等,并将其作为产品的设计目标满足环境目标的同时,保证产品的物理目标、基本性能、使用寿命和质量等。在这一设计过程中要加强供应商和产品设计者之间的互相沟通,成立产品设计组讨论新产品设计中的环境问题。在产品设计过程中材料是产品设计的关键和前提,也是设计选材的最终目标。由于供应商参与了产品设计,故需要供应商按照产品设计的宗旨提供环保性的原材料,而且提供的材料可以循环使用。由于产品设计时考虑到产品的可拆分性,以提高产品拆分后的材料可利用性,但如果只是从产品本身去考虑可拆分性而不考虑到拆分后材料是不是可以利用，其价值还是不高。但如果供应商参与了产品设计过程，供应商可以根据产品设计的拆分性要求，相应地对自己的产品设计进行改进，从而保证整个产品设计链的环保要求。

目前越来越多的公司把供应商作为其长期的合作伙伴，而不是对立的关系。供应商开发成功后公司会对供应商进行全方位管理。这些管理包括对供应商进行绩效评估、培训等。就对供应商的绩效评估而言，很多公司开始把产品的环保性和可回收利用程度作为评估的标准，现在大部分跨国企业使用可回收的包装物，故跨国公司对供应商包装物的要求也很高，如果供应商发出的货物不装在客户指定的可回收的容器内，即便你的产品及时运至客户处，客户依旧认为你的运输是不符合其规定的，从而影响供应商的评估成绩。

6. 发展逆向物流的电子商务

电子商务是随着计算机网络和通信技术的迅速发展，特别是 Internet 的普遍应用而产生的一种全新的商务运作模式。在实际运作中通过网络上信息传递可以有效地实现对物流的控制，使物流合理化。由于电子商务的优势对于逆向物流中的已用产品的使用状态、已用产品的收集以及产品的再制造和再分配等环节都会产生积极的影响。目前电子商务在逆向物流领域的运用只是表现于在网上对二手产品的收集与拍卖，其实在逆向物流领域的运用远远不止这些。

7. 外包

建立一套完善的逆向物流体系对有些企业来说其成本可能远远超出其收益，因而，可以将逆向物流的业务外包给成熟的第三方物流企业以节约成本。逆向物流外包供应商比较专业，他们能帮助企业负责物流活动并通过专业调查确定如何进行这些活动及活动的花费。一般情况下，外包供应商能把物流活动做得更好。目前逆向物流供应商提供的服务是针对退货过程的仓储服务，即退货产品根据客户的需求进行整修处置或退回制造商。另外，外包商的软件可让零售商对产品进行跟踪，通过这些信息来决定购买以降低退货率。

11.4　闭环供应链中逆向物流管理的实施

11.4.1　闭环供应链的定义

逆向物流与闭环供应链息息相关。提到逆向物流时，自然而然的会想到正向物流、传统供应链，用正向物流来表示传统的物流活动。由于正向物流和逆向物流通常交织在一起，所以很难进行区别，由此闭环供应链的概念应运而生。它将回收活动置于供应链管理的框架中，并强调一种环状的过程。这种环状的过程包括物理上的闭环过程和功能上的闭环过程。同时，它也将正向物流置于供应链管理的框架中，从而拥有了比逆向物流更为丰富的含义。

近 10 年来，国内外有关闭环供应链的研究与逆向物流有很大关系，最早有关闭环供应链的研究是从逆向物流研究开始的。而在国内有关闭环供应链研究比较少,对闭环供应链进行系统研究更少。在大部分文献中很少对闭环供应链进行定义,而且对闭环供应链的说法不一。

一部分人认为,企业是供应链上的一个节点,若干条供应链上的节点有可能组成一个闭环的结构,这些处在闭环上的企业对很多供应链有着重要的影响,因此如何管理它们至关重要,人们把这种闭环的结构称为闭环供应链。还有一些文献将闭环供应链研究等同于逆向物流研究,因为大部分闭环供应链方面论文以逆向物流为着眼点。更多的文献认为闭环供应链是传统供应链与逆向物流之间整合的结果,闭环供应链研究的方向就是如何整合传统供应链与逆向物流。

本书认为,由于各种各样的原因,商品从生产到流通的各个环节中产生了逆向物流,逆向物流的产生促使企业开始考虑逆向物流系统规划以及如何将逆向物流系统融入原来的供应链系统中进行统一管理,供应链系统规划者将逆向物流各个活动置身于传统供应链框架下,并对原来框架流程进行重组,这样形成新的系统,构成了一个闭环的结构,这样结构的供应链称为闭环供应链。

11.4.2　闭环供应链的特点

闭环供应链设计的目的是对物料进行封闭处理,减少废气排放和剩余的废物,以低成本为客户提供服务。由于正向供应链和逆向供应链之间有着很强的相互作用关系,必须同时进行考虑。

闭环供应链的显著特点是:封闭性、逆向性、不确定性。闭环供应链是将正向物流和逆向物流结合在一起,强调它的封闭性。同时,闭环供应链有着传统供应链相同的特征(传统供应链存在的特征在闭环供应链中同样存在),与传统供应链不同的地方在于,闭环供应链存在着产品流、信息流的逆向性。闭环供应链的不确定性表现在闭环供应链中的逆向物流,逆向物流产生的地点、时间和数量是难以预见的,正向物流则不然,按量、准时和指定的发货点是基本要求;其次发生地点较为分散、无序,不可能集中一次向接受点转移;再次,发生的原因通常与质量或数量异常有关;最后,处理的系统和方式比较复杂多样,不同的处理手段对资源价值的贡献有显著差异。

11.4.3　闭环供应链中企业逆向物流活动

逆向物流与正向物流一起形成闭环供应链。它的最终目标是为了获得竞争优势,是对物流的双向的全过程的高效率化和高效益化。在整个供应链系统中,企业不再只是追求本企业的最优化,而是从追求与交易对手(上游的供应商与下游的销售商)共同实现最优化,变为从生产到消费的整个流通过程的全体最优(即供应链管理物流),而随着逆向物流的日益发展,企业所追求的与最终能实现的目标相应地就变为从生产到废弃的全过程的高效率与高效益了。

逆向物流主要包括以下五个主要过程,即收集、检测/挑选/分类、直接回收/再加工、报废处置和再分销。

1. 收集

收集是指收回产品并对其进行物理上的移动,到达某一地点以等待进一步处理的所有相关活动,简单地说就是将产品从消费者手中收集到回收点的过程。在这一过程中,回收产品将与其他废弃物分离而进入逆向物流系统。

2. 检测/挑选/分类

在这一阶段,产品经过检测(例如质量评价等)以决定其回收方式,即对回收产品的再次可用性和如何使用做出确定的一系列运营活动。根据已计划好的回收方式,按照产品的质量状况和回收线路对产品进行分类。分类往往是整个过程中较为费时费力的,因此它成为物流系统中的瓶颈。如果分类能够在整个过程中较早地完成,或者在产品收集阶段,产品具有标准化的外形或容量,那么分类过程的效率将大大提高。同样,产品检测能够在较早的阶段完成,将节约一大笔运输费。比如,在产品拆卸之前或之中进行质量检测,以决定产品是被废弃还是进行原材料重新利用,或其零部件投入重新加工。

3. 直接回收和再加工

直接回收包括产品的重新使用、重新出售和重新分销。再加工意味着将已使用过的或存在各类其他问题的退回产品进行加工,从而转换成再次可使用的产品的生产过程,包括产品的修理、翻新、重新制造、同型装配、循环利用及焚烧和填埋。每件产品在回收中都将经历本节所提到的四个过程,不同的产品在前两项和最后一项过程中差异不大,而在本阶段即直接回收和再加工过程中,每类产品或者说每件产品的经历都是不同的。修理、翻新和重新制造都是在质量和技术上对产品进行升级,其区别仅仅在于这种升级的程度。其中修理是升级程度最小的,而重新制造是最大的。

4. 报废处置

报废处置表明产品由于技术或经济的原因不能被再次使用或利用,故而被有计划地报废丢弃的过程。处置的方式有运送到指定地点进行填埋和焚烧。在产品检测分类阶段以及产品再加工的过程中,某些产品或零部件由于自身质量和性能上的原因无法再加以利用,因而被报废处置。然而产品在焚烧时释放出的能量企业仍然可以加以利用。

5. 再分销

最后一个过程就是重新分销,它将处理后的产品返回潜在市场并进行物理上的转移,最终送到新用户的手中。这个过程包括销售(租赁、服务合同等)、运输和储存活动。在产品的重新分销及先前的各个回收过程之间都涉及一个重要的步骤,即运输。运输是逆向物流的一个重要的成本因素,特别是将回收产品从最终用户运送到第一层的处理地点时。所涉及的产品收集点为数众多,而每个收集点的产品数量又较少,从而造成运输费用的升高。如果所有的回收产品都必须在以上这些运输过程之间进行运送,而最终只有其中部分零部件得以重新利用,那么所耗费的运输成本也是很高的(如图 11.3)。

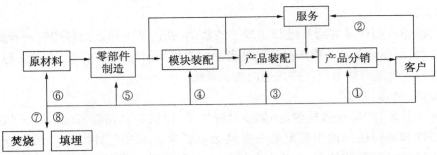

① 直接重复使用/销售　② 修理　③ 重新整修　④ 重新制造　⑤ 同型装配
⑥ 循环利用　⑦ 焚烧　⑧ 填埋

图 11.3　闭环供应链中逆向物流作业流程

11.4.4　闭环供应链中不同类型企业逆向物流活动的实施

供应链上的成员通常被分为四类:供应商、制造商、分销商、零售商。对于逆向物流,它们各自有其看问题的角度与立场,同时也有着不同的利害关系。作为供应链上不同的各个节点,他们各自的逆向物流管理上存在着差别。

1. 零售商的作业流程

对零售商而言,虽然处理退货与回收耗费了一定人力和时间成本,同时还会产生现金流方面的负项流动,但是它所带来的挽回顾客和商场信誉方面的效果是不可低估的。如果长时间的采用这种宽松的退货政策,顾客对零售商增加的是信任感而不是认为产品的质量有问题,这是由消费者的喜欢受尊重的心理决定的,因此长时间奉行这种政策会带来良好的效果,同时也会对竞争对手产生压力,所以最终会使大家都这样做。这也是西方国家的公司长期奉行自由退货政策的原因。

零售商的一线直接联系员工要负责接待顾客的退货和处理产品的回收。基本上我们可以认为他是第一个处理产品的逆向物流问题的人,所以他必须做好退货的进入控制。首先他必须在资料库中检索、查询该产品是否属于公司政策范围内的退货,依据所获得的信息做出相应的处理;如果回答是肯定的,他就必须判断产品的状况,然后根据企业对自己的授权情况确定是由自己处理,还是交给上级。如由自己处理,接着就是进行全额或部分的退款,并将处理情况输入信息系统;最后,他需要做出判断:该产品是进行再销售、维修、降级处理还是将其进入本企业的储运部门运往上游,并在其授权范围内自主行动。经过这样一系列作业过程,我们说他尽到了把好退货和回收的入门的作用。

储运部门将安排运输将其运往集中退回处理中心(我们假设供应链为逆向物流建立了一个集中退回处理中心或至少是制定了一个已有的物流中心专门负责退货问题)。正如在物流中一样,信息流应该先于物流,所以它应该向退回中心提前发送详细的产品信息,同时还要向财务部门发出发货信息。财务部门根据销售部门与库存储运部门的信息做出账目上的处理,销售额的损失,根据供应链企业间的规定,或者向上游企业要求补偿,或者由本企业承担。至此,退回处理的第一阶段完成。

在经过一定时期的累积过后,零售商的管理部门应根据原始数据做出详细的分析报告。一方面可以据此为今后的订货作参考,另一方面也可以向制造商提出改进建议,同时还可以用它来改变管理的相关规定和进行员工的绩效考核。到此整个阶段才完成并进入下一次循环。这个流程见图 11.4。

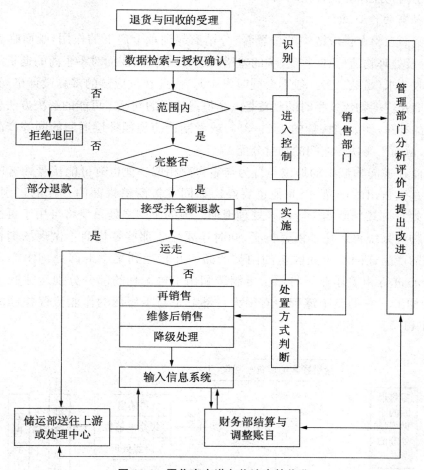

图 11.4　零售商在逆向物流中的作业

图 11.4 中的方框表示具体的行动,菱形框表示选择判断。整个流程是以销售部的一线联系员工的识别、入门控制、实施、处置方式判断为核心的。这是符合零售商的环节特性的。实际上这个作业流程中的许多步骤是与传统企业的退货、回收行为相似的。的确,二者的许多基本行为应该是相似乃至相同的,但是它们之间还是存在两点区别:(1)这个流程特别强调了信息的查询与输入;(2)对于一线联系员工的责任与能力也更为看重,同时也要求他的实施判断是基于逆向物流的处置方式的。对于今后的改进也

是以如何更好、更快地识别货物信息、改善入门控制为重点(比如应用 RFID 技术),使零售商在逆向物流管理中,既能给顾客最大的方便,又能实现符合要求的产品的正确接收与回收。

储运部门在流程的末端应将不在零售商处处理的产品运往分销商或直接运往集中退回处理中心,财务部门则要与上游的分销商和制造商进行相关的结算,这样零售商处理一个产品的逆向物流作业流程便结束了。

2. 分销商的作业流程

从分销商在整个供应链中的位置看,分销商起到承上启下的作用,既面临着正常供货、付款以及处理物流(正向物流)中的差错问题的压力,又要面对零售商的退货压力与制造商的回收要求(虽然二者一般不会同时发生)。因此在供应链的多赢设计格局下,如何保护分销商在逆向物流发生时的利益是一个值得注意的问题。可能的解决方法包括给分销商一定的补贴,例如销售额的 1%—3%,或者制造商超额补偿退回的同等产品给分销商等方法,从而平衡伙伴之间的利益分配。

分销商在逆向物流中的地位与行为与零售商相似。他也有可能接受顾客的直接退货和召回过去售出的产品,因此他也要经历如同零售商销售部门一样的识别、入门控制、实施、处置方式判断四个阶段来处理退回。他的不同之处是要将可用于再次销售的产品进入物流系统再运往零售商售卖,同时还要接收那些零售商不做现场销售、维修、降级处理的产品连同本企业收集的同类产品一并转运到集中退回处理中心。集中退回处理中心进行相关作业后将用于再制造和用于再循环的部分分别运往制造商和供应商进行加工。它的整个流程中有很大一部分是与零售商的作业流程相同的。它的流程见图 11.5。

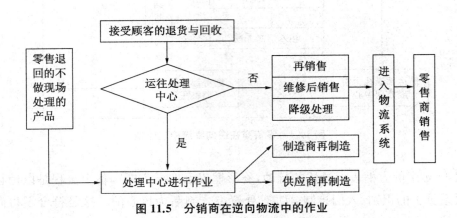

图 11.5 分销商在逆向物流中的作业

3. 制造商的作业流程

从制造商的角度来看,如果再制造不是企业的核心能力,那么他可以将其部分或全部外包给专门的物流公司安排运输、储存方面的问题,还可以把再制造中的非核心部分也外包。一般来讲只要是能够进行再制造的产品,制造商经过精心准备后予以介入,是有较大可能获得利润的,所以制造商是逆向物流的受益者。而如果是单纯的召回,制造商一般就会遭到很大的损失,但是为了企业今后仍然能在本行业立足,却又不得不这样做。就像中美史克的康泰克因含有 PPA 成分最终不得不全部收回,给公司造成了 6 亿元的损失;同时使该产品在市场上消失 220 多天,直到不含 PPA 的新康泰克面世才填补了这一公司主打产品的长期空缺。但是随后发生的事实说明了问题,由于中美史克公司的成功的营销,消费者再次认同了新康泰克,使它重新获得了与原产品相似的市场份额。这种认同里面应该是包含着消费者对中美史克公司及时地回收全部产品的认可,他们认为这是一家值得信赖的公司,新的产品只要不含有副作用的成分就仍然是好产品。所以当一个企业出现了不能产生利益的退货、回收时并不见得是一件无法挽回的事,只要企业能够积极地实施逆向物流,那么它在消费者心目中损失的地位比人们通常所想象的要少得多,而且积极的回收还为企业打下了重新获得市场的第一块基石。因此,无论在哪种情况,有条件的制造商都应该成为供应链中实施逆向物流的积极推动者。

因为集中退回处理中心在供应链中集收集、储存、鉴定、测试、分类、清洁、拆卸于一体,一方面承接下游零售商、分销商的退回,另一方面又连接制造商,因此它是整个逆向物流活动实施的枢纽。但它的重心仍是与制造商相协调以顺利地实现逆向物流回收价值这一经济目的,以及通过它将一部分无利用价值的部分进行废弃处理。整体上,它还是与制造商作业流程的关系更紧密。

集中退回处理中心首先是要接受由零售商和分销商甚至供应商提供的退货与回收产品,在这里要解决运输与仓储信息系统准确的处理和安排问题;其次,它要对收集的产品进行鉴定、测试以确定它的状况是否适合再制造和再循环;再次,对产品和其包含的零部件的分类;随后,要对产品进行清洗(保持清洁状态的不用此步骤);根据数据库中的物料清单和拆卸图开始对产品进行拆卸,在拆卸时可以根据物品的数量决定是否有必要进行外包,以适应旺季和较大的临时性数量增加的需要;然后与物流中的采购计划、库存控制计划相衔接,以决定运送多少拆卸后的零部件去制造商那里进行再制造,同样的状况也适用于它与供应商的联系以确定运送用于再循环的零部件数量;最后将没有任何再使用价值的产品进行废弃处理。以上 7 个步骤就是集中退回处理中心的基本作业流程。

制造商需要接受顾客的直接退回和经过集中退回处理中心运来的经过拆卸的产品(零部件),所以顾客直接退回的产品也要经过与零售商、分销商相似的判断,将能够直接再销售的产品通过物流系统运给分销商和零售商或者其他市场。对于可用于再制造、再循环的产品可以运往集中退回处理中心进行拆卸(还要再运回),所以企业也可以将其在自己的厂内返修线上自行拆卸。衡量的关键是需拆卸的产品数量、运费,是否会对正常生产造成影响等。随后,制造商就进入再制造过程,最后将制成品送入物流系统。其作业流程见图 11.6。

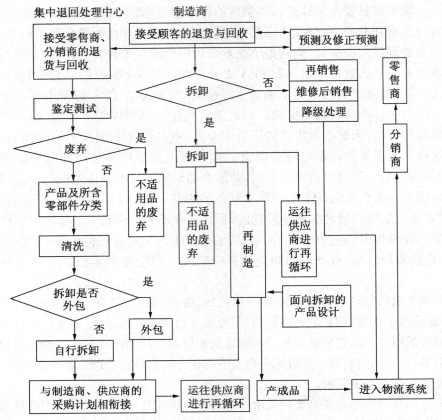

图 11.6 制造商在逆向物流中的作业

本章小结

我国国家标准 GB/T 18354—2006《物流术语(修订版)》中,将逆向物流定义为"从供应链下游向上游的运动所引发的物流活动",又将废弃物物流(waste material logistics)定义为"将经济活动或人民生活中失去原有使用价值的物品,根据实际需要进行收集、分类、加工、包装、搬运、储存等,并分送到专门处理场所的物流活动"。

逆向物流还处在发展阶段,但一些因素迫使有些企业将逆向物流的管理提高到战略程度的高级管理日程上。带来这些变化的主要驱动因素有:政府立法,日益缩短的产品生命周期,新的分销渠道,日益宽松的退货政策。

逆向物流发展具有以下重要意义:逆向物流可以保护环境、节约社会资源;通过企业逆向物流策略的实施更好地满足顾客需要增加竞争优势;使企业形象增值;降低企业的资源损失率和长期包装成本;有效的逆向物流可以成为企业新的利润源。

逆向物流系统具有和正向物流系统不同的特征,在具体运作逆向物流业务时,会遇到很多问题,需要采取有效的管理措施:加强逆向物流的起始点控制,建立集中退货中心,建立逆向物流信息系统,加强逆向物流中再制造环节,加强逆向物流中的供应商管理,发展逆向物流的电子商务,外包等。

逆向物流与正向物流一起形成闭环供应链。它的最终目标是为了获得竞争优势,是对物流的双向的全过程的高效率化和高效益化。

复习与思考

1. 和正向物流相比,逆向物流有哪些特点?
2. 阐述加强逆向物流管理的重要意义。
3. 简要描述逆向物流系统的基本构成?
4. 简述闭环供应链的概念。
5. 逆向物流主要包括哪几个主要过程?

案例分析

□ 美国沃尔玛成功实施逆向物流

名列世界500强之首的美国沃尔玛百货有限公司可谓"家大业大",但沃尔玛崇尚节俭、重视回收循环废旧物资所体现出来的珍惜资源的精神和他们采取的细致措施,给消费者留下了深刻印象。在沃尔玛的购物袋——暗蓝色的再生塑料袋上印着几行字:"循环购物袋换来新世界;请把购物袋退还沃尔玛,以支持我们保护环境的承诺。"

1. 回收循环利用成为企业文化

回收废旧物资与循环再利用是沃尔玛企业文化的一部分,对于环境保护来说,重视循环与回收,显然是具有长远意义的正确措施。为此,沃尔玛长期以来一直鼓励与分店所在地保持全面接触与沟通,这样沃尔玛与地方就可以在环境保护问题上加深理解,保持积极参与的活跃状态,并能够为社区的环境保护献一份爱心。沃尔玛公司经营、生产的各类商品的巨大数量,决定了循环回收的废旧物资也是大量的,公司经常对废旧物资回收及循环再生状况进行评估。

2003年,沃尔玛在全美共回收了约2.24亿吨纸箱、142亿磅的塑料购物袋(薄膜)、2 200万加仑(1加仑等于4.546 09升)的废油、1 800万只废旧轮胎、1 800万只废电瓶和3 600万个一次性照相机等。为处理好全美范围内数量巨大的回收物资,沃尔玛公司总部设有回收及循环部,管理全美4 000家商店、会员店、配送中心等废旧物资的回收循环工作,并由这个部门负责选择为公司运送垃圾、纸箱及塑料袋等回收物资的运输公司,这些运输公司还要负责在全美为沃尔玛运输循环后的再生材料。公司总部通过内部局域网向员工发布有关循环回收的各类信息、指导与要求。

2. 建立独特高效回收循环系统

公司要求所有的沃尔玛连锁企业,包括购物广场、山姆会员店、配送中心、家用品及办公用品店等,都对纸箱纸板、塑料购物袋等进行回收,每个分店都设有必要的设施收集这些回收物资。比如,在每个沃尔玛分店的大门入口处,都设有专门回收塑料购物袋的回收箱,供顾客随时把塑料袋退还商店;由专人负责集中所有回收来的塑料袋,送往合作工厂,用于制造塑料地板等再生产品。

在建立完善高效的回收循环系统方面,沃尔玛在实践中逐步摸索出了一些经验。沃尔玛许多大规模的循环回收行动都是与独立的第三方实体合作进行的,同时各分店也有自己的回收活动。在这些活动中,沃尔玛员工都直接与地方政府或社区团体合作。例如,沃尔玛在商店的顾客服务中心设立了废旧电池回收箱,让顾客随时把那些摄像录像机、手机及无线电话和各种电力工具上使用过的废旧电池丢在那里。各店的珠宝钟表部还负责回收手表电池。沃尔玛把所有回收来的旧电池送到合作伙伴"废电池回收再生公司"去,这是由沃尔玛赞助的非营利性公益企业。该公司利用再生的镉制造新电池;再生的镍和铁就可用来生产不锈钢产品。沃尔玛在美国1年回收的废旧电池高达1800万节。在充分重视回收利用政策的同时,保证商品质量不因此下降是顾客关注的,也是沃尔玛公司关注的焦点。沃尔玛认为,在生产与包装环节中使用再生材料,是制造商与供货商的责任,沃尔玛积极鼓励使用再生材料,但公司的商品与服务质量绝不会降低。废弃材料的回收与循环是前景可观的新领域,但目前对沃尔玛来说,钱还是用在回收的设施、人力等成本上的。

资料来源:任方旭,《美国零售业逆向物流专业化管理及启示》,《商业时代》2006年第21期,第14—15页。

思考题
1. 沃尔玛是如何成功实施逆向物流管理的?
2. 沃尔玛在构建逆向物流系统中有哪些经验值得我们借鉴?
3. 请结合本案例说明逆向物流管理对企业经营的重要意义。

第 12 章 绿色物流

绿色物流 environmental logistics/green logistics

绿色物流系统 environmental logistics system

企业绿色物流 enterprise environmental logistics

绿色供应链管理 green supply chain management

绿色物流——一种新的物流管理趋势

当前,全球正兴起一股"绿色浪潮"。"绿色食品""绿色标志""绿色产业""绿色营销""绿色消费"等等,各种冠以"绿色"的名词如雨后春笋,令人目不暇接。在人们的心中,绿色代表希望,绿色象征生命。越来越多的人意识到自己生存的环境正遭到破坏和污染。人们渴望重新拥有天蓝地绿,水清宁静的美好生活环境。于是,人们发动了一系列追求"天人合一"的绿色化运动,并正在向各方面渗透。绿色物流管理正是其中之一。

绿色物流管理是指为了实现顾客满意,连接绿色供给主体和绿色需求客体,克服空间和时间阻碍的有效、快速的绿色商品和服务流动的绿色经济管理活动流程。绿色物流管理从环境的角度对物流体系进行改进,希望形成一个环境共生型的物流管理系统。这种物流管理系统建立在维护地球环境和可持续发展的基础上,改变原来经济发展与物流、消费生活与物流的单向作用关系,在抑制物流对环境造成危害的同时,形成一种能促进经济和消费生活健康发展的物流系统。

因此,绿色物流管理强调全局和长远的利益,强调对环境的全方位关注,体现了企业的绿色形象,是一种新的物流管理趋势。

12.1 绿色物流概述

12.1.1 绿色物流的定义

随着经济技术的快速发展,地区与地区之间、国与国之间、各经济团体之间的政治、经济、文化交流活动日趋频繁,以及世界范围内对物流产业的重视,物流产业高速发展。现代物流飞速发展,一方面为社会经济的发展做出了巨大贡献,一方面伴随着物流活动的越来越频繁,也带来了一系列的社会问题,如空气污染、废弃物污染、资源浪费、城市交通堵塞等等。这些问题的产生,严重地影响着人类的生存质量。为了解决物流产业的可持续发展问题,人们提出了绿色物流这一概念。

绿色物流(environmental logistics/green logistics)是 20 世纪 90 年代中期才被提出的新概念,目前为止还没有一个统一的定义。

由 A.M.布鲁尔、巴顿和亨舍尔合著的《供应链管理和物流手册》一书中,把"绿色物流"定义为与环境相协调的高效运输配送系统。

美国逆向物流执行委员会(Reverse Logistics Executive Council,RLEC)对绿色物流的定义是:"绿色物流,也称为生态型的物流,是一种对物流过程产生的生态环境影响进行认识并使其最小化的过程。"RLEC 还对绿色物流与逆向物流的概念进行了对比,认为逆向物流使物品及包装材料从消费地向其上一级来源地的流动过程,流动的目的在于恢复物品价值或使其得到正确处置。因此,从某种角度上看,逆向物流只是绿色物流的一个方面。

中华人民共和国国家标准《物流术语(GB/T 18354—2001)》中规定:绿色物流(environmental logistics)指在物流过程中抑制物流对环境造成危害的同时,实现对物流环境的净化,使物流资源得到最充分的利用。[①]

纵观以上对绿色物流的定义,基本上都是从物流的微观层面上做出的,而忽略了物流概念中的宏观层面。因此对绿色物流应该从微观和宏观两个层面上做出定义。同时,在现阶段,发展绿色物流应该在保证物流作业的时效性、安全性等前提下,维持社会经济稳定、持续的发展,才能更好地使物流向着绿色化发展。

微观层面上,绿色物流应该在保证物流作业时效性、安全性等前提下,以减少资源消耗、提高资源使用效率和减少环境污染为目的,通过政策引导、提升管理水平和科学技术水平等手段,净化物流活动,实现物流产业的可持续发展。

宏观层面上,绿色物流旨在通过调控城市、区域乃至全国的产业布局、人口分布,尽可能减少重复物流活动,降低物流发生量,从而减小物流对社会、环境的压力,实现物流与社会、环境稳定持续的发展。

---

① 2006 年的修订版中没有关于绿色物流的定义。

12.1.2　绿色物流的特点

绿色物流除了具有一般物流所具有的特征外,还具有学科交叉性、多目标性、多层次性、时域性和地域性等特征。

1. 学科交叉性

绿色物流的理论基础包括可持续发展理论、生态经济学理论、生态伦理学和循环经济理论。绿色物流是物流管理与环境科学、生态经济学的交叉。由于环境问题的日益突出以及物流活动与环境之间的密切关系,在研究社会物流和企业物流时必须考虑环境问题和资源问题;又由于生态系统与经济系统之间的相互作用和相互影响,生态系统也必然会对物流系统产生作用和影响。因此,必须结合环境科学和生态经济学的理论、方法进行管理、控制和决策。

2. 多目标性

绿色物流的多目标性体现在企业的物流活动要顺应可持续发展的战略目标要求,注重对生态环境的保护和对资源的节约,注重经济与生态的协调发展,即追求企业经济效益、消费者利益、社会效益与生态环境效益四个目标的统一。绿色物流的多目标之间通常是相互矛盾、相互制约的,如何取得多目标之间的平衡正是绿色物流要解决的问题。从可持续发展理论的观念看,生态环境效益的保证将是前三者效益得以持久保证的关键所在。

3. 多层次性

绿色物流的多层次性体现在三个方面:首先,从对绿色物流的管理和控制主体看,可分为社会决策层、企业管理层和作业管理层三个层次的绿色物流活动;其次,从系统的观点看,绿色物流系统是由多个子系统构成的,不同层次的物流子系统通过相互作用,构成一个有机整体,实现绿色物流系统的整体目标;最后,绿色物流系统还是另一个更大系统的子系统,这个更大的系统就是绿色物流系统赖以生存发展的外部环境,包括法律法规、人口环境、文化环境、资源条件、环境资源政策等,它们对绿色物流的实施将起到约束作用或推动作用。

4. 时域性

时域性是指绿色物流管理活动贯穿于产品的全生命周期,包括从原材料供应、生产内部物流,产成品的分销、包装、运输、报废、回收的整个过程。

5. 地域性

绿色物流的地域性表现在两个方面:一是由于经济的全球化和信息化,物流活动早已突破了地域限制,形成跨地区、跨国界的发展趋势,相应地,对物流活动绿色化的管理也具有跨地区、跨国界的特点;二是绿色物流管理策略的实施需要供应链上所有企业的参与和响应,这些企业往往分布在不同的城市和国家。

12.1.3　绿色物流发展现状

自 20 世纪 90 年代起,西方国家就提出绿色物流的概念,很快就得到了政府、学术界和企业的高度重视。一方面,政府通过立法积极推动绿色物流的发展;另一方面,很多企业也都积极响应,并且成功实施了绿色物流项目之后,取得了显著的经济收益。

1. 美国

美国经济高度发达,也是世界上最早发展物流业的国家之一。美国政府推行自由经济政策,其物流业务数量巨大,且异常频繁,因而就决定了美国对绿色物流的更大关注。美国政府在物流高度发达的经济社会环境下,不断通过政府宏观政策的引导,确立以现代物流发展带动社会经济发展的战略目标,其目标十分明确。美国在其到2025年的《国家运输科技发展战略》中,规定交通产业结构或交通科技进步的总目标是:"建立安全、高效、充足和可靠的运输系统,其范围是国际性的,形式是综合性的,特点是智能性的,性质是环境友善的。"一般企业在实际物流活动中,对物流的运输、配送、包装等方面应用诸多的先进技术,如电子数据交换(EDI)、准时制生产(JIT)、配送规划、绿色包装等,为物流活动的绿色化提供强有力的技术支持和保障。

美国物流企业在环保方面受到国家政策法律比较严格和细致的约束。在执行运输职能时,能自觉采用大型卡车、专业化设备和先进的信息管理手段避免能源的浪费和对环境的破坏,以此来规避因破坏环境带来的违反法律的风险和经济损失。其运输绿色化的主要特色为多式联运。在多式联运中美国企业大量采用了先进的物流实体技术和信息技术,以期达到对资源最大的节约。同时多式联运思想的普及正在逐渐扭转以往一味依赖公路运输的局面,大大降低了汽车运输所带来的环境污染。

2. 日本

日本自1956年从美国全面引进现代物流管理理念后,大力进行本国物流现代化建设,将物流运输业改革作为国民经济中最为重要的核心课题予以研究和发展。把物流行业作为本国经济发展生命线的日本,从一开始就没有忽视物流绿色化的重要意义,除了在传统的防止交通事故、抑制道路沿线的噪音和振动等问题方面加大政府部门的监管和控制作用外,还特别出台了一些实施绿色物流的具体目标值,如货物的托盘使用率、货物在停留场所的滞留时间等来降低物流对环境造成的负荷。1989年日本提出了10年内三项绿色物流推进目标,即含氮化合物排出标准降低三成到六成,颗粒物排出降低六成以上,汽油中的硫成分降低1/10。1992年日本政府公布了汽车二氧化氮限制法,并规定了允许企业使用的五种货车车型,同时在大都市特定区域内强制推行排污标准较低的货车允许行使的规制。1993年除了部分货车外,要求企业必须承担更新旧车辆、使用新式符合环境标准的货车的义务。另外为解决地球的温室效应、大气污染等各种社会问题,日本政府与物流业界在控制污染排放方面,积极实施在干线运输方面推动模式转换(由汽车转向强化对环境负荷较小的铁路和海上运输)和干线共同运行系统的建构,在都市内的运送方面推动共同配送系统的建构以及节省能源行驶等。在2001年出台的《新综合物流实施大纲》中,其重点之一就是要减少大气污染排放,加强地球环境保护,对可利用的资源进行再生利用,实现资源、生态和社会经济良性循环,建立适应环保要求的新型物流体系。

日本政府对物流绿色化的重视使得日本优秀的民间企业也都在推行绿色物流上下功夫,力图使物流管理真正与经营战略和环境保护有机地联系在一起。麒麟公司是日本大型啤酒生产企业,其生产经营体系具有相当高的经济效益和社会效率。在绿色经营方面,它们实现商品开发、技术开发等工作必须符合环境维护的要求,即各项生产经营活动必须有利于省能源、省资源、低环境负荷的要求。为此,它们制定了一系列减少废弃物、推动资源再循环、参加企业外环境保护活动以及赞助海外环境保护活动的政策措施,并以此作为整个企业经营的支柱与核心,在环境保护方面取得了巨大成就。在其运输功能方面,1990—1995 年的 6 年间,CO_2,NO 和 SO_2 的排放量均减少了 16%。日本西友公司是日本零售业中著名的百货店,作为零售业中的大型企业,西友公司的绿色物流是以维护环境活动(开发绿色商品和销售方法、再循环活动、沟通与广告宣传活动)以及企业省资源、省能源活动(废气物削减与再循环、能源的削减、物流省能源活动、事务用品的削减与纸张再生)为其管理活动的支柱。在运输省资源省能源活动方面采取的策略包括实行共同配送减少能源消耗和环境污染,以及使用先进的环境友好型运输设备,例如臭氧破坏指数为零的冷冻车辆的使用等。

日本企业实行运输绿色化的方式包括提高汽车装载效率,实行多式联运,各地区、部门和企业联合行动等。日本的国土面积狭小使得共同配送成为日本企业实施绿色运输的最主要途径。共同配送的规模效益大大提高了资源利用率并降低了对环境的污染。

3. 欧洲

欧洲是引进"物流"概念较早的地区之一,而且也是较早将现代技术用于物流管理,提高物流绿色化的先锋。如在 20 世纪 80 年代欧洲就开始探索一种新的联盟型或合作式的物流新体系,即综合物流供应链管理。它的目的是实现最终消费者和最初供应商之间的物流与信息流的整合,即在商品流通过程中加强企业间的合作,改变原先各企业分散的物流管理方式,通过合作形式实现原来不可能达到的物流效率,从而减少无序物流对环境的影响。欧洲最近又提出一项整体运输安全计划,目的是监控船舶运行状态。通过测量船舶的运动、船体的变形情况和海水的状况,就可以提供足够的信息,避免发生事故,或者是在事故发生之后,能够及时采取应急措施。这一计划的目的就是为了尽量避免或者减少海洋运输对环境的污染。欧洲的运输与物流业组织——欧洲货代组织(FFE)也很重视绿色物流的推进和发展,对运输、装卸、管理过程制定出相应的绿色标准,加强政府和企业协会对绿色物流的引导和规划作用,同时鼓励企业运用绿色物流的全新理念(重点在于规划和兴建物流设施时,应该与环境保护结合起来;要限制危害人类生态最严重的公路运输的发展,大力推进铁路电气化运输)来经营物流活动,加大对绿色物流新技术的研究和应用,如对运输规划进行研究,积极开发和试验绿色包装材料等。

4. 我国绿色物流发展存在的问题及对策

(1) 存在的问题。

第一,全社会绿色物流理念淡薄,绿色物流的思想还没确立;各级政府对其重视程度远远不够;企业片面追求局部效应和短期经济效益,忽视物流活动对环境的负面效应。

第二,我国物流业传统的条块分割管理体制、多头管理、分段管理体制造成物流各部门之间缺少有效的协调,物流体系内在联系被人为分割,严重制约物流体系的整体统筹与规划,影响各种物流服务的协调发展,妨碍物流社会化、集约化进程,导致物流资源的严重浪费。绿色物流的发展离不开政府的引导与支持,目前我国在绿色物流产业政策方面还缺少相应的扶持政策,各种法律法规也有待完善。

第三,近几年来,尽管我国物流基础设施已有较大的改善,但与我国经济以及物流产业的发展要求相比,与发达国家相比仍存在着较大的差距,这在相当程度上影响着我国物流效率的提高,不利于绿色物流快速健康发展。主要表现在:我国交通运输基础设施总体规模仍然偏小,按国土面积和人均数量计算的运输网络密度,美国为 6 869.3 千米/万平方千米和 253.59 千米/万人,德国为 14 680.4 和 65.94,我国仅为 1 344.48 和 10.43,远远落后于欧美发达国家;缺乏能够有效连接不同运输方式的大型综合货运枢纽、服务于区域经济或城市的物流基地、物流中心等现代化物流设施,严重影响物流集散和运输效率的提高;物流设施结构不尽合理,不能充分发挥现有物流设施的效率。

第四,我国物流信息管理水平和技术手段比较落后,先进物流信息技术开发应用滞后,缺乏必要的公共物流信息平台。订单管理、货物跟踪、库存查询等物流信息功能较弱,制约了物流运行效率和服务质量的提高。不同物流部门之间技术、设备、信息标准不统一,非标准化行为相当普遍,尤其在包装、运输、装卸等一些流通环节缺乏统一的标准,造成物流成本上升,资源浪费,不利于参与国际竞争。

第五,我国现代物流产业正蓬勃发展,对物流人才的需求也急剧增加,物流人才的严重匮乏已经成为制约我国现代绿色物流业发展的瓶颈,物流专业人才也被列为我国 12 类紧缺人才之一。当前我国现有的物流从业人员整体素质还比较低,缺乏既懂管理又懂技术的高素质复合型人才;物流学历教育与培训认证工作滞后;物流师资力量薄,教育手段落后,严重制约绿色物流的快速发展。

(2)发展我国绿色物流的对策。

第一,政府要加强宣传环保的重要性和紧迫性,唤醒企业、社会组织和公众的危机意识,为绿色物流的实施营造良好的舆论氛围和社会环境;引导工商企业打破其物流活动主要依靠企业内部的自我服务来完成的经营组织模式,鼓励企业实行物流外包,开展第三方物流,以提高物流资源的使用效率。物流企业要打破"环保不经济,绿色等于消费"的传统观念,应着眼于企业和社会的长远利益,树立集体协作、节约环保的团队精神,将节约资源、减少废物、避免污染等目标作为企业的长远发展目标。

第二,为避免政出多门,确保政府部门间政策的协调一致,应该建立必要的政府部门协调机制,设立统管物流的主管部门。因为绿色物流业是一个新兴的复合型产业,涉及运输、仓储、装卸、货代、联运、加工、整理、配送、信息、环保等行业,政策上关联交通部、铁道部、民航总局、商务部、信息产业部、海关、环保、工商、税务等许多部门。该主管部门主要职能是提出现代物流发展政策,协调全国和地区物流发展规划,研究解决发展中的重大问题,组织推动现代物流业发展等。

第三,绿色物流的发展离不开强有力的政策保障,因此,必须建立一套完善的法律法规和政策体系来有效地规范、监督和激励物流企业的行为。通过环境立法、排污收费制度、许可证制度和建立绿色物流标准来约束、干预物流活动的外部不经济性;通过制定绿色补贴政策、税收扶持政策、贷款优惠政策等激励政策激励和引导物流主体的行为,促进绿色物流健康发展。

第四,加快绿色物流公共基础设施规划与建设。要重视现有物流基础设施的利用和改造,通过对其规模、布局、功能进行科学的整合,提高现有设施的使用效率,发挥现有设施的综合效能;加强新建物流基础设施的宏观协调和功能整合。应从整体战略的高度协调物流相关规划,理顺各种规划的关系,使物流规划、不同运输方式的场站建设规划、工业及商贸流通行业的仓储设施规划能够有机衔接和配合,防止重复建设,避免土地资源的浪费;继续扩大基础交通设施投资规模,加大公路、铁路、水运、航空、管道和城市配送等设施的建设力度。对基础性、公益性设施,政府要增加投入,对经营性设施应按照市场经济规律,扩大投融资渠道,鼓励企业经营;注重加强各种运输方式的衔接,加快完善综合交通运输网络,大力发展多式联运。

第五,完善的物流信息系统是发展绿色物流的重要基础,有助于提高物流资源的利用率和经济性。政府应引导企业利用先进的信息技术,包括全面质量管理(TQM)、电子数据交换(EDI)、射频技术(RF)、全球定位系统(GPS)、企业资源计划(ERP)等技术,全面提高企业信息管理水平。另外,政府应大力支持建设公共网络信息平台,加快构筑全国和区域性物流网络,实现不同物流部门、物流企业的资源共享、数据共用、信息互通,为物流信息交流的畅通和高效创造条件。

第六,物流标准化是资源整合的重要基础工作。针对我国当前物流标准化存在的问题和国际物流标准化的发展方向,政府应加强对物流标准化工作的重视,一方面要在物流术语、计量标准、技术标准、数据传输标准、物流运作模式与管理标准等方面做好基础工作,另一方面要加强标准化的组织协调工作。在对各种与物流活动相关的国家标准、行业标准进行深入研究的基础上,全面梳理现行标准,对已经落后于物流发展需要的标准应予淘汰,并代之以新型标准;对部分不符合实际需要的标准进行修订完善;对尚缺的标准应抓紧制定,以使各种相关的技术标准协调一致,与国际标准接轨。

第七,重视物流人才培养和科研工作。绿色物流属于新生事物,政府应大力支持和引导绿色物流科研工作,一方面要积极支持绿色物流基础理论和技术的研究,另一方面要加强企业、高等院校、科研机构之间的合作,形成产学研相结合的良性循环,加强应用性物流技术的开发和应用。在物流人才培养方面,多层次、多样化物流教育体系是保证物流产业形成合理人才结构、提高物流管理水平的决定性因素。

12.2 绿色物流系统

物流系统是由不同的功能要素构成的,不同的功能要素可能分属于不同的企业,位于不同的地理位置,受制于不同的政策法规。包装、运输、装卸、仓储、配送和流通加工是物流系统最基本的功能环节,也是物流系统绿色化的基本内容。因此,绿色物流系统的功能要素主要由绿色包装、绿色运输、绿色仓储、绿色配送和绿色流通加工构成。

12.2.1 绿色包装

绿色包装是指包装产品从原材料选择、包装品制造、使用和废弃的整个生命周期,均应符合生态环境保护的要求,是一种无公害的包装。

实行绿色包装有两个作用:一是为了资源再生、节省资源;二是防止环境污染。可以说,绿色包装包括了资源再生和环境保护两方面的意义:一方面以节约资源为目标,重视资源的再生利用;另一方面,以保护生态环境为准则,强调废弃物最少量化。从环境学的角度看,绿色包装技术就是环境友好的包装技术;从生态学角度看,绿色包装就是生态包装;从生态经济学的角度看,绿色包装就是根据环境价值并利用现代科技的全部技术潜力的包装。因此,绿色包装是包装业可持续发展的有效途径。

绿色包装是一种理想包装,随着包装技术和环境保护理念的发展,绿色包装的理念和内涵也经历了一个发展过程。对绿色包装内涵的理解可以从其功能、内容、成本效益等方面进行分析。

第一,从绿色包装的功能来分析,保护环境和资源再生是两个主要功能,而这两个功能的实现是靠 reduce、reuse、recycle 和 degradable,即绿色包装的 3RD 原则。具体来说,reduce 是包装减量化,即在满足保护产品、方便物流、促进销售等功能的条件下,包装用量应最少;reuse 是指包装容器应该经过简单处理就能重复使用;recycle 指包装材料应易于回收再生,通过再生加工、焚烧利用热能、堆肥等达到综合再利用的目的;degradable 是指最终无法被再利用的包装废弃物应该可以降解、腐化,不形成永久垃圾。

第二,从绿色包装的内容来看,20 世纪 90 年代中期,随着对环境无污染概念的深化,国际标准化组织 ISO 提出了"生命周期分析法",并将其列为 ISO14000 国际环保系列标准,这就奠定了"生命周期分析法"在评价包装产品环境性能方面的权威地位,因此,绿色包装的内涵也从包装废弃物的处理扩展到包装产品整个生命周期,即包装产品从原材料的选择、加工、制造、使用、直到回收和废弃处理的全过程,均不能对环境造成污染。显然,这时绿色包装的内涵更丰富了,不仅要求包装材料的绿色化,还要求包装生产过程的绿色化以及包装方式的可重用。

第三,从绿色包装的目的看,从追求包装废弃物对自然环境的污染最小化,发展到既要求包装消耗的资源最小化,又要求包装废弃物污染的最小化。因此,追求的是一种更广泛意义上的生态环境保护,是包装业的可持续发展。

第四,从成本效益方面来看,绿色包装考虑的是包装品生命周期的成本,既包括传统的内部成本,也包括环境代价即外部成本;绿色包装的效益则应该是经济利益和环境效益(社会效益)的有机统一。

12.2.2 绿色运输

运输是物流活动中最主要、最基本的活动,也是物流作业耗用资源、污染和破坏环境的重要方面。

第一,运输环节对环境的影响体现在交通运输工具的大量能源消耗,无论是水路陆路还是航空运输,都无可避免地要消耗大量的能源。

第二,运输过程中排放大量有害气体,严重地污染了环境。汽车尾气对大气环境的毒害众所皆知,尤其是在汽车数量不断增加的城市区域,汽车尾气经太阳照射后形成的光化学烟雾,使城市空气长期处于污染状态。

第三,运输所产生的噪声污染。公路运输网络的发达所产生的噪声污染几乎影响到了社会的每个角落;铁路及水运线作为一种移动点污染源,随着运输工具频率的增加,已经逐步转化为线状噪声源;飞机起降时的噪声对机场附近的居民更是有害至深。

第四,运输过程中发生的货损,造成资源浪费和废弃,而废弃物如化学液体商品又造成了水源污染和土壤污染,以及运输易燃、易爆、化学品等危险原材料或产品可能引起的爆炸、泄漏等事故等。尽管国际组织和各国政府为此制定了严格的规章制度,并准备了完善的预防措施,但泄漏的事故总还是经常出现,且泄露后即使有最完善的补救措施,对环境的影响仍将无法挽回。比如,石油在海运过程中发生泄漏而造成大片海域污染,这样的污染常常是致命的,并且在很长时期内都无法恢复常态。

因此,开展绿色运输是非常有必要的。开展绿色运输可以通过以下手段实施。

1. 开展共同配送

共同配送(joint distribution)是指由多个企业联合组织实施的配送活动。几个中小型配送中心联合起来,分工合作对某一地区客户进行配送,它主要是指对某一地区的客户所需要物品数量较少而使用车辆不满、配送车辆利用率不高等情况。采取共同配送,送货者可以实现少量配送,收货方可以进行统一验货,从而达到提高物流服务水平的目的;从物流企业角度来说,特别是一些中小物流企业,由于受资金、人才、管理等方面制约,运量少、效率低、使用车辆多、独自承揽业务,在物流合理化及效率上受限制。如果彼此合作,采用共同配送,则筹集资金、大宗货物,通过信息网络提高车辆使用率等问题均可得到较好的解决。因此,共同配送可以最大限度地提高人员、物资、资金、时间等资源的利用效率,取得最大化的经济效益。同时,可以去除多余的交错运输,并取得缓解交通、保护环境等社会效益。

2. 采取联运方式

联运(combined transportation)是指吸取铁路、汽车、船舶、飞机等基本运输方式的长处,把它们有机地结合起来,实行多环节、多区段、多运输工具相互衔接进行商品运输的一种方式。这种运输方式以集装箱作为连结各种工具的通用媒介,起到促进复合直达运输的作用。为此,要求装载工具及包装尺寸都要做到标准化。由于全程采用集装箱等包装形式,可以减少包装支出,降低运输过程中的货损、货差。联运方式的优势还表现在:它克服了单个运输方式固有的缺陷,从而在整体上保证了运输过程的最优化和效率化;另一方面,从物流渠道看,它有效地解决了由于地理、气候、基础设施建设等各种市场环境差异造成的商品在产销空间、时间上的分离,促进了产销之间紧密结合以及企业生产经营的有效运转。

3. 大力发展第三方物流

第三方物流(third party logistics)是由供方与需方以外的物流企业提供物流服务的业务方式。发展第三方物流,由这些专门从事物流业务的企业为供方或需方提供物流服务,可以从更高的角度,更广泛地考虑物流合理化问题,简化配送环节,进行合理运输,有利于在更广泛的范围内对物流资源进行合理利用和配置,可以避免自有物流带来的资金占用、运输效率低、配送环节繁琐、企业负担加重、城市污染加剧等问题。当一些大城市的车辆配送大为饱和时,专业物流企业的出现使得在大城市的运输车量减少,从而缓解了物流对城市环境污染的压力。除此之外,企业对各种运输工具还应采用节约资源,减少污染和环境的原料作动力,如使用液化气、太阳能作为城市运输工具的动力。

12.2.3 绿色仓储

仓储过程本身会对周围环境产生影响,例如,保管、操作不当引起货品损坏、变质,甚至危险品泄漏等;另外,仓库布局不合理也会导致运输次数的增加或运输的迂回。

所谓绿色仓储,就是要求仓库布局合理,以减少运输里程,节约运输成本。如果仓库布局过于密集,会增加运输的次数,从而增加能源消耗,增加污染物排放;如果布局过于松散,则会降低运输的效率,增加空载率。此外,仓库建设前还应当进行相应的环境影响评价,充分考虑仓库建设和运营对所在地的环境影响。对于易燃、易爆商品仓库不应设置在居民区,有害物资仓库不应设置在重要水源地附近等。

12.2.4 绿色配送

绿色配送与一般意义上的物流配送相比,对环境和资源两方面的要求更高。基于绿色物流理念的配送在完成一般物流配送过程的同时,抑制配送对环境造成的危害,实现对物流环境的净化,使物流资源得到最充分的利用。

绿色配送包括两个方面:一是对物流配送污染进行控制,即在物流配送系统和物流活动的规划和决策中尽量采用对环境污染小的方案,如采用排污量小的货车车型,近距离配送,夜间运货(以减少交通阻塞、节省燃料和降低排放)等。发达国家政府倡导基于绿色物流理念配送的对策是在污染发生源、交通量、交通流等三个方面制定相关政策。1989 年日本中央公害对策协议会提出了 10 年内三项关于绿色物流系统中配送的推进目标。1992 年日本政府公布了汽车二氧化碳限制法。绿色配送的另一方面就是建立工业和废料处理的物流系统。

12.2.5 绿色流通加工

流通加工具有较强的生产特性。对环境的影响主要表现在:分散进行的流通加工过程能源利用率低,产生的边角余料、排放的废气、废弃物等污染周边环境,还有可能产生二次污染等。归根到底,流通加工对环境产生影响的关键原因有两点:一是分散进行;二是流通加工中心的选址不合理。

针对这两个问题寻找解决途径是比较容易的,可以说,绿色流通加工也是流通部门对环境保护可以有较大作为的环节。

绿色流通加工实施的途径有两条:

(1) 专业化集中式流通加工,以规模作业方式提高资源利用效率;

(2) 流通加工废料的集中处理,与废弃物物流顺畅对接,降低废弃物污染及废弃物物流过程的污染。

12.3　企业绿色物流

12.3.1　绿色生产物流

1. 绿色生产物流的定义

生产物流担负着物料的输送、储存、装卸等任务。生产物流系统与生产制造的关系就如同人体血液循环系统与内脏器官的关系一样,物流系统是生产制造各环节组成有机整体的纽带,又是生产过程维持延续的基础。生产物流系统一般具有点多、线长、面宽、规模大的特点;生产物流过程中的能源消耗多、效率低下,使生产物流的成本几乎占到产品生产成本的 40%。

绿色生产也叫清洁生产,其概念最早出现于 1992 年的世界环发大会。其内涵主要包括:选择"清洁"的原材料、能源;选择无污染的或少污染的替代品和清洗工艺、设备;强化生产技术和综合技术改造,提高能源的综合利用效率,减少生产废物的排放,即以最少的投入、最小的污染获得最高的产出,高效率、低费用处理或处置必排的少量污染物;最后,生产过程对企业及工人也是无害的。可见,实行清洁生产就是整个生产过程的无污染,如此生产的产品不含危害人体健康和生态环境的因素,并且具有节能、节水和静音等功能,使用过后易拆解回收。

2. 绿色产品的特点

(1) 产品本身安全和卫生,有利于消费者的健康;

(2) 产品在使用过程中不会污染环境,且有利于改善环境;

(3) 产品在生产和使用中降低消耗,节约能源;

(4) 产品容易回收处理或有复用功能;

(5) 产品的质量更佳,如效率更高、寿命更长等。

为了保证产品的"绿色",在生产过程中必须使用绿色技术和进行绿色设计,这也是绿色物流的组成部分。

3. 绿色技术

绿色技术要求企业在开发产品和选择生产技术的时候,必须做出有利于环境保护和生态平衡的技术选择。绿色技术是国际社会发展的一种趋势,要想持久利用资源,就必须改变那种耗竭型的工业发展模式,加快技术进步。近年来,绿色技术迅速发展,在防治污染、回收资源、节约能源三大方面形成一个庞大的市场,包括产品开发、信息服务和工程承包等。

如美国的脱硫、脱氨技术,日本的垃圾处理技术,德国的污染处理技术等在世界上遥遥领先。目前,以占领世界绿色产品市场为目的、争夺绿色技术制高点为中心的国际竞争已经开始。在无氟制冷剂技术上美国和欧洲展开了争夺,日本则与欧洲在资源回收项目上展开竞争。为了在竞争上获得优势,欧美国家和日本更多地在绿色产业中应用生物技术、计算机技术和新材料,使其变成一个高科技行业。德国以其特有的、先进的技术设备和为实现生产物流的绿色化,首先必须以清洁生产技术为基础,通过不断地改善管理和改进工艺,提高资源利用率,减少污染物的产生和排放,以降低对环境和人类的危害。通过清洁生产,能实现企业内部的物耗和能耗削减;通过内部的回收循环,提高资源利用率。绿色的生产物流必须是为此目的服务的。

4. 绿色设计

绿色设计是设计出的产品可以拆卸、分解,零部件可以翻新和重复使用。这样既保护了环境,也减少了资源的浪费。为此,绿色设计在构想阶段,就必须把降低能耗、易于拆卸、便于再生利用、保护生态环境与保证产品的性能、质量、成本的要求列入同等的设计指标,并保证在生产过程中能够顺利实施。绿色设计的发展方向有:

(1) 产品替代化。对某些造成严重环境污染的产品,可用行政手段禁止销售,并开发替代产品。而产品替代发展的先决条件,是在降低环境污染的前提下,其品质及功能至少应和原产品相当,才能诱导消费行为,达到环境保护的目的。

(2) 产品经济化。为降低产品使用后造成的环境污染,一方面产品的设计应向小巧的方向发展,使用较少的资源,而仍能满足生活需要。另一方面产品的设计应改变强调个性的倾向,注重面向大众,提高整体资源的使用效率。

(3) 产品耐用化。产品使用寿命的延长,可以大幅降低生产制造和使用后抛弃对资源的耗用及污染的产生。过去几十年以来,许多抛弃式产品的开发应用,带来人类生活上的便利,但也产生了大量的废弃物。因此,随着未来消费习惯的环保化,产品设计应考虑开发耐用性的产品。

(4) 产品可修理化。许多产品经过适当的维修、调整,功能提高后,便可大幅延长其使用期,减少资源的占用和对环境的污染。因此,未来产品的设计应充分考虑产品的故障维修及功能可扩展性。比如电脑的升级换代,不必去购买新的整机,只需更换 CPU、主板等必要的部件即可。

(5) 产品可回收化。产品经过消费者使用后,若能经过适当的回收拆解及处理后再行利用,则会大大降低产品制造过程和使用抛弃后对环境的污染。因此,零部件及产品等的设计,应考虑其材质的规格一致并且结构简化,以提高相容性及可拆解性,进而促进回收再利用。

(6) 产品材料可分解化。许多材料(如塑料和橡胶)在自然环境中的持久性,造成其废弃后分解上的困难,因此,材料的可分解化是近年来的重要研究方向,以便产品材料能尽快在自然环境中分解,重回大自然。同时,要对分解后的副产品的安全性及安定性进行研究,以免造成对自然生态系统的伤害。

绿色设计上述几个方面的发展方向,都需要绿色物流系统的支持,因为绿色产品的生产设计过程同样涉及了大量的物流活动。只有物流作业环节实现了绿色化,绿色产品的设计才有了体制上的保障。

此外,JIT 生产方式的实现必须充分考虑环境代价或交通拥挤带来的社会成本,通过库存节约与环境成本的平衡,确定最合适的库存标准。当然,这一点需要政府通过法规和市场手段对环境影响的外部成本予以核算,并施加到企业头上,企业才会主动改变生产方式。

另外,以减少物料输送、储存、装卸过程中的能量消耗和废物排放为原则,进行物流技术的改进和物流管理方式的改善。例如,利用重力的输送原理、装卸原理等。通过对生产物流系统的优化,对物流路径进行最优规划,对物流设备进行最佳配置,消除无效的输送或装卸,也能有效降低能源和消耗,减少物流作业过程的破损率。

12.3.2 绿色供应物流

1. 绿色供应物流的定义

绿色供应物流就是原材料获取过程的绿色化,包括绿色供应商的评价选择及采购运输过程的绿色化。其中,供应商能提供绿色原料和零部件是最关键的,因为原材料和零部件的环境性能直接决定了产品的环境特性。

2. 绿色供应物流的实施

为了确保产品在使用过程中的用户安全性和产品废弃时的环保性,降低产品整体的环境负荷,首先就必须对构成产品的零件材料的绿色性进行评估,以避免环境风险。因此,绿色供应物流的第一步就是对构成产品的原料零件的环境特性进行评估,选择环境友好的原料,舍弃危害环境的原料物质。

绿色供应物流的第二步就是根据材料的绿色性对供应商进行的绿色性评估。评估过程包括对组织过程和产品的评价:环境的组织过程评价着眼于管理系统、环境业绩、环境审核;产品评价包括生命周期评价、商标和产品标准的评价。

越来越多的大企业重视供应商的环境表现,这一趋势推动了国际标准化组织的行动——ISO14000,就是针对全球范围的企业的环境行为进行评价的标准体系,就如同 ISO9000 对产品质量的评价一样。可以说,对供应商的选择决策是对物流网络设计新的约束因素。

绿色供应物流的第三步就是采购过程的绿色化。先要改变观念,从重视采购成本转向重视采购物品的环境质量;然后在包装和运输过程中采用绿色运输、绿色包装方式,如使用可重复利用的包装袋、集装箱运输、降低公路运输的比例、货物合并运输、降低运输次数、回程管理等。

12.3.3 绿色销售物流

1. 绿色销售物流的定义

"绿色销售"是 1992 年 11 月在香港召开国际市场营销研讨会上广泛传播的。此后,绿色销售迅猛发展,现在已经成为 21 世纪营销的主流。绿色销售观念是继 20 世纪 50 年代由产品导向转向顾客导向,具有根本性变革的基础上的又一次升华。它宣告企业已进入了一个企业利益、消费者利益、社会利益和生态环境利益相协调统一的发展时代。关于绿色销售,国内外学者有着广泛的研究。英国威尔斯大学肯·毕泰教授在其著作中指出:"绿色销售是一种能辨识、预期及符合消费者与社会需求,并且可带来利润及永续经营的管理过程。"美国孟山都公司的董事长鲍勃·夏当罗说:"它包含着冷静的,理性的商业逻辑。"美国风力能源协会从能源的角度提出了对绿色销售的建议,它强调替代现有能源的清洁能源的使用,如风能、太阳能、生物能及地热能源。绿色需求和绿色消费拉动了绿色销售,绿色销售要求企业在营销的全过程中贯彻绿色定位,而不仅仅只是推出一个所谓的绿色产品。绿色销售包含两层含义:一是环保层面,企业在产品研发设计、原材料采购、能源消耗、生产到最终消费、报废和回收等一系列过程中担负起对社会和环境的责任,确保资源的最有效利用和环境不会受到污染和破坏,即环保性;二是健康层面,在选材、生产、运输、销售到使用等全过程中,每一环节的运作都要在满足顾客需求的同时,确保消费者的安全和健康,即顾客消费的安全性。这两个方面构成了对绿色定位的全面理解,不同的行业和企业由于其特点决定了各有不同的内涵及其侧重。

2. 企业绿色营销 4R 组合策略

企业若想成功地进行绿色市场营销,必须明确如何进行绿色营销策略组合。一个完善的营销策略组合可以使企业的绿色销售变得更为协调、更加有规划。近年来,美国学者唐·舒尔茨教授提出的 4R 营销新理论,受到广泛的关注。

(1) 关联(relevance)。在竞争的市场环境下,消费者的忠诚度是非常容易变化的,他们会从一个企业转移到另一个企业。而绿色企业很容易在业务、需求等方面与顾客建立关联,因为人们的生活离不开健康,健康又需要绿色来保证。企业开展绿色营销是一个不断需要顾客的绿色需求信息的过程,所以绿色企业很容易与顾客形成一种互助、互求、互需的关系。

(2) 反应(response)。绿色企业不应把眼光放在自身的发展和自身的产品上,否则企业会患"营销近视症"。在当今的市场竞争中,绿色企业应该把注意力放在倾听消费者的绿色需求信息上,并且迅速做出反应。能够及时满足消费者的绿色需求,也有助于绿色企业在广大消费者心中建立良好的绿色形象。

(3) 关系(relationship)。绿色企业要立足于与顾客建立长期而稳固的关系。在当今的市场营销环境中,抢占市场的关键已经转变为与顾客建立稳定的关系。绿色企业可以利用各种形式来建立和保持与顾客的关系,例如绿色企业可以开展绿色知识讲座,为老顾客准备恰当礼品等方式来强化与顾客的关系。

(4) 回报(returns)。绿色企业强调的回报最少要包括两方面:经济回报和社会声誉回报。前者是有形的、容易度量的,后者则是绿色企业的无形资产。良好的形象和口碑是一个企业持久竞争力的体现,所以社会声誉回报也是绿色企业追求的一个重要指标。

12.4 绿色供应链管理

12.4.1 绿色供应链管理的定义

1. 绿色供应链管理的产生

1994 年,韦伯研究了一些产品对环境的影响,建议通过环境准则来选择合适的原材料,同时注重再生利用,并提出了绿色采购的概念。与此同时,英国工程和物理研究委员会(EPSRC)及英国汽油股份有限公司等 20 多个公司资助一项名为"ESRC 全球环境变化计划"的研究,也将绿色供应作为主要方向。此后,美国国家科学基金(NSF)资助 40 万美元在密歇根州立大学制造研究学会(MRC)进行一项"环境负责制造"(ERM)研究,于 1996 年提出了绿色供应链的概念,并将供应链作为一个重要的研究内容。1997 年,Min 等人讨论了在选择供应商的决策中如何考虑环境保护因素,以及绿色采购在减少废物中的作用。1999 年,Beeman 将一些环境因素引入供应链模型,提出了更广泛的供应链设计方式。Hock 则研究了供应链实际运作过程中如何保持生态平衡。

　　1996 年和 1997 年,国际质量标准委员会发布国际环境管理标准 ISO14001 和 ISO14040,规范了企业环境保护行为,丰富了绿色供应链的内容,也促使绿色供应链管理的研究更加活跃,特别是在企业实际应用中掀开了新的一页。1999 年以来,绿色供应链管理在美国、英国等一些发达国家出现频率明显提高,出现了不少理论研究和实践先驱。1999 年,Saturn 公司及其供应商与 Tennessee 大学的清洁产品和清洁技术中心以及美国环保局(EPA)组成了绿色供应链管理合作伙伴,旨在减少 Saturn 汽车在整个生命周期中对环境的影响。在同一时期,由美国的一个非营利组织 Business for Social Responsibility 发起,在通用汽车公司(GM)的资助下,由 12 个著名大公司组成了一个供应链工作组。作为为社会负责的商业(BSR)的一个分支机构,该机构的作用是探讨提高供应链管理的环境效益和经济效益的途径。此外,福特、惠普、宝洁、耐克等许多企业也积极研究和实施绿色供应链管理。我国近年来在绿色制造及相关问题方面也进行了大量的研究,国家自然科学基金和国家 863/CIMS 主题均支持了一定数量的绿色制造方面的研究课题,已取得了不少研究成果。

　　2. 绿色供应链管理的定义

　　由于研究绿色供应链管理的时间较短,国内外学者迄今对供应链管理的定义尚无统一的认识。在综合供应链管理理论、可持续发展理论和绿色战略理论实质的基础上,我们认为,绿色供应链管理是一种基于可持续发展观和生态保护的供应链管理模式,是一种以人与自然和谐发展为目标的管理模式。它对产品从原材料购买与供应、生产、营销,到最后废弃物回收再利用的整条供应链管理进行绿色设计。通过供应链中各企业内部部门和各企业之间紧密绿色合作,使整条供应链在经济发展和资源环境管理方面实现和谐统一,达到社会、经济、生态最优化。

12.4.2　绿色供应链管理的特征

　　绿色供应链管理具有区别于传统供应链管理的特征,要求设计、材料、工艺、包装、处理在产品的各个阶段的绿色化,而设计、材料、工艺、包装、处理的绿色化,关键在于在产品各个阶段内的知识能否达到绿色化的要求,与传统的供应链管理相比较,就有以下几大特征:

　　1. 生态性

　　传统的供应链管理是对供应链中物流、信息流、资金流以及工作流进行计划、组织、协调及控制。它是以顾客需求为中心,将供应链各个环节联系起来的全过程集成化管理。

它强调在正确的时间和地点以正确的方式将产品送达顾客,但它仅仅局限于供应链内部资源的充分利用,没有充分考虑在供应过程中所选择的方案会对周围环境和人员产生何种影响、是否合理利用资源、是否节约能源、废弃物和排放物如何处理与回收、环境影响是否做出评价等等,而这些正是绿色供应链管理所应具备的新功能。绿色供应链管理是以提高包括企业经济效益与社会效益在内的综合效益为目标,把可持续性哲理融合于产品生命周期的全过程,是供应、制造、消费等各子系统的集成,要求各子系统主体均遵循"与环境相容"的原则。在传统的供应链中只包括物流、信息流与资金流、工作流。绿色供应链把"绿色"理念融入到供应链当中,我们称之为生态流,如绿色设计、绿色工艺、环境成本等知识的应用,并增加了相应的生态管控指标评估整个系统。生态流成为供应链的重要组成是为了保证能在制造资源与制造工艺、包装等方面的持续创新,从而使环境效益最佳化。

2. 闭环性

绿色供应链中流动的物流不仅是普通的原材料、中间产品和最终产品,更是一种"绿色"的物流。产品在使用寿命结束之后通过回收处理系统,部分或全部的材料或零部件再次进入供应链系统,提高系统的资源利用率,降低系统的环境影响。绿色供应链改变传统供应链的开环结构,增加了回收商这个角色,这里回收商可以由制造商或专门的回收企业来充当。通过回收过程,实现产品或部分零部件的重用,或者材料和能量的回收,从而形成物流"闭环",不仅提高了资源的利用率,还减少了废旧产品对环境的影响,同时也降低了制造商的经营成本。回收流程(逆向物流)的管理,尤其是回收物流与生产物流的协调管理是绿色供应链管理的重点。

3. 共享性

数据共享包含绿色材料的选取、产品设计、对供应商的评估和挑选、绿色生产、运输和分销、包装、销售和废物的回收等过程的数据。供应商、制造商和回收商以及执法部门和用户之间的联系都是通过互联网来实现的。因此,绿色供应链管理的信息数据流动是双向互动的,并通过网络来支撑。网络技术的发展和应用,加速了全球经济一体化的进程,也为绿色供应链的发展提供了机遇。企业利用网络完成产品设计、制造,寻找合适的产品生产合作伙伴,以实现企业间的资源共享和优化组合利用,减少加工任务、节约资源和全社会的产品库存;通过电子商务搜寻产品的市场供求信息,减少销售渠道;通过网络技术进行集中资源配送,减少运输对环境的影响。

4. 集成性

绿色供应链应用系统工程统筹规划企业的各种物流、信息流、资金流、工作流、生态流,将企业内部和相关企业成员共同的产、购、销、人、财、物管理看作供应链的整体功能,将企业内、外的供应链集成起来,消除传统供应链中采购、生产、分销和配送之间的障碍,力求从整个供应链的角度综合考虑环境影响和资源效率,强调综合最优,因此集成技术在绿色供应链中显得十分重要。同时,绿色供应链强调对产品整个生命周期的绿色运作和管理,并且在追求资源消耗和环境影响(负作用)最小的同时追求降低供应链成本,因此绿色供应链更具有系统性、集成性和实用性,在企业中实施绿色供应链战略能取得比单个企业绿色制造好得多的实际效果,实现对企业内外的动态控制和各种资源的集成和优化,进一步提高供应链管理效率和在市场上获得竞争优势。

12.4.3　绿色供应链管理的内容

供应链管理涉及商流、物流、信息流和资金流。从管理层面上来看,绿色供应链管理是一种战略管理;而从经营管理过程来看,供应链管理侧重于物流的管理,因为"供应"两字表明了在供应链中物流的主导性。同样,绿色供应链管理也是一种战略管理,只不过其要求在从产品设计,原材料采购,产品制造,到产品销售以及回收的全过程中考虑环境整体效益最优化。因此,要成功地实施绿色供应链管理,使之成为企业取得竞争力的武器,就必须抛弃传统的环境管理的思想,确立其战略地位,把企业内部及供应链企业之间的各种业务看作一个整体功能过程,形成一个集成化的环境管理体系。

1. 绿色战略

绿色供应链管理虽然可能由一个主导企业来集中管理,但其实现并不是由一个企业单独来完成的,而是由供应链上的所有企业一起努力来完成的。这便对供应链中的企业提出了更高要求。常见的情况是:首先,供应链中的一个主导企业按照其发展战略要求率先实现自身的"绿化";其次,该企业向外部延伸,以自我为主导培育自身的供应链条,并配合自身战略的实施向供应伙伴提出"绿化"要求;然后,通过对各企业的协调,建立起一条完整的绿色供应链。因此,绿色供应链管理并不在于单个企业的"绿化管理",更主要的是整个供应链的"全过程"的绿化管理。要有效地实施绿色供应链管理,企业必须确定绿色发展战略(green strategy),并在企业内确立绿色供应链管理的战略地位。这便要求企业的高层领导对其给予足够的重视,并将其纳入企业的总体发展战略规划之中。同时,还要加强对员工理念的培训,使得这一发展理念成为企业文化的一部分。

2. 绿色设计

绿色设计(green design)可以称为面向环境的设计或生态设计,是指从产品开发及其生命周期的全过程设计中,充分考虑某一产品对资源和环境的影响,优化有关设计因素,从而在产品的制造和使用中对环境的总体影响和资源消耗减少到最低限度。绿色设计是绿色供应链管理的关键一环,要想从根本上防止污染、节约资源和能源,关键就是把住产品的设计关,而目前一些企业经常采用的"亡羊补牢"式做法,即在产生不良环境影响后果后再进行末端处理是不符合绿色设计理念的。因此,绿色设计这一环节要求企业设计人员充分考虑到产品在制造、销售、使用及报废后可能对环境产生的各种影响,并积极进行协作安排,重塑制造工艺、装配方案、拆卸方案、回收处理等业务流程,并建立相应的环境评价约束准则。

3. 绿色制造

绿色制造(green manufacturing)是指一种综合考虑环境影响和资源、能源消耗的现代制造模式,其手段是借助各种先进制造技术、制造工艺、管理技术,其目标是使得产品在从设计、生产、包装、运输、使用到报废处理为止的全生命周期中,对环境负面影响最小,资源利用率最高,并使企业经济效益和社会效益协调优化。广义的绿色制造包括了前面所介绍的绿色设计和绿色材料选择,还包括绿色包装,甚至还涉及产品的整个生命周期,是个"大制造"的概念。这里指的绿色制造是狭义的,即绿色的生产制造、绿色的工艺流程规划、绿色包装等。

绿色生产制造又可以理解为工业生产管理上的清洁生产,指在生产过程中关注生产本身及产品对环境的影响。绿色工艺流程规划是指根据制造系统的实际,探求物料和能源消耗少、废弃物少、对环境污染小的工艺方案和工艺路线,追求企业内供应链的优化。而包装的绿色化是实施绿色供应链管理的重要组成部分。在绿色供应链管理中,针对包装供应链节点企业应该:

(1) 在减少产品的包装上进行协商,适度的包装不仅有助于供应商降低成本,也减少了采购商的拆装和处理包装物垃圾的费用。

(2) 认真选择包装材料,不同的材料具有不同的再使用和再循环价值,但循环次数最多的包装材料不一定好,要用生命周期分析的方法来选择。从再循环的角度看,包装物的材料品种越少越好。

(3) 包装物的标识图案和文字应体现绿色化,注明包装物的材料、用法以及回收处理方法,使包装物的使用和处理变得简单易行。

4. 绿色分销

随着我国经济的发展,流通主导权发生了转移,由改革开放初期的卖方市场条件下的生产者主导逐渐转变为批发商主导和零售商主导。伴随着近年来流通主导权向零售领域的转移,流通产业在经济发展中的作用也发生了转变,即由过去的末端产业变成目前的先导产业。现代零售主导权的确立以及流通先导性地位的不断加强,使得一些企业为了控制市场,开始重视面向市场前端的分销体系的建设,同样,一些流通企业为了构筑自身的流通体系,也开始了向上游的垂直延伸。上述流通系列化的发展趋势使得一些企业的供应链有了进一步延伸,随着未来消费者流通主导权的确立以及消费者的组织化,供应链的终端很可能就是消费者。

因此,面向市场的分销供应链的发展与建设已经成为供应链管理的一个重要构成部分,趋势表明,绿色供应链管理更需要向消费者进行延伸。于是,传统的分销活动与现代绿色供应链管理相整合,使得绿色分销(green distribution)活动及绿色分销体系建设成为绿色供应链管理的重要内容。

5. 绿色回收

完整的绿色供应链管理还应包括绿色回收(green reclaim)活动,这些绿色回收主要是对产品、包装物开展的回收活动。

(1) 产品的回收。产品的回收一般是顾客驱动型的,既包括损坏的产品、顾客不满意的产品的返回,又包括旧产品的返回。其中旧产品返回到供应商后可能进行以下某种处理:再销售、修理、回收原材料、再循环等。

(2) 包装物的回收。包装物回收一般是为了再使用或再循环,是制造商驱动型的。包装物的返回有多种回收渠道,不一定返回至供应商。德国双元回收系统提供了两种可选的回收渠道：①供应商自己回收包装物；②成立了一个专门负责组织包装物回收的私营、非营利组织，供应商可以申请加入，并交纳一定的管理费成为会员。会员企业的包装物上都印上了可回收标志。印有可回收标志的包装物由该组织负责回收。

随着产品更新换代速度越来越快，旧产品的处理将成为一个难题。企业具体采用何种方式进行绿色回收，要根据企业条件、产品、包装物的特性以及回收品的分散程度等因素来决定。作为逆向物流构成的一种，绿色回收不但代表着企业的发展理念，而且还展示着企业的环保形象。作为逆向物流的主导构成，回收物流更多地应该由生产企业或组织来进行回收，而废弃物物流则应该由政府统一处理。

12.4.4　绿色供应链管理的实施策略

1. 科学规划是实施绿色供应链管理的先导

实施绿色供应链管理是一项庞大的系统工程。企业在决定实施绿色供应链管理时，应仔细分析自身的状况，结合企业的特点，明确认识实施目标。在科学规划的前提下，分步实施，才能减少风险，确保成功。由于企业的情况千差万别，绿色供应链管理的模式也多种多样，企业要从承载能力和实际出发，以企业急需解决又能较快见效的环节作为突破口，在实施中向管理要效益。

2. 将 BPR 与绿色供应链管理有机结合

BPR（业务流程重组）是一种新的管理思想，其核心是从本质上重新思考、设计和改变在旧的环境下形成的按职能部门进行运作和考核的机制，有效地建立跨越职能部门的业务流程，变过去按职能部门划分进行"内部横向型任务管理"的机制，为"跨职能部门的纵向型任务流程管理"，以提高企业的整体运行效率和核心竞争力，降低由于环保不达标而导致的供应链中断或延误的风险，减少企业的损失，完善绿色供应链管理。由于改造不仅仅限于核心企业的内部，而且包罗了供应链上的各个供需合作伙伴，因此在业务流程再造过程中应高度重视全局性、系统性，运用科学的方法，帮助绿色供应链企业不断优化整个供应链的业务流、信息流和内部组织机构，达到绿色供应链的全局最优。

3. 绿色供应链管理中重视咨询和顾问的作用

绿色供应链管理的实施，涉及企业的方方面面，不仅需要高投入，而且需要改变企业的管理理念。绿色供应链管理的实施时间和实施质量，关系到企业的生死存亡。为减少投入，保证质量和缩短工期，取得咨询公司和管理专家的合作至关重要。所以，在绿色供应链管理实施中，应寻找资信度高的企业管理咨询公司、企业内管理专家和业务骨干人员共同组成总体规划组，对企业的领导和员工进行绿色供应链管理的理念培训，并提供适合企业发展需要的新的管理模型，这对提高绿色供应链管理实施的成功率至关重要。

4. 企业高层领导转变观念，树立全员参与意识

绿色供应链管理是一种全新的管理理念，它要求企业着眼于长远利益，以整条供应链为出发点，要求各成员树立起集体协作、信息共享、友好配合的团队精神，这就要求高层领导转变观念，增强企业可持续发展意识。环境保护是人类社会经济可持续发展规律

的客观要求,领导必须积极地把经济目标、环境目标和社会目标恰如其分地同供应链联系在一起考虑,让员工和供应商了解企业本身对环保的重视,将"绿色"作为供应链企业战略的重要组成部分,并常抓不懈,让每一个中层管理人员和基层员工认识到绿色供应链管理能为社会和企业带来长期回报,让每一个员工通过实践的努力,使"绿色"慢慢变为企业文化的一部分,树立企业绿色形象、创企业绿色品牌成为每一个员工的自觉行为。正如美孚石油总裁瑞德所说,"没有任何企业的未来是安全的,除非它的环保表现是可以接受的"。因此,加强高层领导对环境保护工作的重视,是成功实施绿色供应链管理的关键。

5. 供应链的各个环节间要经常沟通和监督

在供应链的各个环节中,要通过网络、网站或简报,以信件、宣传手册等方式交流环保标准和环保要求等,使供应商充分了解企业的环保目标,从而明确环保要求。在企业内部,企业与供应商间的环保交流,能促进人们相互提供信息,这对成功实施绿色供应链管理有着重要的作用。另外,定期公布企业目前的环保状况及长期的环保规划,可使供应商等了解自己的使命和目标;通过问卷调查,可了解顾客的环保要求和供应商的环保执行情况;将环保审查与质量监督、合作厂商资格认证结合起来等,都能保证绿色供应链管理的有效实施。

6. 重塑企业与供应商和顾客间的关系

由于我国当前大多数供应商还不能很好地满足企业对其环保的要求,因而在实施绿色供应链管理时,应考虑我国国情,不能盲目地将那些未满足环保要求的供应商排斥在外,而较为明智的方法是与供应商合作,相互学习,共同努力,通过一段时间的改进,使其逐渐满足要求。对于绿色供应链管理中的顾客,可采用商品出租,而不仅仅是购买的方式,这样,消费者购买的是产品的使用权,而不是所有权。可通过回收或重新翻新来降低成本和保护环境。另外,从环保的观点考虑消费者购买的商品(如家用电器等),在商品送达消费者后,企业可采取包装和旧产品回收的方式,供分销商或商品制造商再次使用,这既有利于绿色供应链管理的实施,又有利于经济效益与环境保护双赢。

以上是从微观角度(企业和消费者),探讨了绿色供应链管理的实施的途径。对于宏观因素,如政府的宏观主调控等,还需要结合制造型企业实际,在借鉴国内外先进经验,进一步完善法制建设,实行严格的环保政策,鼓励开发高效、节能的新产品,并提供优惠的政策支持等多方面进行探索。

本章小结

绿色物流指在物流过程中抑制物流对环境造成危害的同时,实现对物流环境的净化,使物流资源得到最充分的利用。绿色物流除了具有一般物流所具有的特征外,还具有学科交叉性、多目标性、多层次性、时域性和地域性等特征。绿色物流系统的功能要素主要由绿色包装、绿色运输、绿色仓储、绿色配送和绿色流通加工构成。

　　企业物流包括企业从原材料供应,产品生产和产品销售的全部活动,它由供应物流、生产物流、销售物流和逆向物流构成。绿色物流就是在物流的各个环节包括运输、储藏、包装、装卸、流通加工和废弃物处理等物流活动中,采用环保技术,提高资源利用率,最大地降低物流活动对环境的影响。因此绿色物流可以分为绿色供应物流、绿色生产物流、绿色销售物流以及绿色逆向物流。

　　随着物流管理发展到供应链管理的阶段,绿色供应链管理的概念也被提上议事日程。绿色供应链管理是一种基于可持续发展观和生态保护的供应链管理模式,是一种以人与自然和谐发展为目标的管理模式。绿色供应链管理也是一种战略管理,只不过其要求在从产品设计、原材料采购、产品制造到产品销售以及回收的全过程中考虑环境整体效益最优化。

复习与思考

1. 简述绿色物流的概念与特点。
2. 描述绿色物流体系的构成。
3. 阐明建立企业绿色物流系统的重要意义。
4. 如何建立企业的绿色物流系统?
5. 阐述绿色物流管理与绿色供应链管理的关系。

案例分析

□　美国惠而浦(Whrilpool)公司

　　惠而浦公司是世界上主要家用器具的领先制造商和营销商。公司雇用4万名以上的工人,总部设在密西根的本顿海港。1994年,公司总收入81亿美元,净利润3.3亿美元。公司未来的战略是塑造并引导新兴的国家家用器具行业。公司设有采购中心,负责采购材料和元件,支持全世界的生产设施。公司战略是集中采购大部分材料和元件,然后分发零部件给最近的生产中心。1996年,惠而浦推出一种水平轴洗衣机,比原来的垂直轴洗衣机省水50%。同时在1996年,公司推出了一种世界级小容量无霜无氟冰箱,设计满足亚洲和拉丁美洲国家的市场需求。

　　一些动力可以说明公司的环境状态。客户对惠而浦产品"环境友好"的关注是动力之一;另外一个动力是蒙特利尔条约规定的到1987年底禁止使用氟利昂。惠而浦因为是个跨国公司,所以必须遵守多个国家的法规要求。例如,欧洲法规要求制造商为客户免费处置包装,这就提示公司对固定烤炉开发可多次再使用的包装系统。

　　有一些例子证明公司在商业决策时对环境问题的关注。例如,1976—1996年,公司制造最终器具的 5 个主要工厂在制造器具时减少用水 72%。作为绿色照明计划的参加者,惠而浦公司承诺用能源有效的照明技术,翻新 90% 美国办公室、制造和仓储空间的照明系统。在 1987—1994 年期间,生产规模扩大 23%,非危险废物减少 33%。惠而浦在一些工厂为零部件和材料使用可回收的包装,并与包装供应商达成协议,鼓励包装材料的回收。公司也参加一些环境意识计划,如地球日活动。1994 年的环境支出分别为:危险减少领域(6.9%)、废物管理(10.9%)和法规遵守(85.8%)。公司的环境委员会阐明、更新和持续提高他们遵守法规的政策、机制和过程。负责每个商业单位、产品小组或者公司设施的高层经理最终在其影响范围开展环境管理。

惠而浦正在不断学习,通过产品设计和材料规范等措施,提高其产品再循环的潜力。公司使用"生态设计"环境产品评估工具,评估不同种类现有或者新产品的环境影响,包括制造产品所需的原材料制造和使用过程中的水和能源消耗、部件的再循环以及拆卸的便利性。

包括环境工程师和技术员的审计小组每 3 年对设施进行审计。根据相应法律,工业标准和自己设定的环境目标,测量工厂绩效。同时,工厂也通过内部审计和罚金数量评估测量环境绩效。

在欧洲,器具再循环外包给一个德国公司——Rethmann。客户把器具返回给经销商,经销商再把器具送到 Rethmann 再循环。在美国,器具再循环外包给美国的器具循环中心(ARCA),由中心再循环、修理和再出售器具,同时在"早退休"计划中,用能源效率较高的模型替代旧冰箱。

公司以许多领先的环境保护成果而自豪:

1. 惠而浦是第一个为了再生冰箱服务中释放的氟利昂而开发了一个程序的美国公司;

2. 惠而浦欧洲工程师的技术创新——便携式氟利昂再生单位;

3. 惠而浦 1994 年 2 月生产了超效冰箱计划,获得美国公众和私人单位公司赞助的竞赛胜利,公司开始生产这种冰箱,并且于 1995 年 7 月推出第二代;

4. 独特的"内部"再循环努力——制造工厂真正维持自己的厂内再循环系统,带有一个分拣运营,处理从工厂运营而来的所有垃圾。

资料来源:朱庆华:《绿色供应链管理》,化学工业出版社 2004 年版,第 259—261 页。

思考题

1. 惠而浦公司是如何体现"绿色"理念的?

2. 阐述案例对我国企业的启示。

第13章 冷链物流

冷链物流 cold chain logistics
冷链运输 cold chain transportation
冷链仓储 cold chain storage

冷链物流中心 cold chain logistics center
物流信息技术应用 logistics information technology application

断裂的冷链

场景一:某个烈日炎炎的夏天上午,临街的马路上,一家品牌酸奶的经销商正在拣货分装,旁边停着几辆等待拉货的平板车,等着把这些货物运送到附近的超市、便利店和餐馆酒店。完成这些活儿,少则半小时,多则一小时,加上路上送货和重新装检的时间,等这些酸奶再次进入冷柜之中,恐怕也是一两个小时之后的事儿了。在高达30多摄氏度的室外温度下,人多呆一会儿都会浑身汗涔涔的,更不用说这些长期呆在冷冻柜里的货物了,有些包装盒甚至已经被杯身上的冷凝水浸得透湿。看到这幅场景,你是不是开始有些担忧家里冰箱里的酸奶了呢?

场景二:某大型冷链配送中心出现这样的场景——冷库的站台是开放式的,装车的时候,冷库大门就那么敞开着,门口的站台上堆满了货物,员工就在这种条件下进行装车。在炎炎夏日,时间一长,货物质量必然会出问题。

场景三:某冷链企业用普通货车载货,用泡沫板等材料隔热,冷冻品化了再进冷库速冻;有的在运输过程中,使用冷藏车时关掉制冷机,快到达目的地再开机,消费者并不知道产品并未实现全程冷链。

这些真实存在的场景,反映了冷链物流中常见的问题——冷链断裂。

就像木桶效应一样,冷链的质量其实取决于最薄弱的环节,如果链条断了,也就失去了冷链的意义。这种断裂通常发生在中间环节,业内称之为"两边冷中间断",即从生产企业到商超店门(或者消费者家门)这一段存在冷链断裂。

从食品安全的角度讲,冷链食品(对环境温度有要求的食品)只有在全过程冷冻不断裂的情况下,才能真正保证食品安全。目前我国冷链食品还远没有实现全程冷链。有数据显示,与美国、日本、以及欧洲国家80%—90%的食品冷链运输率相比,我国只有10%左右。

13.1　冷链物流概述

13.1.1　冷链物流的发展背景

冷链物流(cold chain logistics)的起源要追溯至 19 世纪上半叶冷冻机的发明,随着制冷技术的进步,各种保鲜和冷冻农产品开始进入市场,进入消费者家庭。分析其产生的原因主要有以下几个方面:(1)连锁经销体系带动冷链物流的兴起;(2)食品流通形态的变革;(3)使专业分工更符合需要;(4)低温食品的逐渐普及与成熟。

近年来,冷链物流急骤升温并逐渐成为物流业关注的焦点,以下五大因素助推冷链商品市场容量的放大,成为冷链物流行业发展的客观动力。

1. 新型商业业态持续发展

生鲜冷冻区在卖场、连锁超市、便利店等业态中的比重不断地增加,成为冷冻冷藏产品销售不可替代的主渠道,从而扩大了冷冻冷藏产品的市场容量。

2. 消费习惯不断变化

随着人们受教育程度的不断提高和市场竞争的日益激烈,人们逐渐倾向于通过节省厨房时间来增加自己的学习、工作或休息时间,使冷冻冷藏产品的销售量不断增加。

3. 年轻消费者群扩大

年轻消费者群不断扩大,加上消费理念的更新,对冷冻冷藏产品的认知度不断提高,促进了冷冻冷藏消费市场的不断扩容。

4. 企业提高产品、服务质量

市场的激烈竞争,促使冷冻冷藏产品加工企业在产品、服务、品种、包装上提高,竭力吸引顾客,使更多的消费者倾向于冷冻冷藏产品的消费。

5. 产品花色、品种不断翻新

除传统的水饺、汤圆、包子等速冻点心产品需要冷链配送,菜肴等作为新型的冷冻冷藏品也受到企业的注重,延伸到冷链物流中。

13.1.2　冷链物流的定义和适用范围

1. 冷链物流的定义

冷链物流又称为低温物流或冷链,欧盟定义为:"从原材料的供应,经过生产、加工或屠宰,直到最终消费为止的一系列有温度控制的过程。"日本明镜国大辞典定义为:"通过采用冷冻、冷藏、低温贮藏等方法,使鲜活食品、原料保持新鲜状态由生产者流通至消费者的系统。"日本大辞典将冷链描述为"低温流通体系"。美国食品药物管理局将冷链定义为:"贯穿从农田到餐桌的连续过程中维持正确的温度,以阻止细菌的生长。"我国技术监督局发布的《中华人民共和国国家标准物流术语》中给出的定义是:"冷链(cold chain)是指为保持新鲜食品及冷冻食品等的品质,使其在从生产到消费的过程中,始终处于低温状态的配有专门设备的物流网络。"中国物流与采购联合会所采用的冷链物流的定义为:"冷链物流泛指温度敏感性产品在生产、贮藏运输、销售,到消费前的各个环节中,始终处于规定的低温环境下,以保证物品质量,减少物流损耗的一项系统工程。"因此冷链物流要求把所涉及的生产、运输、销售、经济和技术性等各种问题集中起来考虑,协调相互间的关系,以确保物品在加工、运输和销售过程中的安全,它是具有高科技含量的一项低温系统工程。

2. 冷链物流的适用范围

冷链物流适合的商品一般分为三类:一是初级农产品,包括蔬菜、水果、肉、禽、蛋、水产品、花卉等;二是加工后的食品,如速冻食品、禽、肉、水产等包装熟食、冰激凌和乳制品、快餐原料等等;三是特殊商品,如药品、血液等(见表 13.1)。

表 13.1　冷链物流的适用范围

初级农产品	加工食品	特殊商品
水果、蔬菜	速冻食品	药　品
肉、禽、蛋	禽、肉、水产等包装熟食	生物供体
水产品	冰激凌和乳制品	血　液
花　卉	快餐原料	

13.1.3　冷链物流的构成

冷链物流属于当今物流行业的精品系列和稀缺部分,以冷冻工艺学为基础,以制冷技术和信息技术为手段的低温物流过程,涉及原料采购、加工、运输、仓储直至消费等多个环节,为客户提供产品的冷藏、冷冻、仓储、运输、配送、包装、加工、多式联运以及其他一系列多元化增值服务。如仓储服务中包含了冷冻库区、冷藏库区、恒温库区、常温库区四种温度要求,而冷冻库区方面,冷冻肉与海鲜水产的温度要求又有不同,分别为−18 ℃与−22 ℃。

冷链物流的主要节点有:冷链物流的上游,包括养殖或种植基地、冷库、生产加工基地、冷冻冷藏产品生产企业等;冷链物流的中间环节,包括冷库、物流中心、配送中心、中间商和供应商等;冷链物流的下游,包括农贸市场、超市、零售商、酒店、餐馆、家庭等。

冷链物流是以保证冷藏冷冻类物品品质为目的,以保持低温环境为核心要求的系统,冷链物流由运输子系统、仓储子系统、装卸搬运子系统、包装加工子系统、冷链配送子系统、冷链信息子系统构成(见表 13.2)。由于冷藏冷冻类物品的时效性要求,冷链物流各子系统须具有更高的组织协调性,冷链物流的发展与子系统有效控制运作密切相关。

表 13.2　冷链物流系统组成

冷链物流子系统	职　　　能	涉　及　设　备
冷链运输子系统	将冷链产品从发货方送到收货方	铁路冷藏车、冷藏汽车、冷藏船、冷藏集装箱
冷链仓储子系统	冷链商品的储存、保管	各类冷藏库、冷藏柜、冻结柜
冷链装卸搬运子系统	冷链商品在物流节点上的装卸搬运	冷藏库
冷链包装加工子系统	冷链商品的包装、加工	冷藏库、冷却冻结和速冻装置
冷链配送子系统	运输支线上的选货、配货、送货	冷藏车、冷藏集装箱
冷链信息子系统	物流系统的神经中枢和指挥中心,协调各子系统高度衔接配合	条形码、无线射频认证、GPS、GIS、温湿度红外遥感、MIS、DSS

13.1.4　冷链物流的特点和操作原则

1.冷链物流的特点

冷链物流是一项复杂的系统工程,与高新技术、高额投资、先进管理紧密相连,其特点包括以下六个方面。

(1)投资规模大,资产专用性高。与常温物流相比,冷链物流系统的建设投资要大很多,很多设备都是专用的,容易产生沉没成本。

(2)对信息技术要求高。冷链物流具有精益性和敏捷性的双重特征,参与主体多,要求安全实时监控,因此需要高度信息技术支撑。

(3)需要高度组织协调性。冷链物流过程中的每个环节都必须具有高度组织协调性,这样才能保证整个系统的稳定运行。

(4)需要有效控制能耗。在保证产品品质的同时,需降低能耗,控制物流成本。

(5)具有链宽而短的内在要求。冷链物流内在要求更宽广的物流空间和尽量少的交易次数,对冷链物流运营有利。

(6)监控难度很大。冷链物流不仅是每个环节的监控,而且还要跟踪整个产品的冷链。

2.冷链物流的操作原则

冷链物流的核心即为保持低温环境,以确保冷藏冷冻品的安全与品质。冷藏冷冻品的物流流程要求冷链物流不得在任何环节改变原来设定的产品保存温度条件。与常规的物流系统相比,冷链物流在操作过程中需要遵从以下原则。

(1)"3P"原则。原料的品质(produce)、处理工艺(processing)和货物包装(package),要求原料品质好、处理工艺质量高、包装符合货物的特性。这是货物进入冷链时的早期质量。

(2)"3C"原则。即在整个加工和流通过程中,对产品的爱护(care)、保持清洁卫生(clean)的条件以及低温(cool)的环境,这是保证产品"流通质量"的基本条件。

(3)"3T"原则。产品最终质量取决于低温的储藏与流通的时间(time)、温度(temperature)和产品耐藏性(tolerance)。"3T原则"指出了冷藏食品品质保持所允许的时间和产品温度之间存在的关系。由于冷藏食品在流通中因时间、温度的积累而引起的品质降低的累积和不可逆性,对不同的产品品种和不同的品质要求都有对应的温度和储藏时间,以及相应的产品控制和储藏时间的技术经济指标。

(4)"3Q"原则。即冷链中设备的数量(quantity)协调、设备的质量(quality)标准的一致和快速(quick)的作业组织。冷链设备数量的协调和质量标准的一致能够保证货物总是处在适宜的环境之中,并能提高各项设备的利用率。因此,要求产销部门的预冷站、各种冷库和运输工具等,都应按照食品原料及产品物流的客观需要,相互协调。快速的作业组织则指的是加工部门的生产过程,经营者的货源组织运输部门的车辆于途中服务、换装作业的衔接,销售部门的库容准备等均应快速组织并协调配合。

(5)"3M"原则。即保鲜工具与手段(means)、保鲜方法(methods)和管理措施(management),在冷链中所用的储运工具及保鲜方法要适合食品的特性,并能保证既经济又取得最佳的保鲜效果,同时,要有相应的管理机构和行之有效的管理措施,以保证冷链协调、有序、高效运转。

13.1.5 冷链物流的分支

1. 食品冷链物流

食品冷链物流指的是冷鲜肉、速冻米面、乳制品等易腐食品和鲜活农产品在加工、贮藏、运输、分销、零售、直到消费者的各个环节中,始终处于产品所必需的低温环境,以保证产品质量安全、减少损耗、防止污染的特殊供应链系统。

(1) 食品冷链的流程。食品冷链流程分为低温加工、低温储存、低温运输与配送、低温销售消费四个部分。

① 低温加工:包括肉禽类、鱼类和蛋类的冷却与冻结,以及在低温状态下的加工作业过程,也包括果蔬的预冷以及各种速冻食品和奶制品的低温加工等。在这个环节上主要涉及的冷链装备是冷却、冻结装置和速冻装置。

② 低温储存:包括食品的冷却储藏和冻结储藏,以及水果蔬菜等食品的气调贮藏,它的作用是保证食品在储存和加工过程中的低温保鲜环境。在此环节主要涉及各类冷藏库/加工间、冷藏柜、冻结柜及家用冰箱等等。

③ 低温运输与配送:包括食品的冷链中、长途运输及短途配送等物流环节的低温状态。它主要涉及铁路冷藏车、冷藏汽车、冷藏船、冷藏集装箱等低温运输工具。

④ 低温销售消费:包括各种冷链食品进入批发零售环节的冷冻储藏和销售,它由生产厂家、批发商和零售商共同完成。随着大中城市各类连锁超市的快速发展,各种连锁超市正在成为冷链食品的主要销售渠道,在这些零售终端中,大量使用了冷藏/冷冻陈列柜和储藏库,连锁超市已成为完整的食品冷链中不可或缺的重要环节。

食品冷链的流程如图 13.1 所示。

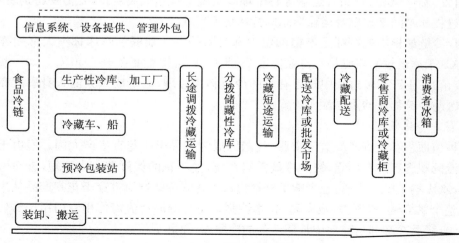

图 13.1 食品冷链流程

冷链适合的食品可以按照存贮温度的不同分为以下四类：

① 冷藏食品：适于在 0—7 ℃保存，比如生鲜蔬菜、果汁、牛乳、乳饮料、禽蛋类等；

② 冰温食品：适于在 −2—2 ℃保存，比如畜肉品、禽肉品、水产品等；

③ 冷冻食品：适于在 −18 ℃以下保存，比如冷冻蔬果、冷冻农产品等；

④ 超冷链食品：适于在 −50℃以下保存，比如生鱼片等。

（2）食品冷链物流中的重要分类。食品冷链主要分为农产品冷链、调理食品冷链和乳制品冷链三类。

① 农产品冷链。农产品冷链是指使肉、禽、水产、蔬菜、水果、蛋等生鲜农产品从产地采收（或屠宰、捕捞）后，在产品加工、贮藏、运输、分销、零售等环节始终处于适宜的低温控制环境下，最大程度地保证产品品质和质量安全，减少损耗、防止污染的特殊供应链系统。

② 调理食品冷链。调理食品冷链也即加工食品冷链，是指以农产、畜禽、水产品等为主要原料，经前处理及配制加工后的包装食品，采用速冻工艺，并在冻结状态下储存、运输和销售，如速冻水饺、包子等。

③ 乳制品冷链。乳制品冷链是指原产地牛奶在通过贮藏运输、分销、零售的全过程中，以冷冻工艺学为基础，以制冷技术为手段，始终保持乳品所要求的低温条件的物流。牛奶是一种易腐食品，新鲜牛奶、酸牛奶等产品如不使其处在低温条件下储运或保存就很容易变质。从原奶、生产到加工都在 24 小时内，整个物流过程都要求有低温冷藏设备。乳业冷链物流按产品的温度控制要求主要分为三类：一是常温液态奶，二是巴氏奶、酸奶等乳制品的保鲜冷链物流，三是冰激凌等冷饮乳品的冷冻冷链物流。不同种类的乳品对冷链温度有不同的要求，在一条冷链中要求有不同的温度，故要加强对整个链条环境的控制。

2. 医药冷链物流

医药冷链物流指对药物、疫苗、诊断试剂及相关原材料等产品从原料采购、样本采集、生产、研发、临床试验、存储及运输等各个环节实施全程超低温监控，是需要特别装置，注意运送过程和时间掌控以及运输形态的特殊物流形式。

医疗冷链最根本的特征是严格的温度和时限控制。如医学临床标本大都须冻结在 −78.5 ℃（干冰运输），或维持在冷藏温度 2—8 ℃，或维持温度在 10—30 ℃。如一些特殊药品（疫苗）在生产运输过程中缺乏有效的冷链物流管理，会造成重大的人身事故和经济损失。医药冷链物流的重要性无庸置疑。

3. 花卉冷链物流

从种植面积和花卉产品数量来看，我国已成为世界第一花卉生产大国。但由于花卉低温物流的观念还没有确立，缺少冷藏保鲜系统，使鲜花的保鲜期大大缩短，进而引发质量问题，既影响了国内流通，也影响了外销出口。花卉冷链物流贯穿于花卉产品从生产到消费的整个供应链，投资大、成本高、技术性强。花卉冷链物流需使用专门用于鲜切花采后预冷、分级后冷却和运输前中长期冷藏的冷藏库、保鲜车。

13.2 我国冷链物流发展概况

13.2.1 我国冷链物流发展现状

我国低温储藏、保鲜技术起步于 20 世纪 60 年代,此后低温控制技术在生鲜农产品产后加工、储藏及运输等环节逐步得到应用。进入 21 世纪以来,我国冷链物流呈现快速发展的势头,成为物流业中增长最快、最具活力的领域之一,但与发达国家相比还有较大差距。

1. 冷链物流初具规模

我国是农业生产和农产品消费大国,目前蔬菜产量约占全球总产量的 60%,水果和肉类产量占 30%,禽蛋和水产品产量占 40%。近年来我国生鲜农产品产量快速增加,每年约有 4 亿吨生鲜农产品进入流通领域,冷链物流比例逐步提高,目前我国果蔬、肉类、水产品冷链流通率分别达到 5%、15%、23%,冷藏运输率分别达到 15%、30%、40%,冷链物流的规模快速增长。

2. 冷链物流基础设施逐步完善

目前全国有冷藏库近 2 万座,冷库总容量 880 万吨,其中冷却物冷藏量 140 万吨,冻结物冷藏量 740 万吨;机械冷藏列车 1 910 辆,机械冷藏汽车 20 000 辆,冷藏船吨位 10 万吨,年冷藏集装箱生产能力 100 万标准箱。

3. 冷链物流技术逐步推广

生鲜农产品出口企业率先引进国际先进的 HACCP(危害分析和临界控制点)认证、GMP(良好操作规范)等管理技术,普遍实现了全程低温控制。大型肉类屠宰企业开始应用国际先进的冷链物流技术,从屠宰、分割加工、冷却成熟等环节低温处理起步,逐渐向储藏、运输、批发和零售环节延伸,向着全程低温控制的方向快速发展。低能耗、低成本的冷链处理技术广泛推广,推动了以水产品和反季节果蔬为代表的高价值量农产品冷链迅速兴起。

4. 冷链物流企业不断涌现

中外运、中粮等社会化第三方物流企业强化与上下游战略合作与资源整合,建立国际先进的冷链设施和管理体系,积极拓展冷链物流业务。双汇、光明乳业等食品生产企业加快物流业务与资产重组,组建独立核算的冷链物流公司,积极完善冷链网络。大型连锁商业企业完善终端销售环节的冷链管理,加快发展生鲜食品配送。我国冷链物流企业呈现出网络化、标准化、规模化、集团化发展态势。

2012 年依据《物流企业分类与评估指标》,为划分冷链物流企业等级,明确冷链物流企业服务条件,更好地服务广大需求客户,经中国物流与采购联合会批准,成立全国冷链物流企业综合评估办公室。在中国物流与采购联合会评估办公室直接指导下,我国开展了冷链物流企业评估工作,运用国家标准技术手段,加强冷链物流行业自律,引导冷链物流行业健康稳定发展。2012 年,为表彰在我国冷链产业发展历程中坚守行业、敢于创新,对产业发展产生深远影响的企业和个人,由中国物流与采购联合会冷链物流专业委员会牵头组织开展了两年一次的"中国冷链产业'金链奖'"系列评选活动,此奖项被行业公认为冷链物流领域的最高荣誉。

5. 冷链物流发展环境逐步完善

根据 2009 年 3 月国务院颁布的《物流业调整和振兴规划》,2010 年 6 月国家发改委发布《农产品冷链物流发展规划》,为积极贯彻落实《农产品冷链物流发展规划》,促进我国冷链物流业发展,农业部相继出台《农产品加工业"十二五"发展规划》和《关于贯彻落实〈国务院办公厅关于加强鲜活农产品流通体系建设的意见〉的通知》两项政策,其中明确提出要发展冷链物流系统和冷链物流技术,推进产地批发市场建设,提高农产品贮运加工能力,解决物流配送半径限制等措施,同时加大农产品冷链物流体系的建设和政策、资金扶持力度。广东省、四川省、河北省、广西壮族自治区以及长沙市、天津市、重庆市、深圳市等地相继出台了各省、市农产品冷链物流发展规划,明确了"十二五"期间各地区冷链物流发展目标和具体任务。2012 年《冷链物流分类与基本要求》(GB/T28577—2012)、《药品冷链物流运作规范》(GB/T28842—2012)、《食品冷链物流追溯管理要求》(GB/T28843—2012)三项国家标准以及《易腐食品机动车辆冷藏运输要求》(WB/T1046—2012)行业标准出台,标志着我国冷链行业市场将得到进一步规范和制约。

6. 冷链宅配市场火热兴起

冷链宅配市场迅速兴起,一方面像京东商城、1 号店、天猫超市等电商企业相继试水冷链宅配业务,此外,一些冷鲜产品生产企业等供应链上游企业也开始通过"网上订单＋冷链宅配"的方式拓展市场。

13.2.2　我国冷链物流存在的不足

1. 规模化、系统化的冷链物流体系尚未形成

目前我国综合冷链应用率仅为 19％,果蔬、肉类、水产品冷链流通率分别为 5％、15％、23％(美国、加拿大、日本等发达国家肉禽冷链流通率已经达到 100％,蔬菜、水果冷链流通率也达 95％以上),大部分生鲜农产品仍在常温下流通,产品损腐率较高,仅水果、蔬菜等农产品在采摘、运输、储存等物流环节上损失率就高达 25％—30％,每年约有 1.3 亿吨的蔬菜和 1 200 万吨的果品在运输中损失,腐烂损耗的果蔬可满足近 2 亿人的基本营养需求。冷链物流各环节缺乏系统化、规范化、连贯性的运作,信息传递不畅,使库存、装卸、运输等缺乏透明度,造成冷冻冷藏产品在配送、运输途中发生无谓耽搁,风险及成本增加,装车、装船大多是在露天操作而未按照国际标准在冷库和保温场所操作,运输中采用棉被、塑料苫盖,在初级加工和分拣区没有低温制冷环境,出现"断链"现象,全程冷链的比率过低。由于冷冻冷藏运输效率低,生鲜冷冻品损耗高,整个物流费用占到产品成本的 70％。而发达国家这一比例最高不超过 50％。

2. 冷链物流基础设施能力不足

我国现有冷库总容量为 880 万吨,主要集中在经济发达或者农产品资源较为集中的区域,人均冷库容量仅 7 千克,拥有冷藏汽车 5 万辆,占货运汽车比例仅为 0.3％,拥有铁

路冷藏车 8 000 多节,仅占全国总运行铁路车辆的 2%,大多是陈旧的机械式速冻车皮,铁路冷藏运输量仅占易腐货物运量的 25%。现有冷冻冷藏设施普遍陈旧老化,国有冷库中近一半已使用 30 年以上,区域分布不平衡,中部农牧业主产区和西部特色农业地区冷库严重短缺,承担全国 70% 以上生鲜农产品批发交易功能的大型农产品批发市场、区域性农产品配送中心等关键物流节点缺少冷冻冷藏设施。

3. 冷链物流技术推广滞后

冷冻冷藏制冷技术仍处于较为落后的阶段,产品产后预冷技术和低温环境下的分等分级、包装加工等商品化处理手段尚未普及,冷冻冷藏质量监控、车间环境温度和清洁度控制、卫生管理和包装技术仍与国际标准有较大差距,运输环节温度控制手段原始粗放,发达国家广泛运用的全程温度自动控制没有得到广泛应用。

4. 冷链物流的市场化、社会化程度较低

冷链物流的市场化、社会化程度实质上就是第三方参与冷链物流的程度,为冷链物流需求方提供高效完善的冷链方案,全程监控冷链物流,整合冷链产品供应链的企业就是第三方冷链物流企业。2013 年中国食品潜在冷链物流总额已经达到了 32 505 亿元,而第三方冷链物流企业营业收入过亿元的只有十几家,营业收入在 1 000 万元以上只有 680 家,第三方物流比重不高,国内还没有一家第三方冷藏货物供应链服务商能提供覆盖全国的服务,很少有供应商能够保证对整个供应链的温度控制。

大多数第三方冷链物流企业以中小企业为主,实力弱,经销规模小,服务标准不统一,冷链的成本和商品损耗很高,基础设施、节点网络、信息系统、服务质量还不能满足工商企业的要求,工商企业外包冷链物流业务的比例较低,大部分冷链产品的物流配送仍由生产商和经销商来完成,即使外包,也是将区域性部分配送和短途冷藏运输外包。具备资源整合和行业推动能力的大型冷链物流企业刚刚起步,在冷链物流发展过程中,优质优价的机制仍没有形成,冷链物流的服务体系尚未完全建立,服务网络和信息系统不够健全。

5. 冷链物流法律法规和标准体系不健全

规范冷链物流各环节市场主体行为的法律法规体系尚未建立。冷链物流各环节的设施、设备、温度控制和操作规范等方面缺少统一标准,冷链物流各环节的信息资源难以实现有效衔接,在发达国家普遍推行的相关管理办法和操作规范在我国尚处于推广的起步阶段。

13.3　国外冷链物流的发展经验

国外冷链物流的发展相对成熟,具有起步早、物流装备齐全、广泛应用信息技术和自动化技术、物流环节配合协调、损率低和物流相关配套社会环境完善的优点,已经形成了完整的冷链物流体系。美国、日本等发达国家的冷链流通率(冷链物流各环节实行全程低温控制的商品流通量占需要冷链服务商品总量的比率)达到 85%,东欧国家达到 50% 左右。据国际冷藏库协会公布的数据,美、日两国冷库总量占到世界冷库总量的近 40%。美国冷链物流运营前五强企业冷库容量占到美国的 63.4%,仅美国冷库公司

(AmeriCold)自有的冷库总量就与我国冷库总量相当。

国外冷链物流发展主要呈现以下六种趋势。

1. 冷链物流向一体化、系统化发展

为满足用户不断提高的物流服务需求,国外冷链物流企业已经完成由单环节的低温运输、仓储向一体化冷链物流企业的转型,通过构建跨部门、跨行业、跨地域的综合冷链服务网络,为客户提供采购、运输、仓储、管理、信息和流通加工等一体化物流服务。

从 20 世纪 70 年代以后,日本开始在全国进行果蔬低温冷链流通保鲜体系建设,在对果蔬的分级、挑选、清洗、加工、包装、预冷、冷藏、运输和销售中采用冷链保鲜技术。至 20 世纪 90 年代,日本在全国实现了"产地预冷—冷藏车运输—低温冷柜或卖店销售"的果蔬冷链流通保鲜体系建设,目前,冷链已成为日本果蔬物流的主流。为实现果蔬等鲜活农产品的高效保鲜,日本在全国果蔬等主产地建设了星罗棋布的冷库。这些冷库主要用于流通保鲜的预冷,而且是水果、蔬菜、花卉等多种鲜活农产品共用的,周年利用率较高。

加拿大食品检验局(CFIA)作为联邦政府食品安全管理机构,根据国际通行的危害分析和关键控制点(HACCP)原理制订了食品安全督促计划(FSEP)。该规划不但在肉类和家禽加工厂普遍实行,而且在乳品、蜂蜜、鸡蛋、蔬菜、水果加工业内也广泛应用。CFIA还向一个由加拿大农业联合会管理的规划"加拿大农场生产食品安全规划"(COFFSP)提供科学和技术方面的支持。该规划覆盖了从田间(畜舍)到屠宰加工企业门户的食品安全问题,它通过联邦政府和产业界的合作,使生产者在食品生产环节实施与 HACCP 原理相一致的食品安全措施。CFIA 对 FSEP 和 COFFSP 计划的参与体现了其持续改进食品安全的承诺,即从初级产品生产到最终产品零售的多部门、跨行业的食品安全协作,最终实现从农场到餐桌冷链物流全过程的食品安全控制与管理。

2. 依靠物流企业,充分发挥市场机制的作用

各国的实践证明,物流企业在促进各国冷链物流发展中发挥了至关重要的作用。加拿大政府在运输业中引入市场竞争机制后,1987 年基本放松了对运输业的管制,极大地促进了各种运输方式和企业间的竞争和发展。1990 年后,政府进一步放开市场,对各种运输方式进行私有化和民营化改造,通过下放港口和内河运输的经营权、国家铁路公司民营化等措施,使企业真正自主经营,充分发挥物流企业的作用,建立起不同运输方式间的竞争机制,促进了冷链物流业的快速发展,形成了路铁海空多式联运,产地加工企业、批发市场与配送中心和第三方物流企业等多方参与、并存共赢的冷链物流发展模式。加拿大既有以北美地区效益最好的铁路运输企业国家铁路公司(CN)和加拿大最大的花椰菜产地加工企业 Melvin Farms 为主体的冷链物流模式(产地加工企业模式),也有以北美最大的农产品批发市场 Ontario Food Terminal Board 与加拿大最大的配送中心 Sobeys 为主体的冷链物流模式(批发市场与配送中心模式),还有以加拿大最大的第三方物流企业 Thomson Group 为主体的冷链物流模式(第三方物流模式)。

3. 加大政府投入,创造良好的营运环境

各国政府纷纷加大资金投入,通过优惠政策和资金扶持,促进冷链物流发展。加拿大政府通过对国家铁路公司补贴、改制和相关政策扶持,使国家铁路公司扭亏为赢,盈利率

由过去的 3% 提高到 30.4%,成为目前北美地区效益最好的铁路冷链物流运输企业。通过注入启动资金扶持,使 Ontario Food Terminal Board 成为拥有 5 000 个客户、交易量达 540 万磅/天、交易额为 9.6 亿加元/年、纯利润达 100 多万加元的北美最大的农产品批发市场。日本从中央政府到地方政府都很重视物流产业的规划与建设,并提供一定的优惠政策。1997 年日本政府制定了《综合物流施政大纲》,对主要的物流基础设施提供强大的资金支持。韩国政府建立了专项基金,以资助专业性物流公司,并对开发新型物流技术的企业削减个人和企业所得税。财政出资为农协会员购买标准托盘及物流相关设备提供政府补贴,资助运输企业购买标准集装箱运输卡车。为减少农产品在流通过程中的损耗,根据相应的农产品包装法,由政府出资 80%,农户出资 20% 对出售前农产品进行包装,实行低温储存与运输,推进冷链物流。荷兰政府对于建立面向全欧洲的配送中心建设的企业给予选址、规划及经营方向的指导,并给予一定比例的资金支持或贷款贴息。

4. 发挥行业协会作用,加强行业协调和自律

各国冷链物流的行业协会在政府与企业之间起着桥梁与纽带作用,在完善行业管理过程中发挥着重要作用。协会一方面积极宣传政府的交通方针、政策和法规,另一方面代表企业利益反映企业的呼声,对完善物流政策和改善企业经营提出意见和建议。同时,行业协会从不同角度起到沟通情况、协调关系、提供信息、咨询服务等作用。加拿大卡车协会,是由加拿大运输企业、农产品产地加工企业、批发市场和配送中心等人员自愿组成的民间组织。协会主要协助 CFIA 制定冷链物流指导原则与标准,协调冷链环节主体的关系,组织制定本行业企业共同遵守的行为规范和纪律,并配合 CFIA 对协会成员进行技术咨询和人员培训,在推动加拿大冷链物流发展中发挥了重要作用。

5. 完善相关法律及标准,推进专业认证

(1) 制定了一系列法律、法规和标准。

各国政府为了确保冷链物流的食品质量与安全问题,一方面制定了一系列法律、法规和标准,涉及农产品的生产、加工、销售、包装、运输、储存、标签、品质等级、食品添加剂和污染物、最大兽药残留物允许含量和最大杀虫剂残留物允许含量等方面。

1975 年,日本农林水产省成立了食品低温流通推进协议会,研究整理出《低温管理食品的品质管理方法及低温流通设施完善方向》,制定了食品低温流通温度带,并发行了《低温链指南》,使生鲜食品冷链保鲜技术进入了基本完善的阶段。

在原料生产环节,为了规范农药的注册登记、使用和管理,加拿大卫生部、农业与农业食品部会同渔业海洋部、环境部及自然资源部共同制定了《防虫产品法》,该法明确了农药的注册登记办法,以及需要提供的数据、农药用量等。加拿大《环境保护法》规定:要对污染物和有毒物品进行评价;农药残留补偿法规定在任何情况下,农民可以因为农产品中农药残留超标导致损失而获得补偿;在加工、贮藏和运输环节制定了严格的温度标准,如禽类加工环境温度低于 10 ℃,冷藏与运输温度不得高于 4 ℃。

(2) 严格专业认证制度,实行市场准入。

另一方面,严格专业认证制度,实行市场准入。加拿大近年积极推动有机食品的发展,有机农业已经成为加拿大农业发展新的增长点,全国目前共有经认证的有机农场

2 500 个,有机食品加工企业 150 家,有机产品认证机构 46 个。有机农业的总产值为 6 亿加元,占全国农业总产值的 1.5％。通过认证后,认证机构向有机种植或加工者授予证书,并授权其使用有机产品标识,而后方能进入流通与消费环节。再如对肉食品生产企业要利用 HACCP 来监督和控制生产操作过程,不但要求检查农药残留量,还要检查生产厂家的卫生条件,对工作间温度、肉制品配方以及容器和包装等做出了严格的规定。完善法律法规和标准,推进有机食品、HACCP 及 ISO 等专业认证制度,加强原产地保护和地理标识管理等,是加拿大农产品冷链物流得以健康发展的重要保障。

6. 鼓励技术创新,推广先进技术管理手段

各国冷链物流企业依靠科技创新提升冷链物流业的整体水平,技术创新体现在冷链物流的各个环节。

(1) 在标准化原料基地建设方面。

在标准化原料基地建设方面积极采用 GAP、GVP 等先进的管理规范,使用环境友好型栽培(养殖)管理技术和先进、快速的有害物质分析检测技术等,从源头上保证冷链物流的质量与安全。

(2) 在生产加工方面。

在生产加工方面使用先进的产地加工技术,提高产品质量,延长保鲜期。许多发达国家把预冷保鲜作为冷藏品生产加工中的第一道工序。预冷的关键在于一个"快"字,包含了许多在不伤害产品质量的情形下快速降温的先进技术。加拿大花椰菜产地加工企业 Melvin Farms 采用真空预冷技术和冰温预冷技术,有效消除田间热,降低蔬菜的呼吸强度,延长保鲜期。

(3) 在储藏技术装备方面。

在储藏技术装备方面积极采用自动化冷库技术,包括贮藏技术自动化、高密度动力存储(HDDS)电子数据交换及库房管理系统,其贮藏保鲜期比普通冷藏延长 1—2 倍。气调贮藏是当代最先进的可广泛应用的果品贮藏技术。英国的气调贮藏能力为 22.3×10^4 吨,法国、意大利、荷兰、瑞士、德国等国也在大力发展气调技术,气调苹果平均达到苹果总数的 50％—70％。日本早期修建的主要是强制通风式冷库。这种冷库完成一次预冷所需时间长,采收产品当天不能起运,从而影响上市速度,且库房周转利用率低,采收高峰时难以实现产品的大批量尽早预冷。后期随制冷技术的进步,发展修建了制冷效果好、制冷速度快的压差式通风冷库和真空式冷库。

(4) 在运输技术与装备方面。

在运输技术与装备方面,冷藏运输技术经历了公路冷藏运输、铁路冷藏运输、水路冷藏运输,如今已发展到冷藏集装箱多式联运。欧洲具备通畅的交通网络,公路运输快捷灵活,装卸环节少,减少了装运中的损耗,可进行"门对门"的服务。冷链运输朝着多品种、小批量和标准化、法规化的方向发展,节能和注重环保将是冷藏车技术发展的主要方向。铁路运输在冷链运输中占有重要的地位,铁路冷链运输的运量占总的冷链运输量的 55％左右。欧洲于 20 世纪 70 年代开始实行冷藏集装箱与铁路冷藏车的配套使用,克服了铁路运输不能进行"门到门"服务的缺点,大大提高了铁路冷藏运输的质量。如加拿大最大的

第三方物流企业 Thomson Group 除具有容量大、自动化程度高的冷藏设施外,还拥有目前世界上最先进的强制供电器(PTO)驱动、自动控温与记录、卫星监控的"三段式"冷藏运输车,可同时运送三种不同温度要求的货物。

(5) 在信息技术方面。

目前发达国家冷链物流企业广泛应用仓库管理系统、运输管理系统、电子数据交换、全球定位和全程温度监控、质量安全可追溯系统,普遍实行(冷)柜车(头)分离,建设新型节能冷库,同时将全国的需求信息和遍布各地区的冷链网络联结起来,确保冷链物流信息快速可靠地传递。冷链物流运行质量与效率实现了大幅提高,产品安全得到强有力的保证。

13.4　我国冷链物流中心的建设

随着制冷技术的发展以及冷库建设技术的不断提高,我国逐渐开始规划建设较为先进的大型冷链物流中心。

2006 年 11 月,中外运上海冷链物流中心在位于嘉定区的西北物流园区江桥物流园正式投入运营。中外运上海冷链物流中心总体规划占地约 100 亩,设计总投资为 2.5 亿元人民币,是目前国内最大的、具有现代化设施的单体多温度分区冷库,是以冷库仓储为主业的冷链物流企业。单体多温度冷库分为三个温度区:0—4 ℃、−18 ℃、−28 ℃。0—4 ℃存储区域为华东最大;−28 ℃存储区域在华东地区仅此一处。

2009 年 11 月,云南东盟国际冷链物流中心投入运营。项目建设总用地 200 亩,包含8 万平方米的冷冻食品冷藏交易区,3 万平方米的冷冻食品加工区,1 万平方米的商务信息交流平台,和 500 个大小车位的停车区,从 −35—5 ℃设立不同温区,可满足冷冻肉品(禽畜、水产等)、速冻食品、冷饮、果蔬、野生菌、鲜切花不同产品的冷冻要求。

2010 年 3 月,四川蓝雁集团乐山冷链物流中心全面投入经营。项目占地面积 325亩,兴建 1 万吨冷库、常温仓库各 1 座,大型物流交易市场 2 个,以及物流服务中心、信息中心及标准化配套设施,年加工冷藏肉类食品、海产品 15 万吨,保鲜冷藏蔬菜 2 万吨、水果 3 万吨。

2013 年 7 月,温州市现代冷链物流中心项目启动,到 2015 年底逐步建成并投产运行,年交易额预计达 150 亿元。中心总建筑面积约 29.9 万平方米,总投资约 16 亿元,建成后冷库库容达 8.8 万吨,包括用于速冻产品的低温冷库和用于冰鲜产品的高温冷库,大型冻品交易市场交易铺位共 850 个,将成为浙南闽北规模最大的冷链物流中心。

2013 年,云南昆明万吨农产品冷链物流中心动工兴建,标志着中国西南部及南亚地区最大的冷链物流航母正式启航。昆明万吨农产品冷链物流中心将定位于构筑全球化冷链食品采购平台,促进传统食品市场向现代化全球采购中心转变的高度,形成规划现代、设施高档的集专业冷链配送、电子商务等多功能于一体的大型综合冷链物流枢纽。新建成的昆明农产品冷链物流中心占地 674 亩,规划建设冷库 21 万吨,市场交易城 12.7 万平方米,交易档口 2 300 个,建设农产品加工中心 15 000 平方米,干仓 7 500 平方米,加工配送物流区 7 500 平方米,沿街配套客户公寓 15 000 平方米,银行、餐饮、酒店、超市、休闲娱乐等配套用房 72 000 平方米,生产经营配套用房 5 500 平方米。整个项目市场年交易量将超过 200 万吨,加工区年产值将突破 100 亿元,物流中心将成为中国西南部及南亚地区最大的冷链物流产业园。

13.4.1　冷链物流中心的特点和功能分析

1. 冷链物流中心的特点

第一,冷链物流中心与常温物流中心相比建设投资大,基本建筑结构建设投入以及低温环境下的物流设备设施投资很高,要求冷链物流中心在建设规划中应特别注意资源的节约及合理配置。

第二,在冷链物流中心中的一系列物流作业过程都要求严格满足货物温度要求,应特别注意各功能区的合理设置与布局,以保证冷链物流作业能够具有连贯性、有序性和高效性。

第三,冷链物流中心的冷库能耗巨大,并多用氨作为制冷剂使用,氨具有毒性,且当浓度超出标准时有爆炸隐患,因此在节能、环保和安全防范等方面都较常温物流中心有更高的要求。

第四,与常温物流中心相比,冷链物流中心的货物全程处于恒定低温条件下,则要求取消露天堆放的储存方式,装卸货区不能设置在露天环境。

第五,低温运输车辆的规格较普通运输车大,在装卸货平台和中心道路设计时要有所区别。

根据冷链物流中心的特点,对冷链物流中心内部的仓储、流通加工、分拣、配送等主要功能区进行科学合理的布局规划,对冷链物流中心的作业设备设施进行合理的选择。

2. 冷链物流中心的功能分析

冷链物流中心不应仅局限于利用冷库进行低温仓储这样单一的物流业务,而是应具备集低温仓储、预处理与包装加工、分拨配送、产品展示交易、办公综合管理及信息处理、车辆调度管理及维护、停车等功能的专业化、便捷化物流服务枢纽。

(1)低温仓储功能。低温仓储是冷链物流中心最具特点的功能。现今的低温仓储已从单纯地利用冷库进行生鲜品的储存保管,发展到担负货物的接收、分类、计量、存档等多种功能。冷链物流中心的低温仓储应能满足生鲜品低温储存的要求,能适应现代化生产和商品流通和高效率物流作业的需要。

(2)预处理与包装加工功能。主要作用就是对生鲜产品进行预冷处理、包装、再包装和加工,这是冷链物流中心的特色功能之一。需特别注意的是,由于生鲜品需在恒定低温环境下进行物流作业,因此该项功能的实施也应处于特定、低温环境中。

(3)分拨配送功能。分拨配送是利用配送车辆把用户订购的物品从制造厂、生产基地、批发商、经销商或物流中心,送到用户手中的工作。进行配送规划主要应注意以下工作,第一,根据用户分布情况确定基本配送区域的划分,根据订单货品特性进行配送批次的决定,根据各用户的交货时间配送暂定先后次序。第二,根据各用户的订货量、体积、重量和车辆的可调派状况、最大载重量限制、用户点卸货特性及运送成本来进行车辆的安排。第三,根据交通状况、用户点位置及运送时间的限制来进行路径顺序的安排。最后根据货物的运输温度、性态、形状、容积、重量再最终决定车辆的装载方式。

(4) 展示交易功能。主要进行展销与配送信息的发布、生鲜产品的展示、客户信息的收集、处理资讯等工作,为全国众多农产品、生鲜水产品速冻食品生产、加工企业及冷链物流企业提供设立办事处服务,为他们提供良好的办公环境、一流的商务服务平台;为生产、经销企业提供设施完善的商品立体化、多元化展示销售服务。借助于展示交易,冷链物流中心将为各大农产品、生鲜水产品、速冻食品生产、加工企业提供多元化的展示交易平台以及全程周到的物流服务,而农产品、生鲜水产品、速冻食品生产、加工企业也能在良好的基础上进行市场交流和客户拓展,双方都能得到良好的经济效益。

(5) 办公及综合管理功能。办公综合管理是冷链物流中心的信息、管理与办公中枢。主要为政府物流领导部门及物流中心内各进驻企业提供办公场所,信息管理同时为货运和货运代理公司提供物流信息服务。主要实现以下四方面的服务:

① 为物流中心管理机构提供办公环境;

② 为入驻低温物流中心的企业提供办公场所及便捷的商务服务;

③ 构建物流信息平台,为货运和货运代理公司提供完善的信息服务;

④ 建立现代化的监控中心,对物流中心进行监控。

主要实现采购与供应信息的汇集、采购商与供应商交易的促成以及订单的获取、分发、传递及分析,运输、仓储、配送等各项作业过程的信息管理,以及电子商务平台的交易与处理。

(6) 车辆调度管理及维护功能。车辆调度的职能是对物流中心的低温运输作业车辆进行安排和调配,在需要的时间按照客户的需求把货物送到目的地,同时还考虑到各个作业环节在车辆的使用上进行合理的分配,完成高峰作业期对运输车辆的分配和调节。车辆维护主要用于对配送车辆日常维护的修理作业,为进入物流中心的车辆提供维修、清洁、保养以及提供汽车配套零部件等服务。因为进入物流中心的大多是一些长途运输的货车,长距离行驶容易使车辆超负荷运行,另外,低温运输车辆在技术上更需要经常维护,以保证运输温度的恒定。汽车配套维修服务中心的服务功能,保证了车辆的正常运行,提高了运输效率和质量。

以上是冷链物流中心一般应具备的功能,在实际规划建设中,不同功能类型的冷链物流中心内部的功能的侧重也有所不同,如仓储型的冷链物流中心一般位于大型生鲜品生产基地附近,其功能应偏向于生鲜品的预冷处理、包装及储藏,而流通型配送型的冷链物流中心多位于城市近郊,其功能应偏向于对城市大型超市、市场及便利店进行配送服务。在实际规划项目中,应根据情况对冷链物流中心的功能进行调整与设置。

13.4.2 冷链物流中心的主要设备

1. 主要建筑结构形式

(1) 土建式冷库。目前国内在建的数万吨级的大型冷库,基本采用的都是土建式冷库,其建筑一般是多楼层钢筋混凝土结构,在结构内部再用 PU 夹芯冷库板组装冷库,或使用 PU 喷涂四周的方式建造。这种使用 PU 喷涂的建设方式在国内已使用了 40 年以上。

(2) 装配式冷库。前几年,装配式冷库在国内一般用于小型拼装冷库,近几年随着钢结构在许多大型建筑中广泛使用,大型的钢结构装配式冷库也在陆续建设。大型钢结构冷库柱网跨度大、柱子较小、施工周期短,更适合内部物流设备设施的规划,如货架布局、码头设备规划、内部叉车物流动线规划等。

(3) 库架合一结构。随着货架系统在物流中心的广泛使用,国外一些大量存储的自动仓储冷库、多层高位货架冷库在多年前已大量采用库架合一结构进行建设。同时,在非货架区域配合采用 PU 夹芯库板拼装在钢结构外侧的施工方式,整体建成室外型冷库。目前在国内由于其施工水平、工程细节及精准程度要求较高,在冷库建设方面此种结构方式建造较少。库架合一结构由于物流中心内部没有柱网,可以达到单位面积存量最大化及物流动线最顺畅化。

2. 制冷系统

制冷系统在冷链物流的投资中占有较大比重。在冷媒的选择方面,国内主要使用的是氨系列或氟系列的冷媒。另外,在较高温层,如 12 ℃作业区,还可规划使用二次冷媒,如冰水或乙二醇。

制冷系统由一系列的设备依统筹设计组装、安装而来。一般可区分为:制冷主机(主要包括机头、压力容器、油分离器、阀件等)、制冷风机(由不同的布局方式、数量或除霜设计方式进行不同的选择配置,比如电热除霜、水除霜、热气除霜)、控制系统(由一系列的阀件、感应装置、自控装置及控制软件等组成)、管路与阀件系统(一般依设计配置)。

与制冷系统配套的还有压力平衡装置、温度感应装置、温度记录装置、电器设备等。

3. 存储及相关设备

与常温物流中心相同,冷链物流中心内部存储同样需要各型货架或自动化立体仓库系统(AS/RS)。在国外,食品类商品不允许直接堆叠在地面,必须使用塑料托盘,使用货架存储。各型货架,从自动仓库使用的 20 多米的高位货架,到拆零拣货使用的流力架,在冷链物流中心均大量使用。与常温货架不同的是,低温库内使用的货架对钢材的材质、荷重、货架的跨度设计均有特殊要求。

为配合存储,满足生鲜食品的特殊要求,冷链物流中心的仓储库内会配置臭氧发生器、加湿器、新风机、二氧化碳发生器、其他特殊气体发生器等配套设备。

4. 冷库用专业门组及库板工程

专业门组在冷链物流中心起着至关重要的作用,对冷链物流中心的能耗影响较大。比如冷冻库使用的电动平移门、封闭式低温月台区使用的滑升门、人员进出门等,都需要足够的保温性能与气密性能。此类门组属于低温专业用门。还需要与门组配套的各型防撞杆。此外,冷冻、冷藏库建设使用的聚氨酯库板也是冷链物流建设的关键材料。

5. 冷链物流月台设备设施

这些设备设施主要包括月台各型门罩或门封、月台调节板(电动、手动)、月台防撞设施、月台车辆尾门机坑。

6. 搬运设备

冷链物流中心内部的搬运设备主要有各型叉车,如高位货架库内的前移式叉车、步行式叉车、电动托盘车、油压托盘车,以及自动仓库内的堆垛机等等。一般情况下,这些搬运设备必须是耐低温的专用型设备。与自动仓库及物流动线配合的皮带式或滚轮式的流水线也属于冷链物流中心内部的搬运设备。冷链物流中心还要配备各类型冷藏车的使用,冷藏车除保温车箱外,一般会配置制冷系统、温度追踪记录系统、GPS 定位系统等。

7. 物流容器

冷链物流的目标商品一般是食品类和药品类商品,托盘一般需要使用塑料托盘。除塑料托盘外,冷链物流容器还有蓄冷箱、物流箱、笼车、物流筐、台车以及与商品特性需求配合的物流容器。

8. 分拣设备

分拣设备包括自动分拣机、电子标签拣货系统、拣选系统、自动台车等。常温物流中心使用的设备在低温中心同样需要使用,对这些设备同样有低温环境的适用性方面的要求。除了上述硬件设备、设施外,同常温物流中心一样,还需要物流管理软件,如 WMS(仓储管理系统)等。

9. 生鲜食品加工中心(包括中央厨房)设备

生鲜食品加工中心是全程冷链物流体系中的一个环节,在考虑全程冷链物流中心时,通常也会将生鲜食品加工中心一并纳入考虑范围。如肉类加工中心(包括猪肉、牛羊肉、禽肉类)、水产品加工中心、蔬果净配菜类加工中心、乳制品及冰品类加工中心、烘焙类产品加工中心(如面包厂等)、连锁餐饮行业的中央厨房等。生鲜食品加工中心在建造技术与设备使用方面,除包括前述冷链物流中心的全部设备外,还有食品加工类设备及食品包装类设备、清洗类设备、灭菌消毒类设备、洁净类设备等等。

13.5　物流信息技术在冷链物流中的应用

为了实现冷链物流的信息处理及时、配送流程优化,以及存取选拣自动化、物流管理智能化,冷链物流需要信息技术作为辅助手段。

由于冷链货物在物流过程中因时间与温度、湿度因素而引起的品质降低具有累积关系和不可逆性,对不同产品品种和不同品质均要求有相应的产品控制与储存的技术经济指标,如温度和湿度指标及储存期限,并在管理上制定统一的作业标准,如装卸速度、作业流程、检验验货制度以及运输、仓储、配送、销售各环节低温对接要求。冷链物流信息技术通过先进的 RFID 技术、GPS/GIS 技术、无线通信技术及温度传感技术的有机结合,比如物品位置跟踪、原料溯源、库存盘点、出入库与拣货等电子化作业,全程监控温湿度,对冷藏技术经济指标进行监控,确保产品使用的安全性,保证消费者在购买时产品仍具有良好的品质。假如监控不够准确的话,冷链物流中的每个环节都会出错而使冷链断裂,或是在仓库的月台上,或在运输途中,或在存储过程中,或是在零售过程中,将会导致产品品质降低,除了一般产品特征有变化外,还包括组织结构上的改变,颜色的改变,碰撞挤压中的损伤以及微生物的繁殖,影响最终消费者的需求。

13.5.1 GPS/GIS 技术的应用

GPS 实时性、全天候、连续、快速、高精度的特点运用到物流运输行业能给其带来一场实质性的转变,并将在物流业的发展中发挥越来越重要的作用。可随时查询运输货物车辆的位置,不但可加强车辆的监控,而且能避免绕行,选择最优路径,减少车辆损耗和运输时间,降低运输成本从而取得明显的经济效益。GPS 技术在冷链物流中的应用大大提高了运输质量,有效保证了运输时间,从而确保了冷链产品的质量和及时到达。

1. 车辆跟踪

通过 GPS 技术能实现对选定车辆进行实时跟踪显示,并以 GIS 地理信息系统来表现定位的结果,直观反映车辆位置、道路情况、离最近冷库的距离、车辆运行线路的距离。

2. 运行监控

GPS 技术可实现多窗口、多屏幕同时监控多车辆运行,能准确报告车辆位置(包括地点、时间)及运行状况(包括发动机、温度、速度),能对指定时间内车辆行驶里程、超速等运行信息分析统计,了解货物在途中是否安全,是否能快速有效到达,以及提供路线分析、路线优化、记录车辆的历史轨迹,以供评估和指挥调度。当车辆发生事故时,监控可将事故车辆的位置和状况等信息及时准确地报告给监控中心,以便其迅速做出决策,将事故损失减少到最低。

3. 信息查询

可实时地从 GIS 地理信息系统上直观了解运输车辆所处的地理位置,还可查询行车的路线、时间、里程等信息。系统可自动将车辆发送的数据与预设的数据进行比较,对发生较大偏差的进行报告,显示屏能立即显示报警目标,规划出最优援助方案,避免危及人、车、货安全的情况发生。

4. 指挥调度

GPS 和 GIS 技术可结合车辆的运行状况,对所有冷藏车辆进行动态调度管理,通过实施车辆调度,可提高车辆的实载率,能有效减少车辆空驶率,降低运输成本,提高运输效率。

5. 路线规划

根据冷藏货物的种类、运送地、运输时间的不同,利用 GPS 技术,可以设计最佳行驶路线,包括最快的路线、最简单的路线、通过高速公路路段次数最少的路线等。路线规划好之后,利用 GPS 的三维导航功能,通过显示器显示设计路线以及冷藏车辆运行路线和运行方法。

GPS/GIS 技术解决了信息沟通不畅而导致的冷链车辆空驶严重、货物运输安全无保障、车辆资质可靠性差、车辆调度难等突出问题,通过信息化手段最大限度地整合了现有冷链资源,可产生良好的经济效益。

13.5.2　RFID 技术的应用

RFID 技术是一种非接触式的自动识别技术,它通过射频信号自动识别目标对象并获取相关数据,识别工作无需人工干预,可在各种恶劣环境下工作,射频识别可具有读写能力,可携带大量数据,难以伪造。目前,RFID 逐渐在物流体系中推广。

1. RFID 质量追溯系统

RFID 质量追溯系统由 RFID 标签、读写器和天线组成,软件系统包括数据采集和应用系统两部分,基于先进的 RFID 设备,实现各类产品从生产、加工、运输、储存和销售过程的全生命周期追溯,提高产品安全和质量。

在加工阶段,利用 RFID 质量追溯系统 RFID 标签中的信息对产品进行分拣,符合加工条件的产品才能允许进入下一个加工环节。对进入加工环节的产品,利用 RFID 标签中记录的信息,对不同的产品进行有针对性的处理,以保证产品质量。加工完成后,由加工者把加工者信息、加工方法、加工日期、产品等级、保质期、存储条件等内容添加到 RFID 标签中。

在运输和仓储阶段,利用 RFID 质量追溯系统标签和沿途安装的固定读写器跟踪运输车辆的路线和时间。在仓库进口、出口安装固定读写器,对产品的进、出库自动记录。很多农产品对存储条件、存储时间有较高的要求,利用 RFID 标签中记录的信息,迅速判断产品是否合适在某仓库存储,以及还可以存储多久。在出库时,根据存储时间选择优先出库的产品,避免经济损失。同时,利用 RFID 还可以实现仓库的快速盘点,帮助管理人员随时了解仓库里产品的状况。

在销售阶段,商家利用 RFID 质量追溯系统标签了解购入商品的状况,帮助商家对产品实行准入管理。收款时,利用 RFID 标签比使用条形码能够更迅速地确认顾客购买商品的价格,减少顾客等待的时间。商家可以把商场的名称、销售时间、销售人员等信息写入 RFID 标签中,在顾客退货和商品召回时,对商品进行确认。

当产品出现问题时,由于产品的生产、加工、运输、存储、销售等环节的信息都存在 RFID 标签中,根据 RFID 质量追溯系统标签的内容可以追溯全过程,帮助确定出现问题的环节和问题产品的范围。利用读写器在仓库中迅速找到尚未销售的问题产品,消费者也能利用 RFID 技术,确认购买的产品是否是问题产品及是否在召回的范围内。

另外,在把信息加入 RFID 标签的同时,网络把信息传送到公共数据库中,普通消费者或购买产品的单位通过把商品的 RFID 标签内容和数据库中的记录进行比对,能够快速识别假冒产品。

2010 年,上海西郊国际农产品交易中心(简称西郊国际)构建了国内第一套完整意义上的 RFID 食品质量追溯系统,对上海世博会的食品实行从田间到餐桌的全过程监管。

2. RFID 全程监控温度系统

RFID 全程监控温度系统的主要组成部分是带温度传感器的 RFID 标签和相应的应用程序,对产品从生产、仓储、运输直到销售的全过程的温度变化信息进行实时化的监控管理,实现冷链供应链整个温度"生命周期"的信息化。

　　企业可以在发货时把"带温度传感器的 RFID 标签"加载在货物（包装）上，待装运出发后，即持续记录货物所处环境的温度。当 RFID 标签进入远距离阅读器信号覆盖范围时，将 RFID 标签内的温度数据上传给远距离阅读器，交由后端系统处理，系统自动生成整个冷链中温度变化静态图，自动生成温度变化图表，完成对冷链的温度变化监管。温度静态图的横轴是时间，纵轴是温度，所以能准确知道温度在各时间点的变化，如果温度变化超出一个预先设定的范围，比 0—3 ℃，温度静态图的温度超出部分曲线将变成红色报警。一般有两种应用模式：一种是在每个物流环节一次性上传温度数据，物流管理平台整合所有上传数据，分环节监控物品质量；另一种是在运输车辆上设置实时传输设备，物流管理平台能够不间断对目标物品进行监测。这两种模式的区别在于，后一种实时模式能够起到抢救货物的作用，而不仅仅是像前一种模式只能鉴定货物是否遭到损坏。通过这种方法，可以实现对运输配送过程中温度发生改变时的预警，对过程中的温度变化进行记录，从而帮助辨识可能由温度变化引发的质量变化及具体发生时间，并有助于质量事故的责任认定。

　　传统的温度记录仪是通过有线连接到相关设备并读取出相应温度数据，而应用 RFID 温度标签则无需打开冷链包装，外面的读写器能通过无线射频自动读取冷链箱内的货物温度记录数据，冷链不会断掉，而且可以随时了解产品在途温度。

　　和传统条形码标签相比，RFID 标签是"活的"，不但具有储存信息的能力，而且具有主动发送信息的能力，更绝妙的是标签和标签之间还能"对话交流"。区别于一般 RFID 标签，这里使用的 RFID 温度感应标签可采集感温装置传递出来的即刻环境温度数据。

　　贴有 RFID 标签的冷链包装，如同有了一张电子"身份证"。"身份证"可以记录货物所有的信息，其中包括货物的实时温度信息。一批冷链产品出库时，读写器能一次性读取到该批次各冷链产品的所有 RFID 温度标签的信息。这使冷链产品出入库的信息录入实现了自动化，缩短时间的同时也确保了出入库信息的准确性。当货物量很大时，出入库自动读取信息能够解决物流操作环节的瓶颈问题。

　　将 RFID 全程监控温度系统扩展为覆盖全冷链流程的数据平台，建立产品的冷链信息数据库，并通过 RFID 商品追溯系统，就可实现从原材料的加工入库一直到终端销售整个流程的监测和控制了。

13.5.3　物流信息技术在医药冷链中的应用

　　首先看贮藏冷库，贴有 RFID 温度标签的医药用品，能定时通过库中的温感装置采集存储环境的温度，采集的频率可以调节。冷库中装备有 RFID 读取器，可定时读取储存在每件产品标签中的温度，读取的频率同样可以调节。读取器的数据通过有线或者无线网络传输到 RFID 服务器，服务器负责软件系统和 RFID 硬件设备之间的通信，并对输入数据进行过滤、整理。服务器还负责汇集和储存数据，并向后台管理系统输送数据。

　　当医药用品在严格的控温条件下，被转移入冷藏车后，包装上的温度标签同样定时采集车中的储藏温湿度，车内安装有同车载 GPS 相连的 RFID 读取装置，定时读取的数据通过 GPS 卫星传输到服务器中。用户可以通过各种终端，如 PC、手机、PAD 等设备的网页浏览器实现系统访问,进行管理、分析和指令下达等作业。例如,在医疗用血液的运输中,温度应该严格地控制在 4℃(±0.5℃),若利用传统温度监测手段,只能监测每个物流环节的时点温度,但即使时点测量温度正常,并不能保证运输过程中的温度始终正常,而利用 RFID 技术,可以了解血液在运输过程中是否发生了温度变化以及可能由此引起的质量变化。

医药冷链物流企业同整个供应链的合作伙伴实现实时了解产品的保存温度,一旦发现异常,便及时发出警报,通知相关人员采取相应措施,从而减少货损。在温度异常超过一定时间范围后,即可判定药品变质将其检出销毁,从而避免发生医疗用药事故的发生。同时,通过数据事实,可以界定是哪个环节出了问题,从而便于认定损耗事故责任方是谁,谁承担法律和经济责任。最后,通过数据分析,可以挖掘出哪些地点、哪些车辆、哪些操作人员会经常发生问题,从而追根溯源,采取措施,彻底杜绝事故发生。

13.5.4　物流信息技术在食品冷链中的应用

食品的自身特点决定对其操作应尽量简化,缩短操作时间。因此在食品托盘上和包装箱上贴上 RFID 标签,在配送中心出/入口处安装阅读器,无需人工操作,且可以满足叉车将货物进行出/入仓库移动操作时的信息扫描要求,而且可以远距离动态地一次性识别多个标签。这样大大节省了出/入库的作业时间,还能保证储存货物质量的安全性,降低管理成本,提高了作业效率。配送中心的冷藏车准时到达超市指定的交货点,把货卸下。超市的工作人员用手持式的 RFID 阅读器一次性读取所有货物信息,确认货物信息与订货单上一致。如果信息一致,则更新零售商的销售系统中的相关数据。超市工作人员马上将货物推进超市,上架销售。超市在摆放冷冻食品的冷冻柜上方安装了一个 RFID 阅读器,该阅读器的读取范围可以辐射到整个冷冻食品摆放的区域。这个冷冻柜就能利用阅读器完成对每件商品包装上的 RFID 标签内信息的获取,来自动识别新添的商品。同时冷冻柜上的 RFID 阅读器可以实时读取冷冻柜的温度信息并及时反馈给超市管理中心,保证冷冻柜的温度在一定的范围内,以保证生鲜食品的新鲜度。顾客从冷冻柜拿走一定数量的商品,RFID 阅读器能自动获取被取走商品的相关信息,并及时地向超市的自动补货系统发出信息。对于零售商来讲,当自动补货系统显示需要补货时,就可以立即向上游企业订货,不会出现短货和缺货现象。

本章小结

冷链物流逐渐成为物流业关注的焦点。冷链物流是以冷冻工艺学为基础,以制冷技术和信息技术为手段的低温物流过程,涉及原料采购、加工、运输、仓储直至消费等多个环节,保证温度敏感性产品在生产、贮藏、运输、销售到消费前的各个环节中,始终处于规定的低温环境下,以保证物品质量,减少物流损耗的一项系统工程。冷链物流为客户提供产品的冷藏、冷冻、仓储、运输、配送、包装、加工、多式联运以及其他一系列多元化增值服务。

冷链物流适合的商品一般分为三类:初级农产品、加工后的食品和特殊商品。冷链物流具有与常温物流相比的不同特点和操作原则。我国冷链物流目前初具规模,冷链物流基础设施逐步完善,冷链物流技术逐步推广,冷链物流企业不断涌现,冷链物流发展环境逐步完善,冷链宅配市场火热兴起。但与发达国家相比还有较大差距,需借鉴发达国家的冷链发展经验。我国逐渐开始规划建设较为先进的大型冷链物流中心,冷链物流中心应具备集低温仓储、预处理与包装加工、分拨配送、产品展示交易、办公综合管理及信息处理、车辆调度管理及维护、停车等功能的专业化、便捷化物流服务枢纽。冷链物流信息技术通过将先进的 RFID 技术、GPS/GIS 技术、无线通信技术及温度传感技术的有机结合,可以实现物品位置跟踪、原料溯源、库存盘点、出入库与拣货等电子化作业、全程监控温湿度,从而对冷藏技术经济指标进行监控,确保产品使用的安全性,保证消费者在购买时产品仍具有良好的品质。

复习与思考

1. 和常温物流相比,冷链物流有哪些特点?
2. 我国冷链物流的发展需要向国外借鉴哪些经验?
3. 冷链物流由哪些主要环节和节点构成?
4. 简述冷链物流中心的主要功能和设备。
5. 简述冷链物流中应用的主要物流信息技术。

案例分析

☐ 电商企业发力生鲜冷链

目前电商企业竞相发展生鲜产业,电商的生鲜大战异常激烈。在生鲜电商的竞争中,除了优质的货源,冷链配送更是取胜的关键。这也打开了冷链物流产业的成长空间。在电商进入生鲜市场之后,其对客户体验非常重视,要求所售商品从产地到终端配送全部严格处于冷链条件下,导致对冷链物流产生刚性需求,进而拉动冷链宅配、产地冷链(中小型冷库)和冷链干线(大中型冷库)的建设。作为中国最大的自营式电商,京东一直以自有物流体系在行业内独占鳌头。京东通过遍布全国 495 个城市的物流系统和由 20 000 多名配送员组成的专业物流团队,率先推出了"当日达""次日达""夜间配""极速达"等多种个性化配送服务,为用户创造了良好的用户体验,京东的配送服务已经成为电商行业的标准。即便如此,京东在冷链配送布局上一直比较谨慎,经历了一年多的筹备期。目前,京东的冷链配送已正式投入运营,通过采用多种技术手段,最大限度地保证了产品的品质。刚刚"走下"枝头的美国华盛顿州的车厘子,在经过东航包机直达后,通过京东冷链配送到达用户手中,从采摘下来到客户收到货,整个过程仅 30 多个小时。京东与东航的战略合作,使优质资源与物流运输上的优势叠加,构建了一个全球农业跨境供应链服务平台,为京东在生鲜领域的发展提供了有利的催化剂。目前,除美国车厘子外,京东的冷链配送产品还包括青岛原浆啤酒、台湾地区的芒果等,力求为消费者提供真正具有原产地品质的产品。京东配送部相关负责人表示:"京东将发挥京东配送的管理和规模优势,利用全国范围深度覆盖的终端配送网络,应用先进的冷链物流技术和装备,打造领先的生鲜冷链物流体系。"

□　蒙牛的冷链物流运作

近几年的乳业市场风起云涌,在常温市场之外,低温市场又逐渐成为一个企业发展冷链运营的一个新亮点。国内以伊利、蒙牛、光明等为代表的三家企业在各自的冷链运作方面又都各有千秋。低温产品的市场被公认为是企业在其发展冷链运作的一个新的挑战。在众多的乳业品牌中,蒙牛的低温市场增长率是同行业的 5 倍。蒙牛是如何拿下这一巨大的市场份额的呢?下面来分析蒙牛在低温市场上的运作。

低温市场首先看的是产品,在乳业市场主要产品就是酸奶。运作酸奶产品,考验的是企业新品研发、冷链建设、渠道管理三大能力。蒙牛酸奶来自大草原,蒙牛要如何突破冷链配送的瓶颈呢?如何把产自大草原的酸奶送到更广阔的市场呢?这是蒙牛企业必须考虑的问题。酸奶的保质期短,一般是 14—21 天,而且对冷链要求非常高。从牛奶挤出运送到车间加工,直到运到市场销售,全过程都必须保持 2—6 ℃ 之间储存。建设冷链配送系统要求冷藏罐、冷藏车等等,人力、物力成本投入非常大。但也有企业将此项业务外包给物流公司,从而降低投入、运作成本,风险相对也能降低。

其一,先投入软件设施,再结合软件对硬件设备进行建设。蒙牛建立了覆盖全国的虚拟冷链物流网络,有了这一网络,通过虚拟联合,蒙牛投入品牌、管理、技术和配方,完善冷链物流体系自然就事半功倍。

其二,生产商自行配送,整合资源,建立起科学的、固定化的冷链物流管理和运作体系。目前一些大型超市与蒙牛建立长期的合作关系,由蒙牛直接配送,利用蒙牛运输要求和运输工具直接到达超市的冷柜,避免在运输过程中的鲜奶变质,给超市造成重大损失,影响蒙牛的信誉度。随着合作的进展,蒙牛与客户建立起的合作关系趋向稳固,加上操作经验不断积累,对生产商自有冷链资源、社会资源和自身资源不断整合,完善冷链物流运作体系。

加大硬件设施投入,保证质量,减少损耗。蒙牛在其每个小店、零售店、批发店等零售终端投放冰柜,以保证其低温产品的质量。至于由北京销往各地的低温产品,全部走汽运,虽然成本较铁运高出很多,但在时间上能有保证。通常,超市在低温产品超过生产日期 3 天后就会拒绝进货,所以蒙牛必须保证其产品在 2—3 天内到达终端。蒙牛减少物流费用的方法是尽量使每一笔单子变大,形成规模后,在运输的各个环节上就都能得到优惠。

□　夏晖冷链——"3PL"第三方冷链物流企业

夏晖物流是典型的"3PL"冷链物流企业,主要为麦当劳提供一站式综合冷链物流服务,包括运输、仓储、信息处理、存货控制、产品质量安全控制等。夏晖物流根据麦当劳的店面网络建立了分拨中心和配送中心。夏晖公司在北京地区投资 5 500 多万元人民币,建立了一个占地面积达 12 000 平方米的多温度食品分发物流中心。其中干库容量为 2 000 吨,里面存放麦当劳餐厅用的各种纸杯、包装盒和包装袋等不必冷藏冷冻的货物;冻库容量为 1 100 吨,设定温度为－18 ℃,存储派、薯条、肉饼等冷冻食品;冷藏库容量超过 300 吨,设定温度为 1—4 ℃,用于生菜、鸡蛋等需要冷藏的食品。在干库和冷藏库、冷藏库和冷冻库之间,均有一个隔离带,用自动门控制,以防止干库的热气和冷库的冷气互相干扰。干库中还设计了专用卸货平台,使运输车在装卸货物时能恰好封住对外开放的门,从而防止外面的灰尘进入库房。该物流中心并配有先进的装卸、储存、冷藏设施,5—20 吨多种温度控制运输车 40 余辆,中心还配有电脑调控设施用以控制所规定的温度,检查每一批进货的温度。

□ 光明乳业冷链——以加工企业为主导的自营冷链物流企业

2003 年,光明乳业整合集团下属物流部门成立上海冷鲜物流有限公司,建成 5 个区域物流中心,21 个销区物流中心,6 个转运物流中心,在 18 个大中城市开设 1 200 多家专业便利店。光明冷链物流采用的是真正意义上的以加工企业为主导的"产供销一体化"的冷链运作模式。它整合自有物流资源,建立多家便利店以控制销售终端,进而建设物流、配送中心,再进一步向原料供应商延伸,形成"产供销一体化"自营冷链物流模式。

□ 联华冷链——以大型连锁经营企业为主导的自营冷链物流企业

联华超市股份有限公司于 2000 年建成联华生鲜食品加工配送中心,是当时国内设备最先进、规模最大的生鲜食品加工配送中心,总投资 6 000 万元,建筑面积 35 000 平方米,年生产能力 20 000 吨。联华生鲜食品加工配送中心为其下属的 3 609 家连锁经营店铺提供冷链物流服务,进行小批量、多批次、多品种配送,确保生鲜食品的质量安全。这就形成了大型零售商独自兼营以配送环节为主的冷链物流模式。

思考题
1. 请结合案例分析我国电商企业应如何发展冷链生鲜配送。
2. 蒙牛的冷链物流运作中有哪些经验值得我们借鉴?
3. 夏晖物流的冷链物流运作中有哪些经验值得我们借鉴?
4. 请比较分析蒙牛和夏晖公司的冷链物流运作。

第 14 章　电子商务物流

本章关键词

电子商务 e-commerce
电子商务物流 e-commerce logistics
物流运作模式 logistics operation mode

模式选择 mode slection
跨境电商物流 cross-border e-commerce logistics

电子商务物流——拼的是速度和成本

　　京东商城创始人刘强东说,京东物流设计的核心是"减少物品的流动"。"京东的物流模式与传统快递公司的不一样。我们做的不是快递公司的活儿,设计理念完全不同。"在刘强东看来,无论是"三通一达"还是顺丰,追求的是如何让货物快速流动。就是怎么把一件货物从北京发到上海去,既快还要便宜。传统快递公司物流是这样做的:每个点都收货和送货,导致物流网络非常复杂。而京东的物流模式很简单:就是从仓储送到消费者家里,都是点与点之间。上海的配送站和北京的配送站没有关系,上海的配送站永远不会收一件货物送到北京的配送站。随着规模的扩大,京东建的仓库越来越多,货物离消费者也越来越近,导致速度越来越快,成本越来越低,优势也越来越明显。

　　2013 年第一季度,京东七成的自营订单是在当天或者次日送达消费者,2013 年上半年三线到六线城市的物流提速,更多的订单都是在 24 小时之内送到消费者手中。

14.1　电子商务的概念及分类

　　20 世纪 80 年代初,计算机技术和网络技术逐渐成熟,微型计算机和可视化操作方兴未艾。同时,随着市场经济的不断发展,传统产品销售模式下商家间的竞争日趋激烈,市场亟需一种更为高效、便捷同时兼具较高可靠性的销售模式作为补充。在这样的大背景下,电子商务这种模式走到了时代前沿,这种将计算机技术、互联网技术高效融合在一起的新型的商务模式,以快速、可靠、简便等诸多优点获得了大量企业的认可,网上交易金额迅速增加。此后,新型的互联网企业以前所未有的发展速度给传统商务活动带来巨大的冲击。

14.1.1　电子商务的概念

电子商务即利用计算机技术、网络技术和远程通信技术,实现整个商务过程的电子化、数字化和网络化。它包括以下三方面的内容:

(1) 电子商务是以商务活动为主题,以计算机网络为基础,以电子化方式为手段,在法律许可的范围内所进行的商务活动过程;

(2) 电子商务是运用数字信息技术,对企业的各项活动进行持续优化的过程;

(3) 电子商务是融计算机科学、市场营销学、管理学、法学和现代物流于一体的新型交叉学科。

14.1.2　电子商务的分类

根据不同的标准可将电子商务分为不同的类型,但最常用的分类形式是根据电子商务的交易对象进行划分。按照不同的交易对象,可以将电子商务分为以下几种类型。

1. B2C 电子商务

B2C(business to consumer)即企业与消费者之间的电子商务,是通过网上在线商店实现网上在线商品零售和为消费者提供所需服务的商务活动。这是大众最为熟悉的一类电子商务,一般以网络零售业为主,京东商城、美国亚马逊就属于这一类。

对于商家而言,建立网上商店更新了原来的市场概念,传统意义上的商圈被打破,客户扩展到了全国乃至全世界,形成了真正意义上的国际化市场。同时,由于在线销售可以避免有形商城及物流设施的投资,交易成本大大降低,可以节省大量商流费用,提高了商家的竞争力。

2. B2B 电子商务

B2B(business to business)即企业与企业之间的电子商务,是采购商与供应商通过互联网谈判、订货、签约、付款以及索赔处理、商品发送和运输跟踪等所有活动。企业间的电子商务包括供应商管理、库存管理、销售管理、交易文档管理以及支付管理等功能。

这是电子商务领域应用最多和最受企业重视的模式,企业可以利用互联网或其他网络为每笔交易寻找最佳合作伙伴,完成从订购到结算的全部交易行为。

3. C2C 电子商务

C2C(consumer to consumer)即消费者与消费者之间的电子商务。它是指网站搭建一个交易平台,供买卖双方在这个平台上自由交易,由此对每笔交易收取一定的手续费。要参与网上拍卖或竞买的个人只要到拍卖网站注册成为会员,便可以参与网上竞价交易。它的最大特点就是网站本身不参与交易,既不接触商品,也不参与货币结算,既不负责库存,也不负担运费,这样可以降低网站的经营风险,而且还能取得较高的利润。

4. 企业内部电子商务

企业内部的电子商务是指在企业内部通过网络实现内部物流、信息流和资金流的数字化。它的基本原理同企业间的电子商务类似。企业内部网是一种有效商务工具,通过防火墙,企业将自己的内部网与 internet 隔离,它可以用来自动处理商务操作及工作流,增强对重要系统和关键数据的存取,共享经验,共同解决客户问题,并保持组织间的联系。通过企业内部的电子商务,可以增加商务活动处理的敏捷性,对市场状况能更快地做出反应,能更好地为客户提供服务。

14.1.3 电子商务的功能

电子商务可提供网上交易和管理等全过程的服务。其功能主要体现在以下八个方面。

1. 网上广告宣传功能

与传统的各种广告形式相比,网络广告成本最低,但信息量很丰富。电子商务可利用企业的 WEB 服务器,在互联网上发布各类可供客户浏览的商业信息。客户可借助网上的检索工具迅速地找到所需商品的信息,而商家则可利用网上主页、电子邮件等手段在全球范围内进行广告宣传。

2. 网上咨询洽谈功能

网上咨询和洽谈能超越人们面对面洽谈的限制,提供更多方面的异地交谈形式。电子商务可通过非实时的电子邮件、新闻组或者实时的讨论组来了解市场和商品信息,洽谈交易事务;如有更多需求,还可通过网上白板会议来交流即时图文信息。

3. 网上订购功能

网上订购功能是电子商务在现实生活中应用比较广泛的一个功能。电子商务借助了 web 中的邮件交互传送来实现网上订购功能。订购信息也可采用加密的方式,使客户和商家的商业秘密不会泄露。

4. 网上支付功能

电子商务要成为一个完整的过程,网上支付是一个必不可少的环节。随着网上购物的迅速膨胀,电子商务的网上支付功能得到了普及。客户和商家之间可采用具有网上支付功能的各种银行账户进行交易。在网上直接采用电子支付手段可省去交易中很多人员的开销。但是,网上支付需要更为可靠的信息传输安全性控制,以防止欺骗、窃听、冒用等非法行为给客户带来损失。

5. 电子账户功能

网上支付必须有电子金融来支持,即银行、信用卡公司或保险公司等金融机构要为金融服务提供网上操作的功能,而电子账户管理则是这种服务的基本组成部分。用户在金融机构的各种账号都是电子账户的一种标志,其可信度须配以必要的技术措施来保证,如数字证书、数字签名、加密等手段,确保电子账户操作的安全性。

6. 服务传递功能

对于已付款的客户,商家应将其订购的货物尽快地送到他们手中。利用电子邮件,能够在网络中进行物流的调配。最适合在网上直接传递的货物是虚拟的信息产品,如软件、电子读物、信息服务等,能直接从电子仓库中将货物发到客户端。

7. 意见咨询功能

在互联网上能十分方便地通过网页上的"选择""填空"等形式来收集用户对企业的反馈意见,使企业的市场运营形成一个封闭的回路。客户的反馈意见不仅能提高售后服务的水平,更能使企业获得改进产品、发现市场的商业机会。与传统意见征询方式相比,电子商务下的意见征询降低了成本,提高了效率。

8. 交易管理功能

整个交易过程的管理涉及人、财、物多个方面,包括企业和企业之间、企业和客户之间,以及企业内部各方面之间的协调和管理。因此,交易管理是涉及商务活动全过程的管理,而电子商务的交易管理功能为企业创造了一个良好的交易管理环境。

14.1.4　电子商务和物流的关系

有形商品的网上商务活动作为电子商务的一个重要构成方面,在近几年得到了迅速发展。在这一发展过程中,人们发现作为支持有形商品网上商务活动的物流,不仅已经成为有形商品网上商务的一个障碍,而且已经成为有形商品网上商务活动能否顺利进行和发展的一个关键因素。因为没有一个高效、合理、畅通的物流系统,电子商务所具有的优势就难以得到有效的发展。是电子商务改变物流,还是物流将影响电子商务的发展?

1. 物流电子化是电子商务的重要组成部分

广义的电子商务概念扩大了对传统电子商务定义的范畴,提出了包括物流电子化过程的电子商务概念,指出电子商务是实施整个贸易活动的电子化。电子化的对象是整个交易过程,不仅包括信息流、商流、资金流,还包括物流。电子化的工具不仅仅指计算机和网络通信技术,还包括叉车、自动导向车、机械手臂等自动化工具。可见,从根本上来说,物流电子化应是电子商务概念的组成部分,缺少了现代化的物流过程,电子商务过程就不完整。

2. 物流是电子商务概念模型的基本要素

电子商务概念模型是对现实世界中电子商务活动的一般抽象描述。它由电子商务实体、电子市场、交易事务和信息流、商流、资金流、物流等基本要素的构成。其中电子商务实体指能够从事电子商务的客观对象,如企业、银行、商店、政府机构和个人等。电子市场是指电子商务实体从事商品和服务交换的场所,它是由商务活动参与者通过通信网络连接成一个统一的整体。交易事务是指电子商务实体之间所从事的具体商务活动的内容,如查询价格、网上支付、广告宣传、货物运输等。在电子商务概念模型的建立过程中,强调信息流、商流、资金流和物流的整合。

3. 物流是实现电子商务的保证

目前电子商务是靠网上订货,用传统物流体系送货。许多网上商店由于解决不了物流问题,往往限制送货范围,从而失去了电子商务的跨地域的优势;或者要求消费者除支付商品费用外,还要额外支付运费,迫使消费者放弃电子商务,选择更为安全快捷的传统购物方式。由此可见,物流是实施电子商务的关键所在。

(1)物流保障生产。无论是在传统的贸易方式下,还是在电子商务下,生产都是商品流通之本。而生产的顺利进行需要各类物流活动的支持。现代化的物流通过降低成本、优化库存结构,减少资金占压,缩短生产周期,保障了现代化生产的高效进行。相反,缺少了现代化的物流,生产将难以顺利进行,电子商务无论是多么便捷的贸易形式,仍将难以实施。

(2)物流服务于商流。在商流活动中,商品所有权在购销合同签订、付款完成的那一刻起,便由供方转移需方,而商品实体可能并没有因此而移动。在传统的交易过程中,除了非实物交割的期货交易,一般的商流都伴随着相应的物流活动,即商品实体由供方向需方转移。而在电子商务下,消费者通过网上购物,完成了商品所有权的交割过程,即商流过程。但电子商务的活动并未结束,只有商品和服务真正转移到消费者手中,商务活动才告以终结。

(3)物流是实现"以顾客为中心"理念的根本保证。电子商务的出现,在最大程度上方便了最终消费者。买卖双方通过网络进行商务活动,降低了交易成本,提高了交易效率。但若缺少了现代化的物流技术,商品迟迟不能到达消费者手中,电子商务给消费者带来的购物便捷等于零,消费者必然会转向他们认为更为安全快捷的传统购物方式。

由此可知,物流是电子商务重要的组成部分。我们必须摒弃原有的"重信息流、商流和资金流的电子化,而忽视物流电子化"的思维,大力发展现代化物流,以进一步推广电子商务。

14.1.5　电子商务物流发展现状

我国电子商务的发展尤其是网络购物的爆发式增长,大大促进了电子商务物流服务业尤其是快递服务业的发展,使其成为社会商品流通的重要渠道。据统计,与淘宝网合作密切的圆通、申通等快递企业,其六成以上的业务量都来自网络购物。

1. 电子商务物流服务业受到了国家和地方政府的重视

"十一五"期间,国家和政府层面出台了一系列相关法律法规和政策。如国务院发布的《物流业调整和振兴规划》《长江三角洲地区快递服务发展规划(2009—2013年)》《珠江三角洲地区快递服务发展规划》《快递业务经营许可管理办法》《关于促进运输企业发展综合物流的若干意见》及新《邮政法》等。这些法律法规和标准对于规范我国电子商务物流市场、推动我国电子商务物流行业的健康发展具有十分重要的意义。

2. 我国快递物流业的迅速发展为电子商务物流服务业提供了重要保障

"十一五"期间,我国物流业有效地应对了金融危机的冲击,保持了较快增长。2013年,我国社会物流总额达到197.8万亿元,按可比价格计算,同比增长9.5%;我国社会物流总费用为10.2万亿元,与"十五"末的3.4万亿元相比,增长了近2.1倍,年均增长15.6%。2013年全国物流业增加值为3.9万亿元,按可比价格计算,同比增长8.5%,增幅比上年少了0.7个百分点。物流业增加值占GDP的比重为6.8%,占服务业增加值的比重为14.8%。物流业作为生产性服务业的重要组成部分,在国民经济中的地位日益凸显,对经济和社会发展的作用进一步增强。

2013年是我国快递业持续发展的一年,快递日业务量突破3 000万件,位居世界第一位。国家邮政局统计数据显示,2013年,邮政企业和全国规模以上快递服务企业业务收入(不包括邮政储蓄银行直接营业收入)累计完成1 442亿元,同比增长36.6%。其中,全国规模以上快递服务企业业务量累计完成91.9亿件,同比增长61.6%。

3. 网络购物快递市场呈现爆炸式发展

随着我国电子商务的迅速发展和网上购物的人数逐渐增多,快递市场呈现出爆发式的发展。据统计,目前我国规模不等的快递公司有2万余家,快递业务量每年以60%—120%的速度递增。2013年,国家邮政局颁发了99件快递业务经营许可证。但我国快递企业由于进入门槛低,从业人员素质低,同时行业规模较小,行业发展内生动力不足,使得快递市场远远不能满足网络购物的需求,物流仍是电子商务发展的瓶颈。网络购物异军突起,在给快递行业带来发展机遇的同时,也对其服务能力构成了挑战。

中国电子商务研究中心监测数据显示,2013年开始,快递行业企业总数开始呈现下降趋势。2013年基于网络购物业务的快递企业数量为8 000家,预计今后几年数量会进一步减少。而2013年国内网络购物快递企业营收规模突破2 500亿元,未来几年还会持续增长。

4. 我国电子商务物流服务业并购整合逐渐成熟

虽然我国快递业务量增长快,业务需求巨大,但是由于快递业进入门槛较低,快递企业数量急剧扩张,使得快递市场十分混乱。2009年冬天快递业的涨价风波和2010年深圳东道物流公司(DDS)的倒闭,使得并购整合成为快递公司考虑的重点方向。快递业具有明显的规模经济特征,这就决定了快递业必须通过扩大快递网络,并购整合来提高市场集中度,扩大市场覆盖范围。而2009年新《邮政法》的出台和《快递业务经营许可管理办法》的实施,明确了快递业的法律地位,并设置了快递业的准入门槛,这为快递并购整合提供了重要的政策支持。

5. 电子商务企业纷纷自建物流

目前我国物流业服务水平低,物流成本高,种种问题制约着电子商务的高速发展,尤其是季节性的快递企业"爆仓"问题以及频繁涨价等问题,使得大多数具有先行优势的电子商务企业在物流相关领域进行了巨大投入。电子商务的快速发展很大程度使得企业获取信息的成本较低,作为发展瓶颈的物流便成为企业亟待解决的问题。企业之间的竞争已经演变为物流与物流、供应链与供应链之间的竞争。自建物流可以给顾客提供更好的个性化服务,但是物流的建设需要前期的大量投入和长期运作,其作用和利润才会显现,这必然会耗费企业的大量精力。

6. 快递物流企业搭建电子商务平台

一方面,随着油价、人力成本的持续攀高,大多数快递物流公司的利润持续下降;另一方面,受到行业的竞争压力和对电子商务市场前景的看好,为了争取供应链的控制权,众多快递物流企业已经开始大规模搭建电子商务平台。快递物流企业往往积累了大量的客户资料,同时可通过自身配送网络的优势搭建电子商务平台,为下游提供优质高效的物流服务。但是,传统的快递物流企业在商品的采购和供应链上游的资源上有其自身的缺点,同时在电子商务平台的推广、营销和运作上也缺乏经验。

7. 电子商务物流瓶颈越来越凸显

物流一直是电子商务发展的"瓶颈",随着电子商务近几年爆发式的发展,更使得两者之间的差距扩大。据相关数据统计,国内电子商务的发展速度达 200%—300%,而物流增速只有 40%,物流发展水平远远不能满足电子商务发展的需求,尤其在节假日,快递物流公司频频出现"爆仓"现象。再加上物流服务水平不高,频现到货慢、货物丢失、商品损毁、送货不到位等服务问题,使快递物流公司成为了消费者主要的投诉对象之一。

14.2　电子商务与物流的关系

14.2.1　电子商务中"四流"

电子商务中的任何一笔交易,都包含四种基本的"流",即信息流、商流、资金流、物流。

商流是指物品在流通中发生形态变化的过程,即由货币形态转化为商品形态,以及由商品形态转化为货币形态的过程。资金流主要是指资金的转移过程,包括付款、转账等。信息流是由商流和物流引起并反映其变化的各种信息、情报、资料、指令等在传递过程中形成的经济活动,因此信息流是具有价值和使用价值的,没有信息流,则商流和物流不能顺利进行。作为"四流"中最为特殊的一种,物流是指物质实体(商品或服务)的流动过程,具体指运输、储存、配送、装卸、保管、物流信息管理等各种活动。对少数商品和服务来说,可以直接通过网络传输的方式进行配送,如各种电子出版物、信息咨询服务、有价信息软件等。而对于大多数商品和服务来说,仍要经过物理方式传输。如果有一系列机械化、自动化的工具,并能够获得准确、及时的物流信息对物流过程进行监控,将使物流的流动速度大大加快,准确率大大提高,还能有效减少库存,缩短生产周期。

14.3　电子商务物流模式

1. 轻公司轻资产模式

电子商务物流中的轻公司、轻资产模式,是指电子商务企业做自己最擅长的,比如平台、数据,而把其他业务比如生产、物流都外包给第三方专业企业去做,最终把公司做小,把客户群体做大。即电子商务企业着重在于管理好业务数据,管理好物流信息,而租赁物流中心的地盘,并把配送环节全部外包。这是传统电子商务企业的传统运作模式,也就是说,电子商务企业真正实现"归核化"和"服务外包"。

轻公司、轻资产模式,减轻了电子商务企业在物流体系建设方面的资金压力,但对与其合作的第三方依赖度很高,如果第三方的服务出现问题,势必连累电子商务企业本身。曾有统计数据称,第三方物流的投诉率是电子商务企业自建物流的 12 倍。因此,这种合作模式需要具备较高的合作风险管控能力。

2.垂直一体化模式

垂直一体化,也被叫做纵向一体化,即从配送中心到运输队伍,全部由电子商务企业自己整体建设,其与轻公司、轻资产模式的物流模式完全相反,将大量的资金用于物流队伍、运输车队、仓储体系建设。典型企业有京东商城、苏宁电器等。

垂直一体化模式改变了传统电子商务企业过于注重平台运营而轻视物流配送的状况,将较多的资金和精力转投物流体系建设,可因其在物流方面的优势而加大在电子商务业务上的竞争力。

3.半外包模式

相对于垂直一体化的过于复杂和庞大,半外包是比较经济而且相对可控的模式,它也被称为半一体化模式,即电子商务企业自建物流中心和掌控核心区域物流队伍,而将非核心区物流业务进行外包。

这种半外包模式,仍然需要电子商务企业自己投入大量资金进行物流体系建设。垂直一体化也好,半外包也好,实际上是电子商务企业将业务扩展到了物流业的一亩三分地,姑且不论是被动扩张还是主动扩张。虽然对于做好顾客的物流服务有较高的保障,但是,电子商务企业需要投入较多的资金和精力,还应具备较丰富的物流管理经验,可以说,这实际上存在很大的经营风险。

4.云物流云仓储模式

借鉴目前热门的云计算、云制造等概念,云物流模式,顾名思义,就是指充分利用分散不均的物流资源,通过某种体系、标准和平台进行整合,为我所用,节约资源。相关的概念还有云快递、云仓储。

从理论上讲,云物流实现了"三化":一是社会化,快递公司、派送点、代送点等成千上万的终端都可以为我所用;二是节约化,众多社会资源集中共享一个云物流平台,实现规模效应;三是标准化,一改物流行业的散乱局面,建立统一的管理平台,规范服务的各个环节。

云物流模式希望利用订单聚合的能力来推动物流体系的整合,包括信息整合、能力整合。但目前云物流只是提供了一个信息交换的平台,解决了供给能力的调配问题,不能从根本上改变行业配送能力的整合问题、服务质量问题、物流成本及物流效率的控制问题。如何整合和管理好云资源,也是云计算、云制造面临的共同问题。

5.我国三大电子商务物流模式

随着网络零售的发展,物流快递业几乎已经脱离于传统的交通运输行业,逐渐成为电子商务生态圈中的核心产业。

(1)京东的自建物流模式。

面对外部环境的限制,由京东商城掀起的自建物流风潮,几乎成为各大电商自营平台解决物流配送难题的必选方案。尤其是京东于2010年4月1日开始推出的"211限时达"[①]服

---

① 京东物流配送服务,当日上午11:00前提交的现货订单(天津、东莞、深圳、杭州为上午10点前,以订单出库后完成拣货时间点开始计算),当日送达;夜里11:00前提交的现货订单(以订单出库后完成拣货时间点开始计算),次日15:00前送达。

务,将物流配送服务与平台交易服务紧密地结合在一起,成为网络购物服务非常重要的一个组成部分。如果不是自建物流,则难以出现如"211 限时达"这种特色服务,也再一次突出了自建物流的重要意义。

至 2014 年 8 月,京东在北京、上海等全国七大区域分别设有一级物流中心,在 36 座城市建立了 86 个大型仓库,并拥有 1 620 个配送站和 214 个自提点,覆盖全国 495 个城市,为近 1 800 个区县提供自营配送服务。目前,自建物流体系已经成为京东保持行业龙头地位的核心竞争力之一。

(2) 淘宝模式。

与京东的自建物流模式不同,网络购物的另一巨头淘宝和天猫商城,则采用所谓的"淘宝模式"物流,即库存集中于一地,从店铺所在地直发全国,而全部由"四通一达"等民营物流企业提供配送服务。相较之下,允许从最近的仓库发货,以最快的速度满足用户需求的京东模式为全国大部分地区的用户都提供了平等、迅速、服务质量相对一致的快递服务,而淘宝模式则形成了"地区差别"。"江浙沪"包邮让其他地区的用户感到不满。

(3) 中国智能物流骨干网联盟。

面对京东、亚马逊已经建立起相对完善的自建物流体系,甚至当当、苏宁、腾讯电商平台信心满满的建设计划,阿里巴巴终于坐不住了。2013 年 5 月 30 日,阿里巴巴集团联合银泰集团富春控股、中国邮政集团、顺丰集团、"三通一达"等数十家企业共同组建"菜鸟网络科技有限公司",并宣布"中国智能物流骨干网"项目启动,其中,阿里方面占股 43%。

阿里巴巴董事会主席、菜鸟网络董事长马云曾表示,菜鸟网络将累计投资 3 000 亿元,在未来 5—8 年内打造一张遍布全国的、能支撑日均 300 亿元(年度约 10 万亿元)网络零售额的智能骨干网络,调动现有机场、港口、公路的运输潜力,让全国任何一个地区都做到 24 小时内送货必达。

"中国智能物流骨干网"(简称"地网"),是阿里巴巴旗下的物流云数据服务平台,依托天猫、淘宝、支付宝等网络平台织起的"天网",实现全国物流、订单、库存、快递等落地信息的云计算化,以"地网"提升物流企业运营效率。

马云强调,中国智能物流骨干网的主要作用,就是把中国现有的物流体系利用起来,而不是由阿里自己来建一套物流体系。而要想打造更快的、能与京东媲美的物流网络,必须替淘宝和天猫商家实现类似京东的全国分布式库存的仓储物流配送模式。如此善于经营第三方电子商务服务生态圈的阿里巴巴,借助他人的力量,提出构建智能物流网的野心,也就是情理之中、自然而然的了。

6. 利用 SWOT 分析法选择企业配送模式

SWOT 分析法是一种综合考虑企业内部条件和外部环境的各种因素,进行系统评价,从而选择最佳经营战略的方法。

电子商务企业在应用 SWOT 分析法选择配送模式的时候,主要应考虑如下因素:一是潜在的内部优势,比如企业在物流人才,物流配送成本,物流配送技术、装备、设施以及物流配送策略等方面的优势。二是潜在的内部劣势,比如物流设施落后,缺乏专业的物流管理人才和先进的物流管理经验,配送成本高。三是潜在的外部机会,比如宏观经济政策对物流业的鼓励与支持,物流配送业务量的增长趋势等。四是潜在的外部威胁,比如经济环境不理想,竞争对手的物流成本大幅下降,高级物流管理人才的供求矛盾等。

(1) 实力雄厚的大型企业选择自营配送模式。

实力雄厚的大型企业通常具有很好的内部优势以及众多的外部机会,物流服务是其核心竞争力所在,自建的物流体系能充分发挥其核心功能,为企业的生产经营以及销售提供强有力的支持。

从我国企业的具体情况来看,不少药业企业、家电企业、大型制造企业以及连锁商家等在全国范围内经营多年,都有庞大的商品营销渠道,自身拥有良好的物流网络与相当现代化的物流技术和管理经验。随着网络经济的发展,这些企业在经营电子商务时可以通过不断整合自身资源,吸收外界资源,搞好自身物流网络建设,形成适合自己的物流配送体系。如国内海尔集团以"一名二网"①着力培育物流运营成为其新的增长点,建立了以"一流三网"②为核心的海尔现代物流体系。不少跨国企业(如雀巢公司等)开始将国内的物流配送业务交给海尔来完成。

(2) 物流业务外包是增强企业核心竞争力的最佳选择。

对大多数中小企业来说,内部存在劣势,外部面临强大威胁。这样的企业就应该减少内部劣势,回避外部威胁,选择物流配送业务外包的模式,集中各种资源,增强企业自身的核心竞争力。如果盲目建立配送中心,很可能造成人力、财力、物力等方面的浪费。

(3) 自营和外包相结合的模式使企业经营更具柔性。

对于具有一定内部优势(比如拥有自己的采购、仓储和区域配送中心)的企业来说,随着业务的发展,企业面临一定的外部不确定因素,如果盲目扩建自己的物流配送体系,会给企业带来较大的投资风险,加上"最后一公里配送"覆盖面极广,运作繁琐,电子商务企业往往将其转由第三方物流公司来完成。

出于对库存成本、信息的掌控,防止突发情况带来的缺货损失和企业战略发展需要等方面的考虑,B2C 企业往往会考虑建立和管理自己的仓库和配送中心。通过自营和外包相结合的模式,企业可以使经营更具柔性,进一步提高对客户的服务水平。

(4) 共同配送是电子商务企业城市配送的主要趋势

目前,我国大多数电子商务企业在进行城市物流配送时,如果已经建有自己的配送中心,面临巨大的外部机会,却受到内部劣势的限制没有明显的规模效益,应该选择共同配送的模式。

共同配送模式可以消减企业间的竞争,从整体上提高从供方取得价格优惠的能力,降低采购成本,还可以优化物流资源,提高物流配送效率,降低物流成本。物流配送是体现电子商务优越性的重要环节,电子商务企业应根据自身的战略目标、企业规模、行业特点来选择合适的配送模式。

随着电子商务的发展和网民的增多,越来越多的消费者将会选择在网上订购他们所

---

① "一名"——海尔的名牌战略;"二网"——海尔的销售网络和支付网络。
② "一流"——订单信息流;"三网"——全球供应链资源网络、全球用户资源网络、集团计算机信息网络。

喜欢的商品或服务,网络零售的市场空间会越来越大,这给网络零售企业带来了巨大的发展机遇。企业在把握这个机遇的同时,也应该清醒地认识到构建高效的物流配送体系对于网络经营的重要性。只有树立创新意识,结合企业自身的实际,选择低成本、高效率的物流配送模式,网上零售业务才能带来令人惊喜的利润和巨大的发展前景。

14.4 跨境电子商务物流

近年来,我国跨境电子商务行业呈现集中爆发式的增长,引起国家以及相关政府部门对于跨境电子商务的极大关注。国务院、商务部以及海关总署等相关职能部门陆续出台政策扶持跨境电子商务发展。中国跨境电子商务规模的扩大和高速增长,进一步推动跨境电子商务物流供应链体系的完善,使跨境电子商务物流从最初单一的国际快递、国际物流服务向跨境物流产品化发展,一批依托外贸电商的跨境供应链服务平台应运而生。国家相关部门领导指示要抓住国家实施"一带一路"战略、扩大对外投资和自贸区大发展等诸多机遇,加快"走出去"的步伐,加强与周边国家和地区的跨境物流体系和走廊建设。

14.4.1 跨境电子商务:外贸新模式,电商新蓝海

"电子商务"是新世纪以来商业发展关键词之一,它颠覆了企业传统的商业思维,也创造出新的消费方式和生活方式。如今这种商业行为不仅突破了时空,而且还跨越了国界,正在以爆炸般的方式发展,以蓬勃的姿态成为万众瞩目的焦点,这就是"跨境电子商务"。

电子商务,字面上理解就是实现贸易活动整个流程的电子化,是指在以互联网为主的各种计算机网络上所进行的一切经济和商业活动及与此有关的各种应用。计算机和网络信息技术的高速发展为电子商务发展创造了有利条件。借助于电子商务,企业经营管理成本降低,价值链也得以优化。随着电子信息技术的进步和经济全球化的发展,跨境电子商务不但成为国际贸易发展的新趋势,同时也给电子商务行业指引了新的发展方向。

跨境电子商务是指分属于不同关境的交易主体通过电子商务平台达成交易,进行支付结算,并通过跨境物流送达商品、完成交易的一种国际商业活动。

跨境电子商务既有传统国际贸易的基因,也带有电子商务的新兴血统。相较于传统的国际贸易,跨境电子商务通常具有信息获取成本降低、支付便捷等优势。通过跨境电子商务这一载体,一国商品跨境交易减少了大量中间环节,提高了交易效率。

其一,跨境电子商务的贸易成本低。跨境电子商务借助计算机网络,压缩了代理批发等中间环节,降低了商品流通环节所产生的成本,同时,减少了店面、员工、差旅等支出,使得综合贸易成本得以大为减少。

其二,跨境电子商务的贸易效率高。借助于互联网平台,贸易可以突破时间和空间限制,供需方能随时随地进行商务交流,签订合同,工作效率大大提高。

其三,跨境电子商务的贸易信息更新及时,内容全面。跨境电子商务的交易信息资源可以实现联网共享,商家和消费者可以及时和全面地知晓商品价格和供求信息,这极大地减少了信息不对称给中小企业、落后地区带来的信息差距,弥补了其在传统外贸中的信息

劣势,提高其竞争力,并将最终推动一国外贸结构的优化。

跨境电子商务带来的最直观的改变是流通环节的缩短和交易效率的提高。

14.4.2　物流对跨境电子商务的意义

1. 物流是跨境电子商务的重要环节

众所周知,电子商务的过程由网上信息传递、网上交易、网上结算和物流配送四个部分组成。其动态的完整运行必须通过信息流、商流、货币流、物流四个流动过程有机构成。不同于传统商务活动,电子商务的特殊性就在于信息流、商流、货币流都可以在虚拟环境下通过互联网实现,而电子商务的物流不能完全通过网络实现,它的发展易被国境所阻碍,只有保持四个流畅通无阻,才能使跨境电子商务保持速度与效率的一致性,促进其发展。

2. 物流是跨境电子商务所具优势正常发挥的基础

物流包括仓储、分拣、包装和配送服务,电子商务的开展能够有效地缩短供货时间和生产周期,简化订单程序,降低库存水平,同时使得客户关系管理更加富有成效。物流水平的高效、畅通将会使跨境电子商务得到更好的发展,更易得到顾客的青睐和好评。

3. 物流系统不断升级发展直接关系到跨境电子商务的效率与效益的提高

跨境电子商务具有独特的特征,许多中小企业无力承担海外仓储或运输的巨大费用。如果在物流上的政策存在弊端,则会给企业带大巨大的成本,减少其利润,降低其效益。因此,许多先进技术在物流运行系统中被采用,如射频识别技术(RFID)、电子数据交换(EDI)、全球定位系统(GPS)、地理信息系统(GIS)等,甚至现在正在试运行的我国自主研发的北斗卫星定位系统,将来也可用于物流运输系统中。物流技术不断发展,物流系统不断升级,致使物流业迅速发展,直接的效果便是能够更快地满足顾客对商品的需求,从而使交易量大幅上升,提高了电子商务的效率,同时,也使得我国企业的效益增加。

14.4.3　跨境电子商务国际物流模式

现在跨境电子商务外贸卖家越来越多,每当开始做业务时,第一个要考虑的问题就是怎么选择快递物流把货发到国外去。一般来讲,小卖家可以通过平台发货,选择国际小包等渠道。但是现在大卖家或独立平台的卖家,他们需要优化物流成本,考虑客户体验,整合物流资源并探索新的物流形式,所以我们先要了解跨境电子商务国际物流的模式。

1. 邮政包裹模式

邮政网络基本覆盖全球,比其他任何物流渠道都要广。这主要得益于万国邮政联盟和卡哈拉邮政组织(KPG)。万国邮政联盟是联合国下设的一个关于国际邮政事务的专门机构通过一些公约法规来改善国际邮政业务,发展邮政方面的国际合作。万国邮政联盟由于会员众多,而且会员国之间的邮政系统发展很不平衡,因此很难促成会员国之间的深度邮政合作。于是在 2002 年,邮政系统相对发达的 6 个国家或地区(中国、美国、日本、澳大利亚、韩国以及中国香港)的邮政部门在美国召开了邮政 CEO 峰会,并成立了卡哈拉邮政组织,后来西班牙和英国也加入了该组织。卡哈拉组织要求所有成员国(地区)的投递时限要达到98％的质量标准。如果货物没能在指定日期投递给收件人,那么负责投递的运营商要按货物价格的100％赔付客户。这些严格的要求都促使成员国(地区)之间深化合作,努力提升服务水平。例如,从中国发往美国的邮政包裹,一般15天以内可以到达。据不完全统计,中国出口跨境电子商务70％的包裹都是通过邮政系统投递,其中中国邮政占据50％左右。中国内地卖家使用的其他邮政包括香港邮政、新加坡邮政等。互联易①专注于跨境电子商务物流供应链服务,是一家集全球邮政渠道于一身的企业。

  2. 国际快递模式

  目前世界上有四大商业快递巨头,即DHL、TNT、FEDEX和UPS。这些国际快递商通过自建的全球网络,利用强大的IT系统和遍布世界各地的本地化服务,为网购中国产品的海外用户带来了极好的物流体验。例如,通过UPS寄送到美国的包裹,最快可在48小时内到达。然而,优质的服务往往伴随着昂贵的价格。一般中国商户只有在客户时效性要求很强的情况下,才使用国际商业快递来派送商品。以下是四大巨头的比较,如表14.1所示。

表 14.1   四大商业快递巨头比较

国际商业快递	DHL	TNT	FEDEX	UPS
总部所在国	德 国	荷 兰	美 国	美 国
特 点	5.5千克以下的物品发往美洲、英国价格有优势,21千克以上的物品有单独的大货价格	西欧国家通关速度快,发送欧洲一般3个工作日可到	整体而言价格偏贵,21千克以上的物品发送到东南亚国家速度快,价格也有优势	到美国速度极快,6—21千克的物品发往美洲、英国有价格优势

  3. 国内快递模式

  国内快递主要指EMS、顺丰和"四通一达"。在跨境物流方面,"四通一达"中申通、圆通布局较早,但也是近期才发力拓展,比如美国申通2014年3月才上线,圆通也是在2014年4月才与CJ大韩通运展开合作,而中通、汇通、韵达则是刚刚开始启动跨境物流业务。顺丰的国际化业务则要成熟些,目前已经开通美国、澳大利亚、韩国、日本、新加坡、马来西亚、泰国、越南等国家的快递服务,发往亚洲国家的快件一般2—3天可以送达。在国内快递中,EMS的国际化业务是最完善的。依托邮政渠道,EMS可以直达全球60多个国家,费用相对四大快递巨头要低,中国境内的出关能力很强,到达亚洲国家需2—3天,到欧美则需5—7天。

  4. 专线物流模式

  跨境专线物流一般通过航空包舱方式运输到国外,再通过合作公司进行目的国的派送。专线物流的优势在于其能够集中大批量到某一特定国家或地区的货物,通过规模效应降低成本。因此,其价格一般比商业快递低。在时效上,专线物流稍慢于商业快递,但

---

  ① 互联易(全称:互联易速递有限公司)是一家集国际出口物流、ERP系统、电子商务仓储、进口业务、海外仓等业务于一身的综合性国际物流服务商,在深圳、广州、义乌、上海、香港均有分公司,为跨境卖家提供优质服务。

比邮政包裹快很多。市面上最普遍的专线物流产品是美国专线、欧洲专线、澳洲专线、俄罗斯专线等，也有不少物流公司推出了中东专线、南美专线、南非专线等。

5. 海外仓储模式

海外仓储服务指为卖家在销售目的地进行货物仓储、分拣、包装和派送的一站式控制与管理服务。确切来说，海外仓储应该包括头程运输、仓储管理和本地配送三个部分。

头程运输：中国商家通过海运、空运、陆运或者联运将商品运送至海外仓库。

仓储管理：中国商家通过物流信息系统，远程操作海外仓储货物，实时管理库存。

本地配送：海外仓储中心根据订单信息，通过当地邮政或快递将商品配送给客户。

以上五大模式基本涵盖了当前跨境电子商务的物流模式和特征，但也有一些"另类"。例如，比利时邮政虽然属于邮政包裹模式，但其定位于高质量卖家，提供的产品服务远比其他邮政产品优质。

14.4.4 跨境电子商务物流下的邮政国际发展缩影——杭州邮政包裹业务局

在法国留学的弗先生想吃老家的土特产——临安核桃。于是，他在速卖通网站上购买了 2 千克核桃，走的是杭州邮政包裹业务局的国际小包通道。杭州邮政包裹业务局是 2014 年刚成立的新部门，由原来的国内小包局和国际业务局合并而成，主要为出口跨境电子商务提供仓储园区和国际小包服务。事实上，邮局的国际小包业务是从 2011 年开始运营的。据统计，近年来，国际小包业务量有明显提升，从 2012 年的 420 万件到 2014 年 1 770 万件，实现了三年翻两番。目前，杭州邮政包裹业务局紧抓综试区建设的机遇，利用自身优势，通过加大仓储建设，积极拓展专线，为跨境电子商务商户提供一揽子服务。

1. 国际小包日处理量可达 10 多万件

杭州邮政包裹业务局的邮政处理中心位于萧山机场附近，日处理量可达 10 多万件。目前，国际小包产品主要针对的是 2 千克以下的轻小件物品，依托万国邮联的网络，能送往全球 220 多个国家。根据邮件的出口量，对热点国家的城市采用直封形式出口，免去途中重新封发的时间。目前开通了美国、英国、俄罗斯、巴西、法国、智利、韩国、德国、乌克兰等 26 个航空直封口。

值得一提的是，邮局一直在利用企业原有闲置场地进行整合，给中小电子商务企业提供场地，并给予服务配套，这种模式主要在郊区和县市分公司较多。如笕桥跨境园区，通过将笕桥印刷厂房改造为跨境园区，目前已入驻 5 家电子商务小企业，该园区以孵化培育为主，帮助小型电子商务企业迅速成长。此外，在富阳、临安等县市，邮政局同样会提供孵化型仓储服务。

此外，邮政局采用铁路和汽车结合的方式，还开通了中哈俄陆路国际小包专线。这种专线能寄递电子产品，全程时限在 26 天左右。杭州通往巴西等地的专线正在建设中。

2. 为园区提供配套物流服务

眼下，杭州邮政包裹业务局坚持"培育型"与"成熟型"客户并举，"大仓"与"小仓"仓仓引凤的原则，加大推进对于千万元以上的大客户的引进，以形成规模效应。主要围绕重点客户和依托杭州跨境电子商务综合试验区的契机,锁定区块进行仓储建设。目前主要有杭州跨境电子商务产业园(下沙园区和下城园区)、余杭"邮 e 邦"跨境电子商务园区、萧山鸿达路服务外包园、笕桥跨境园区等。

例如,邮局在中国(杭州)跨境电子商务产业园(下沙园区)附近的钱江弹簧公司内,建造了承租面积为 3 800 平方米的标准厂房及 650 平方米的标准办公大楼,并建成了开发区国际电子商务基地,目前正在招商。此外,邮局还在中国(杭州)跨境电子商务产业园(下城园区)内建成速卖通线上发货仓,通过揽收和集货两种模式,做好速卖通仓储服务,重点服务速卖通客户,为其提供揽收、收寄、发运、物流信息跟踪等服务。

余杭"邮 e 邦"跨境电子商务园区和萧山鸿达路服务外包园值得关注。余杭"邮 e 邦"跨境电子商务园区是当前运行较为良好的园区模式,特点是"政府主导、邮政运营",即由余杭区政府进行产业规划、园区规划、配套投入,并给予相应的政策扶持,邮政方负责在园区内招商、管理、运营、孵化。目前仓储面积已达 7 000 平方米,已有 6 家企业入驻运营,每天发件量达 6 000 件。

萧山鸿达路服务外包园主要合作模式为萧山跨境产业园为邮政低价提供办公及仓储场地,并提供园区相关生活配套设施,包括物业、住宿、餐饮等。邮政为园区内电子商务企业提供物流服务。

14.4.5　最大跨境电子商务航空物流综合服务平台沪上启用

一直因批次多、批量小、货值低而难于监管的跨境电子商务,终于有"阳光通道"了。2015 年 8 月 6 日上午,上海市跨境电子商务航空物流综合服务平台暨跨境电子商务示范园区正式启用。这是上海第一个经海关批准的跨境电子商务航空物流综合服务平台,也是全国规模最大的空港跨境电子商务服务场地。通过企业与海关监管模式的系列创新,为跨境电子商务的发展提供了全新保障。

全新的综合服务平台占地约 5 000 平方米,地处上海自贸试验区和机场综保区的中心位置,由东航物流投资近亿元,经一年建设完成。东航物流总经理李九鹏介绍,"新平台通过海关专用光缆与上海跨境电子商务海关服务平台——东方支付,可以实时连接海关管理平台,采用全新的"清单核放、汇总申报"模式,大大便捷跨境电子商务的业务流程。"

据介绍,跨境电子商务企业在介入平台后,只需在东方支付平台完成企业备案和商品备案,根据交易实时上传订单、物流和支付的"三单信息",再将货物运至东航物流跨境电子商务监管场所交运,通过海关检查后按照"清单核放"原则即可快速放行。如果三单齐全,整个通关最快只需十几分钟。同时,跨境电子商务企业还可以定期汇总申报,生成出口报关单,进而实现跨境电子商务企业原先无法享受的退税、结汇,进一步节省成本支出。

在 2015 年 7 月试运行期间,南京快悦电子商务有限公司便"尝鲜"了全新平台的首单业务。企业总经理朱开疆认为:"当时我们将一批新衣服零售订单发往美国客户,全程速度非常快,一站式服务也更省心。"除此之外,更重要的是新平台将跨境电子商务的整个业务流程首次置于海关认可的平台上,使企业开展业务更有保障。

当前,以"互联网+"为核心的电子商务已经成为国家战略重点,其中跨境电子商务更是以新理念、新模式成为我国对外贸易转型升级的新引擎。上海作为首批获得跨境电子商务试点资格的城市,适时成立了跨境电子商务领导工作小组和上海跨境电子商务协会,积极推动跨境电子商务的综合试点工作。此次正式启用的跨境电子商务综合服务平台是推进国家"一带一路"战略,落实《国务院办公厅关于促进跨境电子商务健康快速发展的指导意见》的具体举措,是新商业模式下海关监管方式的全新尝试,是上海自贸试验区先试先行的又一探索,以期形成全国"可复制、可推广"的示范经验。

东方航空物流有限公司作为基地设在上海的航空物流企业,积极配合上海跨境电子商务的试点工作,承接了上海跨境电子商务航空物流综合服务平台的建设和运营管理。此次正式启用的上海跨境电子商务一般出口海关监管场所(又称"9610"海关监管仓库)是平台的公共配套场地,由东航物流投资近亿元,占地约5 000平方米。

东航物流已被上海市商委正式认定为上海市跨境电子商务综合服务试点企业。东航物流位于虹桥国际机场的跨境电子商务进口场所也已建设完成,于2015年8月同步启用。未来计划在现有浦东机场跨境电子商务出口场地内再叠加进口功能,届时,东航物流倾力打造的跨境电子商务航空物流综合服务平台将成为覆盖上海两大机场的跨境电子商务进出口公共平台,为上海跨境电子商务综合试点工作的快速、健康发展做出更大的贡献。

近年来我国跨境电子商务发展迅速,国务院于2015年6月20日下发了《国务院办公厅关于促进跨境电子商务健康快速发展的指导意见》,规范和明确了相关政策,从监管、检验、支付、税收等跨境电子商务的各个环节入手,解决跨境电子商务,特别是跨境B2C模式下存在的实际问题。该文件已是国务院2015年制定的第三份与跨境电子商务相关的文件。

对于海关,国务院要求"优化配套的海关监管措施"。显然,过去针对一般贸易的大货监管模式是无法适应跨境电子商务的。因此,海关总署2014年12号公告决定增列海关监管方式代码"9610",全称"跨境贸易电子商务",简称"电子商务",适用于境内个人或电子商务企业通过电子商务交易平台实现交易,并采用"清单核放、汇总申报"模式办理通关手续的电子商务零售进出口商品。

本章小结

电子商务即利用计算机技术、网络技术和远程通信技术,实现整个商务过程的电子化、数字化和网络化。

电子商务物流又称网上物流,就是基于互联网技术,旨在创造性地推动物流行业发展的新商业模式;通过互联网,物流公司能够被更大范围内的货主客户主动找到,能够在全国乃至世界范围内拓展业务;贸易公司和工厂能够更加快捷地找到性价比最适合的物流公司;网上物流致力于把世界范围内最大数量的有物流需求的货主企业和提供物流服务的物流公司都吸引到一起,提供中立、诚信、自由的网上物流交易市场,帮助物流供需双方高效达成交易。

电子商务环境下的物流模式通常包括自营物流、第三方物流和物流战略联盟等形式。

复习与思考

1. 简述电子商务概念以及分类。
2. 简述电子商务与物流的关系。
3. 简述电子商务物流概念与分类。
4. 简述电子商务下的物流模式。
5. 简述企业如何选择物流运作模式。

案例分析

□　淘宝物流运作模式

2013 年我国网络购物交易规模达 18 851 亿元,其中 C2C 电子商务仍是网购主流模式,占比超过 93%。淘宝、京东、苏宁线上三分天下,市场份额分别为 81.9%、9.9% 以及 8.2%。艾瑞咨询和淘宝网联合发布的 2013 年网购数据报告显示,截至 2013 年,淘宝网为社会创造了 270.8 万个直接且充分的就业岗位。C2C 电子商务模式基于互联网的个人对个人的交易,实现资源的优化配置,同时在宏观经济条件下,在就业环境异常严峻的形势下,提供了大批的就业机会,不仅对电子商务产业的发展做出了不可估量的贡献,也为国家创造了巨大的经济效益。

C2C 电子商务模式短时间内得到了飞速发展,其主要原因是 C2C 电子商务平台的免费策略推出使得市场得到了多年的培育,进入门槛变得很低,而一直阻碍电子商务发展的瓶颈(网上支付、用户信誉管理)得到了良好的发展。然而,其线下的货物物流配送依然是 C2C 电子商务模式难以逾越的瓶颈。

咨询机构 IDC 的调研显示,2013 年淘宝网给中国物流业带来 190 亿元的收入,占中国宅配①市场的 60%。早在 2006 年底,阿里巴巴集团就与中国邮政系统共同签订战略合作框架协议,双方在电子商务信息流、资金流、货物流等层面达成全面、长期的战略合作伙伴关系,将共同拓展电子商务市场。目前与淘宝网合作的快递公司包括邮政速递服务公司、申通 E 物流、圆通快递、中通快递、天天快递、宅急送、韵达快递、风火天地(上海同城)等 10 余家国内外物流企业,覆盖了中国全部消费区域。

淘宝网与上述快递公司合作,采取了"推荐物流""网货物流推荐指数"等策略,卖家可以在 C2C 平台上面通过比较各个被推荐的快递公司的运费,选择价格最低的快递公司,也可以综合考虑快递公司的服务质量,参考"网货物流推荐指数"再做选择。卖家可以选择使用淘宝推荐的快递公司的报价,也可以视自己的快递业务量与快递公司协商取得更

---

① 宅配是指把物品递送到消费者的家里或消费者指定的地点,而不是让消费者亲自去销售点取货的一种物流服务形式。

加低廉的价格。淘宝网同时注重在其网站教育栏目"淘宝大学"开展教育 C2C 平台用户如何更好地选择和使用物流商，已经与其 C2C 平台用户取得良好的互动效果。

由于电子商务市场还不成熟，以及 C2C 模式的复杂性，物流配送方面的问题层出不穷。CNNIC 数据显示，因物流问题导致的用户不从事网上交易案例数量的比例正在逐年递增。而支付宝高层表示，物流已经成为网上购物最大的投诉热点。

不合理运输大量存在会浪费社会资源。大型 C2C 电子商务平台面向的是全国市场，市场几乎完全由"一只看不见的手"在调控，所以大量存在供求"舍近求远"的状况。如何将优先或者稀缺的资源进行合理配置，是社会共同关注的问题，是经济调控的主要目标。最理想的 C2C 电子商务交易平台，是先满足局部区域内的交易，再进行更大区域和跨区域的交易。即先进行局部区域的资源优化配置，再在更大区域和跨区域内进行资源的优化配置。这些举措主要是为了尽量避免能源的浪费。

物流配送买卖双方地位不平等。在淘宝网上的交易方式是由卖家最初设定的，主要有"一口价"和"拍卖"两种方式，对应的物流费用分别由卖家和买家承担。在物流方面，卖家可以自由选择不同价格和服务的快递公司，一般情况下，买家只能以承担和提高商品价格的方式将运费转移给卖家。

货物配送过程中责任界限不明确，操作流程混乱。卖家交付货物给快速公司时，发货操作流程不规范，连货物的包装都可以由卖家自行操作，所以很难确定卖家与快递公司对货物的责任界限。快递公司将货物送到买家手里进行货物交接的时候，操作流程更不规范。原则上是快递公司先将货物交由买家验收，检验货物与卖家承诺相符之后，再签字收货。而很多快递公司并未严格按照规定的流程操作，这样对于快递公司来说，可以规避因配送环节导致的货损、货差带来的责任。如果出现货损货差或货物与预期不符等问题，并确定与快递公司无关或无证据证明与快递公司有关，买家此时可以申请退款或退货。至于退货的物流费用由谁来承担，则由买卖双方再次协商决定。此时，买家的角色有可能会被迫进行转变，得将货物逆向快速给卖家。该过程无疑会浪费大量的时间和精力。

快递公司配送覆盖面不到位。除中国邮政网点外，快递公司服务网点覆盖不够，为了拓展网络布局，现在国内大部分的快递公司都是以加盟方式铺设网络的，有分省市的，也有分区域的，利害关系不强烈，执行力度不够，管理技术和体制落后。而邮政 EMS 服务费太高，平邮速度太慢。这样导致部分地区的买家在 C2C 平台上购买不到想要的物品。

物流公司上门取货不及时，派送延迟。由于 C2C 货物的分散性，快递公司上门取货工作量巨大，加上快递公司服务意识不强的原因，物流公司上门取货不及时，另外，快递公司集货配货难，也会导致派送延迟。

思考题

1. 请说明淘宝网选择何种物流运作模式。
2. 请结合本案例分析 C2C 电子商务模式在中国的发展现状。
3. 请分析说明淘宝网选择的该种物流运作模式存在哪些方面的缺点。

参 考 文 献

[美]詹姆士·R.斯托克,道格拉斯·M.兰伯特著,邵晓峰等译:《战略物流管理》,中国财政经济出版社 2003 年版。

李苏剑、游战清、胡波编著:《企业物流管理理论与案例》,机械工业出版社 2003 年版。

[美]大卫·辛奇—利维,菲利普·凯明斯基,艾迪斯·辛奇—利维著,季建华、邵晓峰、王丰等译:《供应链设计与管理——概念、战略与案例研究》,上海远东出版社 2000 年版。

张铎编:《电子商务与物流》,清华大学出版社 2000 年版。

周玉清、刘伯莹、杨宝刚、王新玲编著:《ERP 原理与应用》,机械工业出版社 2003 年版。

[美]罗纳德·H.巴罗教授(Ronald H.Ballou)著,王晓东、胡瑞娟等译:《企业物流管理——供应链的规划、组织和控制》,机械工业出版社 2002 年版。

上海现代物流教材编写委员会:《现代物流管理教程》,上海三联书店 2002 年版。

宋华、胡左浩著:《现代物流与供应链管理》,经济管理出版社 2000 年版。

胡怀邦、郝渊晓、刘全洲、马源平主编:《现代物流管理学》,中山大学出版社 2003 年版。

国家经济贸易委员会经济运行局、南开大学现代物流研究中心主编:《中国现代物流发展报告(2002 年)》,机械工业出版社 2003 年版。

康善村著:《采购技术》,广东经济出版社 2001 年版。

王之泰主编:《现代物流学》,中国物资出版社 1995 年版。

周在青编著:《现代物流学》,中国纺织大学出版社 2001 年版。

[美]唐纳德·J.鲍尔索克斯,戴维·J.克劳斯著,林国龙等译:《物流管理:供应链过程的一体化》,机械工业出版社 1999 年版。

王成主编:《现代物流管理实务与案例》,企业管理出版社 2001 年版。

[美]理查德·B.蔡斯等著,宋国防等译:《生产与运作管理:制造与服务》,机械工业出版社 1999 年版。

张毅主编:《现代物流管理》,上海人民出版社 2002 年版。

骆温平编著:《第三方物流》,上海社会科学院出版社 2001 年版。

孟祥茹、吕延昌、孙学琴编著:《现代物流管理》,人民交通出版社 2002 年版。

马士华等著:《供应链管理》,机械工业出版社 2000 年版。

何明珂等编著:《现代物流与配送中心:推动流通创新的趋势》,中国商业出版社 1997 年版。

[日]菊池康也著,丁立言译:《物流管理》,清华大学出版社 1999 年版。

丁立言、张铎主编:《物流系统工程》,清华大学出版社 2000 年版。

孙宏岭、成世钧编著:《现代物流活动绩效分析》,中国物资出版社 2001 年版。

许胜余编著:《物流配送中心管理》,四川人民出版社 2002 年版。

缪六莹编著:《物流运输管理实务》,四川人民出版社 2002 年版。

刘伟编著:《供应链管理》,四川人民出版社 2002 年版。

赵刚编著:《现代物流基础》,四川人民出版社 2004 年版。

赵刚编著:《物流信息系统》,四川人民出版社 2002 年版。

赵刚编著:《物流运筹》,四川人民出版社 2002 年版。

郑晓娣、季建华:《逆向物流的概念和分类研究》,《技术经济与管理研究》2004 年第 1 期。

杨汝梁:《逆向物流的形成原因及价值分析》,《企业经济》2005 年第 3 期。

李文云:《重视回收珍惜资源》,《人民日报》2004 年 7 月 8 日。

曾宇运、杨超:《逆向物流管理之初探》,《管理科学文摘》2003 年第 12 期。

储洪胜、宋士吉:《反向物流及再制造技术的研究现状和发展趋势》,《计算机集成制造系统》2004 年第 1 期。

曾凡婷、孙蛟:《正向物流、逆向物流与环保物流》,《物流科技》2004 年第 3 期。

王长琼:《绿色物流》,化学工业出版社 2004 年版。

朱远:《逆向物流:效应分析与推进策略》,大连海事大学硕士学位论文,2004 年 3 月 1 日。

郭小飞:《闭环供应链管理及其在电子电气设备行业的应用》,对外经济贸易大学硕士学位论文,2005 年 5 月 1 日。

胡继灵、方青:《供应链的逆向物流管理》,《物流技术》2004 年第 1 期。

邓云霞:《企业逆向物流实施障碍及决策流程分析》,《水运管理》2004 年第 2 期。

张琦伟:《我国制造型企业逆向物流的回收再利用渠道初探》,《经济师》2004 年第 8 期。

姚卫新:《再制造条件下逆向物流回收再利用模式的研究》,《管理科学》2004 年第 2 期。

赵启兰、刘宏旨:《生产计划与供应链中的库存管理》,电子工业出版社 2003 年版。

邹辉霞、荆海霞.:《基于供应链的逆向物流管理》,《中国流通经济》2003 年第 7 期。

徐团结、王硕、潘海青:《绿色供应链管理及其绿色度评价》,《巢湖学院学报》2006 年第 8 期。

高本河、魏际刚:《绿色物流在国外的发展及我国的差距》,《中国物流与采购》2003 年第 12 期。

王莹、韩兴宇、张霄洁:《绿色营销新论》,《工业技术经济》2005 年第 2 期。

M.Grazia speranza Paul Stahly:《配送物流新趋势》,清华大学出版社 2003 年版。

朱庆华:《绿色供应链管理》,化学工业出版社 2003 年版。

夏春玉、李健生:《绿色物流》,中国物资出版社 2005 年版。

何静等:《我国食品冷链物流发展现状及对策研究》,《商场现代化》2006 年第 13 期。

吴稼乐、孔庆源、朱富强等:《我国水产品冷链物流发展规划若干问题的探讨》,《制冷》2008 年第 3 期。

张瑞夫、任飞宇:《基于温度的冷链物流系统研究》,《哈尔滨商业大学学报》2008 年第 4 期。

杨光华、林朝朋、谢小良:《生鲜农产品冷链物流模式与对策研究》,《广东农业科学》2009 年第 6 期。

陈然等:《发展冷链物流共同配送的探讨》,《物流工程与管理》2009 年第 4 期。

冯华、王振红:《生鲜食品物流存在的问题及解决方案——冷链物流》,《物流技术》2009 年第 6 期。

国家发展与改革委员会:《农产品冷链物流发展规划》,2010 年 6 月。

毋庆刚:《我国冷链物流发展现状与对策研究》,《中国流通经济》2011 年 2 月。

潘军:《电子商务物流管理》,东南大学出版社 2002 年版。

林自葵:《电子商务下的物流管理》,北方交通大学出版社 2010 年版。

魏修建:《电子商务物流概论》,电子工业出版社 2009 年版。

何杨平:《现代物流与电子商务》。暨南大学出版社 2004 年版。

图书在版编目(CIP)数据

物流管理教程/赵刚主编. —2版. —上海:格
致出版社:上海人民出版社,2017.4
世纪高教·物流管理教材系列
ISBN 978 - 7 - 5432 - 2689 - 0

Ⅰ. ①物… Ⅱ. ①赵… Ⅲ. ①物流管理-高等学校-
教材 Ⅳ. ①F252

中国版本图书馆 CIP 数据核字(2016)第 261003 号

责任编辑 李 远
装帧设计 路 静

世纪高教·物流管理教材系列
物流管理教程(第二版)
赵刚 主编
周鑫 郭霞萍 笪茹芬 副主编

出 版 世纪出版股份有限公司 格致出版社 世纪出版集团 上海人民出版社 (200001 上海福建中路 193 号 www.ewen.co)	印 刷 浙江临安曙光印务有限公司 开 本 787×1092 1/16 印 张 26.25

编辑部热线 021-63914988
市场部热线 021-63914081
www.hibooks.cn

插 页 1
字 数 589,000
版 次 2017 年 4 月第 1 版

发 行 上海世纪出版股份有限公司发行中心

印 次 2017 年 4 月第 1 次印刷

ISBN 978 - 7 - 5432 - 2689-0/F · 979   定价:53.00 元